人大芸窗
RENDAYUNCHUANG
· 数字教材版 ·

"十三五"普通高等教育应用型规划教材

战略管理

（第3版）

邵一明 钱 敏 编著

STRATEGIC MANAGEMENT

中国人民大学出版社
· 北京 ·

PREFACE

前　言

21 世纪以来，随着经济全球化和数字化，随着改革开放的深入，中国企业的经营环境发生了很大变化。如何在复杂多变的环境中实现长期生存和持续发展，培育企业竞争优势，是企业面临的新挑战。作为一门新兴的管理课程，战略管理如何适应这种变化，内容体系如何改变，这是每一位战略管理研究和教学工作者都应思考的问题，也是修订本书的主要原因，本书作者力求在教材中展现最新的战略管理内容。

本书作者长期从事企业战略管理的教学和研究工作，拥有丰富的教学和科研成果以及企业咨询经验，主持了南京理工大学“十二五”“十三五”规划重点教材《战略管理》研究项目。本书自 2009 年首版以来，已被全国许多高校使用，受到了广泛好评。

本书第 3 版在之前版本的基础上对案例、相关理论进行了修订，仍采用“环境分析—战略设计—战略实施”编写框架，确保教材结构的连续性和稳定性。第 3 版的主要特点如下：

1. 突出案例新颖性。更新了引例和章末案例，案例内容广泛、新颖，包括 5G 应用、移动互联网、大数据、人工智能、云计算等数字化内容。保留了教学中反复使用、受到学生好评的经典案例。所选案例以中国的案例为主，便于学生查阅资料和分析，增强实践感。

2. 满足教学要求。每章的章首都列出了本章学习目标，便于学生了解每一章的基本内容和重点。各章章末均有案例供学生对所学问题进行分析或在课堂上讨论。案例分析能帮助学生提高对知识的应用能力。

3. 反映学科前沿。教材内容既有经典战略理论，又有战略管理的最新成果，同时也展示了现实中企业使用的战略管理工具和思想。这是一本包含相关战略理论和前沿研究成果的应用导向型教材。

4. 体现结构完整性。根据战略管理课程的特点，本书从战略分析、战略设计、战略实施和控制等角度进行阐述，体现了战略管理知识体系的完整性。

本书在之前版本的基础上修订，具体分工如下：南京理工大学经济管理学院邵一明老师负责第 1、2、3、4、5、8、10、11、12 章，钱敏老师负责第 6、7、9 章，南京理工大学经济管理学院硕士研究生杨慧敏、施薇、张肖肖、李冠男为本书的习题、案例和资料收集做了大量工作。

本书在撰写过程中参考了国内外大量的资料和研究成果，在此向这些文献的作者表示感谢。我们也要感谢南京理工大学教务处和经济管理学院领导的大力支持，同时，也要感谢中国人民大学出版社管理分社给予的帮助，他们对本书的审阅和编辑做了大量细致的工作，使本版得以完成并顺利出版。

限于作者水平有限，书中错漏之处在所难免，恳请广大同行和读者批评指正。我们欢迎您对教材中的论述、观点和写作方法作出评价，并反馈给我们，以进一步提高本书的质量，推动战略管理学科的发展。

联系方式：sym171@163.com。

邵一明

2020 年春于南京理工大学

CONTENTS

目　录

第1章 导论

学习目标

1. 掌握企业战略的内涵和特征；
2. 了解战略管理的含义；
3. 掌握战略管理过程；
4. 理解战略管理的层次，了解战略性思维；
5. 掌握战略管理理论的演变过程。

引例

TCL和联想手机：很努力，但搞错了方向

2018年4月中旬，TCL集团董事长李东生在参加博鳌亚洲论坛时表示："过去两年，手机行业面临残酷洗牌，但TCL依然不会放弃智能手机。"李东生此番表述基于两个事实。一是2017年，TCL通讯销售手机4 387.6万部，同比下降36.2%。仅2017年上半年，TCL通讯就整体亏损了8.52亿元，成为TCL集团四大主要业务板块中表现最差的一个。一份统计数据显示：2017年，联想手机国内销量179万部，位居第十，占有率不足0.5%；而TCL手机销量尚不如联想，前十名都没进。二是2018年以来，中国手机行业整体形势趋于严峻。2018年1—3月份，智能手机出货量为8 137万部，同比下降26.1%。金立、魅族均传出经营困难的消息。这意味着2018年TCL手机面临的是一个比2017年更加严峻的市场环境，可谓"内外交困"。因此李东生的表态看起来更像自己给自己打气。

为何20年都没存在感?

TCL手机是典型的"精于技而盲于道"，在产品与营销等战术层面用心过多，而战略层面思考严重不足。2004年，TCL手机达到巅峰状态，标志性事件是收购阿尔卡特手机。但是很快，TCL手机业务急转直下，从此一蹶不振。当然，不幸不止发生在TCL一家企

业身上，当年另两家名牌——波导、夏新也未能幸免。此后十几年，TCL手机一直艰难生存，勉强凭出口业务维持生计。究竟什么原因导致了这一严重结果？遗憾的是，十几年来我们不曾看到TCL官方对此进行过检讨和反省——这正是TCL手机难以东山再起的症结所在。如果跳不出目前的思路，TCL手机依旧没有未来。对于TCL手机来说，当务之急不是发布新品，也不是由李东生亲自操盘并代言，而是坐下来好好检讨过去十几年究竟做错了什么，否则，做再多的努力都没用。

TCL手机处境尴尬，实乃两大因素使然。一是品牌形象严重老化。一个不得不承认的事实是，T、C、L三个字母对手机这种技术要求高、迭代周期短的产品，根本形不成技术与品质层面的背书。TCL传统家电企业的身份，不利于经营手机这种产品。虽然TCL是中国著名家电企业，但在大多数人心目中并不是一家科技公司。在人们的潜意识里，手机是对科技要求比较高的产品，只有科技公司才能做好，比如苹果、华为、三星。也许有人会说："三星不也是一家家电企业吗?"没错，但三星是一家拥有强大研发能力的家电企业，其研发投入连续多年在100亿美元之上。TCL不具备这样的研发实力。不知大家发现没有，在中国，但凡贴着"家电企业制造"标签的手机，无一不是经营惨淡。二是产品个性不清晰。华为手机技术优势明显，小米手机互联网色彩强烈，OPPO手机青春时尚……如果你问"TCL手机有什么优势"，我相信99%的人给不出答案。这就是TCL手机的尴尬之处：品牌个性不清晰，产品缺乏差异化优势。须知，没有差异化优势的产品是可以轻易被替代的，因为它没有必须存在的价值。虽然存在了二十几年，但在人们心目中并没有存在感，这就是TCL手机。

董事长亲自挂帅，未必扭转乾坤

2017年12月19日，TCL集团发布公告称：TCL通讯科技董事会聘任李东生兼任TCL通讯科技首席执行官、执行委员会成员。这一次，李东生亲自披挂上阵冲上手机最前线。但事实是，即使董明珠个人号召力巨大，其亲自代言的格力手机依旧不为消费者所接受。格力手机已经推出三代产品，但代代堪用"惨不忍睹"来形容。甚至不少人认为格力手机事实上已经失败，只是董明珠不愿意承认而已。

一个问题是：如果以董明珠那样的影响力都不能让公众接受格力手机，李东生的个人影响力足以让公众为TCL（实际上是黑莓）手机买单吗？不知道是谁努力推动了在"李东生"和"TCL手机"之间建立强关联，但这绝对是一个十分无脑的建议。须知，李东生早已被贴上"中国第一代家电企业老板"的标签，放在今天由马化腾、马云、雷军等一众互联网领袖主导的时代，这并不是一个光鲜亮丽的标签。一个无可否认的事实是，在许多年轻人眼里，李东生已经"廉颇老矣"。事实上，即使雷军形象如此年轻，甚至被追捧为互联网的精神领袖，小米手机还是聘请当红明星代言，而不是由雷军亲自代言——虽然雷军是小米手机事实上的形象代言人。因此，李东生本人冲在TCL手机第一线并亲自代言，并不是一个明智之举。这仍然不是最关键的。最关键的是，李东生究竟能给TCL手机带来什么新鲜的东西。至少在过去的4个月里，人们没有看到TCL手机的变化，甚至连变化的苗头也没看到。相反，当人们看到李东生手里拿着的依旧是密布物理按键的黑莓手机时，瞬间有一种穿越感。黑莓固然可以坚守家族基因，好比诺基亚始终不愿意向苹果低头一样，但是消费者可以用脚投票。

和 TCL 同病相怜的，还有联想

身兼 TCL 集团董事长及 TCL 通讯科技首席执行官，李东生手中拥有比杨柘多得多的资源。但是至少在过去 4 个多月，公众没有看到 TCL 手机的改变。TCL 依旧将黑莓手机作为中国市场的主打产品，很容易让人联想起另一家尴尬的企业，它就是联想。一个有趣的事实是：李东生主导收购汤姆逊彩电与阿尔卡特手机业务与柳传志/杨元庆主导收购 IBM PC 业务及摩托罗拉手机，无论形式还是结果，都惊人地相似。此外，李东生在 TCL 手机上表现出来的焦躁心态和杨元庆在联想手机上表现出来的焦躁心态也是惊人地相似。当然，摩托罗拉和黑莓同为没落的手机贵族，这一点同样惊人地相似。

过去多年，联想手机业务来回摇摆，给人一种“始终找不着北”的感觉。TCL 手机亦然，每年都说要重回中国主流阵营，却年年落空。虽然拥有自主品牌 TCL，TCL 手机业务却将希望寄托在完全无品牌所有权的阿尔卡特和黑莓身上，这确实是一件奇怪的事情。就在前不久，联想抢先发布了一款区块链手机，结果收获的不是赞美而是一大片“蹭热点”的嘲笑。TCL 和联想都不太愿意承认自己手机的尴尬，但现实就是比愿望骨感。

船行大海，第一要做的绝不是开足马力前行，而是确定正确的航向。但 TCL 和联想，看起来就像两艘偏离主航道越来越远的大船。

资料来源：刘步尘 . TCL 联想手机：很努力，但搞错了方向 . 中外管理，2018（5）.

引例表明，TCL 和联想公司没有深入了解世界范围内政治、经济、技术及社会等方面的重大变化，导致公司经营缺少战略眼光，逐渐远离了企业的愿景与目标。进入 21 世纪，我国的市场已经转变成“全面的买方市场”，企业的微利时代已经到来。企业之间的竞争已经不是产品本身和营销手段之间的竞争，而是上升到了经营战略的竞争和经营智慧的竞争。正如《孙子兵法·谋攻篇》所言：“上兵伐谋，其次伐交，其次伐兵，其下攻城。”企业的决策层需要用战略的思维模式去占领市场的制高点，用战略谋划和智慧去迎接挑战、掌握主动权，适当地进行战略定位，以实现企业的目标和价值。本章作为导论，讨论企业战略和战略管理的内涵、战略管理的过程、战略管理的层次以及战略管理理论的发展过程等基础知识，以帮助读者更好地把握全书的理论逻辑和内容体系。

1.1 企业战略的内涵和特征

企业战略的内涵

关于战略的定义至今没有明确统一，学者们从多种角度进行探讨，赋予企业战略不同的含义。有的认为企业战略应包括企业目的与目标，即广义的企业战略。有的认为企业战略不应该包括这部分内容，即狭义的企业战略。本书仅列出关于战略定义的主要观点，读者可以通过思考并根据现实环境下的企业情况，确定哪种定义更为合适。

1. 安德鲁斯的定义

哈佛商学院教授安德鲁斯（K. Andrews）认为，企业总体战略是一种决策模式，它决定和揭示企业的目的和目标，提出实现目的的重大方针与计划，确定企业应该从事的经营业务，明确企业的经济类型与人文组织类型，以及决定企业应对员工、顾客和社会作出的经济与非经济贡献。

因此，从本质上讲，安德鲁斯的战略定义是通过一种模式把企业的目的、方针、政策和经营活动有机地结合起来，使企业形成自己的特殊战略属性和竞争优势，将不确定的环境具体化，以易于着手解决这些问题。

2. 奎因的定义

达特茅斯学院管理学教授奎因（J. B. Quinn）认为，战略是一种模式或计划，它将一个组织的主要目的、政策与活动按照一定的顺序结合成一个紧密的整体。一个制定完善的战略有助于企业根据自己的优势和劣势、环境中的预期变化，以及竞争对手可能采取的行动而合理地配置自己的资源。奎因对此定义作过进一步的解释，认为战略应包括以下内容：

（1）有效的正式战略包括三个基本因素：1）可以达到的最主要目的（或目标）；2）指导或约束经营活动的重要政策；3）可以在一定条件下实现预定目标的主要活动程序或项目。在奎因的定义中，确立一个组织的目标是战略制定过程中不可缺少的部分。

（2）有效的战略是围绕着重要的战略概念与推动力而制定的。所谓战略推动力是指企业在产品和市场这两个主要经营领域里所采取的战略活动方式。不同的战略概念与推动力会使企业战略产生不同的内聚力、均衡性和侧重点。

（3）战略不仅要处理不可预见的事件，也要处理不可知的事件。战略的实质是建立一种强大而灵活的态势，为企业提供若干个可以实现自己目标的选择方案，以应对外部环境可能出现的例外情况，不管外部力量可能会发生哪些不可预见的事件。

（4）在大型组织里管理层次较多，每一个有自己职权的层次都应有自己的战略，称为子战略。这种子战略必须在一定程度上或多或少地实现自我完善，并与其他子战略相互沟通、相互支持。

总之，奎因的定义与安德鲁斯的定义有相似之处，它们都属于广义的战略定义。

3. 安索夫的定义

战略学家安索夫（H. I. Ansoff）指出，企业在制定战略时，有必要先确定自己的经营性质。有的企业根据产品系列的特性确定经营性质；有的企业根据构成产品系列的技术来确定经营性质；还有的企业根据市场确定自己的经营性质。如“机床公司”“钢铁公司”“电器公司”。不管企业怎样确定自己的经营性质，目前的产品和市场与未来的产品和市场之间存在着一种内在的联系，安索夫称这种现象为“共同的经营主线”。通过分析“共同的经营主线”可以把握企业的方向，同时企业也可以正确运用这条主线，恰当地指导自己的内部管理。

企业如果将自己的经营性质定义得过宽，就会失去共同的经营主线，也就无法制定合适的战略。例如，一个自称为“交通运输的企业”就找不到共同的经营主线。首先，这类企业的经营范围会越来越广泛，如市内交通、城市间交通、空中运输、水上运输等。其次，用户的范围相当广泛，如个人、家庭、企业、机关单位等。最后，产品范围也相当广泛，如汽车、火车、轮船、飞机等。这些变量可以形成无数个组合，产生无数条共同的经营主线，使企业无所适从。

当然，企业也不能将自己的经营性质界定得过窄。在现代社会，许多企业实际上是在若干不同的行业里从事生产经营活动，同时行业的界限也随着科学技术的发展而不断变化，不断产生新的行业。今天纳米技术、生物技术、基因工程、网络技术的应用已推出了许多新行业。所以，企业的战略必须一方面能够指导企业的生产经营活动，另一方面能够为企业的发展提供空间。

总之，安索夫的企业战略定义与安德鲁斯和奎因的不同，应该属于一种狭义的战略定义。

4. 明茨伯格的定义

加拿大麦吉尔大学管理学教授明茨伯格（H. Mintzberg）对于企业战略的定义有其独到之处。他指出，生产经营活动中，人们在不同的场合以不同的方式赋予企业战略不同的内涵，说明人们可以根据需要接受各种不同的战略定义。在这种观点的基础上，明茨伯格借鉴市场营销学中四要素（4P）的提法，提出了企业战略是由五种规范的定义阐述的，即计划（plan）、计策（ploy）、模式（pattern）、定位（position）和观念（perspective），构成了企业战略的5P。这五种定义是从不同角度对战略这一概念加以阐述的。

（1）战略是一种计划。从本质上讲，战略具有“行动之前”的含义。明茨伯格指出，战略是一种有意识的有预计的行动，一种处理某种局势的方针。根据这个定义，战略具有两个本质属性：一是战略是在企业发生经营活动之前制定的；二是战略是作为一种计划写进企业正式文件中的，当然不排除一些不公开的只为少数人了解的企业战略。

（2）战略是一种计策。这是指在特定的环境下，企业把战略作为威慑和战胜竞争对手的一种“手段”。例如，一个企业的竞争对手想要扩大生产能力时，该企业便提出自己的战略是扩大厂房面积和产量。由于该企业资金雄厚、产品质量优异，竞争对手无力竞争下去，便放弃扩大生产能力的设想。然而，实际情况却是，虽然竞争对手采取了放弃的态度，但该企业并没有将扩大生产能力的战略付诸实施。因此，这种战略只能称为一种计策，对竞争对手构成威胁。

（3）战略是一种模式。明茨伯格认为，战略是一种模式，反映企业的一系列行动。这就是说，无论企业是否事先对战略有所考虑，只要有具体的经营行为，就有战略。当年福特汽车公司的总裁亨利·福特要求将“T型”福特汽车漆成黑色的行为，就可以理解为一种战略。

战略作为一种计划与战略作为一种模式，两种定义是相互独立的。在实践中，计划往往可能在最后没有实施，模式可能事先并没有具体计划最后却形成了。就是说，战略可能是人类行为的结果，而不是人类设计的结果。因此，我们可以称作为计划的战略是设计的战略，作为模式的战略是已实现的战略。

图1-1表明，战略实际上是一种从计划向实现流动的结果。那些不能实现的战略在战略设计结束之后，通过一个单独的渠道消失，脱离准备实施的战略的渠道。此外，准备实施的战略与自发的战略则通过各自的渠道，流向已实现的战略。这是一种动态的战略观点，它将整个战略看成一种“行为流”的运动过程。

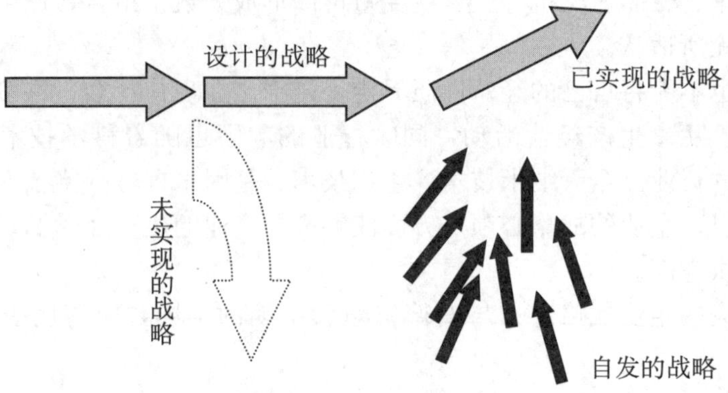

图 1-1　战略的形式

（4）战略是一种定位。前三种定义没有准确地回答一个基本问题，即战略到底是什么。鲁梅尔特（Rumelt）指出："一个人的战略会是另一个人的战术——一个事物是不是战略，取决于当事人所处的地位。"同样，也取决于当事人所处的时间。今天看来是战术性的问题，明天可能就会被证实是战略性的。因此，有些细节问题在一定时间一定程度上应该视作战略。例如，在与通用汽车公司竞争中，亨利·福特痛失市场份额的原因之一就是他只同意将汽车漆成黑色，而拒绝漆成其他颜色。颜色的选择看起来不是一个战略问题，最后却成了不折不扣的战略问题。

由此可见，战略的范围很广，它可以包括产品及生产过程、顾客及市场、企业的社会责任与自我利益等任何经营活动及行为。不过，最重要的是，战略应是一种定位，是一个组织在自身环境中所处的位置。对企业来讲，就是确定自己在市场中的位置。这就是战略的第四种定义。在这里，战略实际上成为企业与环境之间的一种中间力量，使企业的内部条件与外部环境更加融洽。换句话说，战略就是要把企业的重要资源集中到相应的地方，形成一个产品和市场的"生长圈"。

总之，把战略看成一种定位的概念意味着通过正确地配置企业的资源，形成企业有力的竞争优势。

（5）战略是一种观念。战略体现组织中人们对客观世界固有的认识方式。例如，有些企业是进取型的，创造新的技术，开拓新的市场；而有的企业则一成不变，固守在已有的市场上。企业的经营者对客观世界的不同认识会产生不同的经营效果。

由此可以看出，战略是一种观念的定义，强调战略是一种抽象的概念，只存在于需要战略的人的头脑之中。就如同价值观、文化和理想等精神内容为组织成员所共有一样，战略的观念要通过组织成员的期望和行为实现共享。在这个定义里，还需要强调的是集体的意识，个人的期望和行为是通过集体的期望和行为反映出来的。因此，研究一个企业的战略，要了解和掌握该企业的期望如何在成员间共享，以及如何在共同的基础上采取行动。

以上所列举的战略观点不足以覆盖所有研究成果。应当指出，每一种理论都有其独到之处，都能给我们一些有益的启示。

延伸阅读　小肥羊的经验之谈

企业战略的特征

尽管人们对企业战略的认识有太多分歧，但是对企业战略特征的认识基本一致。概括起来，企业战略应具有如下特征：

1. 企业战略具有全局性

企业战略就是企业发展的蓝图，制约着企业经营管理的一切具体活动，它追求企业的总体效果。企业战略是对企业的未来经营方向和目标的纲领性的规划和设计，对企业经营管理的所有方面都具有普遍的、全面的、权威的指导意义，只考虑局部利益的计划不能列入企业战略。

2. 企业战略具有长远性

企业战略考虑的是企业未来相当长一段时期内的总体发展问题。经验表明，企业战略通常着眼于未来3～5年乃至更长期的目标。企业战略反对短期化行为，其成效要以长远利益来衡量。

延伸阅读 长期战略该多长？3年、5年还是10年？

3. 企业战略具有指导性

企业战略规定了企业在一定时期内基本的发展目标，以及实现这一目标的基本途径，指导和激励着企业全体员工努力工作。

4. 企业战略具有创新性

企业战略的创新性源于企业内外部环境的发展变化，因循守旧的企业战略是无法适应时代发展的。

1.2 战略管理的含义、过程和层次

战略管理的含义

战略管理的本质与其他管理是不同的。具体的管理通常是处理经营控制问题，如产品的高效生产、销售人员的管理、财务的监控等。这些工作是在战略指导下，在相应环境状况下，组织管理的一部分。实际上，很多管理者大部分时间是在进行经营控制。那么战略管理是什么？战略管理是在充分占有信息基础上的一个决策和实施过程，包括三个相关联的主要阶段，即战略分析阶段、战略选择阶段和战略实施阶段（见图1-2）。具体来说，企业战略管理可以界定为：企业战略管理是为实现企业的愿景、使命和战略目标，科学地分析企业的内外部环境与条件，制定战略决策，评估、选择并实施战略方案，控制战略绩效的动态管理过程。

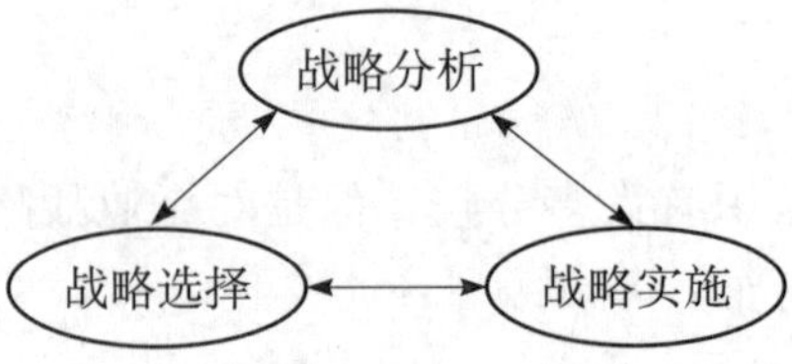

图1-2 战略管理过程的基本模型

许多教科书认为这三个阶段是直线关系，即战略分析之后是战略选择，战略选择之后是战略实施。其实在实际工作中，各阶段之间是相互联系的，很可能在评估战略时就开始战略实施了，因此，战略选择和战略实施会重叠；也可能战略分析是一个持续的过程，因此，战略分析会与战略实施重叠。

战略管理过程

1. 战略分析

战略分析是指对保证企业现在和未来始终处在良好状态的那些关键影响因素进行分析。战略分析要了解如下问题：企业的战略地位如何？环境正在发生哪些变化？它们怎样影响企业活动？对这些变化企业有哪些资源优势？与企业有关的个人和团体——管理人员、所有者或股东以及联盟等的愿望是什么？它们怎样影响企业当前的地位？将来会发生什么？战略分析的具体内容包括：

（1）外部环境分析。通过外部环境分析，了解企业所处环境的现状、变化规律和发展趋势，从中发现企业面临的机会和威胁。外部环境包括宏观环境、行业环境和竞争环境三个层次。

（2）内部条件分析。通过内部条件分析，了解企业所处的相对地位，分析、了解企业拥有的资源和战略能力，明确企业自身的优势和劣势。

（3）评估企业愿景和使命。通过对企业外部环境、内部条件的分析，掌握了环境中的机会和威胁，识别了自身的优势和劣势之后，有必要对企业的愿景、使命进行重新评估，决定是否作出修正，并在此基础上确定企业的战略目标。

战略分析为战略制定提供了基础。同时也很有必要了解企业现行战略和现行目标在方向及发展结果上的一致程度。现行战略能够应对组织环境变化吗？现行战略不可能与战略分析所描述的结果完全相符，不符合程度就是战略制定者面临的战略问题。有时需调整的程度较小，有时则需要作出大幅度的变动。

2. 战略选择

战略选择可分为三部分。

（1）战略方案的制定。战略方案制定包括公司层战略方案的制定、业务层战略方案的制定和职能层战略方案的制定。公司层战略方案主要考虑企业的经营范围或领域，确定企业通过从事哪些产业或行业，以及什么样的产品或服务来满足哪一类顾客的需求。业务层战略方案主要考虑企业在某一特定经营领域中，如何同其他企业展开竞争，采取哪些手段和方法来取得竞争优势。职能层战略方案主要考虑企业内部各个职能部门在特定职能管理范围内，如何通过业务改进和创新提高工作效率和资源利用效率，为贯彻、实施公司战略和竞争战略提供有效的服务、保障和支持。

在形成发展战略时，一种潜在的危险是管理者不是把所有的方案都考虑在内，而只考虑那些明显的方案，须知最明显的不一定是最好的。在战略选择中形成各种战略方案是一个很有帮助的环节。

（2）战略方案的评估。在选择战略方案时，公司管理层可能提出一系列问题。首先，哪些方案能支持和加强公司的实力，并且能够克服公司的弱点？哪些能完全利用机会和优势，同时又使公司面临的威胁最小或者能够完全消除？这一过程称为战略匹配性或适用性。其次，选中的战略方案能发挥多大的作用？所需的财务资源更多吗？是否能在正确的时间、正确的地点提供足够的存货？员工能被重新培训以适应所追求的形象吗？所有这些都是可行性问题。即使这些目标都达到了，此方案对所有者来讲是否可接受？

（3）战略方案的选择。这是选择战略方案的过程，也许只有一个或几个战略方案被选中。实际上不可能有完美的选择，因为任何方案都免不了有一些缺点。因此，最后的选择是一个管理评测问题，不能总被看作纯目的、纯逻辑的行为。

延伸阅读　一个大学毕业生的战略选择之路

3. 战略实施

战略实施就是将战略转化为行动。战略实施分为几个部分，它涉及资源计划（包括战略实施的“后勤保障”），哪些是需要完成的关键任务，企业资源混合使用时需要做哪些变动？到什么时候为止？谁对这些变动负责？可能组织结构中的变动也需要通过战略来实现。还可能需要改变用来管理组织的系统，不同的部门应对什么负责？需要哪些种类的信息系统来监测战略的进程？需要重新培训员工吗？20 世纪 80 年代某跨国公司决定扩展其国际业务时就面临着组织机构重组问题，这个问题通过地理区域的划分解决得很好。同时，控制不同地区业务及企业更细节的后勤工作的方法也需要进行相应改动，并且还存在培训的问题。

战略实施还要求对战略变革进行管理，这就要求管理者掌握管理变革过程的方法和技术。这些机制不仅与组织重新设计有关，还与变动组织文化和日常工作、克服变动的政治阻力等有关。

7S 架构（Peters and Waterman，1982）便是战略实施上一个很好的匹配架构。如图 1－3 所示，在战略实施上，战略管理人员必须考虑战略与其他六个 S 的匹配是否恰当，其他六个 S 分别指组织结构、共同价值观、人才、领导风格、技能与体制。例如，企业要推行全球化战略，则组织结构就必须更具有弹性（可能需要由原先的金字塔式结构转为扁平式结构）。除了结构必须进行变革以外，企业的共同价值观也必须随之变更。所谓共同价值观就是通常所说的企业文化。例如，全球化的战略需要更具有包容性的企业文化（企业文化的多样性将增加）。另外，全球化的战略也需要更多人才（需引进更具有国际观的人才）、不同的领导风格（由集权专制走向开明参与）、不同的管理体制来适应不同的经营环境（不同国家的分公司各有其管理规章），以及不同的控制技能来管理分散于各地的组织（由严密的制度来代替过去事必躬亲的人治控制）。

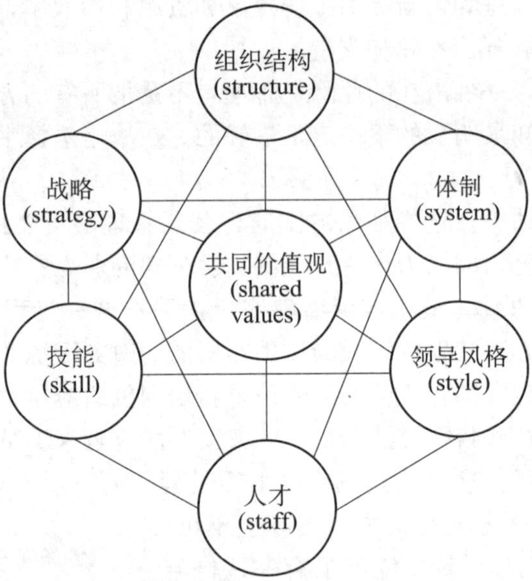

图 1-3　7S 架构

在战略实施过程中，还需要经常将战略实际的绩效同预期的绩效进行比较，以便及时发现偏差，进行调整。如果达到了预定的目标，则表示整个战略管理过程的完成。如果没有达到预定的目标，则需要进一步采取修正行动，对原来的战略目标和方案进行相应的调整。

战略管理的层次结构

企业内部往往设置若干管理层次，例如最高管理层、中间管理层和基层组织。尽管战略管理的最终责任由最高管理层承担，但其他管理层的管理者也要参与，甚至要制定和实施各自范围内的某种战略，这样便会在企业内形成战略管理层次。一般来说，拥有多个战略业务单位（strategic business unit，SBU）的企业战略至少可以分为三个层次：公司层战略、业务层战略和职能层战略。有些中小型企业，由于其内部没有相对独立的经营单位，不一定要将其战略分为三个层次。

1. 公司层战略

公司层战略，或称总体战略，是企业最高管理层指导和控制企业一切行为的最高行动纲领。公司层战略的对象是企业整体。在大中型企业，特别是多元化经营的企业里，公司层战略是企业战略中最高层次的战略。它需要根据企业的目标，选择企业可以竞争的经营领域，合理配置企业经营所必需的资源，使各项经营业务相互支持、相互协调。可以讲，从公司的经营发展方向到公司各经营单位之间的协调，从有形资源的充分利用到整个公司价值观念、文化环境的建立，都是公司层战略的重要内容。

从企业战略管理的角度来看，公司层战略的侧重点有以下三个方面：

第一，企业愿景和使命的确定。企业最适合从事哪些业务领域？为哪些消费者服务？企业向哪些领域发展？

第二，战略业务单位的划分及其发展规划。

第三，关键的战略业务单位的战略目标。

公司层战略的特点是：

第一，从形成的性质看，公司层战略是有关企业全局发展的、整体性的、长期的战略行为。

第二，从参与战略形成的人员看，公司层战略的制定与推行人员主要是企业的高层管理人员。

第三，从对企业发展的影响程度看，公司层战略与企业的组织形态有着密切的关系。当企业的组织形态简单、经营业务和目标单一时，公司层战略就是该项业务的战略。当企业的组织形态为了适应环境的需要而趋向复杂化，经营业务和目标多元化时，企业的公司层战略也相应复杂化，如形成多种战略等。不过，战略是根据企业环境变化的需要而提出来的，它对企业的组织形态也有反作用，要求企业组织形态在一定的时期内作出相应的变化。例如，企业准备利用一部分内部资源进行合资经营时，企业的组织形态就需要适应这种变化，形成可以进行合资的事业部。

2. 业务层战略

业务层战略是在公司层战略的指导下，经营管理某一战略业务单位的战略，是企业总体战略之下的子战略，为企业的整体目标服务。从事多元化经营的公司往往拥有多个战略业务单位。业务层战略是由分管各战略业务单位的管理者制定的，它主要侧重于在特定的细分市场中获取竞争优势，包括进行准确的市场定位和选择有效的经营模式，例如，发现或创造新的市场机会；针对市场需要开发新的产品和服务；评估产品和服务在多大程度上满足了客户需求，主要表现在市场份额是否增加或投资收益率是否提高；如何有效地利用分配的资源等问题。

3. 职能层战略

职能层战略是属于企业运营层面的战略，是为贯彻、实施和支持公司层战略与业务层战略而在企业特定的职能管理领域制定的战略。它是企业内主要职能部门的战略计划，职能部门的管理人员可以更加清楚地认识到本部门在实施企业总体战略中的责任和要求，有效地发挥研究开发、营销、生产、财务、人力资源等方面的经营职能，保证实现企业目标。职能层战略一般可分为研发战略、生产战略、营销战略、人力资源战略、财务战略等。

公司层战略、业务层战略和职能层战略共同构成了企业完整的战略体系，只有不同层次的战略彼此联系、相互配合，企业的目标才能实现，它们之间的相互关系如图1-4所示。

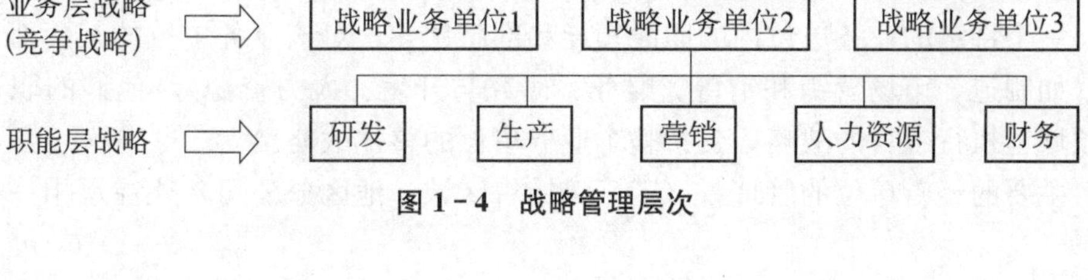

图1-4　战略管理层次

1.3 战略管理者与战略性思维

战略管理者

著名的军事战略家克劳塞维茨曾说过："在双方军队参战之前，战争的胜负已经可以从双方的战略家身上看出来了。"商业竞争在很大程度上与军事对抗一样，企业战略管理者对企业战略管理的成败有十分重要的关系。企业战略管理者是企业战略管理的主体，是企业内外部环境的分析者，是企业战略的制定者，是战略实施的领导者和组织者，是实施过程的控制者和结果的评价者。一般来说，战略管理者主要包括公司的高层管理者、董事会以及专职战略规划人员等。

（一）公司的高层管理者

首席执行官（CEO）的主要责任是制定公司的主要发展方向、主要目标、主要战略，也是主要的战略实施者。虽然公司的其他高层管理者也有重要的领导责任，领导整个公司的战略规划制定和执行的最终责任却是由公司的首席执行官来承担的。

分管生产、市场营销、财务、人力资源以及其他部门的副总裁也有重要的战略制定和战略实施责任。一般来说，生产副总裁在生产战略的制定中承担着主要责任；市场营销副总裁在市场营销战略的制定中承担着主要责任；财务副总裁则往往负责制定恰当的财务战略。一般来说，首席执行官级别以下的高层管理者也参与整个公司战略中关键要素的提出和确立，参与战略策划，同首席执行官紧密合作，寻求一致，达成统一，有效地协调战略的各个侧面。

但是，战略制定和战略实施的责任在管理者之间的这种分配并不意味着战略的制定和实施责任就局限在首席执行官、公司副总裁、小型公司的所有者及企业家身上。公司中每一个主要的组织单元——业务单位、部门、参谋人员、支持小组或者地区分公司，在公司的战略规划中通常都有一个主要的或支持性的角色。而负责那个组织单元的管理者在上级的指导下，通常完成该部门的部分或绝大部分战略的制定工作，并选择执行所作出的战略抉择的途径和方法。虽然处于公司组织结构底层的管理者的战略制定和执行的角色明显要弱一些，但每一个管理者在其所管理的领域里都是战略制定者和战略实施者。

在多元化的公司中，不同的业务有不同的战略，通常有四种不同的战略管理者：

（1）首席执行官以及其他高层次的经理人员，对于影响整个公司所进入的所有多元化业务的大战略决策拥有主要的责任和权力。

（2）对一项特定的业务承担自负盈亏的责任，在这个业务单位内拥有主要的领导权。

（3）一个特定的业务单位内的职能领导和部门领导，对该业务单位的某一部分有直接的权力（如制造、市场营销和销售、财务、研究与开发、人力资源），他们的职责就是在各自的领域里执行各自的战略，支持整个业务单位的整体战略。

（4）主要的经营单位的管理者（工厂、销售区域、地区分公司）往往承担一种现场责任，在他们的领域里制定细节战略，即在基层实施和执行整个战略过程中由他们承担责任的那部分内容。

但是单一业务公司所需的层次只有三个（业务层次的战略管理者，职能领域层次的管理者，经营运作层次的战略管理者）。在大型的单一业务公司中，战略管理者的队伍包括：首席执行官是公司首要的战略家，对战略的制定和执行有最终的权力；副总裁和部门领导负责公司的重要活动（如研究与开发、生产、市场营销、财务、人力资源等）；各个经营单位的管理者，如各个工厂的管理者、销售部门的管理者、分销中心的管理者以及参谋部门的管理者，负责具体管理公司的业务经营范围。不过，小型企业一般只有1～2个战略管理者，因为在小型企业中整个战略制定和战略实施可以掌握在少数几个人的手中。

（二）董事会

由于战略制定和实施主要由一些关键的管理者负责，因此公司董事会的战略角色就是对他们进行监督，确保战略有利于股东利益。公司的经理人员对一些重大的战略行动向董事会的成员汇报，把公司的战略规划提交董事会讨论。由于绝大多数的外部董事缺乏特定行业的经验，他们对公司的了解是有限的。董事会的成员很少对公司的战略问题有详尽的了解，几乎提不出更有吸引力的战略来反对管理部门提出的战略方案。所以董事不能或不应该在战略制定或实施上扮演直接的角色。董事在战略管理中的角色是评价并最终批准战略规划。董事要能够独立地评价管理层的战略提案是否经过了充分的分析论证，是否比其他方案更令人满意。董事的另外一个角色是评价高层执行人员制定战略和实施战略的能力和技能，判断首席执行官的战略管理工作是否出色。近年来，苹果公司、通用汽车公司、美国捷运公司和IBM的董事会都认为高层执行人员对公司战略的调整速度和深度不够，不足以适应市场的变化。它们对公司的首席执行官施加压力，要求首席执行官退位，起用新的领导，增加公司的活力，从而更新公司的战略。所以，董事会的战略角色是双重的：(1) 不断审查公司的长期发展方向和战略的合理性。一般来说，给予高层执行人员权力，但要对他们进行监控，提出建设性的批评，时刻准备在必要的时候进行必要的干预。(2) 评价现任首席执行官及其继任者的领导能力，一旦公司的业绩没有达到目标水平就及时进行恰当的人事变动，董事会的监督作用就得到充分的发挥。董事会成员在参与战略管理的程度上有很大的差异，表1-1是根据参与程度进行的分类。其中挂名型、无主见型董事对企业战略管理的发展是不利的。

表1-1 董事会在战略管理中的参与程度和企业发展的关系

参与战略管理的程度：低（被动、消极）←→高（主动、积极）					
挂名型	无主见型	低度参与型	中度参与型	积极参与型	促进型
从来不知道应该做什么，对战略毫不关心。	听任管理人员作出一切决策；只负责对管理人员提出的建议进行审查。	只是从形式上对部分企业高层管理者的建议进行审查。	有限地参与有关管理方面的决策，或者有选择地评审关键战略决策或行动方案。	对企业的使命、战略、政策和目标进行询问，并作出最后决择；通过各种委员会进行年度的管理审计。	在建立和修改企业使命、目标、战略和政策中起主导作用，并设有一个非常积极负责的战略委员会。

（三）专职战略规划人员

当企业高层管理人员无法应付过于繁重的战略制定工作的时候，通常将其中的一部分工作交给一个由高层管理人员组成的战略规划委员会或由一名副总经理负责的专门的战略规划部门。这种专职战略规划人员主要负责收集和分析各种数据，提出和评价各种可执行的战略方案。一般来说，专职的战略规划人员和专门的规划部门只在大型企业中才有，其人数在1～50人之间。专职规划人员的职责是帮助高层管理者制定企业的目标和战略，并审查和协调各个事业部门的规划，帮助高层管理者设计企业的战略管理系统，准备企业规划手册，为各事业部提供环境分析结果，并为它们的规划活动给予指导，就诸如并购、事业部或产品线的出让等重大问题为高层管理者提供企业的整体规划，对高层管理者所关心的专项问题进行研究等。正因为专职战略规划人员可以在战略制定过程中起着如此重要的作用，在某些企业中他们实际上决定着企业的未来。这些影响力来源于他们在战略管理方面的知识和技术，来源于他们对战略决策信息的控制和掌握。然而，这种角色也常常使他们与一线管理者之间出现矛盾。

战略性思维

战略管理者必须具备战略性思维，只有这样，战略管理者才能在错综复杂的环境中把握方向，发展壮大企业。所谓战略性思维，是指管理者能站在公司总体战略设想的高度，来制定决策和实施管理，对多变的市场环境灵活应对，给企业带来预期的效益。

战略性思维的内容主要有以下几点：

（1）超前意识。这就是战略管理者思想敏锐，目光远大，能先人一步预见到事物的发展变化，提早作出决策并付诸行动。

（2）长远意识。战略管理者要集中大部分时间和精力去思考未来几年或更长远的事情，考虑企业的发展方向和定位。虽然对未来长远发展情况的预测很困难，但绝不能只顾眼前而忽视长远。

（3）全局意识。战略管理者心中必须时刻装着企业全局，思考企业整体的利益。企业是一个系统，内含若干子系统，在子系统与系统之间以及各子系统相互之间，必然会出现矛盾。在战略管理过程中，就要按照全局意识来处理这些矛盾，协调各方关系，实现整体优化。这里还包括处理好企业与外部环境之间的关系，企业既受环境影响又可影响环境，处理好这些关系也是维护企业整体利益的需要。

（4）权变意识。战略管理是一门科学也是一门艺术，这应成为管理者的共识。在战略规划和实施中，一切都要从实际出发，发挥各自的创造性，机动灵活地处理问题。即使是管理者本人或所在企业过去的成功经验，也不一定适用于当前或未来的新情况，仍需要重新审定。

（5）创新意识。创新就是敢于求新求异或标新立异，绝不墨守成规或随大流。战略管理者必须富有创新意识，面对竞争对手出其不意，以新以变取胜，形成自己的特色。

（6）人本意识。战略管理者要树立牢固的群众观点，充分发挥广大员工的积极性和创造性，让他们参与讨论、参与制定、参与实施。这样才能保证企业战略取得良好的效果。

战略管理者要树立并善于运用战略性思维，随时随地用它来指导自己的工作，思考有关企业战略的问题。战略的形成是一个渐进的过程，战略性思维是经常起作用的，并逐步形成适合本企业的战略性思维模式。

延伸阅读 数字化时代的战略思维

1.4 战略管理理论的演变过程

无论在管理理论还是管理实践中，战略管理理论皆占据着十分重要的地位。从发展的先后顺序上看，它大体可以分为：以环境为基点的经典战略管理理论，以产业（市场）结构分析为基础的竞争战略理论和以资源、知识为基础的核心竞争力理论。

1. 以环境为基点的经典战略管理理论

20世纪60年代初，美国著名管理学家钱德勒（Chandler）的《战略与结构》一书首开企业战略问题研究之先河。在这部著作中，钱德勒分析了环境、战略和组织结构之间的相互关系。他认为，企业经营战略应当适应环境和满足市场需要，而组织结构又必须适应企业战略，随着战略变化而变化。因此，他被公认为研究环境-战略-结构之间关系的第一位管理学家。其后，就战略构造问题的研究形成了两个学派：设计学派和计划学派。

设计学派以哈佛商学院的安德鲁斯教授及其同仁为代表。他们在主张经营战略是使组织（企业）自身的条件与所遇到的机会相适应的基础上，建立了将战略构造分为制定与实施两大部分的基本模型。该学派认为，首先，在制定战略的过程中要分析企业的优势与劣势、机会与威胁，因为这将涉及企业的竞争环境和企业发展的外部空间。其次，高层经理人员应是战略制定的设计师，同时他们还必须督导战略的实施。最后，战略构造的模式应是简单而又非正式的，最好的战略应该具有创造性和灵活性。

与设计学派几乎同时产生的计划学派以安索夫为杰出代表。安索夫在1965年出版了《公司战略》一书。以他为代表的计划学派主张：战略构造应是一个有控制、有意识的正式计划过程，企业的高层管理者负责计划的全过程，而具体制定和实施计划的人员必须对高层管理者负责；通过目标、项目、预算的分解来实施所制定的战略计划等。1972年安索夫在《企业经营政策》杂志上发表了《战略管理思想》一文，正式提出“战略管理”的概念，为后来企业战略管理理论的发展奠定了基础。1979年，安索夫出版了《战略管理》一书，系统地提出了战略管理模式。他认为，战略行为是企业对环境的适应过程以及由此导致的企业内部结构化的过程；企业战略的出发点是追求自身的生存与发展。

从以上内容中不难看出，尽管这一时期学者们的研究方法各异，具体主张不尽相同，但总体上说，其核心思想是一致的，主要体现在以下几点：（1）企业战略的基点是适应环境。环境往往是企业难以左右的，企业制定战略必须充分考虑环境的变化，只有适应环境变化，企业才能求得生存与发展。（2）企业战略的目标在于提高市场占有率。企业战略适应环境变化旨在满足市场需求，获取理想的市场占有率，这样才有利于企业的生存与发展。可以说，企业如何获取理想的市场占有率在经典战略管理理论中居于核心地位。（3）企业战略的实施要求组织结构的变化与适应。经典战略管理的实质是一个组织对其环境的适应过程以及由此带来的组织内部结构化的过程。因而，在战略实施上，势必要求企业组织结构要与企业战略相适应。这些核心思想为企业战略管理理论的形成与发展奠定了基础。然而，需指出的是，以环境为基点的经典战略管理理论至少存在以下不足之处：（1）该理论缺少对企业将投入竞争的两个或多个产业进行分析与选择，它从现存的产业市场出发，要求企业所适应的环境实质上是已结构化的产业市场环境，这势必导致：一方面，企业所追求的生存与发展空间十分有限；另一方面，企业往往被动地适应环境，处于被动地追随领先者的困境之中，充其量只能是战略的追随者。（2）该理论缺乏对企业内在环境的考虑，它只是从企业的外部环境来考察企业战略问题。但从某种意义上说，正是这些不足之处才为推动企业战略管理理论的发展提供了契机。

2. 以产业（市场）结构分析为基础的竞争战略理论

经典战略管理理论的缺陷之一是忽视了对企业的竞争环境进行分析与选择。在一定程度上弥补这一缺陷的是波特（Porter），他将产业组织理论中结构（S）-行为（C）-绩效（P）这一分析范式引入企业战略管理研究之中，提出了以产业（市场）结构分析为基础的竞争战略理论。

波特认为，企业的盈利能力取决于选择何种竞争战略，而竞争战略的选择应基于以下两点：（1）选择有吸引力的、高潜在利润的产业。不同产业所具有的吸引力以及带来的持续盈利机会是不同的，一个企业选择朝阳产业要比选择夕阳产业更利于提高自己的获利能力，因为一个企业所选择的那个产业的内在盈利能力是决定该企业获利能力与机会的重要因素。（2）在已选择的产业中确定自己优势的竞争地位。一般说来，在一个产业中，不管它的吸引力以及提供的盈利机会如何，处于竞争优势地位的企业要比处于劣势地位的企业更有利可图。而要正确地选择有吸引力的产业并给自己的竞争优势定位，就必须对将要进入的一个或几个产业的结构状况和竞争环境进行分析。

在《竞争战略》一书中，波特提出了著名的五种竞争力量（进入威胁、替代威胁、现有竞争对手的竞争以及客户和供应商讨价还价的能力）所形成的竞争模型，认为产业的吸引力、潜在利润是这五个方面的压力相互作用的结果，而“战略制定的关键就是要透过表面现象分析竞争压力的来源。对于表象之下的压力来源的认识可使公司的关键优势与劣势凸显出来”。由此不难发现，企业可以通过其战略对五种竞争力量产生影响，并影响产业（市场）结构，甚至改变某些竞争规则，从而赢得竞争优势，提高自己的盈利能力。波特的研究正是按照这样的思路展开的。他首先构建了一个制定竞争战略的模型，分析了决定产业因潜在利润而具有吸引力的五种竞争力量；然后在此基础上提出了赢得竞争优势的三种通用战略，成本领先战略、差异化战略和集中化战略。其次，波特通过对各个具体产业如分散型产业、新兴产业、走向成熟的过渡产业、夕阳产业以及全球性产业等的环境进行分析，把上述三种通用战略加以具体化。

与经典战略管理理论相比，竞争战略理论前进了一大步。它指出了企业在分析产业（市场）结构竞争环境的基础上制定竞争战略的重要性，从而有助于企业将其竞争战略的眼光转向对有吸引力的产业的选择上。然而，同经典战略管理理论一样，竞争战略理论仍缺乏对企业内在环境的考虑，因而无法合理地解释下列问题：为什么在无吸引力的产业中仍能有盈利水平很高的企业存在，而在吸引力很高的产业中却又存在经营状况很差的企业？受潜在高利润的诱惑，企业进入与自身竞争优势毫不相关的产业进行多元化经营，最终这些企业缘何大多以失败告终？等等。波特后来对这些缺陷有所认识，并在此后的《竞争优势》(Porter，1985）一书中，从企业的内在环境出发，提出以价值链为基础的战略分析模型，试图弥补原有理论的不足。但是，就价值链的分析方法而言，它几乎涉及企业内部所有方面，存在着对主要方面（如特定技术和生产方面）重视不足的局限性。在这样的情形下，以资源、知识为基础的核心竞争力理论迅速发展起来。

3. 以资源、知识为基础的核心竞争力理论

近些年来，信息技术的迅猛发展使竞争环境更加恶劣，企业不得不把眼光从关注外部产品市场环境转向内在环境，注重对自身独特资源和知识（技术）的积累，以形成特有的竞争力（核心竞争力)。20 世纪 80 年代中期“资源观”和 90 年代初“知识观”的提出正是对这种转变的积极响应。这一时期的企业战略管理理论称为以资源、知识为基础的核心竞争力理论。

该理论认为，企业经营战略的关键在于培养和发展企业的核心竞争力。所谓核心竞争力是“组织中的积累性学识，特别是关于如何协调不同的生产技能和有机结合多种技术流的学识”(Prahalad & Hamel，1990)。因此，核心竞争力的形成要经历企业内部资源、知识、技术等的积累与整合过程。通过这一系列的有效积累与整合，形成持续的竞争优势后，就能为企业获取超额利润提供保证。很明显，该理论着重强调的是企业内部条件对于保持竞争优势以及获取超额利润的决定性作用。这表现在战略管理实践上，就是企业要从自身资源和能力出发，在自己拥有一定优势的产业及其关联产业进行多元化经营，从而避免受产业吸引力诱导而盲目地进入不相关产业。

该理论还认为，并不是企业所有的资源、知识和能力都能形成持续的竞争优势，只有当资源、知识和能力同时符合珍贵（能增加企业外部环境中的机会或减少威胁的资源、知识和能力才是珍贵的)、异质（企业独一无二的、没有被当前和潜在的竞争对手所拥有)、不可模仿（其他企业无法获得的)、难以替代（没有战略性等价物）的标准之时，它们才成为核心竞争力，并形成企业持续的竞争优势。因而，要培养和发展核心竞争力，企业应首先分析自身的资源、知识和能力的状况，然后依据上述标准，选择其中某一方面或几个方面，充分发挥这一个方面或几个方面的优势，并成为最擅长者。显然，核心竞争力理论克服了波特的价值链分析模型涵盖企业内部所有方面的过度宽泛性。此外，在选择那些可能成为核心竞争力的方面的同时，还应关注未来新的核心竞争力的培养。而要培养新的核心竞争力，必须提高产业预见能力。为此，企业应根据对人的需求欲望、技术发展、社会大趋势等前瞻性的预测，从完全想象的市场出发来构想未来的产业，培养新的核心竞争力，从而使自己永久地保持有核心竞争力的领导地位，成为未来产业的领先者。

4. 现代战略管理新理论

20 世纪 90 年代以前的战略管理理论，多建立在对抗竞争的基础上，侧重于讨论竞争

和竞争优势。20 世纪 90 年代以后，随着全球经济一体化进程的加速，企业经营环境的不确定性日益增大，企业很难仅仅依靠自己的力量掌握竞争的主动权。战略联盟理论的出现使人们开始关注企业间各种形式的联合，在此背景下，超越竞争成为战略管理理论的一个新热点。围绕这一趋势，出现了一些新的理论。

（1）顾客价值理论。过去为了获得竞争优势，学者们在分析产业环境和改进组织内部方面进行了大量的研究，但是如果这些努力不能被顾客认可，产品和服务不能被顾客认同，企业就无法建立真正的竞争优势。顾客价值理论的创新之处在于企业是真正站在顾客的角度来看待产品和服务的价值，这种价值不是由企业决定的，而是由顾客决定的。随着技术发展的日新月异和新产品的不断涌现，顾客对产品和服务的期望越来越高。当今的顾客已不再是产品与服务的被动接受者，他们掌握了更多的知识、信息和技能，更热衷于学习和实践，在日趋宽泛的产品选择中享有主动权。企业只有提供比竞争对手更多的价值给顾客，才能形成并留住忠诚的顾客。顾客价值理论正成为理论界和企业界关注的焦点，被视为竞争优势的新来源。

（2）商业生态系统理论。1996 年，美国学者詹姆斯·穆尔在《竞争的衰亡》一书中首次将生物生态系统应用于商业领域，打破了传统的以行业划分为前提的战略管理理论的限制。所谓“商业生态系统”是指客户、供应商、主要生产厂家以及其他有关人员相互配合组成的群体，同时还包括那些提供资金的人以及有关的行业协会，掌管标准的组织、工会、政府和半官方机构。企业要想在复杂多变的环境中生存和发展，离不开与供应商、顾客、社会组织、公众及自然环境的紧密配合与联系。商业生态系统理论打破了传统的“把自己看作单个个体”的竞争思维模式，主张“共同进化”。这种新的理论模式弥补了以往战略管理理论偏重竞争忽视合作的缺陷，为企业构造新的商业模式提供了理论框架和思考方法。

（3）边缘竞争战略理论。在当今市场变革日益普遍和激烈的情况下，美国管理学家布朗和艾森哈特在 1998 年出版的《边缘竞争》一书中论述了一种新的开创性战略——边缘竞争战略。他们认为快速变化和不可预测性是未来经营环境的主要特征，因此，战略最重要的任务是对变革进行管理。边缘竞争战略的核心在于利用变革的动态本质来构建一系列的竞争优势。它力图捕捉无序平衡的边缘状态，使公司在无序和有序之间保持微妙的平衡。熟练地掌握了边缘竞争的时间和边缘的平衡方法之后，管理人员便可避免单纯的市场反应，设定变革节拍，迫使竞争对手跟随自己的战略方向，从而控制市场的竞争格局。这种战略的顺利实施需要得到相应组织结构的支持，这种组织结构的特点就是在固定式结构和松散式结构间寻找最佳的结合方式。边缘竞争战略的成就在于它解决了公司在高度变革和高度不确定性的市场上所面临的战略挑战，通过不断地创新和变革公司本身来获取持续竞争优势。

（4）蓝海竞争战略理论。2005 年，欧洲工商管理学院的钱·金教授和勒妮·莫博涅教授所著的《蓝海战略》一书在世界范围内引起了很大反响。从管理角度看，《蓝海战略》一书给战略赋予了新的含义，为制定战略决策提供了新的思路，开阔了眼界。钱·金和勒妮·莫博涅认为市场由两种海洋组成：红色海洋和蓝色海洋，简称红海和蓝海。红海代表现今存在的所有产业，是我们已知的市场，也就是我们已经开拓出来的、已经被部分或全部满足的市场；蓝海则代表当今还不存在的产业，即未知的市场空间，它有待我们去挖掘。在红海中，每个产业的界限已被划定并为人们所接受，竞争规则也已为人们所知。在这里，企业试图击败对手，以攫取更大的市场份额。随着市场空间越来越拥挤，利润和增长的前途也就越来越黯淡。产品大量积压，红海的竞争也越发残酷。在红海中，企业与企业之间的竞争是血腥的，它们始终处于相互对峙的状态，一方的生存是以另一方的出局为代价的。这种竞争不会为社会增加任何价值，不会创造对社会有意义的东西。与之相对，蓝海代表着亟待开发的市场空间，代表着创造新需求，代表着高利润增长的机会。尽管有些蓝海完全是在已有产业边界以外创建的，但大多数蓝海是通过在红海内部扩展已有产业边界而开拓出来的。在蓝海中，竞争无从谈起，因为游戏规则还未制定。蓝海也就是我们通常所说的把市场这个蛋糕做大，在这种情况下，竞争对手之间不再是你死我活，他们可以通过合作共同努力，扩大原有产业的边界，真正站在客户的立场上创造出对社会有意义的东西，从而使大部分企业都能从中获利。蓝海战略代表着战略管理领域的范式性转变，即从给定结构下的定位选择向改变市场结构本身转变。由于蓝海的开创是基于价值创造而不是技术突破，是基于对现有市场的重新排序和构建而不是对未来市场的猜想和预测，企业就能够以系统性的、可复制的方式去寻求它；蓝海既可以出现在现有产业疆域之外，也可以萌生在现有产业的红海之中。

基本概念

战略管理（strategic management）

战略（strategy）

7S架构（7S Model）

战略管理者（strategic manager）

战略性思维（strategic thinking）

思考题

1. 如何理解企业战略？它有什么特征？
2. 战略管理过程分为哪几个阶段？相互间关系如何？
3. 公司层战略、业务层战略和职能层战略的区别和联系是什么？
4. 简述几种战略管理的新理论。
5. 假设你是某企业高层领导，该如何考虑企业的战略问题？中低层管理者又当如何？

章末案例

海尔集团

1984年，青岛电冰箱总厂——海尔的前身是一个濒临破产的集体企业，有800多名员工，企业已陷入发不出工资的困境。而如今，海尔集团是世界第一大白色家电生产商、中国最具价值品牌排名前列，2017年进入世界品牌50强。海尔集团在全球设有21个工业园、10大研发中心、66个贸易公司，产品涵盖冰箱冷柜、洗衣机、热水器、空调、电视、厨电、智慧家电和定制产品八大品类。几十年的成长路上，海尔洞察家庭生活的需求变化，不断将海尔品牌打造成代表时代进步的同龄品牌。如今，海尔探索、深挖智慧家电领域，以“你的生活智慧，我的智慧生活”为口号，将人工智能、物联网等智慧科技融入家电产品中，重新定义智慧生活。

海尔集团在首席执行官张瑞敏的领导下，先后实施名牌战略、多元化战略、国际化战略、全球化品牌战略和网络化战略（见图1-5），取得了巨大的成功。下面介绍五大战略的内容。

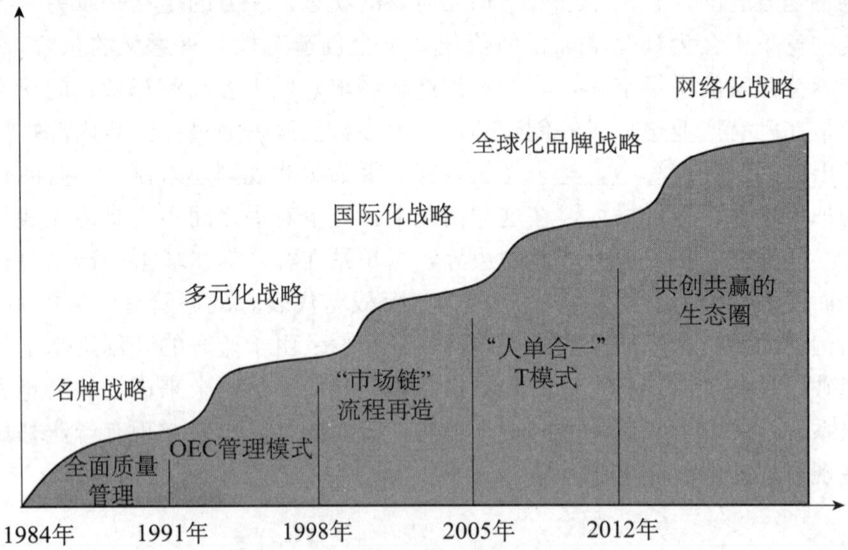

图1-5 海尔战略创新的五个阶段

一、名牌战略阶段（1984—1991年）：造就海尔冰箱名牌

特征：只做冰箱一个产品，探索并积累了企业管理的经验，为今后的发展奠定了坚实的基础，总结出一套可移植的管理模式。

自1984年海尔集团的前身青岛电冰箱总厂成立至1991年的7年时间里，海尔在实施名牌战略过程中，坚持技术质量上的高起点，强化全员质量意识和产品质量意识，坚持技术进步，通过狠抓产品质量，创立了海尔冰箱名牌。

1. 坚持技术、质量上的高起点。1984年成立的青岛电冰箱总厂是轻工业部最后一批电冰箱定点生产厂家，当时市场上的国产冰箱已有100多个品牌，竞争非常激烈，但是没有“名牌”冰箱。因此，海尔在刚开始生产冰箱时，就提出了“名牌战略”的口号。“名牌战略”的核心就是产品的高质量。

2. 强化全员质量意识，强化产品质量管理。海尔认为：人是质量中最关键的因素，抓质量应该首先从人抓起。海尔通过砸冰箱事件成功地提升了员工的质量意识。

3. 坚持技术进步不停顿。海尔在发展过程中十分注重技术开发，不断否定自己，加快更新换代的步伐，始终保持技术上、质量上的发展创新，确保在市场上的技术领先地位。海尔在无氟节能冰箱研制上已达到国际最高水平，代表中国和亚洲先后参加了美国“世界地球日”、维也纳“氟利昂及哈龙替代国际学术交流会”、印度新德里“国际无氟成果研讨会”等多个国际学术交流会，引起世界轰动，被世界环保组织誉为“世界多一个海尔，地球多一份安全”。

二、多元化战略阶段（1992—1998年）：从单一的冰箱名牌到多元的海尔名牌

特征：从一个产品向多个产品发展（1984年只有冰箱，1998年时已有几十种产

品），从白色家电进入黑色家电领域，以“吃休克鱼”的方式进行资本运营，以无形资产盘活有形资产，在最短的时间里以最低的成本把规模做大，把企业做强。1992年我国经济进入一个新的发展时期，海尔抓住时机先后兼并青岛电冰柜总厂、青岛空调器厂和青岛红星电器股份有限公司等18家企业，并投资兴建海尔园开始二次创业，现在海尔产品涉及冰箱、冷柜、空调、洗衣机和彩电、计算机、手机等领域，形成46个系列、8 600多个品种规格的多元化产品群。

1. 立足市场，发展名牌。以市场规律为依据，海尔总是首先确保产品质量、管理，然后再扩大产量、规模，以质取胜，以名牌取胜。

2. 强化管理，巩固名牌。海尔以质量为中心从严治理，强化以质量为主线的科学管理体系。管理方法不断改进创新，以基础管理和现场管理为重点，把IE、6S活动、网络技术、全面质量管理、系统工程和价值工程等引入企业管理，使名牌产品处于先进的全方位优化管理之中。

3. 联合舰队，延伸名牌。海尔提出了“联合舰队”的管理模式，即海尔集团的模式不是一列火车，而是一支联合舰队，每一舰只都有自己很强的战斗力，又可联合作战，整体大于部分之和。这样，就能由一个名牌产品发展为一个名牌群，延伸了名牌的范围。现在，海尔的产品形成了变频系列、抗菌系列、健康系列、环保系列、智能化系列等46个系列、8 600多个品种规格的名牌产品群。海尔产品从整体上形成了优势，每一个系列又有不同的创新点，分别在技术、概念、需求、外观设计等方面独具特色。

4. 技术创新，确立品牌地位。通过技术创新，海尔成功地确立了海尔品牌在国内市场的地位。海尔在进行技术创新时遵循三条原则：“课题市场化”“成果商品化”“目标国际化”。

三、国际化战略阶段（1998—2005年）：争创国际名牌

特征：产品批量销往全球主要经济区域市场，有自己的海外经销商网络与售后服务网络，海尔品牌已经有了一定知名度、信誉度与美誉度。

1998年以来，海尔集团全面实施国际化战略，争创国际化的海尔。

1. 先难后易，打开国际市场。首先进入发达国家建立信誉，创出牌子，然后再以高屋建瓴之势占领发展中国家的市场。目前海尔产品已出口到87个国家和地区。1998年，海尔冰箱、冷柜、空调、洗衣机四大主导产品的出口量分别同比增长21%、144%、183%、134%；全年出口创汇达7 665万美元，较1997年同期增长36%。

2. 构建海外专营网络，实现全球市场竞争。海尔已在海内外发展了49个经销商，销售网络达3 000多个，并在中东和德国分别建立了“国际物流中心”。

3. “三个三分之一”。“三个三分之一”是海尔在全球市场的发展规划，即海尔产品1/3国内生产国内销售，1/3国内生产国外销售，1/3国外生产国外销售。

4. 国际化的信息、技术开发网络。国际化信息网络由“紧跟国际先进技术产品分析、评审”的内部机制与由在首尔、东京、里昂、洛杉矶、蒙特利尔、阿姆斯特丹等地建立的10个信息分中心组成的外部网络构成。通过内外部的统一，获得并利用最新的信息开展技术创新工作，满足国内外市场不断变化的需求。

四、全球化品牌战略阶段（2006—2011年）：运作全球范围的品牌

特征：从2006年开始，海尔集团进入第四个发展战略阶段：全球化品牌战略阶段。国际化战略和全球化品牌战略的区别是：国际化战略是以中国为基地，向全球辐射；全球化品牌战略则是在每一个国家的市场创造本土化的海尔品牌。海尔实施全球化品牌战略要解决的问题是：提升产品的竞争力和企业运营的竞争力。与分供方、客户、用户都实现双赢。从单一文化发展为多元文化，实现持续发展。

1. 设计全球化。海尔集团在全球范围内共有18个设计中心，通过整合发达国家的优势资源，在激烈的国际竞争中占有一席之地。

2. 制造全球化。海尔集团在全球建有21个工业园，在海外有22个制造基地，真正实现了海尔产品全球造，有效满足了海内外消费者对高质量海尔产品的需求，为海尔集团实现创世界名牌的目标提供了强有力的支持。

3. 营销全球化。海尔集团在海外有营销网点10 000余个，实现了营销的全球化。海尔集团在推行营销全球化时坚持三个原则：互动、发展、创新。比如，美国的一些好的销售经验可以被欧洲学习，欧洲好的销售经验可以被中东采纳。通过召开互动会，每个地区都能发展起来。

4. 采购全球化。海尔集团通过互联网在全球范围内进行网上招标、网上采购，和全球最好的分供方建立战略联盟关系，让分供方不只是供货，还要参与到产品的前端设计上来。

5. 资本运作全球化。海尔集团通过在产业领域创出的品牌信誉进入金融业，搭建了海尔的金融框架，包括入主青岛商业银行，控股鞍山信托、长江证券，成立保险代理公司、人寿保险合资公司、财务公司，为进入国际资本市场奠定基础，为海尔集团日后发展搭建更为广阔的平台。

五、网络化战略阶段（2012年至今）：打造世界互联网企业

特征：随着网络信息化的快速发展，海尔集团紧跟时代潮流，继名牌战略、多元化战略、国际化战略和全球化战略阶段之后，从2012年进入第五个发展战略阶段：网络化战略阶段。在此阶段海尔从传统制造家电产品的企业转型为面向全社会孵化创客的平台，致力于成为互联网企业，颠覆传统企业自成体系的封闭系统，变成网络互联中的节点，互联互通各种资源，打造共创共赢新平台，实现攸关各方的共赢增值。

1. 组织网络化。海尔的企业组织架构，变传统的自我封闭为开放的互联网节点，颠覆科层制为网状组织。从原来的“正三角”转变为“倒三角”，又从“倒三角”扁平化为节点闭环的网络组织。在这一过程中，员工从雇佣者、执行者转变为创业者、动态合伙人，目的是构建社群最佳体验生态圈，满足用户的个性化需求。企业内部与外部打破边界，实行平台性的按单聚散，随时汇聚全球一流资源，形成动态优化的利益共同体。原来的一级、二级自主经营体完全为了同一个目标聚合到一起，加上合作方、分供方，共同组成了网络化组织。

2. 资源网络化。在海尔集团里管理无领导，每个员工都是CEO，利用网络化平台体现的资源开放的特点达到资源共享，包括全球一流的设计资源、供应商资源、营销资源等。在网络上，资源是开放的，如何获取资源成了关键，这也是组织所要解决

的问题。

3. 用户网络化。网络化时代拉近了企业与用户之间的距离，原来企业的大规模制造注定要被企业的大规模定制所代替。海尔集团以用户为中心，把原来的内部考评标准变成由用户考评。在网络的平台下实行供应链无尺度，意在满足大众和小众的用户需求。这就是在互联网上不仅开展电子商务更是借助网络搭建与用户零距离互动的平台，挖掘用户的个性化需求，为用户创造价值。随着微博、微信等社交媒体对人们生活的影响越来越大，其及时、广泛、互动性强等特性逐渐为海尔所重视，海尔开始尝试通过社交媒体平台开展营销活动，与消费者沟通互动。海尔正在网络化的时代背景下向着按需设计、按需制造、按需配送的以用户为中心的目标前行。海尔网络化战略阶段在战略、组织、员工、用户、薪酬和管理六个方面进行了颠覆性探索，将“企业付薪”变为“用户付薪”，探索非线性管理的以用户为中心的动态循环体系，加速推进互联网转型。

2016年海尔进行战略创新，方向是以诚信为核心竞争力，以社群为基本单元，建立后电商时代的共创共赢新平台。海尔将重点聚焦把“一薪一表一架构”融入转型的六个要素中。“一薪”即用户付薪，是互联网转型的驱动力；“一表”为共赢增值表，目的是促进边际效应递增；“一架构”是小微对赌契约，它可以引领目标的自演进。三者相互关联，形成闭合链条，共同推进互联网转型。

资料来源：根据相关资料整理。

讨论题

1. 海尔清晰的发展战略是海尔成功发展的关键因素吗？为什么？
2. 讨论中国企业实施战略管理的现状。

第2章

企业愿景、使命和战略目标

学习目标

1. 理解企业使命的含义；
2. 掌握企业愿景与企业使命的区别；
3. 理解企业战略目标制定的原则；
4. 掌握企业战略目标的内容。

引　例

微软的核心使命

2014年2月4日上午，就是正式出任CEO的那一天，我早早驱车去了微软园区，准备上任第一天对员工的讲话。在感恩节放假期间，我写了一份10页的备忘录，回应董事会在遴选CEO过程中提出的几个问题。董事会的问题让我思考了很多：我们的愿景是什么？实现这一愿景的战略是什么？我们要取得什么样的成功，以及我们要从哪里出发？在备忘录中，我呼吁推动“微软的重生”，这需要拥抱更广泛的计算和环境智能。这意味着我们人类将会与包括设备和感官在内的各种经验进行互动。所有这些经验都将由云智能驱动，由数据产生端点的智能驱动，由与人互动端点的智能驱动。这种重生，只有在将组织文化置于首要位置，并在公司内外建立起信心的情况下才能实现。

移动为先

20世纪70年代，比尔·盖茨和保罗·艾伦创建微软，目标是让每个家庭、每张办公桌上都有一台电脑。这是一个自信而勇敢的、激励人心的远大目标，也是他们已经完成的目标，即技术的全民化和个性化。如果微软没有让计算机普及到世界各地，我不可能成为一家《财富》500强公司的首席执行官。但当今的世界已经改变，也该改变我们看世界的方式了。我们的世界已经不再是以个人计算机为中心的世界。计算变得无所不在，智能也越来越普遍，这意味着计算机可以观察、收集数据，然后将数据转化为洞见。在我们的生活、商业和更广阔的世界中，数字化浪潮不断高涨。这得益于不断扩大的联网设备网络、强大的云计算能力、基于大数据的洞见和基于机器学习的智能。我鼓励微软转向“移动为先，云为先”，不是个人计算机为先，甚至不是手机为先。我们要想象一个重视人类体验跨设备流动的世界，在这样一个世界里，云使得这种流动成为可能，并产生新一代的智能经验。我们在各业务领域开展的转型，将会帮助微软和我们的客户在新的世界里蓬勃发展。幸运的是，我们的高级管理团队发现了竞争格局中的一个空白，而这个空白恰好是微软可以填补的。虽然我们的竞争者定义了产品的移动性，但我们可以定义人类体验的移动性，我们的云技术可以让这种移动性成为可能。移动性和云这两种趋势合在一起构成了我们转型的基础。

为加快创新步伐，我们必须重新发现我们的灵魂，即我们独一无二的核心。我们必须理解并拥抱只有微软才能带给世界的东西，以及我们如何才能再次改变世界。我认为，我们当前所做的事情比以往更大胆，也更有野心。微软是“移动为先，云为先”世界里提供生产力和平台的专家。我们将重塑生产力，予力全球每一人、每一组织，成就不凡。生产力远不只是文档、电子表格和幻灯片那么简单。越来越多的人被移动设备、应用程序、数据和社交网络构成的海洋淹没，我们将致力于帮助智能时代的人们。我们将开发更具前瞻性、更具个性化和更具辅助功能的软件，我们将把客户视为“双重用户”，这是因为人们既会将技术用于工作和学习，也会将技术用于个人数字生活。很快，这个世界上接入互联网、传感器和物联网（IoT）的人就会达到 30 亿。是的，个人计算机销量正在下滑，我们要把尼采所说的“面对现实的勇气”改成“面对机遇的勇气”。我们要赢得数十亿联网设备，而不是忧虑不断萎缩的市场。

核心使命

让每个家庭、每张办公桌上都有一台电脑是比尔和保罗 40 年前为微软确定的使命，是那个时代激励人心的目标。“予力全球每一人、每一组织，成就不凡”至今仍激励着我们前行。我们是一家想帮助别人做更多的企业，我们不仅要赋能美国西海岸的初创公司和技术爱好者，还要赋能全球的每一个人，助力人们以及他们的组织成就不凡是我们的理想。这是我们决策的出发点，激发着我们的热情，让我们变得与众不同。我们做事是为了帮助其他人做事、做成事。这就是我们的核心使命。不过，我们的员工和合作伙伴，包括埃森哲、百思买、惠普和戴尔，希望听到更多的信息，想知道我们的商业优先事项。为兑现这一赋能承诺，我们必须围绕三个息息相关的愿景调动我们所有的资源。第一，我们必须重塑生产力和业务流程。我们需要进化，将不再仅仅局限于开发个人生产力工具；我们将基于协作、移动、智能和信任四大原则，着手设计针对计算的智能架构。人们仍以个人方式从事重要工作，但协作是新常态，所以我们开发赋能团队的工具。我们渴求协助所有人提高生产力，无论他们身在何处，也无论他们使用何种设备。数据、应用程序和设置等所有内容，都必须能在不同的计算体验间移动。第二，我们将构建智能云平台，这与第一个愿景紧密相关。今天，每一个组织都需要新的云基础设施和应用程序，通过运用先进的分析工具、机器学习和人工智能，将海量数据转化为预测和分析能力。从基础设施的角度来看，我们将坚守承诺，在世界各地建立数十个独一无二的数据中心，打造全球性的超大规模的云平台。在接下来的几年里，我们每年将投入数十亿美元建设更多基础设施，以便我们的客户扩展解决方案，而无须担心他们自己的云平台的能力或在透明性、可靠性、安全性、隐私性和合规性方面的复杂需求。第三，我们需要创造更个性化的计算，推动人们从需要 Windows 到选择 Windows 进而爱上 Windows 转变。我们设计开发的 Windows 10 可以以更新、更自然的方式实现与设备的互动和接触——你可以提问题，书写笔记，用笑脸或触摸板手势确保重要资料的安全。所有这些体验都以用户至上为原则，所以他们可以进行跨设备的无缝衔接——从个人计算机、Xbox、手机和 Surface Hub 到微软 HoloLens 和 Windows 混合现实设备。在个人计算机和手机业务不断下滑的情况下，我们从一种守势思维转变为攻势思维，并让我们从偏离轨道重新回到正轨，再度把未来握在手中。重新发现微软的灵魂，重新定义我们的使命，并阐述我们的商业愿景，这对投资者和客户是有利的，对我们公司的成长也是有利的。而在成为首席执行官之后，这也是我的优先考虑事项。我们要制定正确的战略，这是重中之重。

资料来源：萨提亚·纳德拉．刷新：重新发现商业与未来．北京：中信出版社，2018.

引例表明，当今世界万物互联，人类已经进入数字化时代，微软公司在深入了解消费者和用户需求变化的基础上，提出了公司转向“移动为先，云为先”的核心使命，以使公司与时俱进，跟上时代发展的步伐。企业愿景、使命和战略目标，是制定企业战略的出发点，是企业发展的思想。基于此，通过本章的学习更好地掌握企业使命、愿景的内涵，理解企业战略目标的内容。

2.1 企业愿景

企业愿景的含义

企业愿景是企业对未来的一种憧憬和期望，是企业努力经营想要达到的长期目标；企业愿景要解决一个问题即我们要成为什么，反映了管理者对企业与业务的期望，描绘了未来向何处去。例如中国联想集团的“未来的联想应该是高科技的联想、服务的联想、国际化的联想”；又比如美国贝尔维尤医院（Bellevue Hospital）的“贝尔维尤医院是为实现社区居民最高终生健康水平而提供必要资源的领先者”。从不同的角度，对企业愿景有不同的理解。

1. 哲学角度的企业愿景

人存在的哲学与企业存在的哲学是统一协同的。人生哲学无非围绕人存在的价值、存在的目标以及如何活着更有意义；企业同样如此，高瞻远瞩的企业无不需要时常审视自身存在是为了什么、存在的价值是什么以及如何存在。企业愿景就是告诉人们企业是什么，告诉人们企业将做成什么样子，是对企业未来发展的一种期望和描述。只有清晰地描述企业的愿景，员工、社会、投资者和合作伙伴才能对企业有更清晰的认识。一个美好的愿景能够激发人们内心的感召力量，激发人们强大的凝聚力和向心力。

2. 文化角度的企业愿景

愿景是战略与文化的交集，既是战略的指引，也是文化的导航。战略与文化不存在孰先孰后的问题，两者是密不可分的协同系统，战略最重要的是解决走对方向、走正确的路以及如何走的问题，文化则是要解决为找对方向以及如何实现上下协同的哲学之道和精神激励。文化和战略最重要的就是方向，没有方向的任何激励都将归于无效。不能空喊我们一定要团结，一定要增加凝聚力，如果企业到底要往哪里走、该往哪里走都没有解决，员工也就有力无处使。所以愿景就是战略与文化的联结点，它给了战略与文化一个明确的方向，一个光荣的梦想。

3. 心理角度的企业愿景

从人的心理角度看，企业愿景可以看作对未来的一种梦想。作为梦想，可能实现也可能实现不了，但站在现在看未来的时候是觉得难以实现的。人类因梦想而伟大，回溯中国古人，飞翔在天是一种看似不可实现的梦想，但当杨利伟乘神舟五号飞船进入太空的时候，你不得不感叹如果没有持之以恒的梦想，今日世界将会怎样。

愿景就是企业的一种这样的梦想。当亨利·福特在 100 年前说他的愿景是“使每一个人都拥有一辆汽车”时，当时的人认为他是个疯子，但在当今的美国，他的梦想基本已经实现，那我们又如何理解在 100 年前有一个“疯子”曾经说过这样的话呢？这种梦想通常会使人感到不可思议，但又会不由自主被它所感染。因此，如果愿景是一种立即就能被人所把握实现的目标，那它充其量只是一个战略目标，而不是我们所说的愿景。愿景的力量应该在于它是处于可实现又不可实现的模糊状态，它既是宏伟的又是激动人心的。因此企业家要关注的是企业的愿景是否能经常让人热血沸腾，甚至热泪盈眶；能否经常让人为它彻夜难眠；能否让人有一种热情、一股冲动，想将它与员工分享。

4. 领导者角度的企业愿景

领导者角度的企业愿景是一种征服世界的野心。“隐形冠军”之父、哈佛商学院教授赫尔曼·西蒙认为隐形冠军就是一些名不见经传、却在某个窄小的行业里做到顶峰的中小企业。它们有无可动摇的行业地位、稳定的员工队伍、高度的创新精神和丰厚的利润回报。西蒙认为，隐形冠军的成功之道在于：第一，它们奋斗的目标就是在自己的领域成为全球领袖，不作他想，并孜孜不倦地追逐这一梦想。第二，隐形冠军把市场定义看作它们战略的一部分。通过观察顾客的需求和相关的技术，把它们各自的市场定义得很窄。它们是高度专注的公司，强调深度而不是广度。第三，隐形冠军把自己在产品和专有技术方面的独到造诣与全球化营销结合起来。通过自己的子公司来服务全球的目标市场，不把客户关系交给第三方。第四，隐形冠军都非常贴近客户，尤其是顶级客户。它们不是单靠技术或者市场取胜，而是通过技术与市场共同驱动取胜。第五，隐形冠军无论产品还是生产流程都是高度创新的。它们的创新活动是全球导向的，是持续不断的。第六，隐形冠军在产品质量和服务方面创造战略竞争优势。它们总是和最强大的对手“亲密接触”。为了保持企业的活力，它们会主动出击，不惜一切代价维护行业地位。第七，隐形冠军依仗的是自己的力量。它们不相信什么战略联盟，也不像其他公司那样热衷于业务外包。它们认为它们的竞争优势就在于有些事情只有它们才做得了。第八，隐形冠军有着非常强大的企业文化，与之相联系的是卓越的员工认同感与积极性。它们对新员工的挑选非常苛刻，企业领导非常杰出，而且一般都掌舵几十年。中国指甲钳大王梁伯强作为中国隐形冠军也得出了经验之谈。从他进入指甲钳市场之前的自费全球调研，立志成为世界指甲钳冠军；到重金聘请业内技术精英，设立高标准的检测中心和研发中心，搜罗大量国内外技术参数，找准目标竞争对手，经过细心分析、逐项对比，把实质性的差距逐个攻破；到主动出击，勇于与竞争对手短兵相接，把丰厚的利益留给经销商，把委屈留给自已；再到通过软性封杀，誓死维护行业领导地位——努力争夺行业第一品牌，创立中国指甲钳研发制造中心，制定行业标准，占领行业的制高点，以及提高竞争门槛，不断为企业建立防火墙，不惜一切维护行业领先地位，这种野心，是善意的雄心壮志，是“我想成为什么，所以我能成为什么”的最佳诠释。

企业愿景的功能

企业愿景具有激励性，它是企业可望却暂时不可及的目标，需要员工发挥其最大潜能才可以实现。它可以唤起人们的希望，并激励着企业员工坚持不懈地向着自己心中的目标努力。特别是那些超越企业现状却又不过分拔高的愿望，既给了员工挑战的刺激，又不会因为难以企及而丧失希望，从而激发员工建功立业的激情与梦想。

企业愿景具有导向性，现如今的行业环境变化越来越快，未来越来越不可预测。企业的经营极有可能陷入迷惘和混乱之中。同时，随着经济全球化和网络化的深入发展，以及整个社会的转型和产业的更新迭代，企业所面临的机会和挑战是前所未有的，企业愿景的导向作用也就愈发明显。愿景是企业描绘的一幅蓝图，是企业的一种憧憬。明确界定企业在未来社会里是什么样子，为企业在反复多变的市场环境中指明了方向，是企业在茫茫商海中的指航灯。

企业愿景具有竞争性，愿景是企业有能力实现的梦想，也是全体员工共同的梦想，能描绘出企业将来的形态，引导企业资源投入的方向。在动态竞争条件下，科学明确的愿景能够有选择地、高效地累积企业的努力，决定企业战略的选择范围，在保证战略方向正确性的同时留有回旋的余地，提升企业的应变能力。

企业愿景具有宣传性，有效的公司愿景能够引起企业的用户、传媒以及其他企业和单位的关注，引起主要股东和广大客户的兴趣，从而起到传播交流、提升企业市场价值的作用。甚至在公司面临困难或困境的情况下，有效的公司愿景也会暗示出公司新增长的可能性、良好的前景等，帮助企业维持一定的市场信誉。

延伸阅读　企业愿景实例

企业愿景的开发

企业愿景强调以组织为对象，是经由组织沟通过程形成的共同的愿望。只有个体成员认同并支持企业愿景，才会激发大家积极工作的动力。所以，开发企业愿景的中心任务在于如何能够最大限度地尊重个人愿景，并形成一个能够获得大家认可和支持的共同愿景。

1. 开发企业愿景的主要步骤：

（1）建立愿景规划小组。开发企业愿景的首要工作是组建一个规划小组，一般由6～10 人组成。为了确保愿景的先进性和广泛的代表性，规划小组将通过深度访谈、问卷调查、座谈会等多种形式，获得被利益相关者共同分享的对企业未来状态和形象的看法。

（2）确定愿景的核心要素。愿景小组成员应整理出所有利益相关者对于企业未来状态和形象的看法，提炼出共同的部分，形成企业愿景的基本要素。利用头脑风暴等方法筛选出对企业发展真正关键的因素，确定核心要素。

（3）测试愿景的可接受性。对愿景的测试目的在于根据所建立的预测，明确详细地检查愿景与组织行为、组织绩效的关系。一般来说，可以选择企业的一个或少数几个部门来测试愿景的可接受程度。重点关注该部门对愿景的反应是否积极。如果存在抵制情绪，就要明确产生这种抵制情绪的原因是什么。

（4）扩大愿景的传播范围。企业愿景经过测试以后，应当报董事会批准，形成正式文件对外传播。企业可以考虑以一种令人激动并深具吸引力的方式来传播企业愿景，从而在企业内外形成一种共鸣。需要注意的是，企业使用的传播工具应清楚明确地传达愿景的内容及解释；领导者的行为也应该和所宣传的价值观保持一致，从而使各项传播工具的口径保持一致，为共同的愿景服务。

2. 愿景表述应注意的内容

（1）简洁清晰。愿景是要给企业指方向的，既然是方向，就要简单划一、清楚明了，在表达上绝不可含糊其词，模棱两可。愿景描述还应简短精练，控制在 30 个字以内是比较合适的，但仍应包括时间、行业、区域、性质等方面的内容。

（2）切忌华丽。愿景是一幅蓝图，在表述上应体现出坚定有力、激情生动、令人信服，但不能堆砌华丽，那只能增加浮夸。

（3）宏伟气势。愿景是全体人员为之奋斗的目标，是超越现有经营能力和经营环境的更高层面，要深入思考，要有远见卓识。它必须是前瞻性的、挑战性的，又必须是宏伟的，就是说它既具有艰苦性又具备可操作性，同时是激动人心的，有“气吞河山”的气势。

2.2　企业使命

企业使命的含义

企业使命是指企业存在的理由与所追求的价值。如果把企业看作生物体，使命就是不可或缺的 DNA，它具有自己独特的个性，与其他个体区别开来，并“遗传”下去。从长期来看，企业使命说明了企业未来将要变成什么样子，以及企业对于它所要服务的对象与经营范围的界定等基本问题。成功的企业都有自己独特的组织使命，使自己与其他类似性质的企业区别开来，并确定自己的经营范围。实质上，企业使命为企业的生产经营活动提供了一系列的原则、方向和哲学。它定义了组织发展的方向和成长的道路；规定了组织所开展的业务；并把组织员工紧密结合起来为共同的目标而奋斗。

使命陈述有时又称为任务陈述、纲领陈述、目的陈述、宗旨陈述等，尽管提法不同，但都是在回答“企业的业务是什么”这一关键性问题，并表明企业存在的根本目的和理由。企业使命描述了企业的主导产品、市场和核心技术领域，反映了企业的宗旨和价值观。使命是企业一种根本的、最有价值的、崇高的责任和任务，即回答我们做什么和为什么做。

企业使命的功能

企业为什么要制定使命呢？企业使命又有何功能呢？可从以下几个方面说明企业使命的功能及其重要性。

1. 企业使命可以指出一个共同的方向，来形成、引导和聚集成员的努力

企业使命明确揭示了企业未来的方向和所追求的价值，若是企业成员都认同这些方向和价值，则彼此更容易协同合作，共同努力往这些方向前进。因此，企业使命可以作为认同企业方向和价值的人员共同的焦点，同时也可以筛掉那些并不认同这些方向和价值的人员。

2. 企业使命可以避免互相冲突的目标

企业使命提供了企业目标的一个大的指引方向，可以确保企业不至于追求互相冲突的目标，而互相冲突的目标往往导致企业力量的相互抵消，使人无所适从。

3. 企业使命可以提供资源分配的准则

企业运用各种资源来生产所提供给顾客的产品与服务。这些资源包括财务资源、人力资源、原材料与设备。企业使命揭示了企业应该如何获取、分配与运用资源的一般指导原则。因此，企业使命可以提供企业资源的分配标准或基础，避免珍贵的企业资源的浪费与误用。

4. 企业使命提供工作上的广泛指导原则

企业成员在企业内执行某些工作的主要目的是达成企业目标，而企业使命则对工作提供一些广泛的指导原则。因此，企业使命有助于协调不同部门人员的工作和活动。

5. 企业使命可以作为发展企业后续目标的基础

一般而言，企业的层级目标应该反映和支持企业使命。根据企业使命所揭示的一般性目的，企业可以发展出一连串后续的较为特定的企业目标。所有目标都必须保持和企业使命的一致性，任何与企业使命不一致的目标都必须加以修改或是放弃，如此方可确保企业目标的整体一致。

6. 企业使命可以建立一种后续基调或组织气候

企业使命传达出企业所追求的价值，提供了企业组织气候形成的基础；企业使命中所

揭示的“有所为，有所不为”，也确立了企业活动的某种基调。

企业使命的构成要素

各公司的企业使命在表述文字的长度、内容、形式和具体性等方面可以不同，在实际企业中确实也是不同的，即使同一企业在不同的发展阶段，由于环境不同，企业使命也是不同的。但是，许多学者认为，企业使命的基本构成要素大体相同，可以归纳为九个方面：

（1）客户，即组织的客户、消费者或服务对象。使命的表述要以客户为中心。客户或消费者的需要决定组织生产。如强生公司“我们坚信，我们对医生、护士、患者以及母亲和其他所有事业和享受我们的产品和服务的人承担首要责任”。

（2）市场，即组织打算开辟或参与竞争的地域。如布洛克威公司“尽管我们也要开拓全球市场，但目前重点是北美市场”；康宁玻璃制造公司“我们将竭尽全力使康宁玻璃制造公司取得全面的成功，并使它成为全球市场上的竞争者”。

（3）产品或服务，即组织生产、经销的主要产品或提供的主要服务项目。如麻省理工学院“在科学、技术及其他学术领域，为 21 世纪的国家（美国）和世界，创造最有用的知识、培育最适用的人才”。

（4）技术，即组织的关键技术是否达到领先水平，有什么高明、特别之处。如纳休阿公司“本公司经营领域的公用技术为离散粒子镀膜”；上海高压容器有限公司“技术水平国际先进、国内一流，曾经生产出中国第一个高压氧气瓶”。

（5）增长与盈利，即组织是否采取积极措施实现业务增长和提高盈利水平，表达组织盈利能力的信息。如联想集团“最低的总体成本，更高的工作效率”；胡佛环球公司“本公司将谨慎经营，争取盈利和增长，确保胡佛环球公司取得最后的胜利”。

（6）观念，即组织的基本信仰、价值观念、精神追求等。如太阳集团“我们坚信，人类的发展是最有价值的文明目标，独立自主则是促进人们能力增强的首要条件”；万向集团“想主人事、干主人活、尽主人责、享主人乐”。

（7）自我认知，即组织对自身比较优势和特别能力的判断和认识，明确公司最独特的能力或最主要的竞争优势。克朗·泽勒巴克公司“致力于释放全体雇员的能量和利用他们的建设能力、创造能力，在未来 1 000 天的竞争中实现飞跃”。

（8）社会责任，即公司是否对社会、社区和环境承担社会责任。如道氏化学“分担世界性环境保护责任”；特斯拉“推动世界向可持续交通的发展”。

（9）人力资源配置，即组织对员工的态度，包括招募、甄选、考评、薪酬、福利和发展等人力资源政策。如莲花超市“吸收、培训和发展各个层次的高素质人才”；电力天然气公共服务公司“本公司支付员工的薪酬和福利，与本地区其他就业岗位所提供的报酬相比有竞争力，而且与员工对公司的高效运营所作出的贡献相一致”。

延伸阅读　企业使命实例

企业使命的制定

企业使命是战略目标制定的基础，只有在企业使命的指导之下，管理人员才能制定有利于企业成长与发展的战略目标；企业使命还是组织所有经营活动的准则，只有在企业使命的规范下，企业各经营活动才会朝着同一目标奋进。由此看来，制定企业使命尤为重要。那如何制定企业使命呢？

1. 企业使命制定应考虑的关键问题

“现代管理学之父”德鲁克认为，制定企业使命时应考虑以下几个问题：

（1）我们的业务是什么？

（2）我们的业务应该是什么样？

（3）我们的业务将会成为什么样？

“我们的业务是什么？”即企业存在的意义是什么。德鲁克认为企业存在的价值是由顾客决定的。“顾客就是上帝”，企业只有满足顾客的需要，刺激顾客消费，并使其实施购买行为后，才能赢得利益和发展。因此，在制定企业使命的过程中必须关注“谁是我们的顾客？”“他们在哪里？”“客户认同什么价值？”等问题。

“我们的业务应该是什么样？”即企业现在应该是什么样的。企业应该采用哪种经营模式、组织形式，这些都是高层管理人员在企业使命制定过程中需要考虑的问题。例如，现今企业多采用多元化战略，但也不乏单一战略的成功案例。那本企业究竟该采用何种战略呢？这必须建立在使命制定者对企业机会把握、优势利用等分析的基础上。

“我们的业务将会成为什么样？”即企业对于未来发展的憧憬。在对内外部环境充分了解和分析的基础上，为企业将来的发展确定一个目标。因此，使命制定过程中要注意一些内外部因素的发展变化。例如，注意人口趋势、经济、流行、竞争的变化；关注市场变化；满足顾客未被满足的欲望；了解环境的哪些变化对我们业务的特色、使命、目标造成了不容忽视的冲击等。再根据所得的外界信息预测市场环境、政治环境、经济环境、竞争环境等的变化发展状况，为企业制定一个暂时不可及但通过努力可以实现的目标。

2. 企业使命的制定步骤

（1）广泛的资料分析。企业使命建立在对于其他成功企业使命的充分研究的基础之上，切忌生搬硬套。使命的制定要求广泛地收集企业内部资料，提炼出企业内部优势以及文化精髓，为企业量身定制体现自身优势的使命；同样也需要不断审视外部环境的变化，使得企业使命既具有可行性和稳定性又具有挑战性和动态性。

（2）确定使命的基本框架。掌握自身环境资料后，充分考虑企业使命制定的关键问题，结合使命的九大基本要素（客户、市场、产品或服务、技术、增长与盈利、观念、自我认知、社会责任、人力资源配置），挑选出适合企业自身的要素内容，制定出企业使命的基本框架。

（3）使命内容具体化。使命内容的具体化就是企业高层管理人员在所制定的使命基本框架的基础上，对使命内容进行扩展。比如，客户这一要素，我们可以定为儿童、年轻人、中年人、老年人等，根据产品的特征选定适合自己的客户定位。如百事就把客户群定位在年轻一代身上，并与可口可乐区别开来，找到适合自身发展的客户群。

（4）检查与评估。对于制定的使命，组织必须要给予反馈以进行检查。审视使命是否给出了组织存在的理由，是注重客户和结果导向的吗？是有挑战性的吗？能把所有成员的精力集中在一起吗？与愿景相互结合了吗？与核心价值观一致吗？等等。

（5）使命的重审。使命必须不断地进行重审。弗朗西斯·赫塞尔本（Frances Hesselbein）指出，进行使命管理有八个步骤：自我评估、重审使命、取消等级制度、挑战陈规陋习、进行充分的沟通和交流、分配领导力、身先士卒和改善组织。自我评估和重审使命处于很重要的位置，尤其在科技和资讯发达的今天，环境、顾客以及顾客的需求变化很快，必须每隔几年就重审使命，以适应环境的改变。

3. 企业使命的制定需注意的要点

（1）使命本身必须简洁、条理清楚。“使命应该能印到 T 恤衫上”（Drucker，1994），所有的人都能很快地说出使命。简短有力、富有挑战性的使命能让员工时时记得自己的目标是什么，工作努力的方向在哪里。

（2）使命必须把握好“度”。使命概括的程度过高过低都是不可取的。过高，会给人以空洞无物、好高骛远、不切实际之感。比如，某保健用品制造商只是中等规模和具有常规技术水平，如果把使命定义为“五年之内达到国内领先、世界一流水平”，给人的感觉就是笼统、不现实；过低，会令人思想压抑、思路狭窄。如电视机制造商把使命定义为“生产高质量彩色电视机”，当外部环境变化时，如新产品取代、产品生命周期结束等，这样的企业使命必定使该企业走向灭亡。

（3）使命好坏的评价并不是以是否包括九大要素为标准的，关键是要看实际效果如何。实际效果好不好，最终要由顾客的“用脚投票”、消费者的“货币选票”以及员工的工作效率来决定。

企业使命的管理

1. 使命管理的含义

使命管理指一个企业通过使命的制定和强化来指导和影响企业员工为实现企业希望达到的目标而做出努力的过程。它是企业文化的重要组成部分，也是目标管理的升华和管理创新的体现。美国德鲁克基金会主席弗朗西斯·赫塞尔本最先提出了“使命管理”的新理念。她强调：“一切工作都源于使命，并与使命密切相关”，“你不需要为了管理而成为管理者，你是为了使命而成为管理者。你所做的一切工作，无非是与大家进行沟通，让大家接受这个使命，然后团结带领大家，朝着这个方向前进”。使命管理意味着企业真正以使命为导向，使命是一切工作的出发点、原则和最高目的，企业的重大决策应该符合使命的要求；意味着企业的员工可以反对而且必须反对那些他们认为与使命无关的指令；意味着不断思考、不断明晰使命是每一个员工的职责（Peter Senge，2002）。正如阿里·德赫斯（Arie de Geus）在《长寿公司》中所指出的那样，使命代表着一个企业中的某种共同抱负和最基本的认同感。使命管理就是将这种共同抱负和认同感渗透到企业的每个角落，把所有人都团结在使命的周围，从而产生巨大的推动力。企业的领导者应该了解企业存在的意义、目的，依靠身体力行的“做人而非做事”，来引导企业向着使命这一目标不断迈进。

2. 使命管理的内容

一个企业要真正以使命为导向，推行使命管理，其决策过程、价值观、高层领导、企业结构等都将相应地变化，其管理活动体现在以下各个方面：

（1）使命必须与愿景相结合。一个企业仅有使命是远远不够的，使命给出了一个存在的理由，为公司的所有人注入了激情和耐心，但并没有告诉员工他们所向往的景象。愿景即是让员工参与为共同努力后能完成的事绘制一个理想的蓝图，或是对使命达成后的景象的一种描述、一种超前的梦想和前瞻性的思考。也就是“我们寻求、创造的未来景象”（Peter Senge，2002）。愿景的重要性主要表现在，首先，它提供了一种共同的参考依据，能够将不同背景的员工的活动加以协调以实现同一目标；其次，它从为顾客创造价值的角度使员工对工作的意义有更深刻的认识，能调动员工的积极性，使得参与者产生主人翁责任感；最后，它将工作的注意力集中于“能够做的事情”或集中于“对未来的切合实际的看法”，能够帮助产生改进或是变化。

仅有使命没有愿景的企业不能有效地界定企业所希望达到的、最终可以评估的目标。从本质而言，仅仅对照使命，企业无法衡量和评估其所做的事情，因此，一个企业必须郑重宣布其愿景是什么。如果说使命为公司注入了激情，愿景则使激情得以延续。使命给予公司一盏引路明灯，愿景则把使命转变为真正富有意义的预期结果，并指导企业如何分配时间、精力和资源。例如，沃尔玛的使命是“天天低价”，在这一基础上，其所有的活动都是围绕这一使命展开的。在确定了这一使命之后，沃尔玛在各个阶段都制定了愿景。“10年内成为阿肯色州收益最高的企业之一”（1945年），“到2000年，将店铺数扩大到两倍，每平方英尺的销售额增长60%”（1990年），“4年内成为10亿美元企业”（1997年）。可见，只有激动人心的愿景，才能唤起使命的活力。使命和愿景相结合，使员工既有了目标，也有了存在的理由。这使得企业能够做出许多不同凡响的事情。

（2）使命管理必须打破权势。使命管理要求企业以使命为导向，这使得使命成为管理活动的评判标准，凡是与使命不一致的决策、指令、计划、资源的分配等行为，任何人都有权对其发起挑战。但这明显地动摇了建立在权势基础上的管理企业，也动摇了老板的意愿，目前大多数企业的员工是屈从于权势的。对于大多数人来说，权力是最好的管理方式。

以使命为导向是很困难的，因为它直接、根本地动摇了权势的中心。从本质而言，以使命为导向意味着当权者并非权势中心。相反，一个企业的指导思想才应是其真正的权威。一个真正民主的管理机制并非源于投票表决或其他某种特殊机制，而是源于一种信仰，即权威最终源于思想而非人。要做到真正地以使命为导向就必须做到这样：使命比老板更重要（Peter Senge，2002）。

打破权势，意味着企业应该建立扁平化的企业结构，打破企业的各种边界，实施民主化的管理方式，要求领导者打破僵化的等级结构。正如弗朗西斯·赫塞尔本所指出的：“未来的管理将是‘圆形管理’，所有企业成员处在同一平面，领导者处在这一平面的中间，而不是高高在上。这一圆形的管理结构应该是灵活的、流动的，每个人都能在这个结构体系中释放自己的能量，不仅取得成功，而且还会补充其重要性和意义，改善自己的人生。”

（3）使命必须与企业的价值观相结合。企业的价值观就是一套坚定的信念，它指导企业活动的各个方面，处于经营战略和管理模式的中心。使命与共享的价值观相结合，能够建立起员工彼此之间的协作和信任关系，使得企业更勇于冒险和尝试新方法，更乐于学习和发展。

企业的使命和愿景中含有价值观，价值观不同，使命也会有所不同。使命与价值观相结合，是与价值观的核心部分相结合。一个企业如果没有清晰的价值取向，没有什么核心价值观，它的使命就完全是一句空话。所以，构建企业使命要从发展企业的核心价值观着手，要让企业的使命、愿景和价值观紧密地结合在一起，只有这样才能发挥很好的协同效应。例如，惠普的核心价值观是“信任并尊重个人；追求卓越的成就和贡献；靠团队精神达到共同目标；鼓励灵活性和创造性”，其共享的愿景是“让人类驾驭科技的机会”，其使命是“创造信息产品，以加速知识的进步，并从本质上提高个人和企业的效率”。这三者有效地结合在一起，从而形成了著名的“惠普之道”，极大地促进了公司的发展和经营业绩的增长。

个案分析

海底捞的价值观

在海底捞的发展目标里，“将海底捞开向全国”只排到第3位，而“创造一个公平公正的工作环境”“致力于双手改变命运的价值观在海底捞变成现实”则排在前面。随着海底捞店面数量的不断增加，如何在扩张所必需的标准化管理和现有的以员工为本的企业精神之间寻求平衡，将是海底捞发展中的挑战。

在门槛低、竞争激烈的中国餐饮行业，海底捞是一个以服务而非菜品闻名的“异数”。从1994年成立至今，海底捞已经有71家直营店。2011年营业额22亿元——在2008年，这个数字还只有3亿元。近年来的飞速发展和公众对于海底捞的愈传愈神，使这家火锅店的“变态服务”成为业内标杆。早在2006年，拥有肯德基、必胜客和小肥羊等品牌的百胜集团就曾组团200多人去海底捞观摩，被形容为“大象钻进蚂蚁窝”。

在海底捞吃饭，顾客总能得到意料之外的“惊喜”：等位时可以得到免费的小吃和饮料、玩棋牌类游戏、免费上网以及美甲和擦鞋等服务，吃饭的顾客则会拿到服务员发放的围裙和装手机的“包丹袋”——发明这种塑料袋的员工名叫“包丹”，在其他稍微讲究些的火锅店，这种袋子已经成为标配。

普通员工在海底捞同样被视作管理层的“客户”——被当作“客户”那样对待，除了常规的薪水和奖金，海底捞员工可以住在市区居民楼而非地下室，高级别员工可以得到给父母的赡养金和给儿女的教育补助金，管理层定期进行员工家访……海底捞一直在践行“平等主义”，从服务员到大区经理再到副总经理，能者居之，任何人都有可能通过自己的努力成为管理者，不具备管理能力的人也可以凭着认真工作成为“功勋员工”。海底捞现任高管团队都是从服务员一步步成长为管理者的，这些例子对普通员工形成巨大的激励。

显然，海底捞对于员工的关注已经超出了生存需要的范围。对于初到城市的员工来说，是否能够得到平等的待遇和尊重是他们的心结所在，而海底捞推行的“公平”和“双手改变命运”的理念正好符合这些年轻人的需求。

海底捞的服务细节可以被模仿，海底捞的企业文化及董事长张勇信任员工、愿意放权的勇气却不容易模仿。企业以人为核心的管理模式极大地激励了员工，海底捞正是通过员工实现了企业价值。

资料来源：纪晓祎．走进海底捞　绕不过去的标准化门槛．商学院，2012（11）.

3. 企业的各个部门也必须制定使命宣言

当企业的内部发生重大变化，如重组或设置新的部门时，即使是最有组织性的机构也会陷入经营责权模糊不清的困境。每个部门制定使命的目的是使该部门的员工将注意力集中于该部门在整个公司的工作使命中所扮演的角色，这种明确的协助实现企业目标的角色，能帮助部门更好地完成企业的总体目标。

例如，可口可乐在1996年赞助奥运会时，就成功地运用了使命管理的理念。奥运会成为当时可口可乐公司每个会议的议题，各个部门都想从奥运会中获得一份利益。其结果是，各个部门的建议数以百计，但都各自为政，部门之间没有强有力的合作，从而使总部的业务陷入混乱之中。总部最终明白，除非高层管理者先准确地界定奥运赞助在公司整体蓝图中的位置，再确定各个部门专门负责的事，不然各个部门还会有许多缺乏整体目标和战略协作的建议冒出来。最终，公司的各个部门按照公司的总体蓝图分别制定了各自的使命和愿景，各项工作都集中在要实现的目标上，发挥了很好的协作和集中力量的作用。总体使命与部门的结合，能够把企业的各部门团结在一个主题、一种认识和一个目标上并协同工作，只有这样才能实现企业的愿景目标。

2.3　企业战略目标

企业在规定了使命、确立了共同愿景、进行了外部环境分析和内部条件调研之后，下一步的工作就是确定企业的战略目标。企业目标是指企业所期望达到的成果与变成的状态。目标在本质上反映出一种落差，一种现实和期望的落差。目标代表期望的一种状态，现实则是企业的现状，而落差正是未来战略所欲弥补的差距。

企业目标的意义

企业目标是企业在一定时期内，执行其使命时所预期达到的成果，战略目标是企业的长期目标。正确的目标对企业的行为具有重大指导作用，它是企业制定战略的基本依据和出发点，表明了企业的行动纲领。目标应是具体的和可衡量的，以便对目标是否最终实现进行客观的评价考核，因此，它还是企业战略控制的评价标准。

在企业的生产经营活动中，目标担任着一些重要的角色。

1. 目标有助于界定企业在环境中的地位

企业必须肯定其存在的价值，因此通过目标设定，一方面可以使政府、顾客及社会大众肯定其存在的价值，另一方面可吸引认同其目标的人们加入企业。

2. 目标有助于协调各种关系

明确的目标可以协调企业内部的各种关系，如人力资源、原材料、成本、产品等之间的决策协调，使企业利润最大化。

3. 目标是评估绩效的准绳

目标达成程度是评估企业绩效高低的标准。没有目标，企业绩效就缺乏评估的准绳。

4. 目标具有激励作用

适当的企业目标具有激励士气的功能，企业员工通过比较实际绩效与目标之间的差距，可以了解自己努力的成果。同时，最后实际目标达成的程度，也可以作为奖励的依据，同时也是激励士气的基础。

企业目标的种类

从战略管理的角度，我们可以粗略地把企业目标分为业绩目标、能力目标、社会贡献目标三大类。

1. 业绩目标

业绩目标通常包括收益性、成长性、稳定性三个内容。收益性目标包括资本利润率、销售利润率、资本周转率等项目；成长性目标包括销售额成长率、市场占有率、利润增长率等项目；稳定性目标包括自有资本比率、附加价值增长率、盈亏平衡点等项目。

2. 能力目标

能力目标通常包括综合、研究开发能力、生产制造、市场营销、人事组织、财务能力六个部分。综合目标主要包括战略决策能力、集团组织能力、企业文化、品牌商标等项目；研究开发能力包括新产品比率、技术创新能力、专利数量等项目；生产制造目标包括生产能力、质量水平、合同执行率、成本降低率等项目；市场营销目标包括推销能力、市场开发能力、服务水平等项目；人事组织目标包括员工固定率、职务安排合理性、直接间接人员比等项目；财务能力目标包括资金筹集能力、资金运用效率等项目。

3. 社会贡献目标

社会贡献目标通常包括顾客、股东、员工、社区四项内容。顾客目标主要包括提高产品质量、降低产品价格、提高服务水平等项目；股东目标主要包括分红率、股票价格、股票收益性等项目；员工目标主要包括工资水平、员工福利、能力开发、士气等项目；社区目标主要包括公害防治程度、利益返还率、就业机会、企业形象等项目。

企业目标的层级

目标层级是指企业的一套目标，这套目标包含针对整个企业的全体性目标以及针对各个层级的对应性次目标。整个企业的目标大概可以分为三层：总体目标、业务目标、职能目标，如图2-1所示。这些目标层层相扣、密切联结，也称为目标网。之所以要建立目标层级，主要是确保企业的每一层级或员工都能确知在达到企业整体目标上，自己所扮演的角色以及企业与其他层级和员工在目标上的关联。通过如此认知，可以在各层级和员工之间达成一种互相支持和互相呼应的关系。下一层级的目标要支持上一层级的目标，当下一级的目标实现以后，也就意味着上一层级的目标同步实现。而且，同一层级的目标不能彼此冲突，而应在分工的原则下相辅相成。

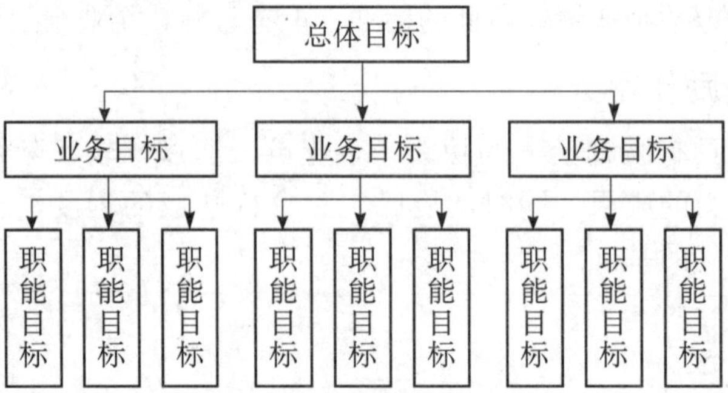

图2-1　企业目标的层级

企业必须将整体目标拆解为各个单位的次目标，次目标达成将直接或间接地对企业整体目标的达成有所贡献。如此，管理者才能确保企业内的各项资源均能指向追求整体目标的达成。

影响企业目标制定的因素

企业目标的制定受很多因素影响，主要概括如下：

1. 环境中的利益相关者力量

企业与利益相关者之间存在着一种交换关系，因此利益相关者会对企业产生一种期望和要求，这种期望和要求就会形成对目标的一种限制。当利益相关者改变时，这种对目标的限制也会随之改变。例如，有的企业领导人有很强的冒险精神，有的则小心谨慎，这种个人抱负和性格在很大程度上制约着目标的制定。因此，在制定目标之前，必须了解清楚：谁是利益相关者？我们对每一利益相关者的主要假设是什么？利益相关者如何影响企业、部门与单位？这些利益相关者在未来会有怎样的改变？等等。

2. 内部资源与权力的关系

内部资源的多寡会直接影响企业目标的高低。一般而言，内部资源丰富的企业在追求较高的企业目标上成功的概率会较高，反之则成功概率较低。因此，目标往往反映了企业拥有资源的强弱状态。内部资源发生变化时，企业目标也应该随之调整。内部资源不仅涵盖资金、人力、技术与设备，还包括企业文化、员工忠诚度、内部向心力、士气等。除了内部资源以外，内部权力关系结构也会影响企业目标的形成。此外，企业目标也可能是在内部与外部利益团体试图解决彼此冲突的过程中形成。因此企业目标的改变也可能是来自内部的权力关系结构的调整，以及内外群体需求与期望的改变。

3. 企业过去的发展经验

除了新成立的企业，大部分企业都多多少少受到过去发展经验的影响。当然，企业目标也不例外。企业目标往往基于过去的目标逐渐修改而成，除非内外环境发生巨大变动，否则企业目标将处于一种缓慢而持续的调试当中，因此，现在的企业目标很难脱离过去企业发展经验的影响。

企业战略目标制定的原则

企业在制定战略目标的过程中，应遵循下列基本原则：

（1）关键性原则。这一原则要求企业确定的战略目标必须突出有关企业经营成败的重要问题、有关企业全局的问题，切不可把次要的战术目标作为企业的战略目标，以免滥用企业资源而因小失大。

（2）可行性原则。确定的战略目标必须保证能够如期实现。因此，在制定战略目标时，必须全面分析企业各种资源条件和主观努力所能达到的程度。既不要脱离实际凭主观愿望把目标定得过高，也不要不求进取把战略目标定得过低。

（3）定量化原则。要使企业的战略目标明确清晰，就必须使目标定量化，具有可衡量性，以便检查和评价其实现的程度。因此，战略目标必须用数量指标或质量指标来表示，而且最好具有可比性。

（4）一致性原则。它要求：第一，战略目标组合中的各个分目标之间应相互协调，相互支持，在横向上形成一个系统；第二，总公司的长期战略目标和短期战术目标要与战略经营单位和职能部门的短期战术目标协调一致，形成系统，而不能互相矛盾、互相脱节。

（5）激励性原则。制定企业的战略目标既要考虑到它的可行性，又要考虑到它的先进性。所谓先进性，就是要求目标要经过努力才能实现。只有那些可行而先进的战略目标才具有激励和挑战作用，才能挖掘出人的巨大潜能。

（6）稳定性原则。企业的战略目标一经制定和落实，就必须保持相对稳定，不可朝令夕改而引起企业战略的变更。当然，如果经营环境发生变化，战略目标调整后，所有的经营单位及职能部门的短期战术目标也要作出相应的调整。

企业战略目标的内容

企业战略目标从不同侧面反映了企业的自我定位和发展方向，采用不同战略的企业其战略目标也不一样，因此企业战略目标是多元化的，既包括经济性目标，也包括非经济性目标；既包括定量目标，也包括定性目标。彼得・德鲁克认为各个企业需要制定目标的领域是一样的，所有企业的生存都取决于同样一些因素。

彼得・德鲁克在《管理的实践》一书中提出八个关键领域的目标：

（1）市场方面的目标：应表明本公司希望达到的市场占有率或竞争中占据的地位。

（2）技术改进和发展方面的目标：对改进和发展新产品、提供新型服务内容的认知及其措施。

（3）提高生产力方面的目标：有效地衡量原材料的利用率，最大限度地提高产品的数量和质量。

（4）物质和金融资源方面的目标：获得物质和金融资源的渠道及其有效利用。

（5）利润方面的目标：用一个或几个经济指标表明希望达到的利润率。

（6）人力资源方面的目标：人力资源的获得、培训和发展，管理人员的培养及其个人才能的发挥。

（7）职工积极性发挥方面的目标：对职工的激励、报酬等措施。

（8）社会责任方面的目标：注意公司对社会产生的影响。

企业的战略目标一般应包括以下内容：

（1）盈利能力。用利润、投资收益率、每股平均收益、销售利润率等来表示。例如：5年内税后投资收益率增加到15%。

（2）市场。用市场占有率、销售额或销售量来表示。例如：5年内微波炉的销售量增加到100万台/年。

（3）生产率。用投入产出比或单位产品成本来表示。例如：5年内每个工人的日产量提高10%。

（4）产品。用产品线或产品的销售额和盈利能力、开发新产品的完成期表示。例如：5年后淘汰利润率最低的产品。

（5）资金。用资本构成、新增普通股、现金流量、流动资本、回收期等来表示。例如：5年内流动资金增加到100万元。

（6）生产。用工作面积、固定费用或生产量来表示。例如：5年内企业的生产能力提高20%。

（7）研究与开发。用花费的货币量或完成的项目来表示。例如：8年内陆续投资1亿元开发一种新型汽车。

（8）组织制度。用将实行的变革或将承担的项目来表示。例如：5年内建立一种分权制的组织结构。

（9）人力资源。用缺勤率、迟到率、人员流动率、培训人数或将实施的培训计划数来表示。例如：5年内以每人不超过8 000元的费用对200个员工实行40小时的培训计划。

（10）社会责任。用活动的类型、服务天数或资金资助来表示。例如：5年内对希望工程的捐助增加200万元；5年内资助贫困大学生20名，每人每年3 000元。

当然，并不是所有的企业都具有这些目标领域。一般来说，在那些活动绩效和结果直接影响企业生存与繁荣的领域，都需要制定出相应的战略目标。

战略目标必须有助于企业任务的实现，而不是相冲突。它们必须清晰无误、简明扼要；如有必要，必须定量化，而且应当足够详尽，以便企业的每一个成员都能清楚地理解企业的意图。它们应该覆盖企业活动的所有重要领域，而不是仅仅专注于某一项活动。企业不同领域的目标可以相互制约，但彼此之间必须保持内在的一致性。最后，目标应当是动态的，若环境条件发生变化，也须重新评价。

基本概念

企业愿景（enterprise vision）　　企业使命（enterprise mission）
战略目标（strategic objectives）　　核心价值观（core values）

思考题

1. 企业应如何制定自己的愿景和使命？
2. 简述企业愿景、使命与战略目标之间的关系。
3. 如何确定企业的战略目标并构建目标体系？
4. 结合我国的一家企业谈一谈企业使命的战略作用。
5. 中国平安保险（集团）股份有限公司是一家以保险业为主，融证券、信托、投资为一体的综合性金融服务集团，是我国第一家国有控股的股份制保险公司。在世纪之初，平安保险又将“争创世界500强400优”视为自己的理想目标，平安为员工描绘的远景与抱负是：成为中国企业改革的先锋和金融服务业学习的楷模，建设国际一流的综合金融服务集团。请你回答以下问题。

（1）该企业的愿景是什么？

（2）该企业的战略目标是什么？

章末案例

中国移动的核心价值观

中国移动通信集团公司（简称“中国移动”）于2000年4月20日成立，注册资本3 000亿元人民币，资产规模1.74万亿元人民币，是全球网络规模最大、客户数量最多、品牌价值和市值排名前列的电信运营企业。中国移动全资拥有中国移动（香港）集团有限公司，由其控股的中国移动有限公司在内地31个省（自治区、直辖市）和香港特别行政区设立全资子公司，并在香港和纽约上市。主要经营移动语音、数据、宽带、IP电话和多媒体业务，并拥有计算机互联网国际联网单位经营权和国际出入口局业务经营权。

发展概况

截至2018年底，中国移动4G基站数达到241万个，累计服务7.13亿4G客户和1.57亿有线宽带客户，在200多个国家和地区开通国际数据漫游业务。在346个城市开通窄带物联网（NB-IoT），并实现乡镇以上区域连续覆盖，物联网智能连接数净增3.22亿个，规模达到5.51亿个。

牵头制定5G网络架构国际标准，积极开展5G网络规模试验及业务应用示范。启动“5G终端先行者计划”，依托5G联合创新中心，构建全球性开放实验室和5G行业联盟，推动端到端产业链成熟。设立中国移动雄安、成都和上海产业研究院，深耕工业、农业、医疗、教育、交通、金融、智慧城市等垂直领域，孵化5G示范应用，加速推进数字经济和实体经济深度融合，助力智慧社会建设。中国移动围绕移动远程医疗、云端机器人、智慧工厂、智慧校园、智能电网等31个应用场景积极开展5G业务示范，与产业相关方携手推动经济社会数字化、智能化转型升级，与广大客户共享万物智联的新未来。

中国移动既是一个财务稳健、能够产生稳定现金流的盈利性公司，又是一个充满发展潜力、具有发展前景的持续成长性公司。面向未来，中国移动以“成为卓越品质的创造者”为愿景，担负“创无限通信世界，做信息社会栋梁”的使命，秉承“正德厚生，臻于至善”的企业核心价值观，深入贯彻科学发展观，努力提升核心竞争力，通过打造卓越的运营体系、建设卓越的企业、培育卓越的人才，打造“一个中国移动”(One CM)，努力成为移动信息专家和卓越品质的创造者。

中国移动企业愿景提出的背景及其内涵

“成为卓越品质的创造者”是中国移动企业品性的内在要求。中国移动选择“正德厚生，臻于至善”的信仰，注定了它不仅要追求数量的超越，更要成就品质的铸炼。关注品质、追求品质是它对社会负责、追求卓越的最佳体现方式，中国移动只有通过为社会创造卓越品质来践行自己的价值观。中国移动肩负着“创无限通信世界，做信息社会栋梁”的使命，意味着其必将永远保持对网络、服务、业务的高品质追求，这是“无限通信”的基础，也是“无限通信”固有的内涵；同时唯有以追求高品质的信念和实践，引领行业的健康发展，促进信息社会的蓬勃繁荣，才能无愧于整个信息社会的中坚力量和榜样，无愧于“社会栋梁”。

“成为卓越品质的创造者”，是对多年来倾力打造的“移动通信专家”形象的传承和升华。经过多年的努力，中国移动拥有了全球规模最大、质量最好的无线通信网络，拥有了全球第一的客户群体，拥有了一支高素质的年轻而富有活力的员工队伍，成就了“移动通信专家”的能力和形象，奠定了中国移动创造卓越品质的基石。中国移动已铸就的一切成果，以及正在进行的努力让我们坚信，它完全有能力成为全球最佳通信服务和业务的提供者，成为全球品质最佳的企业。

“成为卓越品质的创造者”，是中国移动在新环境下，适应市场需求、保持价值增长、实现新跨越的着力点。随着信息社会的发展，未来的通信消费需求将逐步由单纯的产品需求向复杂的品质需求转变，运营商只有在产品的功能性、服务的系统性、体验的崇尚性、内容的时尚性等诸多方面不断创新才能形成长期的差异化竞争优势，将优势延续下去，最终实现新的发展跨越。

卓越品质的实现必须依靠所有内外因素的卓越品性。卓越的运营体系、卓越的企业和卓越的人，是中国移动打造卓越品质不可或缺的驱动元素。卓越的运营体系是卓越的外在体现，中国移动所创造的卓越品质正是通过卓越的运营体系得以产生和传递给利益相关者，为提高社会信息化程度和人们的生活品质做出贡献；卓越的企业和卓越的人是缔造卓越的基石，由企业和人形成的整体能力构成企业的核心竞争力，企业和人的行为风范产生影响力，只有卓越的企业和卓越的人才会具有真正的核心竞争力和影响力。

要实现“成为卓越品质的创造者”，需要有卓越的运营体系、卓越的企业管理、卓越的员工队伍三个方面的支持。“卓越的运营体系”，意味着中国移动将努力建成一流的通信网络、一流的运营支撑系统、一流的服务体系、一流的营销体系、一流的业务开发体系和一流的企业 IT 系统。“卓越的企业管理”，意味着中国移动不断实现企业的自我超越与完善，努力形成创新、高效、和谐的学习型企业，积极承担社会责任，成为社会有机体中的优秀组成部分。“卓越的员工队伍”，意味着中国移动将致力于培养富于远见、充满激情、意志坚定、勤奋务实、诚实守信、认真负责、尊重他人、乐于分享、职业化的人才队伍。

“成为卓越品质的创造者”，其核心就在于，以客户需求的洞察、挖掘和满足为目标，以企业价值链各环节的持续改善为策略，以人、企业、运营体系的系统结合为基点，从领先的网络质量、精准的计费系统、深入的客户理解、满意的客户服务、创新的业务产品、值得信赖的品牌等多个方面塑造中国移动服务的卓越品质。

“成为卓越品质的创造者”，意味着中国移动要在网络质量方面做到持续领先。这里的“领先”有静态和动态两层含义，即既是现在的领先，也要做到未来的领先。静态来看，要做到广泛严密的地域覆盖、迅捷清晰的信息传送、稳定安全的支撑系统，确保客户实现“随时、随地、随心”的无障碍沟通以及“无论在何方，中国移动始终在身边”的服务宣言。动态来看，要做到以市场为导向，对未来网络的发展趋势进行前瞻性判断和先机性把握，适时引入新技术，不断提升网络集中化管理水平，全力打造领先竞争对手的技术先进型网络，以先进的网络带动领先的业务与服务，以巩固长期竞争优势。

“成为卓越品质的创造者”，意味着中国移动要以精准的计费系统实现尊重客户价值的承诺。计费系统要能够与公司长期的业务发展相适应，要能够满足复杂业务多样化计费的实际需求，要能够体现中国移动长期以来一贯的对客户价值的尊重以及客户承诺的遵守。

“成为卓越品质的创造者”，意味着中国移动要深入地理解客户需求并有针对性、高质量地予以满足。这里的客户需求，不仅指现实的需求，还包括潜在的需求；不仅指群体性的需求，也指个性化的需求；不仅指简单的通信需求，更涵盖生活中丰富多彩的沟通需求。中国移动将通过遍布全国的客户反馈网络和客户需求理解机制，确保对客户生活形态的全方位敏锐把握，在未来无线世界，通过卓越的努力，促进通信与生活的融合。

“成为卓越品质的创造者”，意味着中国移动要能够提供丰富周到的产品与服务。通过协调顺畅的产品开发流程，将深入客户所激发出的产品创意及时转化为丰富的产品与业务；通过简洁高效的营销推广流程将产品与业务在第一时间传递给目标客户群；通过周到细致的客服体系迅捷快速地为客户提供无微不至的支持与帮助，确保客户满意。

“成为卓越品质的创造者”，意味着中国移动要不断对现有产品和服务进行价值抽象与提炼，锻造出值得客户永久信赖的经典品牌。在体系上锻造相互区隔又密切互补的品牌组合，并在深入理解客户与市场细分的基础上不断完善品牌整体规划；在定位上针对不同目标客户群赋予不同品牌差异化的内在特性，丰富品牌的文化内涵；在策略上以品牌为主线，整合服务、业务、定价、宣传各个营销环节。

中国移动企业使命的内涵

“创无限通信世界”体现了中国移动追求卓越、争做行业先锋的强烈使命感；“做信息社会栋梁”则体现了中国移动在未来的产业发展中将承担发挥行业优势、勇做社会发展中流砥柱的任务。

及时、充分而有效的沟通是人类实现资源共享、社会实现集约快速发展的必要条件。通信业的发展，帮助人类逐渐打破沟通的时空障碍，使人与人之间的沟通更为快捷有效。“无限通信”的世界是我们每个人的梦想乐园，在没有任何沟通限制和障碍的世界，在能够“随时”“随地”“随意”“沟通无极限”的世界，人类能够自由共享所有知识，自由传达所有情感。中国移动凭借卓越的技术和才能，把创造和实现人类共同的梦想“创无限通信世界”作为自己无上的企业使命。

“无限”是一个相对的概念，随着社会文明的进步，随着人类生活形态的变化，人们对通信的需求以及对“无限通信”的理解也在不断地演进。未来世界中人-人通信、人-机通信、机-机通信的发展必然会超乎我们现在的想象，“人类沟通的理想境界”必然会因此而不断提升。然而无论世界怎样变化，未来的通信一定更便利、更灵活、更经济、更时尚和更个性化，更多地让人类享受通信带来的乐趣。中国移动将矢志不移、竭尽全力推动和实现这种趋势。

“无限通信”的目标要求中国移动实现“应需而动”，将通信主体从时间和空间的约束中解放出来。这就意味着必须具备以客户为中心提供无缝连接、随时通达、智能终端支持的能力，能够为客户提供无约束、端到端的通信服务。

“无限通信”的目标要求中国移动实现“因需而变”，将通信主体从形式和媒介的约束中解放出来。这就意味着必须拥有提供音视频多媒体信息服务的能力，为各种形式的信息沟通提供基础保障，确保信息交流的实时性、保真性、安全性。

中国移动带着“创无限通信世界”的魄力和勇气，担当着引领“无限通信”新世界形成和发展的先锋。中国移动将始终站在技术发展和市场需求变化的前沿，将变幻风云尽收眼底，前瞻性地创造新的业务模式和解决方案，在技术进步、运营模式演变、市场消费演进等方面发挥创造性的引导作用，成为行业和市场发展过程中当之无愧的牵引力。

中国移动带着“创无限通信世界”的才能与锐气，担当着主导“无限通信”理想境界和谐发展的中坚力量。在未来个人通信新世界的发展过程中，中国移动不仅要保持自身优良的业绩，还将力促行业的健康和谐发展。中国移动不寻求对产业价值链的独家寡占，而是追求核心竞争力的不断提升，通过高效的企业掌控，协调研发、制造、应用、消费、服务支撑等各方力量，共同推进行业进步。中国移动将以开放的姿态，凝聚全行业的力量，将开创新世界的梦想变成现实。

“创无限通信世界”，开创崭新生活方式，提供丰富生活内容，提升人类生活质量，让繁忙疲惫的现代人能够享受到“随时”“随地”“随意”“沟通无极限”的快乐，是中国移动孜孜不懈的永恒追求。

“做信息社会栋梁”，这是自信的中国移动人自主的选择，也是人类从工业文明迈向信息文明这一伟大历史转折赋予中国移动的艰巨责任。

信息社会的特征在于通过信息的高效传递和应用来创造财富，而中国移动所运营的物理网络资源正是信息传递的基础设施，所提供的通信服务也正是使信息资源变成财富的媒介和手段。其完美的契合度决定了中国移动所处价值链的核心定位，也决定了中国移动必将在走向信息社会的进程中扮演重要角色，发挥重要作用。

作为信息社会的栋梁，作为行业的引领者而不是跟随者，不断进行业务和体制创新对中国移动来说是必须的，如此才能牵引和带动社会朝信息化方向发展，成为推进信息社会前进的先锋和主导力量。中国移动的技术、业务创新和运营模式创新，将在社会信息化进程中形成强烈的示范效应。中国移动将通过开放的网络平台，吸引信息资源提供者创造更多更好的信息资源；通过多样化业务的引导和推广，促使消费者使用更高效的信息交流方式，更便利地获取所需的信息资源，以更高的效率使信息转化为财富。

作为信息社会的栋梁，作为专业技术的首倡者而不是后觉者，中国移动将不断提高网络技术水平和网络的综合能力，为社会提供更完善的基础设施和更有效的解决方案，成为信息化社会的重要基础和桥梁。中国移动将以高效的运营保证信息沟通与交流的及时通畅，通过运营的不断完善和创新，将消费层面的需求发展传递给技术层面，将技术层面的进步传递到消费层面，从而形成一个良性的循环，通过自身的进步和发展，带动和推进整个社会的进步与发展，不断推动社会向信息化社会迈进。

大市场孕育大企业，大使命成就大事业。中国移动注定要承担起“创无限通信世界，做信息社会栋梁”的历史使命，这是中国移动责无旁贷的历史选择。

中国移动的使命就是让所有人都能享受“随时”“随地”“随意”“沟通无极限”的快乐；让所有人享受比以往任何时候都更加自由自在的生活；让人类的胸怀变得日益广博开阔；让日益庞大的世界更加容易把握；让这片土地变成更美好的家园！

讨论题

1. 中国移动的愿景和使命是什么？它们在中国移动迈向成功的过程中起到了怎样的作用？

2. 结合材料及所学知识，谈谈企业愿景和使命的区别。

第3章 外部环境分析

学习目标

1. 了解企业宏观环境分析的目的；
2. 掌握企业宏观环境分析的内容和方法；
3. 了解影响行业竞争的五种力量，理解其对企业盈利潜力的影响；
4. 掌握战略群组分析方法；
5. 掌握分析企业主要竞争对手的方法；
6. 掌握外部因素评价矩阵分析方法。

引 例

智能世界触手可及

当今，以人工智能、5G、云计算为主导的第四次工业革命所带来的改变已悄然发生，并比你想象中更快地到来。4岁的孩子能向智能助手发出指令；小机器人能够深入地下检测管道，到达人类看不见的地方；复杂的按钮正在简化，你的家电开始与你对话；交通出行由“你看灯”，变成“灯看你”；生活在复杂雨林环境下的蜘蛛猴因为智能设备对声音的收集分析，得到了有效的保护……这些都是当下发生的真实案例，它们所探索的方向以及背后的技术向我们呈现了一个场景：智能世界正在朝每个普通人、每个企业、每个行业走来，并且触手可及。为此，华为全球产业展望（GIV@2025）旨在通过实际的案例和数据，勾勒和阐述一个可触碰的智能世界将如何赋予个人、企业、产业新的能力、新的机会、新的生活方式。我们试图通过10个趋势，一起探寻ICT技术应用的发力点，它们看似发生在今天，但已洞见了智能世界的发展轨迹。

趋势一：是机器，更是家人

随着材料科学、感知人工智能以及5G、云等网络技术的不断进步，在家政、教育、健康服务等产业将出现护理机器人、仿生机器人、陪伴机器人、管家机器人等形态丰富的机器人，带给人类新的生活方式。到 2025 年，G8 国家（加拿大、法国、德国、意大利、日本、俄罗斯、英国和美国）每个养老院将配备 10 台护理机器人；全球 14%的家庭将拥有家用智能机器人。

趋势二：超级视野

以 5G、AR/VR、机器学习等新技术使能的超级视野，将帮助人类突破空间、表象、时间的局限，赋予人类新的能力。2025 年，全球的 VR/AR 用户数将达 3.37 亿，采用 VR/AR 技术的企业将增长到 10%。

趋势三：零搜索

受益于人工智能及物联网技术，智能世界将简化搜索行为和搜索按钮，给人类带来更为便捷的生活体验：从过去的你找信息，到信息主动找到你；未来，不需要通过点击按钮来表达你的需求，桌椅、家电、汽车将与你对话。2025 年，智能个人终端助理将覆盖全球 90%的人口；全球将有 4.7 亿个智能音箱。

趋势四：懂“我”道路

智能交通系统将把行人、驾驶员、车辆和道路联接到统一的动态网络中，并能更有效地规划道路资源，缩短应急响应时间，让零拥堵的交通、虚拟应急车道的规划成为可能。2025 年，C-V2X（Cellular Vehicle-to-Everything）蜂窝车联网技术将嵌入全球 15%的车辆。智慧交通系统需要处理海量的多维数据，推动量子计算的发展，在计算方面带来巨大红利，20%的大型企业将有望从量子计算发展中获益。

趋势五：机器从事三高

自动化和机器人，特别是人工智能机器人，正在改变人类的生活和工作方式，它们可以从事高危险、高重复性和高精度的工作，无须休息，也不会犯错，将极大提高生产力和安全性。如今，智能自动化在建筑业、制造业、医疗健康等领域广泛应用。2025 年，每 10 000 名制造业员工将与 103 个机器人共同工作。

趋势六：人机协创

人工智能、云计算等技术的融合应用，将大幅度促进未来创新型社会的发展：试错型创新的成本得以降低；原创、求真的职业精神得以保障；人类的作品也因机器辅助得以丰富。2025 年，97%的大企业将采用 AI，人机协创无所不在，创造更多价值。

趋势七：无摩擦沟通

随着人工智能、大数据分析的应用与发展，企业与客户的沟通、跨语种的沟通都可能变得无摩擦，因为精准的信息到达，人与人之间更容易理解、信任彼此。2025 年，企业的数据利用率将达 86%。

趋势八：共生经济

无论身在何处、语言是否相通、文化是否相似，数字技术与智能逐渐以平台模式被世界各行各业广泛应用。各国企业都有机会在开放合作中共享全球生态资源，共创高价值的智能商业模式，最终改变每个人的生活和工作模式。2025 年，全球所有企业都将使用云技术，基于云技术的应用使用率将达到 85%。

趋势九：5G，加速而来

大带宽、低时延、广联接的需求正在驱动 5G 的加速商用，将渗透到各行各业，并比我们想象中更快地到来。2025年，全球将部署650万个基站，服务于28亿用户，58%的人口将享有5G服务。

趋势十：全球数字治理

触及智能世界，也遇到了新的阻力和挑战。随着海量数据的产生，如何确保技术应用方向的正确性，如何保护个人、企业的隐私安全，如何避免全球数据财富分配不均的“马太效应”？新的规则、法律对于智能世界将意义重大。2025年，全球将产生海量的数据，存储数据量高达180 ZB。

资料来源：华为全球产业展望（GIV@2025）. www.huawei.com.

引例表明，未来的10个趋势已洞见了智能世界的发展轨迹。企业的生存和发展将受到外部环境的影响和制约，适者生存，企业只能去适应环境，而不是去对抗环境。因此目前以人工智能、5G、云计算为主导的第四次工业革命所带来的改变会给企业带来重大影响。掌握外部环境分析的理论和方法对企业而言是必须要做的事情。接下来我们详细讨论企业宏观环境分析的内容和方法、行业竞争的五种力量、战略群组分析的方法、企业主要竞争对手分析方法等内容，以帮助读者更好地把握外部环境，为准确制定公司战略和策略提供可靠的依据。

3.1 宏观环境分析

企业宏观环境分析的目的

任何企业都不是孤立存在的，总是要与周围环境发生物质的、能量的和信息的交流与转换。离开了与外部环境的交流与转换，企业将无法生存和发展。换句话说，在企业与外部环境的相互关系中，一般来说，环境力量总是不以企业的意志为转移，总是处在不断发展变化之中，特别是在当今的信息社会。正因为如此，企业应该认识环境的状况、特点及变化趋势，去适应它，而不是对抗它。

外部环境一般包括三个部分：宏观环境、行业环境和竞争环境。宏观环境包括政治法律环境、经济环境、社会文化环境和科技环境，它们对企业的影响往往是间接的或潜在的；行业环境包括行业的发展趋势和行业的竞争结构，如买方、供应商、竞争者、替代品、潜在进入者等。竞争环境是指对竞争对手的分析，对竞争环境的了解是研究宏观环境和行业环境的必要补充。图3-1说明了企业外部环境的结构。

大量研究表明：企业经营行为的改变是行业环境因素作用的结果，而行业环境因素的变动又是宏观环境因素驱动的，因此在分析把握企业外部环境形势时，首先应分析宏观环境因素的变动趋势，在此基础上再来分析行业环境及企业行为的变化。

对一个行业（环境）的宏观驱动因素进行分析是制定良好战略的前提条件。如果不能敏锐地洞察在之后的几年内存在什么样的宏观环境因素，会给公司的业务带来多大的潜在

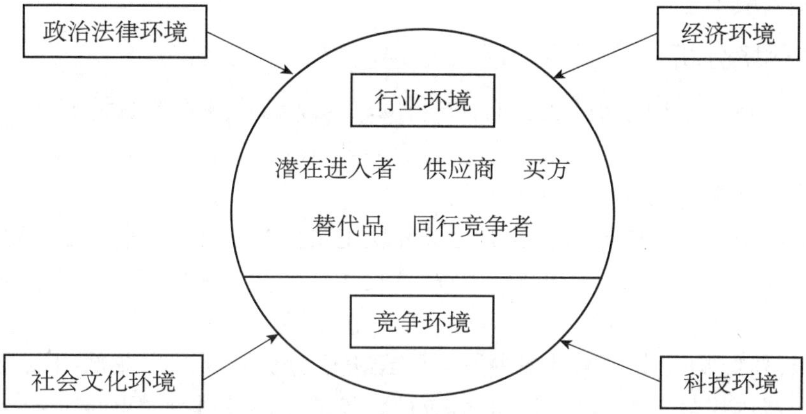

图 3－1　企业外部环境

变革，那么管理者根本无法为制定与新的环境紧密相扣的战略做好准备。同样，如果管理者不清楚各个宏观驱动因素的意义和作用，那么，他们所制定的战略就难以对驱动因素及其行业所产生的影响作出积极有效反应。所以对宏观环境因素的分析是很重要的，它对战略的制定有着十分重要的价值。

应该指出的是，尽管宏观环境所包含的因素很多，但对某一行业或某一企业来说，试图分析所有因素及其影响，不但困难，也没有必要。重要的是从具体需要出发，认清哪些是关键因素，然后再对关键因素作分析就可以了。宏观环境分析的目的或任务主要有两点：一是通过分析，考察预测与某一行业和企业有重大关系的宏观环境因素将发生怎样的变化；二是评价这些变化将会给行业及企业带来什么样的影响，以便为企业制定战略奠定基础和提供依据。

企业宏观环境分析的内容

宏观环境是指影响一切行业和企业的各种宏观力量。对宏观环境因素作分析，不同行业和企业根据自身特点和经营需要，分析的具体内容会有差异，但一般都应对政治法律（P)、经济（E)、社会文化（S）和科技（T）这四大类影响企业的主要外部环境因素进行分析。通常，称之为 PEST 分析法。

1. 政治法律环境分析

政治法律环境是指对企业经营活动具有现实和潜在作用与影响的政治力量、政治制度、体制、方针政策，同时也包括对企业经营活动加以限制和要求的法律法规等。这些因素常常制约、影响企业的经营行为，尤其是影响企业较长期的投资行为。

此外，这一环境因素中还包括国际政治形势及其变化，主要包括：国际政治局势、国际关系、目标国的国内政治环境等。对一个开放的国家来说，国际政治形势的影响是显而易见的。

政治法律环境因素对企业影响的特点包括：(1）直接性。指国家政治环境直接影响企业的经营状况。（2）难以预测性。对于企业来说，很难预测国家政治环境的变化趋势。(3）不可逆转性。政治环境因素一旦影响到企业，就会使企业发生迅速明显的变化，而这一变化企业是驾驭不了的。

2. 经济环境分析

经济环境是指一个国家或地区的经济制度、经济结构、物质资源状况、经济发展水平、消费结构与消费水平，以及未来的发展趋势等状况。现代的经济环境正在发生巨大的变化，每一个企业都应充分掌握这一变化。

（1）企业经济环境的构成。企业的经济环境主要由社会经济结构、经济发展水平、经济体制、宏观经济政策、社会购买力、消费者收入水平和支出模式、消费者储蓄和信贷等要素构成。

1）社会经济结构是指国民经济中不同的经济成分、不同的产业部门以及社会再生产各个方面在组成国民经济整体时相互的适应性、量的比例及排列关联的状况。社会经济结构主要包括五方面的内容，即产业结构、分配结构、交换结构、消费结构、技术结构，其中最重要的是产业结构。

2）经济发展水平是指一个国家经济发展的规模、速度和所达到的水准。反映一个国家经济发展水平的常用指标有国民生产总值、国民收入、人均国民收入、经济发展速度、经济增长速度。

3）经济体制是指国家经济组织的形式。经济体制规定了国家与企业、企业与企业、企业与各经济部门的关系，并通过一定的管理手段和方法，调控或影响社会经济流动的范围、内容和方式等。

4）宏观经济政策是指国家、政党制定的一定时期实现国家经济发展目标的战略与策略，它包括综合性的全国经济发展战略和产业政策、国民收入分配政策、价格政策、物资流通政策、金融货币政策、劳动工资政策、对外贸易政策等。

5）社会购买力是指一定时期内社会各方面用于购买产品的货币支付能力。国民收入的使用主要由消费和积累两部分构成。其中，消费部分又分为个人消费和社会消费，前者形成居民购买力，后者形成社会集团购买力。市场规模归根结底取决于购买力的大小。调查社会购买力水平，要注意国家经济政策和分配政策带来的居民购买力的变化，注意不同地区居民货币收入的变动情况。

6）消费者收入水平和支出模式。消费者支出模式最终取决于消费者的收入水平。随着人均收入的增加，消费者用于购买食品方面的支出比重会有所下降，而用于服装、交通、娱乐、卫生保健等方面的支出比重会上升。调查消费者支出模式，除要考虑消费者收入水平，还要考虑不同国家、地区的生活习惯、价值观念以及家庭生命周期的不同阶段等因素。

7）消费者储蓄和信贷。消费者储蓄的最终目的是消费，它来源于消费者的货币收入。但在一定时期内，消费者的储蓄水平直接影响到消费者的本期货币支出和潜在购买力水平。所以，消费者储蓄的增减变动会引起市场需求规模和结构的变动，从而对企业的经营活动产生影响。调查消费者储蓄情况，应注意政策变动、利率变动、通货膨胀水平等因素的影响。

（2）反映宏观经济运行状况的指标。宏观经济运行状况可通过一系列的指标来反映，如经济增长率、就业水平、物价水平、通货膨胀率、汇率、国际收支情况、利息率等。

1）国民经济运行状态及其趋势。这是宏观经济环境的基础，企业主要应当了解国民经济目前处于什么阶段，是产业结构调整时期、经济低速增长时期还是高速增长时期，并具体分析有关的经济指标，如国民生产总值、国民收入、国家预算收入的水平及其分配的状况等。一般来说，国民生产总值增长速度较快，居民用于个人消费的支出相应增加，从而提供了开辟新市场或开办新企业的机遇。反之，国民生产总值增长速度放缓，居民个人消费会有所减少，不利于企业的增长。

2）利息率。利息率对企业的影响可从两个角度来看：一方面，利息率直接影响企业的销售市场状况。例如，较低的长期利率对零售业十分有利，因为它意味着鼓励居民的短期消费；而较高的长期利率对建筑业或汽车制造业有利，因为它鼓励居民购买长期耐用消费品。另一方面，利息率还会直接影响企业的战略抉择。一般来说，利息率较低有利于企业实施企业合并或兼并战略。反之，利息率较高则不利于企业采用积极进取的增长战略。

3）通货膨胀率。对大多数企业而言，通货膨胀是一个不利因素，因为它导致企业经营的各种成本（如购买原料的费用、劳务费用、工资等）相应增加。同时，长期的通货膨胀既抑制企业的发展，又会促使政府采取放慢增长速度的紧缩政策，导致整个宏观经济环境不利。对某些企业来说，较高的通货膨胀率也可能是一种机遇。例如，如果石油与天然气价格的增长速度快于其他行业产品价格的增长率，那么石油开发公司将因此获利。

4）汇率。汇率是一国货币购买力的表现形式。在国际市场上，它直接影响企业成本，进而影响企业国际战略的制定。一般而言，如果本国货币购买力较高，企业将乐意购买外国的产品与原材料，或到国外投资，开办独资企业或合营企业。反之，如果本国货币购买力较低，则会削弱企业到海外投资、贸易或开发新市场的热情。另外，经济环境因素中还包括以下内容：居民收入因素，这可进一步细分为名义收入、实际收入、可支配收入以及可随意支配收入等；消费支出模式和生活费用；经济体制；金融制度；等等。

因此，企业的经济环境分析就是要对以上各个要素进行分析，运用各种指标，准确地分析宏观经济环境对企业的影响，从而制定出正确的企业战略。

3. 社会文化环境分析

社会文化环境包括一个国家或地区的社会性质、人们共享的价值观、文化传统、生活方式、人口状况、教育程度、风俗习惯、宗教信仰等各个方面。这些因素是人类在长期的生活和成长过程中逐渐形成的，人们总是自觉不自觉地接受这些准则的指导。

（1）文化传统。文化传统是一个国家或地区在较长历史时期所形成的一种社会习惯，它是影响企业活动的一个重要因素。例如，中国的春节、西方的圣诞节就会给某些行业（贺卡、食品、玩具、服装、礼品等制造及零售业）带来一个生意兴隆的极好时机。

文化环境对企业的影响是间接的、潜在的和持久的，文化的基本要素包括哲学、宗教、语言与文字、文化艺术等，它们共同构筑了文化系统，对企业文化有重大的影响。哲学是文化的核心部分，在整个文化中起主导作用；宗教作为文化的一个侧面，在长期发展过程中与传统文化有密切的联系；语言文字和文化艺术是文化的具体表现，是社会现实生活的反映，它对企业职工的心理、人生观、价值观、性格、道德及审美的影响是不容忽视的。

(2) 价值观。指社会公众评价各种行为的观念标准。不同的国家和地区，其价值观是不同的。例如，西方国家价值观的核心是个人的能力与事业心；东方国家价值观的核心强调集体利益，日本、韩国等的企业注重内部关系的融洽、协调与合作，形成了东方企业独有的高效率模式。

(3) 社会发展趋向。近一二十年来，社会环境方面的变化日趋增加，这些变化打破了传统习惯，使人们重新审视自己的信仰、追求新颖的生活方式，影响着人们对穿着款式、消费倾向、业余爱好，以及对产品与服务的需求，企业面临严峻的挑战。现代社会发展的主要倾向之一就是人们对物质生活的要求越来越高。一方面，人们已从“重义轻利”转向“注重实惠”。产品的更新换代加速，无止境的物质需求给企业发展创造了外部条件。另一方面，随着物质水平的提高，人们正在产生更加强烈的社交、自尊、信仰、求知、审美、成就等较高层次的需要。人们希望从事能够充分发挥自己才能的工作，使自己的潜力得到充分发挥。

(4) 消费者心理。这一因素对企业战略也会产生影响。例如，20 世纪 80 年代中期，可口可乐公司决定更改沿用了百年之久的配方，引起轩然大波。老顾客的抗议电报和信件雪片般飞进亚特兰大可口可乐总部。消费者认为，目前市场上的可口可乐是传统和标准的软饮料，不应当改变它的口味。当然后来由于新可口可乐的口味比原来更佳，还是受到了大部分顾客的欢迎。

(5) 社会各阶层对企业的期望。在这里，社会各阶层包括股东、董事会成员、原材料供应者、产品销售机构人员及其他与企业有关的阶层。这些阶层对企业的期望各不相同。例如，股东评价战略的标准主要是看投资回报率、股东权益增长率等；企业工作人员评价战略的标准主要是看工资收益、福利待遇及工作环境的舒适程度等；而消费者则主要关心企业产品的价格、质量、服务等；至于政府机构，它们评价企业的立足点，主要看企业经营活动是否符合国家的政策、法规和有关的行政规章制度。

(6) 人口因素。主要包括人口总数、年龄构成、人口分布、人口密度、教育水平、家庭状况、居住条件、死亡率、结婚率、离婚率、民族结构以及年龄发展趋势、家庭结构变化等。

人口因素对企业战略的制定有重大影响。例如，人口总数直接影响着社会生产总规模；人口的地理分布影响着企业的厂址选择；人口的性别比例和年龄结构在一定程度上决定了社会需求结构，进而影响社会供给结构和企业生产；人口的教育文化水平直接影响着企业的人力资源状况；家庭户数及其结构的变化与耐用消费品的需求和变化趋势密切相关，因而也就影响到耐用消费品的生产规模等。对人口因素的分析可以使用以下一些变量：离婚率、出生率和死亡率、平均寿命、年龄和地区分布、民族和性别上的比例变化、教育水平和生活方式上的地区差异等。

4. 科技环境分析

科技环境是指企业所处社会环境中的技术进步的整体水平和变化趋势、政府技术进步或者创新战略、国家技术创新的体系和变化、国家对技术进步的鼓励和保护政策等。

科学技术是最引人注目的一个因素，新技术革命的兴起影响着社会经济的各个方面，人类社会的每一次重大进步都离不开重大的科技革命。石器工具、青铜器、铁器、蒸汽机、生产流水线、现代通信技术等重大发明无不将人类社会极大地向前推进一大步。企业的发展在很大程度上受到科学技术方面因素的影响，包括新材料、新设备、新工艺等有形的硬技术和体现新技术新管理的思想、方式、方法等无形的软技术。一种新技术的出现和成熟可能会导致一个新兴行业的产生。具体来说，科学技术迅猛发展给企业带来的影响表现在：

（1）科学技术的快速发展使商品从适销到成熟的时间不断缩短，大部分产品的市场生命周期有明显缩短的趋势。

（2）技术贸易的比重加大。

（3）劳动密集型产业面临的压力加大。

（4）发展中国家劳动力费用低的优势在国际经济联系中将被削弱。

（5）流通方式将向更加现代化发展。

（6）生产的增长也越来越多地依赖科技的进步。

（7）对企业的领导结构及人员素质提出更高要求。

企业的科技环境大体包括社会科技水平、社会科技力量、国家科技体制、国家科技政策和科技立法等基本要素。社会科技水平是构成科技环境的首要因素，它包括科技研究的领域、科技研究成果门类分布及先进程度和科技成果的推广与应用三个方面。社会科技力量是指一个国家或地区的科技研究与开发的实力。国际科技体制指一个国家社会科技系统的结构、运行方式及其与国民经济其他部门的关系状态的总称，主要包括科技事业与科技人员的社会地位、科技机构的设置原则与运行方式、科技管理制度、科技推广渠道等。国家科技政策与科技立法是国家凭借行政权力与立法权力，对科技事业履行管理、指导职能的途径。

在企业面临的诸多环境因素中，科学技术本身是强大的动力。科技因素对企业的影响是双重的：一方面，它可能给某些企业带来机遇；另一方面，科技因素会导致社会需求结构发生变化，从而给某些企业甚至整个行业带来威胁。例如人类用科学技术造出汽车、青霉素、电子计算机的同时也造出了核弹、神经性毒气、计算机病毒；每种新技术都是一种破坏性的创造，新技术的出现总会无情地威胁原有的技术，如晶体管威胁了电子管，电视威胁了电影。如果一个组织固守原有的技术而不采用新技术，它就注定会失败。科技的发展，新技术、新工艺、新材料的推广使用，对企业产品的成本、定价等都有重要影响。这种影响就其本质而言，是不可避免和难以控制的。企业要想取得经营上的成功，就必须预测科学技术发展可能引起的后果和问题，可能带来的机遇或威胁；必须十分关注本行业产品的技术状况及科技发展趋势；必须透彻地了解与所研究的技术项目有关的历史、当前发展情况和未来趋势，并进行准确的预测。

延伸阅读　技术，如何重塑行业与社会？

3.2 行业环境分析

行业定义与特征

行业是指一组生产的产品非常相似、可以互相替代的企业的集合。它们的产品有许多相同的属性，会为争夺相同的顾客群展开激烈的竞争。由于每一个行业在结构、侧重点、顾客群体、优劣势等方面都存在很大的差异，身处行业之中的企业在制定战略的时候必然要受到行业特征的影响，所以在进行行业环境分析时，首先要从整体上把握行业的主要经济特征和发展趋势，了解行业的市场规模。概括某一行业的特征应考虑以下因素：

（1）市场规模和增长速度。

（2）市场竞争的范围：当地、区域、全国或国际。

（3）市场结构：完全竞争市场、垄断竞争市场、寡头垄断市场或完全垄断市场。

（4）行业在生命周期中所处的阶段：投入期、成长期、成熟期或衰退期。

（5）购买者数量的多少和相对规模的大小。

（6）行业的盈利水平。

（7）行业中产品的工艺、质量、成本控制以及技术的革新速度，分销渠道的种类，广告与营销效应。

（8）行业的资金需求状况、边际利润率的高低。

行业生命周期分析

行业生命周期是分析行业演变对竞争力量影响的有用工具，它将行业的演变划分为四个连续的阶段：萌芽、成长、成熟和衰退，对应着四种不同的行业环境，如图3-2所示。

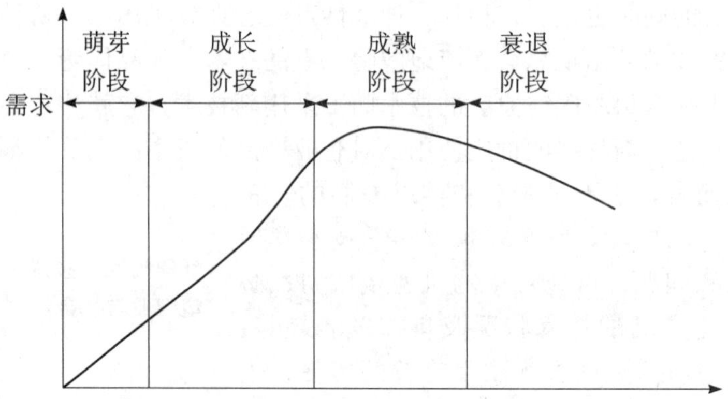

图3-2 行业生命周期模型

（1）萌芽阶段。萌芽阶段的行业是刚刚开始发展的行业，在这一阶段，行业成长较慢，这是因为购买者不熟悉行业的产品、企业无法实现规模经济导致高价格、分销渠道发展不完善。在这一阶段，行业的进入壁垒来自掌握技术上的诀窍而不是规模经济所要求的成本或品牌忠诚。如果进入行业所需要的技术诀窍非常复杂、难以掌握，则进入壁垒将相当高，现有的企业也因此受到保护。在萌芽阶段，竞争主要在于如何更有效地吸引顾客、打开分销渠道、完善产品设计，而不是降低价格。

（2）成长阶段。随着产品需求的上升，行业开始进入成长阶段。在成长阶段，由于大量新顾客涌入，首次消费需求增长迅速。成长阶段的典型特征是顾客对产品逐渐熟悉，经验曲线和规模经济的效应令价格下降，分销渠道也成熟起来。一般来说，当行业进入成长阶段后，技术知识作为壁垒的重要性已经消失。但几乎没有一家企业实现了规模经济或建立了品牌忠诚，行业进入壁垒也不是很高，在早期更是这样。因此，在这一阶段，来自潜在竞争者的威胁最大。

（3）成熟阶段。在这一阶段，市场充分成熟，需求完全来自产品更新，需求增长缓慢或者没有增长。增长仅仅来自人口增加为市场带来新的顾客或更新需求的增长。行业进入成熟阶段后，进入壁垒开始提高，潜在竞争者进入的威胁变小了。随着需求增长的下降，企业已经不可能仅凭现有的市场份额实现过去那样的增长。此时，争夺市场份额的竞争开始了，这会导致价格下降。结果常常是价格战，企业为了生存，专注于成本最小化和建立品牌忠诚。进入成熟阶段，行业中的企业已经建立了品牌忠诚，实现了低成本运营。这些因素构成了重要的进入壁垒，潜在竞争者进入的风险大大降低。成熟行业中较高的进入壁垒为企业提高价格和增加利润创造了机会。

（4）衰退阶段。在此阶段，在诸多因素的作用下，需求增长变成负数。原因可能是技术替代、社会变革、人口因素和国际竞争。在衰退行业中，现有企业间的竞争会加剧，主要原因在于需求下降导致产能过剩。退出障碍也是影响过剩产能的因素之一，退出障碍越大，公司越不愿意削减产能，价格竞争的威胁也就越大。

企业需要分析和判断行业所处的发展阶段，把握各个阶段的关键要素，分析和把握发展机会和威胁。

行业竞争结构分析

行业竞争结构分析通常采用波特五种竞争力量模型进行，见图 3－3。这五种力量共同作用，决定了行业竞争的性质和程度，从而决定了企业在行业中的竞争优势和最终盈利能力。竞争激烈，意味着行业的总体盈利能力较低，导致许多企业退出该行业；相反，当竞争不激烈时，行业的总体盈利水平较高，吸引大量的企业进入。当然，对于不同的企业来说，所面临的五种竞争力量的相对强弱情况会有所差异，因而其对企业经营及盈利的影响也有所不同。每一个企业都应认真细致地评价这些力量，有重点地分析其对于企业经营的不同作用。下面我们将对五种力量逐项进行分析。

1. 潜在进入者的威胁

一般而言，当行业具有较高的投资回报时，就会吸引很多的潜在进入者。

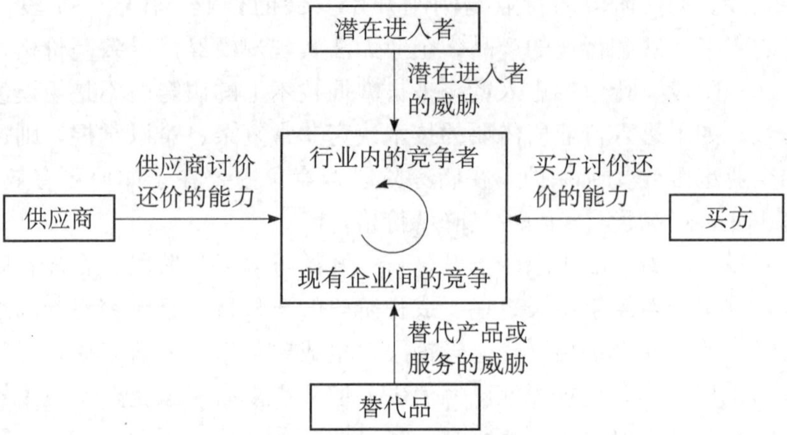

图3-3　五种竞争力量模型

潜在进入者是否会真的采取行动进入行业中，取决于潜在进入者对行业壁垒的认识，包括进入壁垒和退出壁垒。进入壁垒就是企业为进入一个新行业所要克服的困难（或风险）；退出壁垒就是企业要退出一个行业所要承担的损失。行业内企业携捷足先登之利可以对潜在进入者形成一定的进入壁垒，但能否阻止潜在进入者的入侵，还要取决于进入与退出壁垒的高低。进入与退出壁垒主要包括：

（1）规模经济性。规模经济性指由于大规模生产经营而形成的成本优势，通常情况下，老企业比新进入者的规模大，这将给那些产量低、成本高的新进入者进入该行业造成很大的障碍。例如，一家新公司想进入造纸行业是非常困难的。因为在造纸行业要想实现高效生产，企业必须达到一定的产量要求，对一个刚起步的造纸企业来说，很难达到这个产量，这势必使之处于高成本的劣势状态。

（2）产品差异。如果顾客已经对行业内的老品牌形成了独特的认识、信念或偏爱，已成为行业内企业的忠诚顾客，那么潜在进入者要想占领市场，就必须克服消费者对这种老品牌的忠诚。

（3）资本需求。如果进入一个行业的初始投资额（固定成本、流动资金等）较高，那么能支付得起这笔投资的新进入者的数量就会很少。例如，对将要进入石油化工行业的新企业而言，筹集投资所需的资金是一个很大的进入障碍。

（4）顾客的转换成本。这里的转换成本是指顾客从一个供应商转到另一个供应商时所发生的成本（包括机会成本、会计成本和感情成本）。有些时候，转换成本会给新进入者吸引顾客造成很大困难。

（5）进入分销渠道的难易程度。好的分销渠道已被行业内企业瓜分完毕。新进入者面临挤入已有分销渠道或建立新分销渠道的压力。

（6）政府政策。例如，政府可以通过制定政策、颁发执照和许可证等此类事项的决定权对企业进入某个行业进行控制。如烟草行业、金融行业和电力行业等，政府的政策对企业进入此类行业的可能性有较大的影响。

（7）行业内企业已经建立起一些与规模无关的其他优势。这些优势与企业的规模大小没有关系，包括：行业内企业拥有专有（或专利）技术，已占据最佳的地理位置，已控制了最佳或主要的原材料来源。

(8) 预想的报复。即使新进入者可以克服上述障碍，也不能就此作出是否进入行业的决策。它还必须考虑到行业内企业对它的进入会有怎样的反应。威慑也是一种进入壁垒。

虽然这是一种普遍的分析新进入者的壁垒因素清单，但在不同的行业，阻碍新进入者的因素也不同。在啤酒行业，产品差异化是最大的进入障碍。在重工业行业，最大的进入障碍是大量的资金需求。由于不能建立广泛的销售渠道，美国的农产品很难在日本及其邻近国家拓展市场。在商业软件行业，虽然可以从新进入者那里得到更好的产品，但转换成本（包括习惯等）会迫使顾客继续使用原先的产品。

2. 供应商讨价还价的能力

供应商对行业的影响也很大。例如，它们可以通过提价来转嫁不断上升的成本，或降低所提供产品或服务的质量来降低成本。下列情形下供应商将有更强的讨价还价的能力：

(1) 供方市场只由少数几个大公司控制，市场集中度高。

(2) 供应商的产品没有很好的替代品。

(3) 对供应商而言，行业内企业不是重要客户。

(4) 供应商的产品是行业内企业获得成功的关键。

(5) 供应商产品的有效性增加了行业内企业的转换成本。

(6) 供应商通过前向整合进入买方市场而对公司造成威胁。如供应商拥有充足的资源并能提供高度差异化的产品，那么这种威胁的可能性将增大。

例如计算机芯片产业一直被英特尔公司垄断，虽然出现了诸如AMD等竞争对手，但是实力相差很大，它们同样要生产符合英特尔标准的芯片。在这种情况下，英特尔具有较强的讨价还价能力。

一些买方通过发展与供应商之间的长期关系来管理或降低供应商的议价能力。尽管长期协议降低了买方的议价能力，但是提高了供应商的动力，使其在更长期的关系中给予帮助和保持合作（保证销售）。当合作伙伴之间形成彼此信任时，这一点尤为确切。

3. 买方讨价还价的能力

为了降低成本，买方通常会讨价还价。他们总是希望以尽可能低的价格购买产品。购买者的这一议价能力必然会影响行业内现有企业的盈利能力。购买者在下列情况下具有较强的讨价还价能力：

(1) 买方的购买量占整个行业产出的比例很大。

(2) 买方购买产品的总量占销售方年收入的比重很大。

(3) 买方的转换成本很低。

(4) 行业产品差别不大或者是标准化产品，买方可以后向整合进入销售方的市场而带来威胁。

(5) 买方掌握充分的信息。当买方充分了解市场需求、实际价格、供方成本等方面的信息时，就具备了讨价还价能力。

全球500强企业排名第一的零售巨头沃尔玛对供应商有很强的讨价还价能力，因为对于大多数供应商来说，沃尔玛是最大客户，其购买的产品数量占供应商产出很大的比例，所以供应商往往会以更低廉的价格和更优质的服务确保留住这样的大客户。因此对于沃尔玛来说，它对供应商有很强的议价能力。

4. 替代品的威胁

替代品是指那些来自不同行业的产品或服务，它们具有的功能与本行业的产品和服务类似或相同。替代品的进入必然会对行业内的企业产生威胁，如眼镜生产商面临隐形眼镜生产商的竞争，电子邮件替代传真，茶替代咖啡。平板电脑和智能手机的大量使用，使个人电脑（PC）销量下滑。

替代品的威胁取决于替代品的价格和顾客的转换成本。如果替代品的价格比现有产品的价格低，现有企业就会受到降价的压力。顾客的转换成本是指顾客从购买现有产品转换到购买替代品而支付的额外成本。常见的转换成本有：增加的设备成本、员工培训、建立新供应关系的成本等。如果顾客的转换成本低，顾客购买替代品的可能性就大。总之，如果顾客转换成本低甚至为零，或者替代品的价格更低而质量性能更好，那么替代品就会给企业带来很大的威胁。

替代品给行业产品的价格制定了一个上限。因为当一种产品的相对价格高于替代品的相对价格时，人们就转而购买替代品。例如，零售商店不仅同其他零售商店竞争，而且还同邮购商店竞争。因此，管理者必须密切关注那些质量有所改进的或价格有所下降的替代品。放松管制和科技进步为一大批替代品从传统产品那里抢夺市场份额提供了可乘之机。例如，金融业的放松管制使很多原来只能由银行从事的业务变成可以由许多非银行机构经营。同样，智能手机的照相技术替代了卡片相机。现在，那些只靠传统印刷技术而不发展电子版书籍的出版商，已感到竞争的威胁。

5. 现有企业间的竞争强度

行业内的企业并不都是竞争对手，通常的情况是既有竞争又有合作。理解这一点非常重要。广告战、价格战、服务战等竞争方式比比皆是，但技术合作、委托制造、合资联盟，甚至各种暗地里的卡特尔，也随处可见。行业内企业的竞争强度取决于很多因素：

（1）行业内企业的数量和力量对比。当数量较多而且力量比较均衡的时候，总会有企业自以为是地采取某些竞争手段，引发行业的动荡。当企业数量很多而且力量又不均衡时，中小企业则要以龙头老大的领导者所建立的游戏规则行事，这样的行业比较稳定。当企业数量很少而规模都很大时，行业表面比较平静，但竞争潜流在深处涌动，直到发生引发行业结构变化的大地震。

（2）行业市场的增长速度。行业市场增长迅速时期，竞争强度弱一些，各自都在忙着收获。而当行业市场增长放缓或衰退时，市场份额之争就非常激烈。

（3）行业内企业的差异化与转换成本。当行业内企业营销战略差异化较高时，即每个企业都服务于一个差异化的细分市场时，竞争程度较低。而当差异化程度很低时，竞争就较为激烈。这也是企业战略管理非常强调定位的主要原因。

如果一个企业可以轻易地转换到另一个企业的细分市场上，这时行业竞争就会激烈，会有很多模仿者。如果一个企业能够形成别的企业无法模仿的差异化，这时竞争压力就会相对较弱。

（4）重要的战略利益。如果在一个行业中，企业取得成功所获得的战略利益较高，那么企业就可能积极采取某种战略来抓住机会，抢占市场，获取高额利润。这时，行业中的其他企业就可能加入竞争，加剧竞争强度。

（5）在许多传统行业，由于历史原因，积淀了各自的行业游戏规则，企业只在游戏规则的范围内竞争，很少越雷池而动。例如，巧克力已成为一个全球性的行业，但在这个行业中大家都遵守一个共同的原则：无论原料价格涨落，其最终产品的价格不变。你可以改变包装的大小，但标价不能有大的改变。而在计算机、信息技术等新兴行业，则没有这么多规矩，因此，竞争就更激烈，位次变动也更频繁。

（6）行业的分散与集中程度。分散与集中指的是行业销售额在行业内企业间的分配比例。当少数几家企业控制了行业销售额很大一部分的时候，我们称这个行业具有较高的集中程度，反之则称为分散的。有些行业“天生”就是集中的，如石油化工，因为它要有较大的初始投资。同时，也有的行业恐怕永远都是分散的，如修鞋。但绝大部分行业都有一个由分散到集中的发展过程。分散行业的竞争比较弱，而集中行业则具有较高强度的竞争，尤其是在由分散向集中的过渡时期。国内彩电行业的竞争就是最好的例子。

（7）进入与退出壁垒。退出壁垒既有经济上的、战略上的，也有感情上的。经济上的投入越大，特别是固定的专用资产投入越大，退出就越困难，就越容易形成死守阵地的殊死搏斗。员工安置等成本过高，也是影响退出的重要壁垒。退出一个行业常常还会在战略上牵连其他业务，有时损失是巨大的。感情也是一种退出壁垒，它包括主要领导的感情、员工的感情、顾客的感情、公众的感情和政府的感情。退出壁垒高，竞争就激烈，反之则相对和缓。

综上所述，行业中的企业要面对五种力量的影响，企业必须识别这五种力量，并选择恰当的行业作为自己的业务领域。总的来说，竞争越激烈，获利性越低。因此，那些进入壁垒低、买方与供方处在较强的讨价还价地位、替代品威胁严重、行业内企业竞争激烈的行业是没有吸引力的行业。在这样的行业中，企业难以建立战略性竞争优势，更难以获得超额利润。相反，那些进入壁垒高、买方与供方只有较弱讨价还价能力、替代品威胁较少、行业内企业竞争不甚激烈的行业，才是有吸引力的行业。

如何应用五力模型分析行业的竞争强度呢？其步骤为：

首先分析与五力模型中每一个都相关的特定竞争力的情况。

其次评估每一种力竞争强度的大小。例如行业潜在进入者威胁的大小、供应商与买方讨价还价能力的大小、替代品威胁的大小和行业内企业间竞争强度的大小。

最后考虑五种力量的合力，得出行业的竞争强弱水平。

假设 F1 代表潜在进入者威胁的大小，F2 代表供应商讨价还价能力的大小，F3 代表买方讨价还价能力的大小，F4 代表替代品威胁的大小，F5 代表行业内企业间竞争强度的大小，可以采用 1～5 分的评分规则，1 分代表竞争强度很弱，2 分代表较弱，3 分代表一般，4 分代表较强，5 分代表很强，通过加总求平均，得出行业的竞争强度 F，其公式为：$F=(F1+F2+F3+F4+F5)/5$。

我们以烟草行业和快餐行业为例进行分析。烟草行业是国家严格管制的行业，行业壁垒高，潜在进入者进入的可能性小，F1 得分为 1；烟草种植户是烟草企业的供应商，其收购价格也是国家定价，价格弹性小，其议价能力较弱，F2 得分为 2 ；香烟的消费者购买香烟的议价能力一般，F3 得分为 3,；香烟的替代品为电子烟，其价格无竞争优势，威胁较小，所以 F4 得分为 2；最后烟草行业企业间竞争强度也不是很强，得分为 3。所以烟草行业的竞争强度 F=(1+2+3+2+3)/5=2.2 分，说明烟草行业的竞争强度较弱，竞争不激烈。同时我们可以分析快餐行业，快餐行业壁垒低，潜在进入者进入较容易，对行业现有企业的威胁较大，所以 F1 得分为 5 分；快餐行业原材料都可以在市场上购买，其价格比较合理，供应商议价能力一般，F2 得分为 3 分；而快餐行业替代品较多，消费者议价能力较强，所以 F3 得分为 4 分，F4 得分为 5 分；最后快餐行业竞争很激烈，F5 得分为 5 分。其平均分 F=(5+3+4+5+5)/5=4.4 分，说明快餐行业竞争激烈，企业的竞争压力较大。

个案分析

苹果、谷歌等专利战持续 智能手机创新力受损

近来，智能手机操作系统企业（苹果、微软、谷歌）之间的专利混战、电信设备企业（爱立信、中兴、华为）之间的专利诉讼，在全球范围内如火如荼地展开。在激烈的商业竞争环境中，企业为了利益和发展，不断积聚核心竞争力，发展长期的市场优势。企业的核心竞争力究竟要走向何方才能立于不败之地？不同的企业都要找到适合自己的发展之道。纵观企业发展历程，企业的核心竞争力经历三个发展阶段，完成从企业推向顾客的“推式竞争力”到顾客拉动企业的“拉式竞争力”的发展。

第一阶段是价格竞争。这是成本领先战略，通过极致的价格竞争把主要的竞争对手赶出市场，企业占据优势的市场份额，但这种规模优势极其脆弱，稀薄的利润让企业逐渐失去可持续发展的动力。这种以价格夺取市场为核心的竞争力难以持续，使企业处于产业链的底层，“抽血式”地被动发展，企业不拓展、不转型、不升级就没有出路。此战略常见于代工、加工型企业（如富士康）。

第二阶段是产品竞争。这是产品差异化战略或技术领先战略，通过“人无我有，人有我优，人优我新”战略在激烈的市场竞争中脱颖而出，抢占市场份额，并且通过细分市场进行重组或创造需求，拓宽产品线，找到不同的目标顾客群，从而全面打击竞争对手。在这种战略中，企业必须时刻保持行业领先地位和对市场竞争的高度敏感性，不断更新或升级产品（组合），否则很容易被竞争对手模仿复制，陷入同质化竞争，从而转向价格竞争。此战略多见于快消品、日化、消费电子企业（如宝洁）。

第三阶段是品牌竞争。这是立体形象工程战略，通过挖掘独特故事，宣传悠久历史，突出特色影响力，加上不断的营销攻势，长年累月地强化品牌形象，增强顾客好感，成功占据顾客潜意识，排斥竞争对手。这种战略不但增加企业竞争溢价，加大顾客对品牌的容忍度，而且极大提高了竞争对手的竞争成本或削弱了竞争效果。经过长期努力，品牌一旦形成，就成为难以复制的企业核心竞争力，创造惊人的高价值，成为企业持续发展的源泉。此战略多见于饮料、汽车企业（如可口可乐）。

资料来源：靳远．苹果谷歌专利战持续　智能手机创新力受损．(2012-02-14)．http://it.southcn.com/9/yn/content/2012-02/14/content_37897108.htm.

行业关键成功因素分析

企业作为整个行业中的一分子，必须把握所在行业的关键成功因素。一个行业的关键成功因素（key success factors，KSF）是指那些影响行业成员在市场最大限度地获利的关键因素，包括特定的战略因素、产品属性、资源、能力以及影响公司盈亏的业务成果。关键成功因素分析是一个企业基于市场、竞争对手和自身的客观实际对企业内在优势与劣势、外在机会与威胁所作出的客观评价并以此进行战略定位和指导企业战略的实施。行业关键成功因素是影响行业内企业经营绩效和竞争地位的关键因素，企业只有在关键成功因素上首先超越其他竞争对手，才能相对保持其竞争地位。所以行业内的所有企业都必须认真关注关键成功因素，因为它们是取得行业成功的前提条件。例如：快餐业的地点、品牌、价格、服务、卫生，化妆品业的品牌、广告、品质等都是所在行业的关键成功因素。

1. 识别关键成功因素

关键成功因素解释了企业资源与竞争优势的关系，它们因行业状况、企业发展、时间变化的不同而不同，是企业制胜的法宝，也是市场的驱动力量。关键成功因素是企业在行业内成功经营的前提，作为关键成功因素必须满足以下两个条件：

（1）满足顾客要求。顾客是一个行业合理存在的基础，也是企业生存的利益源泉，因而企业必须确认顾客以及他们的需求，这样才能有效地选择一个为顾客提供产品的价值链环节。

（2）保持企业的持续竞争优势。关键成功因素是在特定行业中能为企业带来竞争优势的资源。企业要取得经营成功，不仅依赖于选择一个有吸引力的行业，还依赖于企业的资源和独特技能与关键成功因素相匹配。企业要想获得持久的竞争优势，就必须在关键成功因素方面采取有效措施。只有具有领先的或差异性的且相对稀缺的能力，并使其在企业中充分发挥效用，才能在行业竞争中具有优势，同时只有不断进行开发和维护，持续保持这种优势，才能保障企业的长远发展。

2. 常见的关键成功因素

（1）与技术相关的关键成功因素：产品的研发技能、研发费用率、对产品或工艺改进的技术能力、产品的革新能力、某项技术的专业性、使用因特网或电子商务的能力。

（2）与制造相关的关键成功因素：低成本的生产效率、生产周期时间、固定资产的高利用率、良好的生产品质、低成本的生产工厂选址定位、足够的娴熟劳动力、劳动生产率很高、低成本的产品设计和产品工程、依照顾客的订单要求灵活地生产一系列的模型和个性化产品、供应商满意度。

（3）与营销相关的关键成功因素：快速准确的技术支持、细致周到的客户服务、及时准确地履行顾客的订单、市场份额、产品线的广度和产品的宽度足够大、产品的附加价值大、产品的营销技巧多样有效、与众不同的广告设计、良好的售后服务、顾客满意度、顾客忠诚度、强大的分销网络。

（4）与组织相关的关键成功因素：卓越的信息系统、能够对不断变化的市场环境作出快速反应、具有完善的危机应对系统、设计合理的组织结构、管理者卓越的管理才能。

（5）与财务相关的关键成功因素：经济附加值（EVA）、净资产收益率（ROE）、销售现金比率、现金流动负债比率、已获利息倍数。

（6）其他关键成功因素：在购买者中树立良好的形象与声誉、较高的品牌价值、便利的设施选址、全面的低成本、舒适的办公环境、高效协作的高素质员工、对专利进行保护。

战略群组分析

战略群组是由在同一行业中采用相似战略、具有相似竞争特征的公司组成的小组。更为正式的定义是，战略群组是指行业内在同一战略要素上采取相同或相似战略的一组企业。通过战略群组的划分，可以确定行业内所有战略集团诸方面的特征，揭示行业中各竞争者所占据的竞争位置，并且便于发现与公司最相近（竞争方式、策略、市场位置等相似）的竞争者，加深企业战略管理者对整个行业总体状况的了解和把握。通过战略群组分析这个基本框架，企业可以很好地分析并判断竞争对手的状况、定位以及行业内企业的盈利状况，从而更好地把握整个行业的竞争结构。

1. 战略群组的特征

尽管企业在许多方面都会有差异，但并不是所有差异都可以作为划分战略群组的标准。在竞争战略中，波特指出，用于识别战略群组的特征可以考虑以下一些变量：产品（或服务）差异化（或多样化）程度，各地区交叉的程度，细分市场的数目，所使用的分销渠道，品牌的数量，营销的力度（如广告覆盖面、销售人员的数目等），纵向一体化程度，产品的服务质量，技术领先程度（是技术领先者还是技术追随者），研究与开发能力（生产过程或产品的革新程度），成本定位（如为降低成本而做的投资大小等），能力的利用率，价格水平，装备水平，所有者结构（独立公司或者与母公司的关系），与政府、金融界等外部利益相关者的关系，组织的规模，等等。

根据以上特征对各个企业进行考量，如果行业内各个企业基本上实施一致的战略，市场地位也比较接近，则该行业内就只存在一个战略群组。从另一个极端考虑，如果行业内每一个企业都有自身独特的经营战略，占据的市场份额、市场地位差异很大，那么每一个企业都是一个战略群组，即战略群组的数目和企业的数目是相同的。

战略群组可以看作行业的次结构。通过战略群组分析，可以更清楚一个领域中的竞争格局。透过这种次一级的结构分析，可以把行业内的竞争关系分解为群组内企业的竞争和群组间企业的竞争。

战略群组分析步骤如下：

（1）选择重要的战略变量；

（2）确定最有区分能力的、最重要的两个独立变量；

（3）绘制战略群组图；

（4）用所选的战略变量描述每一组的战略特征和收益性。

需要注意的是，在对所有企业进行战略群组划分的时候，以哪些特征作为划分依据是十分关键的，如果选择不当，就可能对企业产生负面影响，误导企业战略的制定。因此企业战略管理人员最好选择符合行业本身的特征，以及行业在竞争上所采取的较独特且具有决定性的关键成功因素作为划分群组的依据。比如在白酒酿造业，主要应考虑其酿造工艺、企业促销能力、更多的分销渠道；而在计算机产业，要更多考虑的是产品的研发能力、技术领先程度、品牌价值以及价格定位。

图3-4反映了酒店业中星级酒店和经济型酒店两个战略群组的对比。星级酒店以王府饭店、金陵饭店、南京维景、南京东郊国宾馆为代表，强调优雅的环境、高级设施和细致周到的服务。经济型酒店则以如家、汉庭、七天、锦江之星为代表，强调交通便利、简单舒适、提供基本设施和服务。区分这两个群组的关键变量是价格和服务质量。这两个不同的战略群组虽然同属于酒店行业，但相互之间几乎没有替代关系，也没有直接的竞争关系。相反，在同一个战略群组内部，从顾客的角度来看，它们所提供的服务是完全可以相互替代的，因此它们之间必然存在着激烈的竞争。

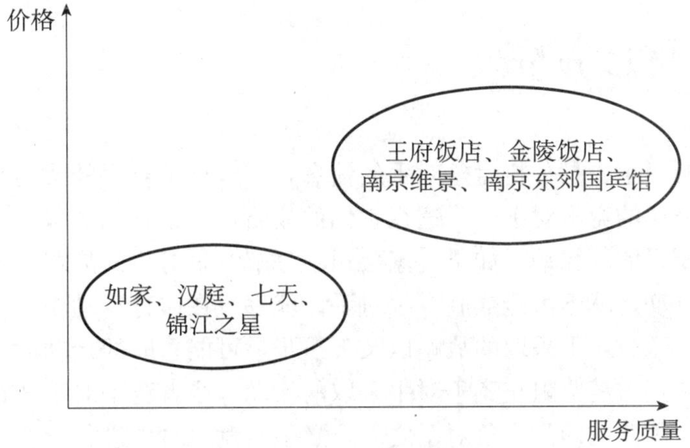

图3-4 酒店业的战略群组图

2. 战略群组分析的意义

（1）战略群组是行业与个别企业之间的一个连接点。从市场细分的角度考虑，每个企业都有自己的目标市场，并非每种产品都具有替代性，如果只是把一个企业作为整体来研究，便会忽略各个企业自身的风格特色；而如果把每一个企业都作为离散的点来研究，又会使战略制定者很难准确把握企业的定位。战略群组的概念，正是用来弥补行业整体面与企业个体面分析的不足，在行业与企业之间架起了一座桥梁。

（2）战略群组分析可以帮助企业了解所在战略群组内各个竞争对手的优劣势和战略方向。由于同一战略群组内的企业向相似的顾客群销售相似的产品，它们之间的竞争会十分激烈，所以各个企业受到的威胁就大。正所谓"知己知彼，百战不殆"，充分地认识竞争对手，才能立于不败之地。

（3）战略群组分析有助于了解战略群组之间的竞争情况。战略群组之间采取的战略和强调的战略因素越接近，它们之间产生竞争的可能性就越大。但是我们还应该看到，战略群组之间存在着某种"移动障碍"，即从一个群组转向另一个群组的障碍。这是因为企业对外部环境的假设和认知不同，企业内部的资源、能力、核心竞争力也存在差异，因此采用的战略战术必定具有某些配合要素，这些战略的必要配合要素便是该战略群组的移动障碍。当其他企业缺乏此种战略的配合要素时，便会阻碍其从某一战略群组转移到另一战略群组。

（4）战略群组分析还有利于企业更好地观察整个行业的态势，预测市场的变化或者发现新的战略机会。因为行业的状况不是一成不变的，各个企业的集中和分散情况也会发生变化，及时发现行业中的空缺领域，便能为新的战略群组提供机会。

一般而言，战略群组之间的距离越近，成员之间的竞争越激烈。由于行业驱动力及竞争压力的影响是不同的，对其中一些群组有利，对另一些群组则可能产生不利影响。各战略群组的利润潜力也不是一成不变的，它会随该群组所处市场位置的竞争优势而发生变化。

3.3 竞争环境分析

竞争环境分析，主要是分析竞争对手的信息，了解竞争对手的优劣势。成功的战略家往往会经常检测公司的竞争对手——透视它们的战略，观察它们的优点和弱点，并尽量预测它们下一步将要采取的行动。如果一家公司不理解竞争对手的战略，不去预测它们下一步最可能采取的行动，就不可能战胜竞争对手。就好像在体育运动中一样，收集对手的情报有关键的作用。竞争对手采取的战略以及下一步最可能采取的行动对企业作出行动有着直接的关系——它是否需要阻止竞争对手采取的行动，或者竞争对手的行动是否提供了一个新的进攻机会。因此在确定竞争对手之后，必须对竞争对手进行分析。根据波特对竞争对手的分析模型，对竞争对手的分析有四项要素：未来目标、现行战略、自我假设和能力（见图3-5）。

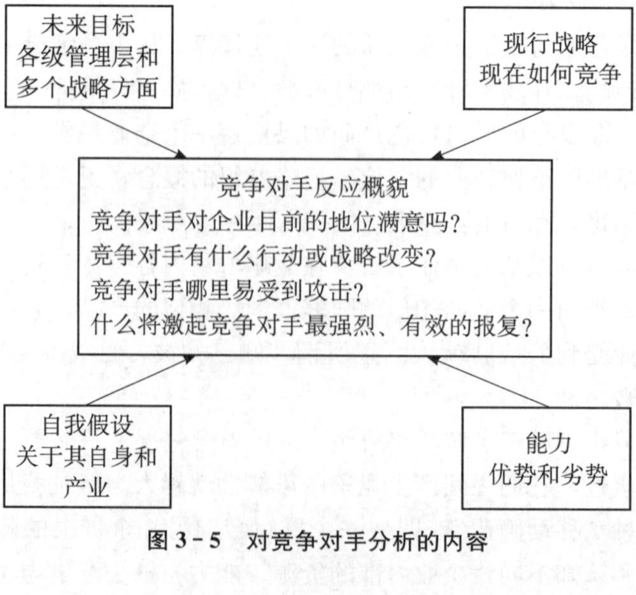

图3-5 对竞争对手分析的内容

1. 未来目标

分析并了解竞争对手的未来目标，将有助于推断竞争对手对其自身地位及财务成果的满意度，从而可以推断其改变战略的可能性。对竞争对手未来目标的分析至少应包括以下内容：

（1）竞争对手已声明和未声明的财务指标是什么？它如何权衡协调各目标（比如获利能力、市场占有率、风险水平等）之间的矛盾？

（2）竞争对手所追求的市场地位的总体目标是什么？是希望成为市场的绝对领导者，还是行业领导者之一，或是一般的追随者？是竞争参与者，还是希望成为后来居上者，或仅仅安于做一个积极进取的新手？

（3）竞争对手的各个管理部门对未来目标是否具有一致性？如果存在明显的分歧甚至派别，是否可能导致战略上的突变？

（4）竞争对手的核心领导者的个人背景及经验如何？其个人行为对整个组织未来目标的影响如何？

（5）竞争对手的组织结构特别是在资源分配、价格制定和产品创新等关键决策方面的责权分布如何？奖励制度如何？会计制度和惯例如何？

2. 自我假设

自我假设包括竞争对手对自身企业的假设和对所处行业及其他企业的假设。自我假设常常是企业各种行为取向的最根本的原因，因此了解竞争对手的自我假设有助于正确判断竞争对手的真实意图。对竞争对手自我假设进行分析，至少应包括：

（1）在公开陈述中，它如何看待自己在成本、产品质量、技术等关键方面的地位和优劣势？是否把握精确、适度？

（2）是否有某些文化上、地区上或民族性上的差别因素影响竞争对手对事件的察觉和重视程度？

（3）是否有严密的组织准则或法规或某种强烈的信条会影响其对事件的看法？

（4）它如何估计同行的潜在竞争能力？是否过高或过低地估计其中的任何一位？

（5）它是否预测产品的未来需求和行业趋势？其预测依据是否充分可靠？对其当前的行为决策有何影响？

3. 现行战略

对竞争对手进行现行战略的了解和分析，实际上就是看其正在做些什么，正在想些什么。至少应看看：

（1）其市场占有率如何？产品在市场上是如何分布的？采取什么销售方式？是否有特殊销售渠道和促销策略？

（2）研究与开发能力如何？投入资源如何？

（3）其产品价格如何制定？在产品设计、要素成本、劳动生产率等因素中哪些因素对成本影响较大？

（4）采取的一般竞争战略是成本领先战略，还是差异化战略，抑或是集中化战略？

4. 能力

对竞争对手的能力进行客观评价，是竞争对手分析过程的一项重要内容，因为能力将决定其对战略行动作出反应的可能性、时间选择、性质和强度。能力分析包括以下方面：

（1）核心能力。竞争对手在各个职能领域内的能力如何？其最强能力在哪个职能部门？最弱能力在哪个职能部门？这些能力将发生怎样的变化？

（2）增长能力。在人员、技术、市场占有率等方面有增长能力吗？财务方面、对外筹资方面是否能支持增长能力？

（3）迅速反应能力。在财务、生产能力、核心产品上是否有对竞争者的行动作出迅速反应或发动即时进攻的能力？

（4）适应变化的能力。能否适应诸如成本竞争、服务竞争、产品创新、营销升级、技术变迁、通货膨胀、经济衰退等外部环境的风云变幻？是否存在极大的退出障碍？

（5）持久耐力。维持一场长期较量的能力如何？维持长期较量会在多大程度上影响收益？

通过对竞争对手的未来目标、自我假设、现行战略和能力的分析评价，就可以推测其行为动向。比如，将竞争对手的未来目标与现行地位相比较，就可以推测其是否可能调整战略；根据其未来目标、自我假设和能力，就可以推测最有可能作出什么样的战略变化；也可以预期可能采取的行动的强度究竟有多大；还可以推断什么事件最易挑起竞争者之间的竞争，什么行动或事件可以阻止其作出迅速有效的反应。

5. 市场信号

这里讲的市场信号同竞争对手的分析相联系，是指竞争对手采取直接或间接反映其意图、目标或内部情况的行动。它是市场中信息传递的间接方式，有助于企业分析和预测竞争者的情况和制定自己的战略。

通过市场信号了解竞争对手，建立在上述对竞争对手的未来目标、自我假设、现行战略和能力已经进行调研的基础之上。将调研成果同发现的市场信号相比较，可以鉴别哪些信号是真实的意图，哪些信号是虚张声势或故意误导，从而迅速作出判断，作出正确反应。市场信号多种多样，采取何种形式主要依据竞争对手的行为及使用媒介而定。比较重要的市场信号有以下几种：

（1）行动的提前宣告。这是竞争对手使用的正式的信息传递方式，表明它可能采取某种行动，如扩建工厂、推出新产品、调整产品价格等。这种信号有多种功能，主要是先于竞争对手占领有利地位。例如宣告自己要扩建工厂、扩大生产能力，就是希望竞争者不扩大能力；宣告自己将推出一种新型产品，就是希望竞争者不再去研究试制，也希望用户等待购买此种新产品，在新产品上市前不买其他企业的产品。行动的提前宣告也可能是一种安抚性步骤，试图使即将采取的战略改变对其他企业刺激最小，避免引起报复行动；也可能是向金融市场传递信息，以达到提高股票价格和企业信誉的目的。

（2）行动的事后宣传。竞争对手经常在其行动（如新建工厂、新辟市场、兼并收购等）结束后才宣布，这就是事后宣传。其目的是让其他企业注意此信息而改变其行动。

（3）对产业情况的公开评论。竞争对手公开对产业情况发表评论，如对市场需求和价格的预测、对生产能力增长的预测、对原材料供应情况的预测等。这些评论可能正是它对产业的假设，发表评论是希望其他企业在同样的假设下运作，避免因看法不一而使竞争激化。

（4）对自身行动的讨论和解释。竞争对手经常利用某些机会来讨论或解释自身的行动，如进入某产业、降价、联合、兼并收购等。目的是希望其他企业了解其行动的原因和结果，追随这一行动或不采取类似行动，至少是能理解其行动。

市场信号的形式还有很多。研究竞争对手的历史，考察它所发布的市场信息与其实际行动之间的关系，将极大地提高判断信号真实性的能力。获悉市场信号可增进企业对竞争对手的了解，对企业选择和制定竞争战略大有好处。认为关注市场信号会分散企业领导精力的看法是不正确的。无视市场信号就等于无视全部竞争者。

延伸阅读　情报工作者每天看多少信息才是合理的?

3.4　外部环境分析方法

环境预测方法

1. 预测的程序

预测的主要目的是了解对未来经营活动与决策有重要意义的各种不确定因素和未知事件，为决策提供可靠的依据。

预测有下列七个步骤：

（1）确定预测的目标——其目的在于把握整个预测工作的重心。

（2）收集资料——收集与预测对象有直接或间接关系的资料。

（3）资料的研判及调整——研判所获资料是否符合预测所需，若不符合，有两种方法加以解决，一种是另收集适合问题的资料，另一种是对问题加以适当的调整。

（4）资料趋势的分析——例如将其绘成历史曲线，或求算其长期趋势等，以明了资料变化的一般特性。

（5）选择预测方法——选择预测方法时注意下列各点：广泛性、准确性、时效性、可用性、经济性。

（6）未来数字的预测。

（7）可能事态假设的检定——众多方面事实与统计假设检定，以及检定预测结果是否正确。

2. 定性预测方法

定性预测方法是由预测者根据历史资料和现实资料，依靠个人经验、知识和综合分析能力，对市场质的变化规定性作出判断，再以判断为依据进行量的测算。这类方法很多，如集合意见法、专家意见法、联测法、转导法、类比法、领先指标法、扩散指数法等。运用这些方法不需要高深的数学知识，可以充分利用经验、判断能力、想象力，并能节省时间、节约费用，便于普及推广。但是，这些方法难免使预测结果带有主观片面性，或数量不明确。为此，要将这类方法的运用建立在广泛的环境调查研究基础上，结合定量分析预测方法，使定性分析结果有科学的数量概念。

（1）头脑风暴法。头脑风暴法（brain storming，BS）是构建设想的一种非常有用的工具。头脑风暴法又称智力激励法，是现代创造学奠基人奥斯本提出的。头脑风暴是把一个小组的全体成员组织在一起，使每个成员都毫无顾虑地发表自己的观点，既不怕别人的讥讽，也不怕别人的批评和指责，是一个使每个人都能提出大量新观念、创造性地解决问题的最有效的方法。使用头脑风暴法应遵循下列四条基本原则：

- 自由畅想。该方法支持和鼓励参加者消除思想顾虑，创造一种自由的气氛，激发参加者的积极性。提出的观点越荒唐，可能越有价值。
- 强调数量。提出的观点越多，就越有可能获得更多有价值的观点。
- 禁止评论。不能对他人的意见提出怀疑和批评，要研究任何一种设想而不管这种设想是否可行。排除评论性批判，对提出观点的评论要在以后进行。
- 探索研究组合与改进观念。除了与会者本人提出设想以外，要求与会者借题发挥，对他人的设想进行补充、改进和综合。或者要求与会者指出，按照他们的想法怎样做才能将几个观点综合起来，推出一个新观点。

头脑风暴法可分为直接头脑风暴法和质疑头脑风暴法。前者是在专家群体决策中尽可能激发创造性，产生尽可能多的设想的方法；后者则是对前者提出的设想、方案逐一质疑，分析其现实可行性的方法。

（2）德尔菲法。德尔菲法是20世纪40年代由美国兰德公司（RAND）首创和使用，50年代以后在西方发达国家盛行的一种预测方法。德尔菲（Delphi）是古希腊地名。在德尔菲有一座神殿，是一个预卜未来的神谕之地。后人用德尔菲比喻高超的预测能力。德尔菲法已经成为全球120多种预测法中使用比例最高的一种。

这种方法按规定的程式，采用背对背的反复函询方式，征询专家小组成员意见，经过几轮的征询与反馈，使各种不同意见渐趋一致，经汇总用数理统计方法进行收敛，得出一个比较统一的预测结果供决策者参考。

德尔菲法的实施需要以一些组织工作为基础。首先应有一个管理小组，人数从二人至十几人不等，随工作量大小而定。管理小组应该对德尔菲法的实质和过程有正确的理解，了解专家们的情况，具备必要的专业知识，掌握统计学、数据处理等方法。管理小组对利用德尔菲法进行预测的工作过程有了一个大致设计以后，拟出一份专家名单。通常，管理小组掌握可供选择的专家名单，从中选择参加预测的专家，称为应答小组，人数10～20人不等。专家的情况各不相同，有专业、水平、年龄、职务、性格、社会背景等诸方面的差别，这些都会影响他们对某一问题的认识，影响他们的回答，影响预测的结果。所以，应仔细研究选择应答小组名单，小组的结构应足以对研究的问题有全面的考虑，不遗漏重要的信息。为此，名单中要有有关课题的专家，也要有其他方面的专家。最好安排几个善于进行跨学科思考的人，或者喜欢争论、喜欢提问题的人。拟邀请的专家应事先征得其同意，否则应答率太低，达不到预测目的。德尔菲法的具体过程分为四步：

第一步，拟定意见征询表。组织者确定预测目标之后，根据预测要求，就预测内容列出若干明确需要向专家调查了解的问题，拟定预测意见征询表，规定统一的评估方法。问题要简单明了，数目不宜过多。此外，要附上背景材料，供预测时参考。

第二步，选择专家。专家选择合适与否是该方法预测成败之关键。选择的专家一般应从事与预测内容有关的专业工作，精通业务，有丰富的工作经验，有预见性和分析能力，并且具有一定声望。有时还可适当考虑吸收不同专业领域的专家，以从不同角度更全面地征询意见。

第三步，采用匿名方式进行多次反馈函询。组织者通过向各位专家分别邮寄意见征询表，请他们在规定时间内（一周或半个月）按征询表上的要求，填上各自意见并寄回。组织者在每次意见返回之后，将不同意见进行综合、分类和整理，形成新的意见征询表，再次分发给各位专家，征询他们的意见。这样，每位专家都可以从新的意见征询表中了解其他专家的不同意见，并作出分析和判断，将自己的意见（修正或不修正）再次寄回。这样，经过几次反馈以后，各位专家对预测的问题的意见会渐趋一致。预测中对专家姓名必须加以保密，以消除可能出现的不良影响。

第四步，运用数理统计方法进行收敛处理，作出预测结论。通常用中位数法处理。中位数是指将各专家对预测目标的预测数值按大小顺序排列，选择居于中间位置的那个数表示数据集中的一种特征数。当整个数列的数目为奇数时，中位数只有一个；当整个数列的数目为偶数时，中位数则应为数列中间位置两个数的算术平均值。数列上下四分位数的数值表明预测值的置信区间。

运用德尔菲法时要注意：预测的问题必须清楚，其含义只能有一种解释。否则，专家的回答可能十分离散。预测的问题不能太多，一般以应答者在两小时内答完一轮为宜。但应要求专家自己独立回答，不要进行讨论，也不要请人代劳。要忠实于专家的回答，调查者在任何时候都不得显露自己的倾向。不要忽视不同意见，特别是与调查者相反的意见。否则，可能会有一些专家中途退出，并出现某些假象。但在归纳统计时，允许按事先确定的准则进行加权处理。对于不熟悉这一方法的专家，应事先讲清意义与程序。参加这项活动毕竟要付出精力，应给专家以适当的精神补偿与物质报酬。

德尔菲法有以下特点：

第一，匿名性。虽然征询表可以是不匿名的，但征询与应答必须背靠背进行，应答者只有在信息反馈时才知道全体专家的倾向。他不知道具体个人的回答也不知道作出某答复的是谁。这样，某个答复不会因权威、资历、才能等其他原因而冲击集体的信息交流。

第二，统计性。收回的答复经过统计处理，并在统计评估的基础上建立集体的判断和见解。

第三，反馈性。至少一次以上反馈给参加应答的专家，每个人可以知道集体答复的分布以及持与众不同意见者的理由。

（3）类比法。类比法，顾名思义，要求预测目标与类比对象具有类比性、相似性或近似性。类比法是遵循类比原则，把预测目标与其同类的或相似的先行事物加以对比分析，来推断预测目标未来发展趋向与可能水平的一种预测方法。类比法应用形式很多，如由点推算面、由局部类推整体、由类似产品类推新产品、由相似国外市场类推国内市场等。类比法一般适用于开拓新市场，预测潜在购买力和需求量，预测新产品长期的销售变化规律等。该方法适合中长期的预测。

一是由点到面的类比。由点到面的类比广泛适用于一般消费品和耐用消费品的需求量预测。比如，通过典型调研或抽样调研测算出某市彩电年销售率为40%（销售数与百户居民数之比，也就是每百户居民中有40户购买），就可以以此销售率来推算其他城市的销售率。许多消费品的需求量可以采用由点到面或由部分到整体的类比推算预测法求得短期、近期预测值。

二是以国外同类产品市场发展趋势来预测。这种推算方法是把所要预测的产品市场同国外同类产品市场的发展过程或变动趋向相比较，找出共同的或类似的变化规律，推测目标产品市场的未来变化趋向。比如，可以参照国外某些产品更新换代过程的时间及条件来分析预测我国同类产品的更新换代时间。

三是以国内相近产品类推新产品。这种对比类推往往用于新产品的开发预测，以相近产品的发展变化情况来类比预测某种新产品的发展方向和变化趋势。比如，过去人们喜欢吃水果糖，日用化工厂就生产了水果香型牙膏；在国外，男女老幼都喜欢吃各式巧克力糖，因此，牙膏也制成巧克力香型，销路很好，尤其是年轻人喜欢使用。

3. 定量预测方法

定量预测方法是在认识事物质的规定性的基础上，依据数据资料建立数学模型的描述作出预测。如趋势外推法、时间序列预测法、因果关系预测法等。

（1）趋势外推法。这是一种主要用于技术预测的方法。技术进步是一步一步从一个基点陆续地延伸开来，而不是跳跃式发展的。既然如此，就有可能根据技术发展的历史来了解其未来的发展趋势。一般来讲，企业或行业的技术水平曲线开始时很难提高，然后有所突破，快速上升，之后又进入较慢速的成长阶段，该曲线开始平缓下来。这时往往会出现其他一些新技术，把这一行业、这种技术所需要的资源吸引走，从而又出现一条新曲线。依此类推，新技术的出现也可完成同样的功能。这些曲线的包络线代表由个别技术的能力所形成的总的功能的进步。由于一些情况在历史上总是重复出现，所以，可以据此预测未来出现的新技术。

趋势外推法的基本理论：决定事物过去发展的因素在很大程度上也决定该事物未来的发展，其变化不会太大；事物发展过程一般都是渐进式的变化，而不是跳跃式的变化，依据这种规律推导，就可以预测出它的未来趋势和状态。

趋势外推法的假设条件：技术（或经济）发展的因素不但决定了过去技术的发展，而且在很大程度上决定了其未来的发展。或者说，某项技术在其过去、现在、未来的发展过程中，内外因相对保持不变；其变化属于渐进式变化，而不属于跳跃式变化。

趋势外推法首先由赖恩（Rhyne）用于科技预测。他认为，应用趋势外推法进行预测主要包括六个步骤：选择预测参数；收集必要的数据；拟合曲线；趋势外推；预测说明；研究预测结果在制定规划和决策中的应用。

趋势外推法是在对研究对象过去和现在的发展作了全面分析之后，利用某种模型描述某一参数的变化规律，然后以此规律进行外推。为了拟合数据点，现实中最常用的是比较简单的函数模型，如线性模型、指数曲线、生长曲线、包络曲线等。

（2）时间序列预测法。时间序列预测法就是将经济发展、购买力增长、销售变化等同一指标的统计数据，按时间顺序加以排列，构成统计的时间序列，然后运用一定的数学方法向外延伸，预计市场未来的发展变化趋势并确定预测值的方法。

运用时间序列法进行预测，必须以准确、完整的时间序列数据为前提。为了让时间序列中的各个数值正确地反映研究预测对象的发展规律，各数值间具有可比性，编制时间序列要做到：总体范围一致；时间单位长度一致；统计数值的计算方法和计量单位一致。

时间序列预测法有以下特点：

第一，时间序列预测法是根据市场过去的变化趋势预测未来的发展，它的前提是假定事物的过去会同样延续到未来。

第二，时间序列数据变动存在着规律性与不规律性。时间序列数据的变动分为四种类型：长期趋势变动、季节性变动、周期变动、不规则变动（也称随机变动）。所以，时间序列数据的变化，有的具有规律性，如长期趋势变动和季节性变动；有的就不具有规律性，如不规则变动和循环变动（从较长时期来观察有一定的规律性，但短期内的变动是不规律的）。

第三，它撇开对事物发展变化过程因果关系的具体分析，直接从时间序列统计数据中寻找事物发展的演变规律，建立模型，据此预测未来。

在定量预测方法中，时间序列预测法涉及的数学知识比较简单，方法较直观，在实践中经常采用。常用的方法有平均数法、移动平均数法、指数平滑法、季节指数法、趋势延伸法等。

（3）因果关系预测法。因果关系预测法是从事物变化的因果关系出发，寻找市场发展变化的原因，分析原因与结果之间的联系结构，建立数学模型，以预测市场未来的发展变化趋势和可能水平。

因果关系预测法需要的数据资料比较完整、系统，建立模型要求一定的数理统计知识，在理论上和计算上都比时间序列预测法复杂，但其预测精度一般要比时间序列预测法高。

因果关系预测法最常用的有回归分析预测法、基数叠加法、比例推算法、投入产出分析预测法等。

● 回归分析预测法。当预测目标变量（因变量）由于一种或几种影响因素变量（自变量）的变化而变化，根据一个自变量或几个自变量的变动来解释推测因变量变动的方向和程度时，常采用回归分析法建立的数学模型。所谓回归分析法，是在掌握大量观察数据的基础上，利用数理统计方法建立因变量与自变量之间的回归关系函数表达式，来描述它们之间数量上的平均变化关系。这种函数表达式称为回归方程式。回归分析中，当研究的因果关系只涉及因变量和一个自变量时，叫做一元回归分析；当研究的因果关系涉及因变量和两个或两个以上自变量时，叫做多元回归分析。此外，回归分析中，又依据描述自变量与因变量之间因果关系的函数表达式是线性的还是非线性的，分为线性回归分析和非线性回归分析。线性回归分析法是最基本的分析方法，遇到非线性回归问题可以借助数学手段将其转化为线性回归问题处理。

● 基数叠加法。基数叠加法是指在分析影响预测对象各种因素的基础上，通过确定各因素的影响程度来进行预测的方法，也叫因素分析法。影响程度指各因素引起预测对象变化的百分比。用基数叠加法进行预测的最大优点是简单、方便，但确定各因素的百分比是难点，因此要综合分析各种历史资料和经济发展趋势，慎重考虑各种因素，提高预测准确性。

● 比例推算法。比例推算法是利用商品之间相关的比例关系进行预测的方法。由于预测的比例关系是通过分析统计资料计算而得，排除了人为的主观因素，所以预测结果具有较高的可信度。

● 投入产出分析预测法。投入产出分析预测法是国民经济（或地区、部门）综合统计分析和计划综合平衡的重要工具。由于建立投入产出表所需数据庞大，涉及部门多，计算过程非常复杂，所以投入产出分析预测法主要用于国民经济各部门、各地区的预测，很少用于企业的预测。

外部因素评价矩阵分析法

外部因素评价矩阵（external factor evaluation matrix，EFE矩阵）分析，主要反映行业前景及行业内企业所面临的主要机会与威胁，帮助战略决策者全面认识外部环境因素，为制定战略提供可靠的依据。

外部因素评价矩阵分析法的步骤如下：

（1）由企业战略决策者识别并列出外部环境中的关键战略要素，即找出企业所面临的主要机会与威胁。在这个步骤中，一般以列出10～20个机会与威胁为宜。

（2）为每个关键战略要素指定一个权重，以表明该要素对于该行业中企业经营成败的相对重要性。权重取值范围从0（表示不重要）到1（表示非常重要），并使各要素权重值之和为1。确定权重的方法有专家意见法、0-1评分法和层次分析法。

（3）按照企业现行战略对关键因素的有效反应程度为各关键因素进行评分，分值范围为1～4，4分代表反应很好，3分代表反应超过平均水平，2分代表反应为平均水平，1分代表反应很差。评分反映了企业战略的有效性，它是以企业为基准的，而步骤（2）中的权重则是以行业为基准的。威胁和机会都可以评为1，2，3或4分。对于面临的机会来说，如果企业现有的经营实力能够很好地把握机会，增加盈利，得分可为4分，依此类推；如果不能有效把握机会，得分为1分。对于面临的威胁来说，如果企业现有的经营实力不能规避威胁、降低损失，得分为1分，依此类推；如果企业现有的经营实力能够规避威胁，得分为4分，依此类推。

（4）将每一要素的权重与相应的评分值相乘，从而得到各要素的加权评价值。

（5）将所有的加权评价值加总，求得企业外部环境机会与威胁的综合加权评价值。

根据以上评价过程可知：对于任一企业来说，其可能的最高与最低综合加权评价值分别为4与1，其平均综合加权评价值为2.5。如果综合加权评价值为4，表示该企业处于一个非常有吸引力的行业之中，面临大量的市场机会；而综合加权评价值为1，则表示企业处于一个前景不妙的行业中，面临严重的外部威胁。

表3-1提供了一个EFE矩阵的例子，是美国Gateway计算机公司某一年的EFE矩阵。

表3-1 美国Gateway计算机公司EFE矩阵

关键外部因素		权重	评分	加权分数
机会	全球个人计算机（PC）市场2004年预期增长20%，而2003年增长12%	0.10	3	0.30
	PC零件成本2004年预期下降10%	0.10	3	0.30
	互联网的使用增长迅速	0.05	2	0.10
	中国加入世界贸易组织（WTO），降低了PC进口关税	0.10	1	0.10
	PC生产工人年平均收入从4万美元降至3万美元	0.05	3	0.15
	企业与政府部门的现代化	0.05	2	0.10
	美国（以及全球）经济的复苏	0.05	3	0.15
	30%的中国人买得起PC，但只有10%的中国家庭拥有PC	0.05	1	0.05
威胁	产业内激烈的竞争	0.10	2	0.20
	PC产业的大幅度削价	0.05	3	0.15
	不同的国家对PC有不同的法规和基础网络设施	0.05	1	0.05
	掌上电脑对PC的替代	0.05	3	0.15
	对有经验PC生产工人的需求大于供给	0.05	4	0.20
	美国的人口出生率连年下降	0.05	3	0.15
	美国消费者和企业推迟购买PC	0.05	2	0.10
	PC生产企业进行多元化经营，进入家用电子产业	0.05	3	0.15
总计		1.00		2.40

由表3-1中所列数据可知，Gateway计算机公司的EFE矩阵的总加权分数为2.40分，这表明Gateway计算机公司在利用外部机会和规避外部威胁方面低于平均水平，外部环境对企业发展总体来说不是很有利，该公司还需要采取更加有效的措施来应对机会和威胁。

竞争态势矩阵分析法

竞争态势矩阵（competitive profile matrix，CPM）用于确认企业的主要竞争者及相对于该企业的战略地位、主要竞争者的特定优势与劣势。建立竞争态势矩阵的步骤如下：

步骤1：由企业战略决策者识别外部环境中的关键战略要素。这些要素都是与企业成功密切相关的。一般应有5～15个战略要素，包括市场份额、产品质量、价格、广告与促销效益、顾客忠诚度、财务状况、研究开发能力、企业总体形象等。

步骤2：赋予每个要素一定的权重，以表明该要素对于企业经营成败的相对重要性。权重的数值由0（不重要）到1（非常重要），各要素权重值之和为1。

步骤3：对产业中各竞争者在每个战略要素上所表现的力量相对强弱进行评价，范围为1～4分。其中：1分表示最弱，2分表示较弱，3分表示较强，4分表示最强。

步骤4：将各战略要素的评分值与权重相乘，得出各竞争者在相应要素上相对力量强弱的加权评价值。企业得分最高为4分，最低为1分，平均为2.5分，并由此得出结论：

结果高于2.5分的平均值，越接近4分，则企业在竞争过程中的实力越强（总加权分数为4，说明企业在整个产业的竞争过程中实力最强，处于绝对优势地位）；而得分越接近1分，则企业在竞争过程中实力越弱（总加权分数为1，说明企业在整个产业的竞争过程中实力最弱，处于绝对劣势地位）。

以下举例说明竞争态势矩阵的应用。冠生园、莎莉文、红跑车是南京知名的三家糕点生产企业：冠生园是南京的食品“老字号”，2001年由于企业忽视质量，出现了轰动全国的“月饼陈馅事件”，2002年破产，后经重组，2003年年底重新起步；莎莉文1993年成立；红跑车起源于法国，1998年进驻中国，拥有完备的管理体系、服务体系等经营运作系统。2008年4月对这三家企业的调研结果打分如表3-2所示。

表3-2 三家糕点企业的竞争态势矩阵

关键因素	权重	冠生园		莎莉文		红跑车	
		评分	加权分数	评分	加权分数	评分	加权分数
产品质量	0.08	2	0.16	4	0.32	3	0.24
品牌美誉度	0.14	3	0.42	4	0.56	3	0.42
服务能力	0.06	3	0.18	4	0.24	3	0.18
价格竞争力	0.06	4	0.24	3	0.18	4	0.24
创新能力	0.06	3	0.18	4	0.24	4	0.24
资本市场表现	0.08	4	0.32	4	0.32	3	0.24
消费者忠诚度	0.12	3	0.36	3	0.36	3	0.36
市场占有率	0.11	3	0.33	3	0.33	2	0.22
外观设计	0.05	3	0.15	4	0.20	3	0.15
管理经验	0.05	3	0.15	3	0.15	3	0.15
营销水平	0.09	3	0.27	4	0.36	4	0.36
财务状况	0.10	4	0.40	3	0.30	3	0.30
总计	1.00		3.16		3.56		3.10

注：评分值含义：1=弱，2=次弱，3=次强，4=强。

根据以上资料综合分析，莎莉文竞争实力最强，冠生园次之，红跑车最弱。莎莉文在品牌美誉度、服务能力、创新能力等方面表现较好，价格、财务等方面竞争力稍弱；冠生园由于2001年的“月饼陈馅事件”，品牌美誉度、产品质量方面还有待提高；对于红跑车而言，它属于外来产品，消费者的认知度不高，市场占有率居后。

基本概念

机会（opportunity）　威胁（threat）

行业生命周期（industry life cycle）　宏观环境（macro-environment）

行业环境（industry environment）　战略群组（strategic group）

竞争对手分析（competitor analysis）　外部环境（external environment）

外部因素评价矩阵（external factor evaluation matrix）

竞争态势矩阵（competitive profile matrix）

波特五种竞争力量模型（Michael Potter's five forces model）

思考题

1. 简述 PEST 分析方法。
2. 行业生命周期分几个阶段，各有什么特征？
3. 如何进行战略群组划分？有何意义？
4. 简述外部因素评价矩阵和竞争态势矩阵的分析方法。
5. 简述波特五种竞争力量模型。
6. 企业竞争对手分析应该从哪些方面进行？
7. 如果你在某外卖平台上发现，经营外卖的饭店多了起来，而且每家店铺的销量都还不错，正好你现在有一笔闲置资金足够支持你开一个饭店，请你分析一下外卖饭店的外部环境，明确存在的机会和威胁。

章末案例

5G：开启万物互联的时代

"4G 改变生活，5G 改变社会。"在 5G 时代万物互联的场景下，人们的生活方式将彻底改变。而 5G 时代的到来，也将为我们开启一个全移动、万物互联、充满想象力的智慧社会。什么是 5G？5G 的 G 是英文 Generation 的缩写，也就是"代"的意思。5G 就是指"第五代"，是第五代移动通信系统的简称，也指第五代移动通信技术，是我们当前广泛应用的 4G 技术的延伸。从 1G 升级到 5G，移动通信技术不断升级，推动社会不断发展，而 5G 技术对生活和生产的改变会更大，甚至会给社会带来根本性的变革。有人总结得很形象：2G 开启了 txt（文本）的时代，3G 开启了 jpg（图片）的时代，4G 开启了 avi（视频）的时代，5G 将开启万物互联的时代。

当前，随着 5G 商业牌照的发放和 5G 网络建设的大范围铺开，5G 时代即将来临。那么，相对于以往通信技术而言，5G 的核心优势在哪里？5G 的特点一般可用这几个方面来概括，即"超高速、低时延、海量连接、泛在网、低功耗"。用更形象的话来概括，那就是"无与伦比的快""人多也不怕""什么都能通信""最佳体验如影随形""超实时、超可靠"。

超高速。与 4G 相比，5G 最直观的特点是"无与伦比的快"。5G 的峰值理论传输速度比 4G 快数十倍。形象点说，在 5G 网络环境下，一部超高清画质的电影可在几秒内下载完成；一眨眼的工夫，用户便可完成数百张照片的传输。

低时延。5G 的突出优势还在于其低时延特性。时延指的是两个设备相互通信需要多长时间。研究显示，2G 的时延为 140 毫秒，3G 的时延为 100 毫秒，4G 的时延为 20～80 毫秒，而 5G 的时延仅为 1 毫秒。举个例子，当你点击一个网址或者打开一个视频的时候，它会先向网络发送一个请求，之后网络会回应给你一个网址或者开始播放你想打开的视频，用上 5G 以后，这个延迟时间最多只需 1 毫秒。

海量连接。根据通信界对 5G 的定义，5G 网络将实现每平方公里至少能承载 100 万台终端设备。遍布各个角落的基站设置将满足海量用户的通信要求，并保障数以亿计的设备安全接入网络，即便最遥远偏僻的地方也不例外。简而言之，5G 将实现

“随时随地万物接入”。1G到4G解决的主要是人与人之间的通信，而5G则侧重解决人与物、物与物之间的通信，可以实现真正的“广义物联网”。

泛在网。泛在网即广泛存在的网络，通俗来讲，就是让社会生活的每一个角落都有网络，无论何时何地都能连接到5G网络，让用户“永不掉线”。人们使用4G网络时，可能会遇到这样的情况：在地铁上打电话会突然掉线，在地下车库、电梯里无法上网等。而人们用上5G网络后，这种情况将不再发生。因为5G基站是一种微基站，身量更小、分布更多，可以发出比4G信号塔更高密度的信号，从而解决偏僻区域信号盲点的问题，让用户随时在线。

低功耗。当前4G网络下许多物联网产品虽然有一定发展，但是仍存在很多瓶颈，其中一个突出问题就是功耗高。以智能手表为例，大多数要每天充电，有时甚至不到一天就需要充电。而在5G环境下，物联网产品功耗将大大降低，大部分物联网产品可能一周只要充一次电，甚至一个月只充一次电，这大大改善了用户体验。5G低功耗的特性也使网络设备补充能源的频率大幅度降低，有利于延长终端设备电池的使用时间。

需要强调的是，5G时代将不仅仅是通信技术领域的一次重大变革，更是一次产业跨界融合的拓展，将实现由人与人之间的通信扩展到万物互联。5G应用不再仅限于手机，未来将更多面向VR/AR、车联网、无人驾驶、工业互联网、智能家居、智慧城市等应用场景，实现由个人应用向行业应用的转变。根据通信界对5G应用的划分，未来5G应用有三大场景——增强型移动宽带，海量机器类通信，超可靠、低时延通信。

增强型移动宽带，指超高清视频等大流量移动宽带服务。这一应用场景主要是发挥了5G传输速率快、与网络连接容量大的优势，让VR、超高清视频、无线宽带等大流量业务成为可能或体验更好。

海量机器类通信，指大规模物联网业务。5G网络的重要目标是让终端用户始终处于联网状态，5G技术将打通我们身边各种各样的设备，让人与机器、机器与机器之间实现连接。这些应用领域包括智能家居、智能物流、智慧农业、智慧社区、共享设备等。比如，在智能家居应用场景中，各类智能家电通过5G网络接入云端，基于用户习惯深度学习，家里空调会记录你的温度习惯，电视会记录你的播放习惯，洗衣机将记录你多久洗一次衣服，从而打造属于个人的智能管家。

超可靠、低时延通信，主要指无人驾驶、工业自动化等需要低时延、高可靠连接的业务。这方面的应用将给社会带来巨大变革，应用场景包括人工智能、自动驾驶、交通控制、远程施工、同声翻译、工业自动化等。比如在驾驶领域，当你开车需要踩刹车时，普通人的反应速度大约是0.5秒，而在5G网络下，无人驾驶汽车只要1毫秒就可以快速作出反应。

当然，5G的应用并不局限于以上三大场景，随着5G网络的实际部署和行业应用的拓展，其应用场景还将不断丰富。5G技术与工业、医疗、交通、娱乐等传统领域的深度融合，将形成更广泛的垂直领域的创新应用，推动实现万物广泛互联、人机深度交互、生产生活高度智能的愿景。“4G改变生活，5G改变社会。”在5G时代万物互联的场景下，人们的生活方式将彻底改变。而5G时代的到来，也将为我们开启一个全移动、万物互联、充满想象力的智慧社会。

资料来源：何雄伟．5G开启万物互联的时代．江西日报，2019-08-12.

讨论题

结合一家企业，试分析5G的应用给企业带来的机会和威胁。

第 4 章

内部条件分析

学习目标

1. 掌握有形资源、无形资源的内容；
2. 理解企业核心能力的形成和核心能力评价标准；
3. 理解价值链的基本模型，学会构造企业自身的价值链；
4. 掌握几种企业内部条件分析方法。

引 例

招商银行打造核心竞争力

招商银行将西方商业银行的经验与我国实际相结合，较早建立了比较完善的法人治理结构，采用了一系列全新的经营管理机制（这种独特的经营管理机制，被业内外誉为“招银模式”）。也就是说，招商银行已形成的核心竞争力使它在银行同业中脱颖而出，其核心竞争力主要表现在以下方面。

（一）准确的战略定位

（1）区域战略。招商银行较早提出了“立足深圳，凭借香港，依托股东，积极发展国际业务”的区域发展战略，随着业务规模的不断发展，招商银行在完善国内网点布局的同时，加快国际化步伐。

国内网点布局：招商银行完成了在全国 30 多个省会城市、直辖市等的网点布局，形成了覆盖珠三角区域、长三角区域、环渤海区域城市群以及其他经济中心城市的全国性服务网络。

国际化：招商银行积极进行海外扩张。招商银行已与 70 多个国家和地区的 900 多家银行建立了代理行关系。这些海外机构的设立，使招商银行实现了与国际银行界的直接对话，进而学习国际先进银行的有益经验和管理模式，更好地与国际金融市场接轨。

（2）业务战略。招商银行在不同时期有不同的业务发展侧重点。初期靠国际业务、公司银行业务起步，后来，个人银行业务逐渐显现优势，成为支撑点。个人客户群是中高层收入者主要集中的群体，具有年轻化和知识层次高的特点，为此，招商银行积极开展个性化的零售业务。招商银行个人存款占存款总量的40%以上，居国内股份制商业银行首位。

(3) 科技领先战略。面对互联网的发展和普及，招商银行管理者确立了以科技创新促进业务发展的战略，致力于网络创新，大力发展网上银行，奠定了国内技术领先型银行的地位，是其核心竞争力的构成要素之一。2003年6月，招商银行凭借“一网通”成为中国电子商务和网上银行的代表，登上了被誉为国际信息技术应用领域奥斯卡的CHP大奖的领奖台，这是中国企业首次获此殊荣。

（二）业内领先的金融创新

技术创新是企业发展的源泉，持续的创新可以使企业获得市场竞争力。没有创新的企业注定要被市场淘汰，银行也是如此。面对激烈的市场竞争，招商银行从“一卡通”到“一网通”，从国内第一个对公业务品牌“点金理财”到服务于个人高端客户的“金葵花理财”，都走在了银行同业的前列，形成了自己的核心竞争力。

“一卡通”是招商银行推出的借记卡，集30多种功能于一身，不仅适应人们对银行服务简便、安全的要求，也改变了人们传统的理财方式和消费方式，带动国内银行借记卡以前所未有的速度发展起来。

“一网通”是招商银行的网站（www.cmbchina.com）名称。招商银行在国内银行业的市场化竞争中，积极利用互联网技术探索开发金融业务产品，创建了网上银行，是一个包括网上企业银行、网上个人银行、网上证券、网上商城、网上支付等较为完善的网络银行服务体系。

“金葵花理财”品牌及服务体系是招商银行秉承“因您而变”的经营服务理念，面向高端客户推出的个人金融理财服务。金葵花理财突破了地域上的限制，包含“一对一客户经理服务”“精彩纷呈的理财套餐”等七大服务内涵，以多元化的、实惠方便的理财产品吸引更多潜在客户。

“点金理财”是招商银行全面对公银行业务品牌体系的一个重要组成部分。它对外承诺充分满足客户的各项需求，对内整合对公银行业务的市场系统，追求银企双赢，确立了招商银行新的业务品牌。

此外，信用卡、银关通、票据通、基金托管、外汇通等都是招商银行不断创新、锐意进取的体现。

（三）成功的市场营销

营销是个人或集体通过创造提供出售之物，并同别人自由交换产品和价值，以获得其所欲之物的一种社会和管理过程。成功的市场营销，是商业银行获取核心竞争力的一个重要条件。

在众多市场营销途径中，招商银行尤其重视品牌营销，因为“产品可以被竞争者仿造，而品牌是独一无二的”。招商银行打造的“一卡通”“一网通”品牌，定位于文化人、对现代网络等新知识接受能力强的白领，通过网络延伸银行服务的触角，达到节约银行服务成本、方便客户的双重效果。

（四）以人为本的管理

以人为本的管理指企业在管理过程中以人为出发点和中心，围绕激发和调动人的主动性、积极性、创造性，以实现人与企业共同发展的一系列管理活动。

（1）“六能机制”。招商银行借鉴西方银行的管理体制，在国内商业银行中率先推行“六能机制”：人事管理上实行全员合同聘任制，员工和银行之间实行双向选择，能进能出；没有终身制和铁交椅，干部职务能上能下；收入能多能少，依工作绩效上下浮动；等等。

（2）注重培训激励。招商银行对业绩优秀的员工给予不同奖励，不断激励和挖掘员工的工作热情、智力潜能和创新意识，逐渐形成了一支素质高、业务精、敬业自强、朝气蓬勃的员工队伍，保证招商银行实现一次次新跨越。

（3）坚持“专家治行”和“以人为本”，不断完善人力资源管理和培训机制。招商银行每年进行1 000期培训，培训业务骨干7万多人次。此外，设有博士后科研工作站，与国内外科研院所建立了密切的研究合作关系。这些都对招商银行研究能力的增强、管理素质的提升以及高级人才的培养和引进产生积极影响。

（4）柔性开放的沟通渠道。管理者必须进行有效的沟通，使全员对组织的未来发展方向产生共识。招商银行拥有局域网NOTES，员工可以利用电子论坛等渠道自由地发表言论，这种开放式的柔性沟通加强了组织的执行力和决策力。

（五）特色鲜明的企业文化

企业文化是企业全体员工在创业和发展过程中形成并共同遵守的最高目标、价值标准、基本信念以及行为规范等的总和，能够促进企业核心竞争力的形成。

招商银行在发展中创造了以“拼搏、创新、奉献”为核心，以“共同进取”的团队精神为主要特征的“招银精神”和“招银文化”。这种独特的企业文化融入员工的行为、工作之中，成为招商银行管理的重要手段，从精神层面推动了银行的快速稳健成长。

招商银行完全依靠其通过内部资源整合而形成的核心竞争力，在银行业中脱颖而出。这种核心竞争力主要包括“力创股市蓝筹，打造百年招银”的战略定位，领先的业务创新以及强大的持续创新能力，成功的以品牌营销为特色的市场营销，以人为本、任人唯贤的柔性管理，以“因势而变”“一三五理念”为代表的鲜明的企业文化等，还有其他组成因素，如适宜的激励约束机制、高素质的员工队伍、成熟的风险控制理念、“因势而变，因您而变”的能力等。

资料来源：招商银行的核心竞争力分析．(2011-12-05). http://blog.sina.com.cn/s/blog_62ce7c130100vqzd.html.

引例表明，任何企业的生存和发展都要依赖自身的资源，影响企业长期竞争优势的关键因素是企业的核心能力。招商银行完全依靠其通过内部资源整合而形成的核心竞争力（如准确的战略定位、业内领先的金融创新、成功的市场营销、以人为本的管理、特色鲜明的企业文化，以及“因势而变，因您而变”的能力等）在银行同业中脱颖而出。本章重点介绍企业有形资源和无形资源的内容、企业核心能力的形成、核心能力评价标准、价值链的基本模型和内部条件分析方法，以帮助读者更好地掌握企业内部条件分析的知识，为准确制定公司战略和策略提供可靠的依据。

4.1　企业资源分析

企业的经济活动必须要有资源，资源也反映企业的实力。通过企业资源分析，可以明确企业的优势和劣势。资源是公司所控制或拥有的有效因素的总和。企业的资源包括有形资源和无形资源。按不同目的，资源可分为不同类型。

企业资源的分类

1. 按是否容易确认和评估，企业资源可分为有形资源和无形资源

（1）有形资源。与无形资源相比，有形资源容易识别，也容易估计价值。作为有形资源，公司的借款能力、工厂和设备的状况、雇员的各种属性（包括数量、培训的类型和他们的经历）都是看得见的。许多有形资源的价值可以通过财务报表予以确定。有形资源主要包括：财务资源、物质资源、人力资源和组织资源（见表 4－1）。

表 4－1　有形资源

分类	示例
财务资源	企业的借款能力 企业内部资金的再生能力
物质资源	企业工厂的位置，设备的精良程度，原材料的获取途径
人力资源	企业的经理人员和员工的培训、经历、判断力、智力、洞察力、适应性、承担的义务和忠诚度
组织资源	企业正式的汇报结构及其正式的计划、控制、协调机制

（2）无形资源。因为无形资源看不见，竞争对手难以掌握和模仿，所以它们是持续竞争优势的可靠来源，经理人员也希望使用无形资源作为企业能力和核心能力的基础。

在一项研究中，研究人员邀请高级经理去识别企业持续竞争优势的来源，经理们指出了 30 多种竞争优势的来源。值得一提的是，这些来源中最重要的一项是无形资源：企业产品质量的信誉。对英国企业的 847 名总裁的调查也证实了这一点。这项调查旨在了解企业总裁对各种无形资源对整个企业成功的相对重要性的理解，调查结果证实了企业信誉的重要性。在各种无形资源中，总裁们根据其重要性把企业信誉排在了第一位。无形资源见表 4－2。

表 4－2　无形资源

分类	示例
技术资源	技术的储备，如专利、商标、版权和商业机密等
创新资源	创意、科技能力、创新能力
信誉资源	信誉 品牌 对产品质量、耐久性、可靠性的认识 对利益相关者的积极信誉，如供应商和顾客

2. 按发挥的作用，企业资源可分为一般意义上的资源和核心资源

一般意义上的资源应用在各个企业中，泛指生产活动所必需的一切要素；核心资源是企业长期积累形成的为企业所有并可被企业用来为某些细分市场有效地生产出有独特价值的市场出售物的独特有形物和无形物的统一体。

企业资源的特征

不同类型的企业资源，总的来说，或多或少、或强或弱地表现出以下特征。

1. 路径依赖性

企业资源的路径依赖性是由于企业资源是在特定的企业历史文化背景下创造与形成的，从而形成了与相应企业环境中的不同资源要素间相互作用的关系与千丝万缕的联系，它只有在该环境下与相联系的企业资源要素共同作用才可以完全实现其原有价值创造力。简单说，企业资源的路径依赖性是由其与该企业中其他资源的联系程度决定的。与企业中其他资源的联系越复杂、越广泛，企业资源的路径依赖性就越强，反之就越弱。一般说来，有形资源的路径依赖性弱，路径简单，有的甚至没有，而无形资源的路径依赖性较强，路径复杂。

2. 累积性

累积性是指企业资源的形成具有过程性与时间性要求。这是因为企业资源不是孤立存在的，其价值创造力的发挥需要通过与企业其他资源联系起来，融合在一起共同发挥作用。可以这么说，创造企业价值能力越强的企业资源，其累积性特征越明显。因此，要想增强企业竞争力实现企业持续发展，就必须进行资源的持久创造与积累，树立企业资源管理的战略性经营理念，并实施必要的企业资源储备战略。

3. 模仿性

企业资源模仿的不完善性是指企业资源不能够被完全复制以运用到其他组织环境中去的特征。这主要是企业资源价值创造的活动与效果间因果关系的模糊性与不确定性造成的（Lippman and Rumelt，1982）。企业资源模仿的不完善性，是决定资源维持企业竞争力的首要必备条件。

无论是资源拥有者还是竞争者，都难以有效把握管理行为与效果间存在的因果关系，从而提高了资源模仿的不完善性，也为拥有者充分挖掘潜力带来了难度。对于企业竞争者而言更是无法通过复制的方式完全模仿企业的资源。虽然在一定程度上可以通过转移企业员工，从企业现有员工中获取所携带的企业资源，但也无法完全进行资源模仿。为了尽可能地维护企业竞争优势，就必须为员工提供长期的“租金”，其目的是：一方面维护企业资源间的联系；另一方面防止其他组织通过挖人而实现对企业资源关系进行转移与模仿。

4. 扩散性

企业资源的扩散是指资源在不同组织间有着一定程度的可移植利用价值，从而形成了企业资源在不同组织之间流动与共用的可能性。不同的企业资源的扩散性不同。影响企业

资源扩散性的因素主要有：

（1）企业资源专用程度的高低直接决定了企业资源的扩散性，专用性越强则扩散性越差，反之则越强。一般来说，企业资源的适用对象与用途越多，其扩散性越强。

（2）企业资源模仿的不完善程度决定了扩散的难易程度，模仿程度越低，扩散后企业资源价值的失效性程度就越高，扩散性就越差。

（3）企业资源的扩散成本直接影响了企业资源的扩散性。企业资源的扩散成本越高，企业资源的扩散性就会越低。企业资源的扩散成本包括企业资源转移的交易成本（显性成本）与企业资源转移的失效成本（隐性成本）。在无法实现相关资源同步扩散的情况下，必然会导致企业资源扩散的失效性。

5. 时效性

企业资源的时效性主要是指企业资源会随着企业发展、市场竞争环境变化以及企业资源的扩散造成竞争对手的不断模仿而出现市场竞争能力的衰减。企业资源的时效性对企业资源管理提出的相应要求是：

（1）要尽快回收企业资源的价值，也就是要及时用足现有企业资源的价值创造力。这对企业集团内部资源共享管理的要求尤为突出。

（2）要进行必要的资源储备，一方面可以及时替代即将失效的企业资源价值创造活动、保持企业持续发展，另一方面则是适应市场不断发展变化的要求。

（3）要加强对企业资源的组合管理，也就是说企业应该根据自身发展战略的要求，围绕现有核心业务、近期新业务以及未来新业务等，进行相应的企业资源的匹配性组合管理。不仅要不断强化利用推动现有核心业务发展的企业资源，还要储备未来新业务发展所需要的企业资源，同时还要及时处理已经或即将失效的企业资源，避免造成企业的僵化。

6. 交易性

在市场经济中，只要是能够创造经济价值的因素就具备潜在交易性的特点，就存在交易的可能性。关于企业资源的交易性，存在两种观点。一种观点认为，存在合理的战略资源竞争（可能是不完全竞争）市场，企业可以通过交易获取战略资源。另一种观点认为，真正独具特色的资源（如名誉、声望）是无法在市场中完全获取的，从而认为企业资源具有不可完全交易性。虽然关于企业资源交易性的问题存在分歧，但都认为存在交易的可能性，只不过交易的完全性不同而已。

一般说来，企业资源交易的方式大致有四种：一是直接从要素市场购买某些资源；二是部分或全部购买拥有资源的企业；三是从资源拥有企业中购买资源服务（如 IBM 从微软购买操作系统）；四是在拥有资源的现有员工指导下进行资源的转移（复制）。

4.2　企业能力分析

目前，越来越多的企业把拥有核心能力作为影响企业长期竞争优势的关键因素。而且，越来越多的人认为，如果企业有意在未来的市场上获取巨大的利润份额，就必须建立起能对未来顾客所重视的价值起巨大作用的核心能力。然而在某一重要的核心能力方面建立起世界领先地位，不是一朝一夕可以做到的，如果企业想在未来竞争中获得成功，现在就必须着手建立其核心能力。

企业能力概述

1. 企业能力的概念

美国管理史学家小艾尔弗雷德·钱德勒（Alfred D. Chandler，Jr.）认为，企业能力是企业在历史的发展过程中，充分利用规模经济和范围经济获得的生产能力、营销能力和管理技能，是企业内部组织起来的物质设施和人的能力的集合。企业的长期投资产生了规模经济和范围经济，同时产生了庞大的组织结构。企业能力来源于企业对三个方面的投资：一是对企业进行大规模生产设备的投资，使其能充分利用技术所具有的潜在的规模及范围经济；二是为配合大规模生产对全国乃至国外的营销、流通网络的投资，这不仅是为了增强监督和调节的两个基本活动，而且还要为将来日益扩大的生产和流通制定计划；三是分配资源而培养具有领导作用的管理人才。企业能力是企业长期发展、维持优势的特征，是企业持续发展的动力。

2. 企业能力的分类

按照职能视角的不同，企业能力可分为营销能力、财务能力、运营能力、人力资源能力、研发能力和组织管理能力。

（1）营销能力——营销部门。其中包括：产品/服务的形象、声望，获取有用市场信息的能力，市场占有率，分销渠道的数量、规模和控制程度，高效的销售团队等。

（2）财务能力——财务部门。其中包括：获取短期资本的能力，获取长期资本的能力及发行普通股的能力，相对于行业和竞争对手的资金成本，与所有者、投资人和股东之间的关系，价格-收益比，有效资本，资本结构的灵活性，有效的成本控制，缩减成本的能力等。

（3）运营能力——生产、运营与技术部门。其中包括：材料的成本和可利用度，与供应商的关系，存货控制系统与存货周转，经济规模，设施布置和利用情况，设施的技术有效性及利用能力，纵向一体化程度，附加值和利润率，设备的效率及成本-收益比，研发-技术-创新等。

（4）人力资源能力——人力资源部门。其中包括：人事管理，员工技能和士气，与行业内竞争者相比的员工关系成本，人事政策的效率和效果，激励制度的有效性，平衡就业波动的能力等。

（5）研发能力——研发部门。其中包括：研发计划、研发组织、研发过程、新产品情况、研发效果等。

（6）组织管理能力——组织和一般管理部门。其中包括：组织结构，企业形象和声誉，组织的沟通系统，总体控制系统（有效性和实用性），组织文化，高层管理者的技能、能力和兴趣，组织内部协同合作（对多元化企业）等。

企业核心能力分析

1. 企业核心能力的概念

核心能力，又称核心专长、核心竞争力。根据普拉哈拉德和哈梅尔的定义，核心能力是“组织中的积累性学识，特别是关于如何协调不同的生产技能和有机结合多种技术流派的学识”。其要点是：（1）核心能力的载体是企业整体，而不是企业的某个业务部门、某个行业领域；（2）核心能力是企业过去成长过程中积累产生的，而不是通过市场交易可获得的；（3）关键在于“协调”和“有机结合”，而不是某种分散的技术和技能；（4）存在形态基本上是结构性的、隐性的，而非要素性的、显性的。

综合地说，核心能力是指企业依据自己独特的资源（资本资源、技术资源、其他资源以及各种资源的综合），培育创造本企业不同于其他企业的最关键的竞争能力与优势。这种竞争能力与优势是本企业独创的，也是企业最根本、最关键的能力。换言之，只有在本企业中，这种竞争能力与优势才能得到最充分的发挥。凭借这种最根本、最关键的能力，企业才能拥有自己的市场和效益。

核心能力是以知识、技术为基础的综合能力，是企业赖以生存和稳定发展的根基。打个比方，如果企业是一棵树，那么核心能力应该是树根，核心产品是树干，而最终产品是树叶和花。这时即使一场暴风雨般的经济危机将树叶和花毁掉了，但是企业有树根在地下，它还会慢慢地再发展起来。因此，企业在某一产品或某一方面具有一定的优势，并不代表企业就一定具有较强的核心能力，只有这种产品和技术使竞争对手在一段较长的时期内难以超越而得以保持时，才是企业真正的核心能力的体现。可以说，企业的实力或竞争优势并不在于产品，而在于支撑其产品的核心能力。企业只有系统地确认、培育和扩展其核心能力，才能在激烈的市场竞争中保持优势。

2. 企业核心能力的基本特征

核心能力是企业的特殊能力，具有如下一些特征。

（1）价值优越性。核心能力是企业独特的竞争能力，应当有利于企业效率的提高，能够使企业在创造价值和降低成本方面比竞争对手更优秀，给消费者带来独特的价值和效益。那些能够使企业为用户提供根本性好处的技能，才称得上是核心能力。区别核心能力与非核心能力的标准之一是该能力给用户的好处是核心的还是非核心的。例如，本田公司在发动机方面的技能是核心能力，而其处理与经销商关系的能力就不是核心能力。因为本田在生产世界一流的发动机和传动系统方面的能力为用户提供了颇有价值的好处：省油、易发动、易加速、噪声小以及振动小。但很少有用户是因为本田经销人员的独特能力，才在众多的品牌中选择了本田汽车。用户是决定何者是、何者不是核心能力的最终裁判。

（2）异质性。一个企业拥有的核心能力应该是独一无二的，即其他企业不具备的，至少暂时不具备的，是企业成功的关键因素。核心能力的异质性决定了企业之间的异质性和效率差异性。

（3）延展性。核心能力应该具备一定的延展性，应该为企业打开多种产品市场提供支持，对企业一系列产品或服务的竞争力都有促进作用。拥有强大的核心能力，意味着企业在参与依赖核心能力的最佳产品市场上拥有了选择权。如夏普公司的液晶显示技术，使其可以在笔记本电脑、袖珍计算器、大屏幕电视显像技术等领域都能比较容易获得一席之地，而不用将其优势领域限定在一个很小的范围。如果企业没有取得核心能力方面的领先地位，被拒之门外的就不仅仅是一种产品，而是一系列市场和商机。核心能力犹如一个"技能源"，通过发散作用，将能量不断扩展到最终产品上，从而为消费者源源不断地提供创新产品。如佳能企业利用其在光学镜片、成像技术和微重量控制技术方面的核心能力，成功地进入了复印机、激光打印机、照相机、成像扫描仪、传真机等多种产品市场。可见，随着产业、技术的演化，核心能力可以产出许多奇妙的最终产品，创造众多意料不到的新市场，是企业竞争优势的根源。

（4）难以模仿性。核心能力在企业长期的生产经营活动过程中积累形成，具有深深的企业特殊组成、特殊经历的烙印，其他企业难以模仿。例如，索尼产品小型化的能力；松下质量与人格的协调能力；海尔广告销售和售后服务的能力；科龙无缺陷制造和销售产品的能力。核心能力具有与众不同的独到之处，因此不易被他人模仿。任何企业都不能靠简单模仿其他企业来建立自己的核心能力，而应靠自身不断地学习、创造及在市场竞争中的磨炼，建立和强化独特的核心能力。

（5）不可交易性。核心能力与特定的企业相伴而生，虽然可以为人们感受到，但无法像其他生产要素一样通过市场交易进行买卖。

（6）难以替代性。由于核心能力具有难以模仿的特点，因而依靠这种能力生产出来的产品在市场上也不会轻易为其他产品所替代。

企业核心能力的评价标准

每一种核心能力都是能力，但并非每一种能力都是核心能力。在实际操作中，一种能力想要成为核心能力，就必须符合四个标准：第一，这种能力从利用环境机会或消除环境威胁上来说必须具有价值；第二，在企业现有和潜在竞争者中这种能力是稀有的；第三，竞争者很难模仿这种能力；第四，这种能力没有战略等价替代物。表4-3为企业核心能力的评价标准。

表4-3 企业核心能力的评价标准

标准	含义
有价值的能力	消除威胁和利用机会
稀有的能力	许多企业都没有
难以模仿的能力	历史的：独特而有价值的组织文化和品牌 模糊性因素：竞争能力的原因和应用不清楚 社会复杂性：经理之间、经理与雇员之间的人际关系、信任和友谊等
不可替代的能力	没有等价战略资源或能力

只有在企业的能力无法被竞争对手抄袭、模仿的情况下，企业才能形成核心竞争力。在某个时间段内，企业可能会利用有价值的、稀有的然而可模仿的能力获取竞争优势。在这种情况下，竞争优势持续的时间长短取决于竞争对手模仿产品、服务和流程的速度。只有将四个标准结合起来，企业的能力才能够具有一种潜力，才可为企业创造一种持久的竞

争优势。

1. 有价值的能力

有价值的能力是指那些能为企业在外部环境中利用机会、降低威胁而创造价值的能力。有价值的能力促使企业形成并执行战略，从而为特定的客户创造价值。

2. 稀有的能力

稀有的能力是指那些为极少数现有或潜在竞争对手拥有的能力。如果竞争者或潜在竞争者拥有同样的宝贵资源，资源就不能成为可持续性能力的来源，因为所有这些企业都拥有以同样方式利用资源的能力。以这种资源为基础制定的战略一般不会让任何企业获得优势。能够提供竞争优势的资源必须是罕有的，即对于其他竞争者来说是相对稀少的。

3. 难以模仿的能力

难以模仿的能力是其他企业不能轻易建立起来的能力。有三种因素可产生难以模仿的能力。

第一，企业有时能基于特定的历史条件发展自身能力。“企业在发展的过程中，不断地挑选那些独特的、能反映它们特有的历史道路的能力和资源。”另外一种说法是，企业之所以能够发展能力，是因为它们选择了合适的时间、合适的位置。

第二，企业的竞争能力和竞争优势的界限有时比较模糊。在这种情况下，竞争对手无法清楚地了解企业怎样利用它的竞争能力作为竞争优势的基础，结果是，竞争者不能确定需要建立什么样的竞争能力，才能得到与竞争对手的战略所获得的同样的利益。

第三，社会复杂性是能力不易被模仿的第三个因素。社会复杂性意味着许多企业的能力是复杂社会现象的产物，包括经理之间以及经理与雇员之间的人际关系、信任、友谊以及企业在供应商和客户之间的声誉等。这种社会复杂性往往更容易为企业增加价值。

4. 不可替代的能力

不可替代的能力是指那些不具有战略对等资源的能力。它是能力成为竞争优势来源的最后一个条件。能力越是不可见，企业就越难找到它的替代能力，竞争对手也就越难模仿它的战略以产生价值。例如，企业的专有知识以及建立在经理和非经理员工之间信任基础上的工作关系就是很难被了解也很难被替代的能力。

企业核心能力的培养

核心能力是企业的内在综合能力，是企业在长期的市场竞争中形成的一种独特的智慧和韬略。核心能力的形成过程是复杂的，既受到企业决策者及员工的知识、能力和素质，以及企业的经济实力、技术力量、管理机制和企业文化等内部条件的制约，又受到外部市场环境等客观因素的影响。一般来说，企业核心能力的形成要经过三个阶段。

1. 确认阶段

企业应对现有资源和竞争力及其在市场中的价值加以系统考察，进而确认企业的核心能力。确认的标准有四个：这种能力是有价值的吗？是稀缺的吗？是难以模仿的吗？是不可替代的吗？

2. 培养阶段

核心能力一旦得到确认，企业就应该不遗余力地加以培养。培养过程是核心能力的形成过程，也是最复杂、最关键的过程。首先是开发获取构成核心能力的技巧、技术等各种要素，为核心能力的形成打下物质基础。这一阶段的核心是获取最关键的技术和人才，并争取时间捷足先登。实现这一目标的模式既可以是“内部发展型”，即通过企业内部资源的积累逐步实现；也可以是“外部扩张型”，即通过吸收外部资源来实现。其次是整合技巧、技术等各种竞争要素。核心能力是由不同要素有机联系而形成的整体的竞争实力，核心能力要素的整合涉及企业内部管理的各个方面。比如，要使企业在某核心技术方面的专长成为核心能力，其一，需要企业在该技术领域不断进取提高，始终保持领先地位，要做到这一点要求企业不仅能给予必要的资金支持，还要建立有效的科研开发激励机制，保证研发人员的研究热情；其二，需要在产品的试制和试销方面对新产品开发予以支持，并很好地协调科研部门和生产部门的关系；其三，在产品营销阶段，需要建立营销部门和科研部门之间密切的信息联系，及时将市场信息反馈到研发部门，使研究开发更好地与市场需求相一致；等等。核心能力的形成需要多方面管理工作的整合。

3. 扩展阶段

扩展有三个方面的含义：一是将核心能力应用在最终产品或市场的开发上；二是利用核心能力开发中间产品，这些中间产品往往会被用在多个最终产品领域，并对最终产品市场产生决定性的影响；三是发展和更新核心能力，因为核心能力并不是一种固化的竞争力，而是一个动态系统。随着科学技术的进步和市场环境的变化，原有的核心能力可能会演化为一般能力而逐渐丧失竞争优势，所以企业必须时时关注核心能力的发展演变，并不断加以推进、丰富，直至更新。

延伸阅读　苏宁物流：聚焦数字物流打造核心竞争力

4.3　企业价值链分析

企业价值链概述

价值分析最初是为了在复杂的制造程序中分清各步骤的利润率而采用的一种会计分析方法，其目的是确定在哪一步可以削减成本或提高价值。企业的经营可以认为是一个由设计、生产、营销、交货等价值活动所组成的集合。企业的部分优势就是来源于企业能比竞争对手更便宜、更有效地完成那些具有战略意义的活动。企业的价值活动分为主要业务活动和辅助业务活动两大类。主要业务活动是指从企业购进原材料进行加工生产出最终产品，到将其运出企业，上市销售，再到售后服务的一系列活动。辅助业务活动始终贯穿在这些活动之中。图 4－1 是对价值链的一个图解。主要业务活动分为四类：供应链管理、运营、营销及销售以及售后服务。

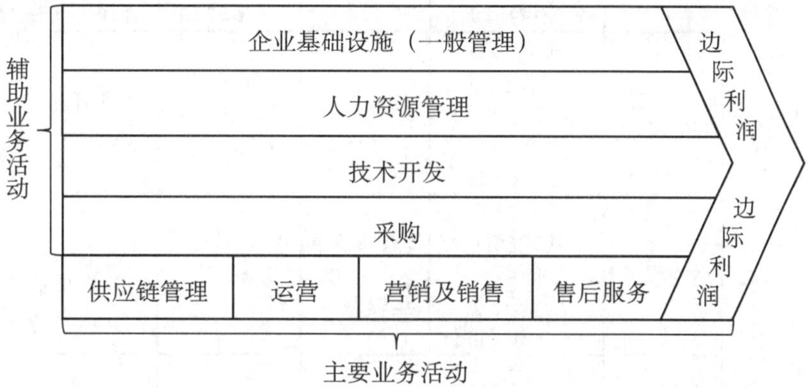

图 4－1　企业价值链

辅助业务活动也称为支持活动，是指用以支持主要业务活动而且内部之间又相互支持的活动，包括采购、技术开发、人力资源管理和企业基础设施（一般管理）。

应该说明的是，在大多数行业，很少有企业能单独完成从产品设计到分销的全部价值活动，总要进行一定程度的专业化分工。换句话说，任何企业都是创造产品和服务的价值系统的一部分。随着世界经济全球化、一体化进程的加快，这一特点将更为突出。因此，在了解价值产生时，不仅要考察组织的每一项内部活动及它们之间的联系，还要对包括采购和销售链在内的整个价值过程进行深入分析和了解。

价值链法为企业对现有的及潜在的优势和劣势进行内部分析提供了有效的指导方法，在把企业所有活动进行系统分割、区分出几项价值活动后，就可以从中找出关键要素，并将它们作为企业竞争优势的来源作进一步分析。

构造价值链

企业为了诊断自己的竞争实力，需要根据价值链的一般模型构造具有自身特色的价值链，如图 4－2 所示。在这里，供应链管理包括物流输入和物流输出。

企业在构造价值链时，需要根据价值链分析的目的以及自身生产经营活动的经济性，将每项活动进一步分解。分解后的每项子活动要有自己的经济内容，即或者具有高度差异化的潜力，或者在成本中占重要的百分比。企业应将可以充分说明企业竞争优势或劣势的子活动单独列出来，供分析使用。那些不重要的子活动可以归纳在一起分析。活动的顺序应该按照工艺流程进行，也可以根据需要进行安排。无论顺序如何，企业的管理人员都应服从在价值链分类中得出的直观判断。

价值链的内在联系

价值链不是一些独立活动的集合，而是相互依存的活动构成的一个系统。在这个系统中，各项活动之间存在着一定的联系。这些联系体现在某一价值活动进行的方式与成本之

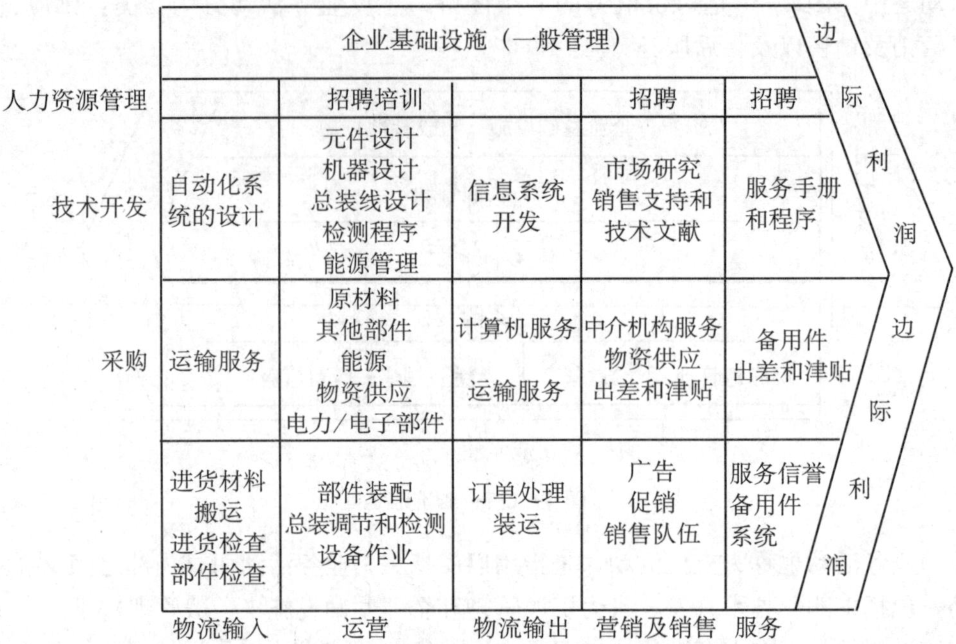

图4-2 某家电生产企业的价值链

间的关系，或者与另一活动之间的关系。例如，加工企业购买剪切好的高质量钢板，可以简化生产流程并减少废料。由此可以看出，企业的竞争优势可以来自单独活动本身，也可来自各活动的联系。

1. 形成价值活动间联系的基本原因

价值活动间的联系很多，最常见的是价值链中主要业务活动与辅助业务活动之间的各种联系。例如，产品的设计会影响其生产成本。在各项主要业务活动之间，这种联系的作用更为突出。例如，企业加强对投入部件的检查会降低生产工艺流程中的质量保证成本。

形成这些联系的基本原因有：

（1）同一功能可以用不同的方式实现。例如，为了保证产品合格，企业可以采购高质量的原材料或零部件，明确规定生产工艺流程中的最小公差，或者对产品进行全面的检验。

（2）通过间接活动保证直接活动的成本或效益。例如，通过优化时间安排（间接活动），企业可以减少销售人员的出差时间或交货检查，以部分或全部替代成品检查。

（3）以不同的方式实现质量保证功能。例如，企业可以通过进货检查以及部分或全部成品检查来保证质量。

当然，形成价值活动间联系的原因很多，还需要更进一步的认识。

2. 内在联系形成竞争优势的方式

企业价值活动间的内在联系所形成的竞争优势有两种形式：最优化与协调。

企业为了实现其总体目标，往往在各项价值活动间的联系上进行最优化的抉择，以增加竞争优势。例如，企业在考虑产品设计与服务成本时，为了获得差别化优势，可能会选择成本高昂的产品设计、严格的材料规格或严密的工艺检查，以减少服务成本。

在协调方面，企业通过协调各活动间的联系来增加产品的差异化或降低成本。例如，企业要按时发货，就需要协调企业内部的生产加工、成品储运和售后服务等活动之间的联系。在最优化与协调的过程中，企业需要大量的信息去认识形式多样的联系。因而，企业有必要利用信息技术建立信息系统，创造与发展新的联系，增强原有的联系。

价值链间的联系

价值活动的联系不仅存在于企业价值链内部，而且存在于企业与企业的价值链之间。其中，最典型的是纵向联系，即企业价值链与供应商和销售渠道价值链之间的联系。后者往往对企业活动的成本和效益产生影响，反之亦然。例如，企业的采购和原料供应活动如果与供应商的订单处理系统相互作用，同时供应商的应用工程技术人员与企业的技术开发和生产人员也互相协调的话，供应商的产品特点以及其他方面就会明显地影响企业的成本和差异化。

企业价值链与供应商价值链之间的各种联系为企业增强竞争优势提供了机会。通过影响供应商价值链的结构，或者通过改善企业与供应商价值链之间的关系，企业与供应商常常会双方受益。分配在企业和其供应商之间由于协调和优化各种联系所带来的收益，取决于供应商的讨价还价能力，以及供应商的利润。

销售渠道的各种联系与同供应商的联系类似。销售渠道具有企业产品流通的价值链。销售渠道对企业产品价格的加价在最终销售价格中通常占很大比重。此外，销售渠道进行的各种促销活动可以替代或补充企业的活动，从而降低企业的成本或提高企业的差异化。销售渠道也存在与企业分配由于协调和优化各种联系所带来的收益的问题。

4.4　企业内部条件分析方法

1. 内部因素评价矩阵分析法

企业可以运用内部因素评价矩阵（internal factor evaluation matrix，IFE 矩阵）对企业内部各个职能领域的主要优势和劣势进行综合评价，帮助企业决策者制定有效的战略。在建立内部因素评价矩阵的过程中，对矩阵包含的各个因素的透彻理解，往往比实际数字更为重要。因此企业应将数据分析和直觉判断进行适当结合。

企业可按下面五个步骤建立内部因素评价矩阵：

（1）列出通过内部条件分析确定的关键因素。采用 10～20 个内部因素，包括优势和劣势两方面的。首先列出优势，其次列出劣势。要尽可能具体，采用百分比、比率等方法。

（2）给每个因素以权重，其数值范围是 0（不重要）到 1（非常重要）。权重标志着各因素对于企业在产业中成败的影响的相对大小，无论关键因素是内部优势还是劣势，对企业绩效有较大影响的就应当得到较高的权重。所有权重之和必须等于1。

（3）对各因素进行评分。1分代表很差，2分代表较差，3分代表较好，4分代表很好。值得注意的是，优势的评分必须为4或3，劣势的评分必须是1或2。评分以公司为基准，权重则以行业为基准。

（4）用每个因素的权重乘以它的评分，得到每个因素的加权分数。

（5）将所有因素的加权分数相加，得到企业的总加权分数。

无论内部因素评价矩阵包含多少因素，总加权分数的范围都是从最低的1.0到最高的4.0，平均分为2.5。总加权分数远低于2.5的企业内部状况处于弱势，而分数远高于2.5的企业内部状况则处于优势，企业的总加权分数越高，企业的竞争地位越强。内部因素评价矩阵应包含10～20个关键因素，因素个数不影响总加权分数的范围，因为权重总和永远等于1。表4-4是某企业内部因素评价矩阵的分析情况。

表4-4　某企业内部因素评价矩阵的分析情况

关键内部因素	权重	评分	加权分数
产品质量	0.15	3	0.45
品牌	0.1	2	0.20
制造能力	0.1	3	0.30
技术创新	0.1	2	0.20
营销能力	0.1	4	0.40
财务资源	0.15	2	0.30
成本	0.1	2	0.20
客户关系	0.1	2	0.20
市场地位	0.1	1	0.10
总加权评分	1.0		2.35

从表4-4中可以看出，该企业的主要优势是营销能力、产品质量、制造能力，而市场地位是主要劣势。该企业的内部因素总加权评分为2.35，说明该企业内部条件的综合地位处于行业平均水平附近，不是太乐观，要进一步提高企业竞争力。

2. 雷达图

企业的资源和能力状况，最终归结于其财务表现。雷达图（radar diagram）是从企业的收益性、安全性、流动性、成长性和生产性这五个方面，对企业财务和经营现状进行多变量综合对比分析和评价的一种简明方法。该方法基于形似导航雷达显示屏上的图形而构建，具有指引经营“航向”的作用，故而得名。

雷达图分析法一般可从静态和动态两个方面进行。静态分析是将企业的各种财务比率与竞争对手或整个行业的财务比率做横向比较；动态分析是把企业现时的财务比率与先前的财务比率做纵向比较，发现企业财务及经营情况的发展变化趋势。

（1）五类指标的基本构成。

1）收益性指标。对收益性指标进行分析的目的，在于观察企业一定时期内的收益及获利能力。主要收益性指标包括：资产报酬率、所有者权益报酬率、普通股权益报酬率、销售利税率、成本费用率、普通股每股收益额、股利发放率、市盈率、毛利率和净利润等。

2）安全性指标。对安全性指标进行分析，在于观察企业在一定时期内的偿债能力。安全性是指企业经营的安全程度，也可以说是资金调度的安全性。主要安全性指标包括：流动比率、速动比率、资产负债率、所有者权益比率和利息保障倍数等。

3）流动性指标。对流动性指标进行分析的目的，在于观察企业一定时期内的资金周转状况，掌握企业资金的运用效率。主要流动性指标包括：总资产周转率、应收账款周转率、存货周转率、固定资产周转率、流动资产周转率等。

4）成长性指标。分析成长性指标是为了观察企业在一定时期内经营能力的发展变化趋势。如果收益性指标很高，但成长并不好，则表明未来盈利能力会下降。因此，用动态发展的眼光分析企业的财务状况，对战略制定特别重要。主要成长性指标包括：销售收入增长率、产值增长率、税前利润增长率、固定资产增长率和人员增长率等。

5）生产性指标。分析生产性指标在于观察企业一定时期内的生产经营能力、水平和成果分配。主要生产性指标包括：人均工资、人均销售收入、人均资产总额和人均净利润等。

（2）雷达图的绘制及分析步骤。在确定分析指标和收集数据的基础上，将上述收益性指标、安全性指标、流动性指标、成长性指标和生产性指标等企业财务能力的五类指标在雷达图上表示出来，就能形象地反映出企业的综合财务状况，如图 4－3 所示。雷达图的具体绘制方法如下：

第一步：画出三个同心圆，同心圆的最小圆圈代表同行业平均水平的 1/2 值或最低水平，中间圆圈代表同行业平均水平，又称标准线，最大圆圈代表同行业先进水平或平均水平的 1.5 倍。

第二步：把这三个圆圈的 360 度平均分成五个扇形区，每个扇形区分别代表收益性、安全性、流动性、成长性和生产性指标区域。

第三步：从五个扇形区的圆心开始，以放射线的形式分别画出相应的财务指标线，并标明指标名称及标度，财务指标线的比例尺及同心圆的大小，由该经营比率的量纲与同行业的水平决定。

第四步：把企业同期的相应指标值用点标在图上，然后用线段依次连接相邻点，围成的不规则多边形折线闭环代表了企业现实财务状况的整体分布和优劣态势。

第五步：观察绘制的雷达图，对经营单位的财务指标进行分析，大体分为三种情况：

- 当指标处于标准线以内时，说明该指标低于同行业平均水平，需要加以改进；
- 若接近最小圆圈或处于其内，说明该指标处于极差状态，是经营单位的危险标志；
- 若处于标准线外侧，说明该指标处于较理想的状态，是经营单位的优势所在。

当然，并不是所有的指标处于标准线外侧就是最好，还需要具体指标具体分析。

（3）雷达图分析法的优缺点。雷达图既可以用于同时对多个指标的对比分析，也可以用于对同一指标在不同时期的变化进行分析。这样，不仅能够找出影响产业的关键因素，还能综合分析和评价企业的财务经营状况，查找企业的优势和弱势。此外，在日常管理中，经理们还可以用雷达图来分析所在部门的工作业绩处于什么水平，以鼓励自发地追求

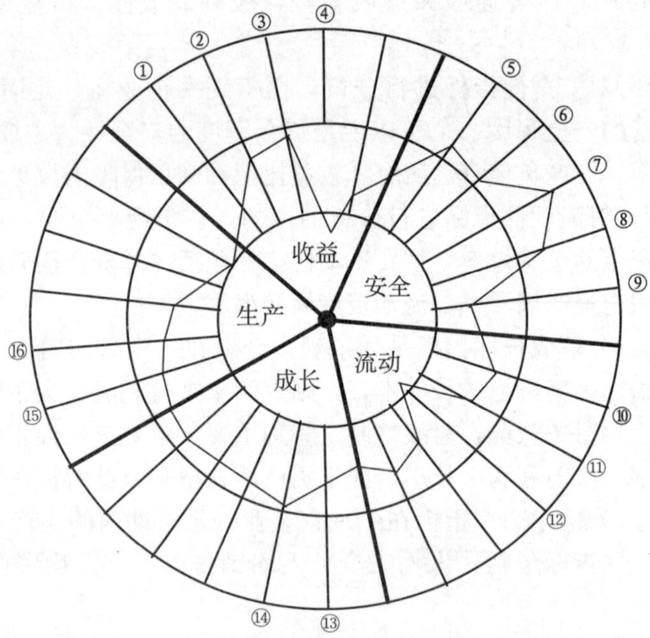

图 4-3　某企业雷达图

说明：收益性：①资产报酬率；②所有者权益报酬率；③销售利税率；④成本费用率。

安全性：⑤流动比率；⑥速动比率；⑦资产负债率；⑧所有者权益比率；⑨利息保障倍数。

流动性：⑩总资产周转率；⑪应收账款周转率；⑫存货周转率。

成长性：⑬销售收入增长率；⑭产值增长率。

生产性：⑮人均工资；⑯人均销售收入。

高标准和高质量。

雷达图作为一种有效的分析和评价方法，具有简洁、直观、形象的优点，易于操作和推广。其缺点是，当参加评价的对象较多时，很难给出综合评价的排序结果。近年来专家们对雷达图这种直观综合评价方法进行量化，构建了一种图形和数量相结合的评价方法。

基本概念

有形资源（tangible resources）　　无形资源（intangible resources）

核心能力（core capability）　　价值链（value chain）

优势和劣势（strength and weakness）

内部条件分析（internal environment analysis）

思考题

1. 简述企业资源的分类和特征。
2. 企业核心能力的评价标准是什么？如何培养企业的核心能力？
3. 简述有形资源和无形资源的区别。
4. 简述几种企业内部条件分析方法。
5. 一个高中同学给你打电话，希望你可以借给他1万元，帮助他在家乡开一个小饭馆。他说这个市场的竞争非常激烈，进入成本比较低，而且有大量的替代品，但是他相信他的小饭馆拥有一些可持续竞争优势，如他的店铺装修很特别、有多款进口啤酒，还提供夜间送外卖服务。你会把钱借给他吗？为什么？

章末案例

拼多多何以能在寡头垄断的红海中突围？

拼多多在不到3年时间里，不仅在淘宝、京东、苏宁等电商巨头的夹击下开创出一个新的细分商业模式，还迅速突围，坐拥3亿活跃用户，成为电商三强之一，而且在美国纳斯达克成功上市。“存在即合理”，研究拼多多的成功之道，研究其在红海一片、寡头垄断的市场环境下突围的方法，意义非凡。

首创电商拼团模式，一炮走红

首先得说的是，拼多多的拼团模式是首创，在这之前，中国电商行业没有这种模式。不要小瞧这个小小的创新，这可是促使拼多多快速成长的重中之重。由此可见拼多多创始团队洞察力的敏锐。

如果是在京东、淘宝上买东西，你是不是经常一个人孤孤单单买完就完事了？若有人陪你网上购物、砍价，那岂不是很带劲很有意思？拼多多的购物逻辑主要就是围绕拼团模式设计，用户可以选择一件商品开团也可以单独购买，但单独购买的优惠力度肯定没有拼团大；若是选择多人合伙买东西，价格就优惠不少。因此拼多多价格上的对比鼓励用户选择拼团模式。其特色之一是：每次有人开团，App界面左上角的位置都会显示“×××1秒前开团了”的通知，这样实时地显示开团信息可以营造团购气氛，增强买家剁手的欲望。因此拼多多就是不一样，所以几乎没人会选择单独购买。本来就已经比市价便宜的大蒜，在拼团后居然又便宜了1元。还有啥好犹豫的？当然是凑热闹，拼啊！若无法满足拼团要求，则拼团失败，付款金额将返还给用户，没什么损失。

帮砍价，实现“0元购”，小钱换取超大流量

拼多多初入电商时，推出了一个“内行人”看起来挺低档挺俗的团购模式：“0元购”。针对初入拼多多的新用户有两三次的“0元购”机会，只要凑齐一定数量“帮我砍价”的微信朋友，就能获得免费且包邮的货品，拥有一份心仪的商品，金额从几元到几千元都有，能不心动吗？当初推行时，有很多人都不相信“0元购”，说这是骗局，是病毒链接。但事实是0元真的能拿到东西，还是包邮的，就是过程有些劳心劳力，你需要拉一定量的微信朋友帮你砍价，而且是拼多多App的新开户。不过，过程虽辛苦点，但也有点刺激，能赢得一两百元礼物还算不错。直到现在，还有不少人怀疑：拼多多“0元购”真的能赚钱吗？现在就告诉你“能，能！而且能赚很多钱！”

“0元购”很明显是一笔赔本的买卖啊——但拼多多不这样看。以小钱换取大流量，通过社交网络实现流量的裂变和变现，这是拼多多低价团购的核心价值所在。如果团购成功了，用10元的成本换来上百个帮忙砍价的新用户，这是值得的。即使团购失败了，也至少可以换来几十个新用户。“0元购”的本质就是吸引用户注意力，为未来的流量变现筑好护城河。拼多多只用短短3年就拼来3亿多活跃用户，而这些用户量，淘宝、京东用10年才获得。

借助微信分享，实现简单快捷、病毒式的营销模式

拼多多的脱颖而出并快速成长，主要得益于其独创的社交电商模式。它成功地把网购和微信等社交媒体紧密结合起来，以拼单获取低价为手段，利用微信这样的社交媒体实现了用户数和销售额的爆炸式增长，有人说这是一种病毒式的营销。由此可见，拼多多的社交电商模式非常给力。腾讯这么多年一直在研究电商，就是没有研究出社交电商这样一种模式，而拼多多却成功开通公众号、小程序，促使社交电商飞速发展，堪称一个创举。

拼多多通过降价这种最直接最具吸引力的方式，鼓励买家通过微信将拼多多App推广给更多人，付款后也可以一键分享到微信朋友圈。从下单到支付，再到最后离开拼单页面，每一个关卡都可通过号称拥有10亿用户的微信暗示、引导买家“分享”。在完成拼团之后，拼主还有机会获得拼主免单券，这也算是变相地鼓励分享。而这个看似简单的分享、拼团砍价模式，恰恰就是拼多多崛起的关键！可见拼多多所依靠的后台选对了。拼多多2019年4月完成新一轮融资，金额在30亿美元左右，投资方包括腾讯、红杉资本，腾讯为领投方。在拼多多2016年7月公布的B轮融资中，腾讯就是众多投资方之一。有了腾讯的支持，拼多多如鱼得水，可以敢想敢干。

拼多多的拼团砍价其实就是批发和微分销的概念。这么便宜，再借助微信流量的助攻，分享的平台有了（微信社交圈传播），还都是同学同事朋友亲戚之间的分享，信用背书也有了（诱导用户产生裂变效应消费）。如此，拼团的成功率也大大提高，进一步扩大了影响。同时，在各式各样的人物推动下，各种拼多多的砍价互助群也应运而生，活脱脱构成一个完整的生态链。这样看来，不火也难。

目标用户超级精准，超低价打赢三四线中低端市场

时下中国的人口增长逐年下降，老龄化社会近在咫尺，电商巨头日感焦虑，阿里、京东、苏宁、网易等巨头以为中低端的消费客群增长很难持续，中低端市场已经饱和，要进行消费升级才行，所以都往高端走。阿里巴巴开始专注天猫，京东搞起了会员PLUS。然而所谓“失之毫厘，谬以千里”，这些巨头的判断出现重大错误，中低端消费市场仍是当前中国的消费主流。中国互联网络信息中心（CNNIC）的数据显示：第一，80%的中国家庭，人均月收入不超过3 000元；第二，贫困地区的人口还很多；第三，拥有大学本科学历的中国人不超过6%。拼多多不同于阿里巴巴、京东、苏宁、网易等巨头对中低端日益不适，而是非常看重中低端市场的巨大空间与潜力。这两年，拼多多剑走低价偏锋，全力瞄准三四线中低端消费客群，把营销重心放在三四线及以下的乡镇市场，以低价大量拉取用户。超低价+精准目标用户+拼团式裂变，让拼多多两年零三个月就拿下电商老三的位置，以近乎梦幻的速度走完了淘宝、京东苦心经营十多年才走完的路。拼多多2019年三季报数据显示：活跃买家数已近4亿！如今对于三四线城市甚至乡镇的中老年人来说，是拼多多让他们搭上了网购的快车。

C2M极致压缩供应链条，短平快取胜

传统电商在杀伐中，用重资产、重配套运营构筑了自身的护城河。拼多多没有重复同样的打法，而是用更加轻量的方式，绕开与头部竞争者的迎面相撞。在制定的“少 SKU、高订单、短爆发”模式中，机器和算法将巨量用户的需求映射到有限的最小存货单位（SKU）上来，进行主动推送，提升客户浏览商品和下单的效率，从而摆脱了依赖于搜索而去搭建海量 SKU。对流量并不占优势的拼多多来说，这是一个很巧妙的路径。而目前这套高效的方法论已让拼多多更加深入地渗透到它连接的两端——用户和商家。对它来说，不只局限于提供买卖交易的线上平台，而是要搭建一个优化供需的端口，通过向上游产业链赋能，极致压缩供应链条，提高资源的配置能力。在过去 3 年中，拼多多已经用这套模式为自己贴上了电商领域独一无二的用户直连制造商（C2M）标签。

拼多多的超级供应链可以概括如下：（1）打造开市客十迪士尼结合体。供应端，通过 C2M 极致压缩供应链条，省去中间环节；消费端，人以群分，打造边逛边买、社交拼单的乐购方式。（2）打造柔性供应链。平台数据赋能工厂，提升库存周转率，数据指导供应商提供更懂消费者的“爆款”商品，提前调整产能。（3）进行颗粒度运营。首页展示商品流，少 SKU、高订单、短爆发，工厂更注重库存深度，集中资源打造“爆款”；而分布式 AI 利用商品流模式，将分散需求用社交拼单连接集合，让商品卖得更快更好。值得指出的是，为了吸引商家入驻，拼多多同样用了很多办法。免佣金、免费上首页，这些都是现阶段淘宝、京东所给不到的优惠，让大量的商家涌入拼多多平台。比如拼多多平台与江西可心柔的合作。拼多多团队给可心柔的建议如下：缩减产品线，主打爆款商品，把运营成本降下来，后者随即推出“28 包售价 29.9 元”规格的商品。而在流量方面，拼多多将可心柔推上首页，这让产品在上线当天就实现了 300 万元的销售额，快速引爆市场。3 年时间，从无到有，拼多多只是一个 3 岁的“孩子”，有很多显而易见的问题，眼前充斥着可见的危险与挑战。然而在一片红海的电商领域，它也确确实实仅用 3 年时间证实了自身模式的可塑性、可行性。年轻的拼多多未来成长的空间还有多大？在变幻的市场中还能保持高速增长，继续改写格局吗？让我们拭目以待。

资料来源：吴勇毅．拼多多何以能在寡头垄断的红海中突围．销售与市场（管理版），2019（2）.

讨论题

1. 拼多多的优势和劣势是什么？
2. 拼多多为顾客创造了什么价值？
3. 拼多多有核心能力吗？为什么？

第5章 战略决策方法

学习目标

1. 了解战略决策过程；
2. 理解影响战略决策的因素；
3. 掌握战略制定方法；
4. 掌握战略决策方法。

引 例

中国平安的顶层设计让“金融帝国”梦想成为现实

中国平安董事会从战略构想到战略实施的整个过程，让我们看到了一个企业顶层设计的重要性，后援中心正是把管理层的战略意图高效落地的一个样本，它最终将把中国平安打造成一个综合金融集团的梦想转化为现实。近年来，面对经济结构调整、产业转型升级以及国内外竞争加剧带来的巨大压力，各行各业都开始焦虑不安，“创新”恐怕是近期中国企业家们费尽心思琢磨得最多的词汇。毫无疑问，创新是企业的生命，只有通过创新不断超越自我、超越对手，才能在残酷的竞争中生存下来。然而，创新不是凭空产生的，也不能按照常规的投入产出逻辑来“生产”。在企业内部，创新的终极动力究竟来自哪里？通过与中国第一家综合金融集团——中国平安的零距离接触，我们对这个问题的答案逐渐清晰。

顶层魄力：治理与想象力的结合

在中国特殊的转型时期，市场棋局陷阱重重，多数企业的每一步都走得小心谨慎。中国平安似乎是个例外。当大家普遍在为如何满足监管要求建立董事会的时候，中国平安已经成功引入了国际化的治理团队；当保险业的同行们还在为市场份额“恶战”的时候，中国平安成功收购深发展，初步实现了综合金融集团的构想；在信息技术与金融业迅速融合的过程中，传统的产业链和金融生态正在被重新定义。这一变革，中国平安似乎又预见到了——它已经拥有了一个具有强大信息处理能力的“后援中心”。这个被董事长马明哲形象地比喻为“中央厨房”的后援服务系统，构思于 20 世纪 90 年代，2002 年顶层架构基本成型。

中国平安发展的每一步，都在极为清晰和富有远见的战略路径中进行。

1994 年，中国平安引进了境外战略投资者，将规范化、国际化的治理理念注入决策层，内部管理水平逐步提升。从聘请国际会计师事务所和外部精算师出具审计报告和寿险精算报告，到引进并推行国际标准的财务管理、内部监控和会计制度以及先进的风险控制系统，短短几年间，一个与国际接轨的现代企业制度和公司治理结构已经建成。

2001 年 12 月，中国正式加入 WTO，国际金融集团凭借其强大的实力对中国市场虎视眈眈。中国平安开始思考如何建成多元化的综合金融集团与外资企业竞争。2002 年，汇丰集团（HSBC）认购中国平安 10%的股份，这一被称为史上金额最大的外资引进项目，成为中国平安发展历程中的一个重要里程碑。自此，中国平安董事会从外在结构到内在机制逐渐开始蜕变，其战略引领和决策的作用日益明确。

2003 年，中国平安开始正式建设张江后援中心。站在当下的时点看中国平安的这一战略决策，丝毫也不觉得奇怪。目前，信息技术已经渗透到金融业的核心业务，并以令人惊讶的速度推动金融脱媒的进程，而不再仅仅是一种锦上添花的创新手段。中国平安的“后援集中”思维超前于这一变革的实际发生，其未雨绸缪的能力令国内同行折服。

这是顶层设计的力量。主导这个顶层设计的正是中国平安董事会。当然，这个董事会还需要有一个具有开拓精神的“灵魂人物”。任何一个成功企业都有一个这样的灵魂人物。马明哲的眼界和胸怀决定了中国平安董事会的战略高度和远见。

“中央厨房”：数字时代的远见

一直以来，马明哲都将中国平安后援中心称为中国平安集团的“中央厨房”。这是因为后援中心面对的是平安集团全国 4 400 多个分支机构，为平安产险、平安寿险、平安银行、平安投资等不同条线研究各具特色的“招牌菜”。马明哲曾经这样解释后援中心的定位：“好比我们在一个大酒店里，要建一个现代化的厨房和多个漂亮的餐厅，想吃粤菜的人去粤菜餐厅，想吃川菜的人去川菜餐厅，而你在后台的统一厨房就可以根据不同的需求提供不同的菜式（当然这个厨房拥有不同技艺的专业厨师，更有内部严密的分工协作）。”这个“中央厨房”就是中国平安统一的后援中心。马明哲把面向不同金融产品的销售渠道比喻成餐厅，不同的客户需求可以通过统一的后援中心进行信息处理，进行服务和流程的标准化，最终提高整个集团的规模化、协同化经营能力。

“中央厨房”从构想到实施，经历了多个战略机遇期和选择期。中国平安董事会敏感地抓住了企业内部和外部环境释放出来的创新需求和变革动力。中国平安的后台集中，在引进国际先进管理技术的基础上，还进行了大量自主创新，整体水平国际领先。后援中心为中国平安在数字时代赢得了先机。中国平安董事会的这一重大战略决策，直接促进了平安集团综合金融模式的进程。

战略落地：细节决定成败

“集团控股，分业经营，分业监管，整体上市”，这是马明哲对平安集团综合金融模式的高度概括。作为公司治理的核心，中国平安董事会在战略决策制定和指导实施上，特别注重抓住两点。一是开放的董事会文化以及各司其职、积极良性的互动，使公司决策授权体系进一步健全，日常管理更加规范高效。在战略决策过程中，各地的董事们利用信息灵、网络广的优势，积极为公司发展献计献策，支持经营班子的工作。对于经营班子提出的合理议案，董事会给予肯定支持的态度。二是充分的执行力，这主要体现在平安的各项制度上。一方面，公司积极引进“外脑”，从经营层开始改革。另一方面，公司通过改进考核方法，注重绩效、素质和能力的综合评估；加大稽核力度，着手打造健全的内控制度；广泛开展国际合作，加快经营管理国际化进程；同时通过搭建具有平安特色的先进培训体系，为公司输送大量人才。

得益于公司治理的科学、前瞻，中国平安后援中心项目通过了董事会对其所带来的投资管理有效性和风险控制独立性的评估，从而确保了战略实施的可能性。这一旨在打通传统意义上泾渭分明的保险、银行、证券、信托、资产管理、企业年金等多元业务构架的张江后援中心，用统一的大后台为前线提供全面的金融产品、全方位的支持和方便的服务，从而实现中国平安的综合金融集团的战略目标。

经过近20年的卓绝探索，中国平安以引进境外战略投资者完善公司治理结构为契机，融合自身实践和创新，不断变革进取，完善企业体制，整合内部机制，持续提升管治能力，最终打造出融合国际先进经验和中国实践探索的平安式治理范式。而透过后援中心这一战略前瞻的正确决策和成功施行，透过中国平安董事会从战略构想到战略实施的整个过程，人们更看清了企业架构“顶层设计”的重要性。

资料来源：陈捷．创新和超越：平安顶层设计的使命．董事会，2012（12）.

引例表明了中国平安董事会从战略构想到战略实施的整个过程中，企业顶层设计的重要性，其科学的战略决策最终将把中国平安打造成一个综合金融集团的梦想转化为现实。本章重点介绍战略制定和决策的方法。

5.1 影响战略决策的因素

战略决策过程是选定某一战略方案的决策过程。拟定和评价备选的战略方案，是战略决策过程必不可少的先决条件。假若战略评价过程已经筛选出明显最优的战略方案，则决策就很简单。然而，在大多数情况下，战略评价过程提供给战略决策者的是若干备选方案。在这种情况下，决策者就要考虑多种因素，进行多方面的权衡。因此，选择战略并非一个例行公事化的或很容易的决策。有人指出这种决策实际上是一种智力活动过程，它比想象中更曲折、更复杂、更微妙和更具特性。决策者通常游弋于有意识和无意识之中，在具体与抽象之间反复，在机会和系统中试验，而且决策过程完全是动态的，没有明确的起点或终点，战略决策者经常进行这种智力活动过程。战略决策常受到以下因素的影响。

企业对外部环境的依赖性

任何企业都存在于它的外部环境中，而外部环境受股东、竞争对手、顾客、政府和社区的影响，企业的生存对这些因素的依赖程度影响着战略决策过程。

企业对外部环境的依赖程度越高，企业选择战略的灵活性就越小。

（1）业务依赖于少数几个股东的程度越高，战略选择的灵活性就越小；

（2）企业依赖于其竞争对手的程度越高，就越不可能选择进攻性的战略（此处的依赖性指处于较弱的竞争地位）；

（3）企业的成功和生存越依赖于少数几个顾客，则企业对他们的期望越应该作出较快的反应；

（4）企业越是依赖于政府和社区，则它对市场状况和股东的要求越不具有灵敏的反应。

企业经营面对的市场在不断变化，这也影响着战略选择。如果企业面对的市场变化程度较大，则相应的企业战略需要具有较大的灵活性。

以上对环境的度量基于"客观的"现实，但事实自己并不会说话，客观的现象需要决策者主观的理解。因此，决策者对外部环境依赖性的主观认识影响着战略的选择。处于同一环境中的同一公司，如果由两个决策人来进行战略选择，可能会有两种不同的战略方案。

管理者对待风险的态度

管理者对待风险的态度影响着战略选择的决策。有些企业管理者不愿承担风险，而有些管理者却乐于承担风险。不同的风险态度会导致不同的战略选择。

（1）如果管理者认为风险对于成功是必不可少的，并乐于承担风险，则企业通常采用进攻性战略，接受或寄希望于高风险的项目，在它们被迫对环境变化作出反应之前就已经作出了反应。这类管理者考虑的战略方案范围较广泛。

（2）如果管理者认为风险是实际存在的，并敢于承担某些风险的话，则管理者就会试图在高风险战略和低风险战略之间寻求某种平衡，以分散一定的风险。

（3）若管理者认为冒较高的风险将毁灭整个企业，则他考虑的战略方案需要降低或回避风险。他可能采取防御性的或稳定发展的战略，而拒绝承担那些高风险的项目，倾向于在稳定的产业环境中经营。

归纳起来，管理者和股东对待风险的态度，会增加或减少他们所考虑的战略方案的数目，并提高或降低采用某一特定战略方案的可能性。

企业过去战略的影响

对于大多数企业来说，过去的战略是战略决策过程的起点，这使得新考虑的多数战略方案受到企业过去战略的限制。明茨伯格曾对德国大众汽车公司 1934—1969 年和美国 1950—1968 年在越南的战略决策变化进行过详细的研究，他认为：

（1）现在的战略由过去某一有影响力的领导者所制定的战略演化而来。这一独特的、紧密一体化的战略对以后的战略选择是主要的影响因素。

（2）之后，这一战略被格式化。官僚化的管理组织使战略得以贯彻和实施，即原决策者推出这个战略并向下属说明，而后低层管理人员将这个战略实施，这一现象被称为"推拉现象”。

（3）当这一战略由于条件变化开始失效时，企业总是将新的战略嫁接到这个老战略上来。直到以后这一战略行不通时才探索一种全新的战略。

（4）当外部环境变化更大时，企业开始认真地考虑采取防御战略、组合战略或发展战略，也许以前曾有人建议过这些战略，但都被决策者忽视了。

明茨伯格对战略决策过程的研究结论具有概括性的意义。它说明过去的战略对以后的战略决策有影响，战略决策过程更多的是一种战略演变过程。其他研究也表明，当人们要对过去选择的执行方案的不良后果负个人责任时，他们总是将最大数量的资源投入过去选择的执行方案之中。这可以部分地说明为什么在改变过去的战略时，往往需要更换高层管理人员，因为新的管理者较少受到过去战略的约束。

企业中的权力关系

所谓权力是人们之间的一种关系，指的是某个人影响另一个人或群体去做某些事情的能力。经验表明，在企业中权力关系的存在是一个关键的事实。在大多数企业中，如果一个权力很大的高层管理者支持某一战略方案，它往往就成为企业所选择的战略，并且会得到一致意见的拥护。例如，福特汽车公司的小福特、国际商用机器公司的老沃森、美国国际电话电报公司的哈罗德等有权势的总经理，都曾经极大地影响所在企业的战略决策。从某种意义上说，人品也会涉入战略决策之中。主要管理者喜欢什么以及尊重什么等，都与选择什么样的战略有关。总之，企业中的权力关系或企业政治对战略决策有重大影响。

企业文化的影响

企业所选定的战略方案与企业文化是否能够很好地相容匹配，对于该战略方案的成功实施关系重大。

战略方案的选择如果与企业文化完全匹配，虽然会对战略的成功实施产生极大的支撑作用，但同时必然会阻碍那些具有创意和盈利潜力的方案的选择。越成功的企业，对其成功经验越迷恋，对环境变化的适应性就越差。

如果战略方案的选择与企业文化不相适应，虽然可以应对环境的变化，但是共同的信念、强大的组织文化会大大增加成功实施该战略的风险。不注意方案与企业文化的关系，脱离企业文化的要求进行战略管理，特别是在企业选定的战略与企业文化可能发生强烈冲突的情况下，对战略方案的选定一定要慎而行之。

企业在进行战略调整时，往往会陷入一种或是外聘专业人才或是提拔内部人员这样一种困境。靠自身培养出来的人员虽然对公司十分了解，但是由于其自身也深受企业固有的企业文化的影响，瞻前顾后，很难有所突破，最后使得公司进行战略调整的意义不大；而外聘的人才虽然能够摆脱企业文化的影响，但是如果选择的战略方案和企业文化的紧密性越差，在实施过程中遇到的阻力就会越大，成功的可能性也就越小。

延伸阅读　战略决策的伦理准则

5.2 战略决策过程

战略决策过程也是战略制定和选择的过程。图 5-1 战略制定框架说明了战略决策的过程，可以帮助企业战略决策者在若干个备选的战略方案中进行确定、评价和选择。

图 5-1 战略制定框架

战略制定框架第一阶段称为“信息输入阶段”，概括了制定战略所需要输入的信息，其中的方法包括 EFE 矩阵、IFE 矩阵和 CPM 矩阵。第二阶段称为“匹配阶段”，通过将关键内部及外部因素排序而制定可行的战略方案，第二阶段所采用的方法包括优势、劣势、机会和威胁矩阵（SWOT 矩阵）、战略地位与行动评价矩阵（SPACE 矩阵）、波士顿矩阵（BCG 矩阵）。第三阶段为“决策阶段”，所用的方法为定量战略计划矩阵（QSPM 矩阵）。QSPM 矩阵利用第一阶段输入的信息和第二阶段对若干个备选战略方案的评价，通过各种备选战略方案相对吸引力的大小为最终战略的选择提供客观的基础。

EFE 矩阵、IFE 矩阵和 CPM 矩阵已在第 3 章和第 4 章进行了详细的讨论；本章重点讨论 SWOT 矩阵、SPACE 矩阵、BCG 矩阵和 QSPM 矩阵。

延伸阅读 “互联网＋”背景下企业战略决策的行为原则

战略决策中除了使用相关工具外，定性分析也很重要。其中，战略决策应遵守相关的原则，考虑企业的战略目标。社会责任、企业伦理、价值观也会影响战略决策。本章对此没有作出一一讨论。

5.3 战略制定方法

SWOT 矩阵分析法

SWOT 是一种分析方法，用来确定企业本身的竞争优势（strength）、竞争劣势（weakness）、机会（opportunity）和威胁（threat），从而将企业的战略与企业内部资源、外部环境有机结合。因此，清楚地确定企业的竞争优势和劣势，了解企业所面临的机会和威胁，对于制定企业未来的发展战略有着至关重要的意义。

1. 优势、劣势、机会和威胁的概念

竞争优势（S）是指一个企业超越其竞争对手的能力，或者指企业所特有的能提高企业竞争力的东西。例如，当两个企业处在同一市场或者它们都有能力向同一顾客群体提供产品和服务时，如果其中一个企业有更高的盈利率或盈利潜力，那么，我们就认为这个企业比另外一个企业更有竞争优势。

竞争优势包括以下几个方面：

（1）技术技能优势：独特的生产技术，低成本的生产方法，领先的革新能力，雄厚的技术实力，完善的质量控制体系，丰富的营销经验，上乘的客户服务，卓越的大规模采购技能。

（2）有形资产优势：先进的生产流水线，现代化的车间和设备，丰富的自然资源储备，吸引人的不动产位置，充足的资金，完备的资料信息。

（3）无形资产优势：优秀的品牌形象，良好的商业信用，积极进取的企业文化。

（4）人力资源优势：在关键领域拥有专长的职员，积极上进的职员，很强的组织学习能力，丰富的经验。

（5）组织体系优势：高质量的控制体系，完善的信息管理系统，忠诚的客户群，强大的融资能力。

（6）营销能力优势：产品开发周期短，强大的经销商网络，与供应商良好的伙伴关系，对市场环境变化的灵敏反应，市场份额的领导地位。

竞争劣势（W）是指企业缺少或做得不好的东西，或指某种会使企业处于劣势的条件。可能导致竞争劣势的因素有：

（1）缺乏具有竞争力的技术技能。

（2）缺乏有竞争力的有形资产、无形资产、人力资源、组织资源。

（3）关键领域的竞争能力正在丧失。

市场机会（O）是指有利于企业发展的重大因素。企业管理者应当确认每一个机会，评价每一个机会的成长和利润前景，选取那些可与企业财务和组织资源匹配、使企业获得竞争优势的潜力最大的最佳机会。

潜在的市场机会可能是：

（1）客户群的扩大趋势或产品细分市场。

（2）技术技能向新产品新业务转移，为更大客户群服务。

（3）前向或后向整合。

（4）市场进入壁垒降低。

（5）获得购并竞争对手的能力。

（6）市场需求增长强劲，可快速扩张。

（7）出现向其他地理区域扩张、扩大市场份额的机会。

市场威胁（T）是指在企业的外部环境中，总是存在某些对企业的盈利能力和市场地位不利的因素。企业管理者应当及时确认危及企业未来利益的威胁，作出评价，并采取相应的战略行动来抵消或减轻它们的影响。

企业的市场威胁可能是：

（1）出现将进入市场的强大的新竞争对手。

（2）替代品抢占企业销售额。

（3）主要产品市场增长率下降。

（4）汇率和外贸政策的不利变动。

（5）人口特征、社会消费方式的不利变动。

（6）客户或供应商的谈判能力提高。

（7）市场需求减少。

（8）经济萧条和业务周期的冲击。

2. SWOT 矩阵分析步骤

SWOT 矩阵分析实际上是对企业内外部环境各方面内容进行综合和概括，进而分析企业优劣势、面临的机会和威胁的一种方法。其中，优劣势分析主要着眼于企业自身的实力及其与竞争对手的比较，而机会和威胁分析将注意力放在外部环境的变化及其对企业的可能影响上。但是，外部环境的同一变化给具有不同资源和能力的企业带来的机会与威胁可能完全不同，因此，两者之间又有紧密的联系。SWOT 分析的核心在于企业资源能力和外部环境的匹配，即根据企业的优势、劣势、机会、威胁设计出 SO 战略、WO 战略、ST 战略、WT 战略，使企业获得竞争优势，在竞争中处于有利的地位。

SWOT 矩阵分析的步骤有三个：

（1）罗列企业的优势和劣势、可能的机会与威胁。

（2）将优势、劣势与机会、威胁相匹配，形成 SO、ST、WO、WT 战略。

SO 战略，即着重考虑优势因素和机会因素，目的在于发挥优势把握机会；

ST 战略，即着重考虑优势因素和威胁因素，目的是发挥优势化解威胁；

WO 战略，即着重考虑劣势因素和机会因素，目的是利用外部机会，弥补企业不足；

WT 战略，即考虑劣势因素和威胁因素，目的是通过减少劣势来化解外部环境的威胁。

（3）对 SO、ST、WO、WT 战略进行甄别和选择，确定企业目前应该采取的具体战略。在完成环境因素分析和 SWOT 矩阵的构造后，便可以制定出相应的行动计划。制定计划的基本思路是：发挥优势因素，克服劣势因素，利用机会因素，化解威胁因素；考虑过去，立足当前，着眼未来。运用系统分析的综合分析方法，将排列与考虑的各种环境因素相互匹配加以组合，得出一系列企业未来发展的可选择战略。这些战略的示例如图 5 - 2 所示。

	优势——S	劣势——W
机会——O	SO 战略： 密集型战略 一体化战略 多元化战略	WO 战略： 稳定型战略 紧缩型战略 发展型战略
威胁——T	ST 战略： 多元化战略	WT 战略： 紧缩型战略 放弃型战略 清理型战略

图 5 - 2 SWOT 矩阵战略匹配图

通过SWOT分析和构建战略地位评估矩阵（如图5-3所示），企业可以了解内部条件和外部环境的共同作用，明确自身的战略地位，并初步选定企业可能采取的战略类型。

第Ⅰ象限的企业，具有很好的内部优势及众多的外部机会，应当采取增长型战略。

第Ⅱ象限的企业，面临巨大的外部机会，却受到内部劣势的限制，应采取转向型战略。在弥补和消除内部劣势的同时，最大限度地利用外部环境带来的机会。

第Ⅲ象限的企业，内部存在劣势，外部面临强大的威胁，应采取防御型战略。这时企业不应该也没有实力实施扩张战略，因此适合采取比较保守的战略，以避开威胁并逐渐消除劣势。

第Ⅳ象限的企业，具有一定的内部优势，但外部环境存在威胁，应采取多元化战略。这样可以利用自己的优势，同时通过多种经营分散环境带来的风险。

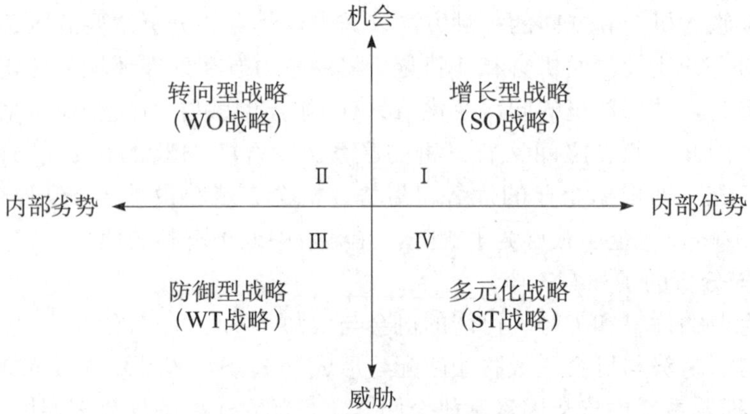

图5-3 战略地位评估矩阵

表5-1是对某企业进行SWOT分析的一部分。

表5-1 某企业SWOT矩阵分析

	优势 (1) 资金 (2) 进入这个市场较早 (3) 有比较完整的销售网络 (4) 统计技术比较先进 (5) 居于市场领先地位，占有投资咨询行业相当的份额	劣势 (1) 监控系统是模拟式的 (2) 成本较高 (3) 一次性投入大
机会 (1) 中国市场化进程向纵深发展 (2) 电视台市场化程度不断提高 (3) 其他城市需求也在扩大	SO战略 应该以市场主导的身份力争扩大市场供给，以满足日益增大的市场需求	WO战略 应该努力降低成本，以更低的价格抢占市场
威胁 (1) 由于地方保护主义，有些细分市场难以进入 (2) 竞争者的实力相对较强，使得我们在竞争中处于更加不利的位置 (3) 日志形式的监测系统因为成本较低依然占据一定的市场空间	ST战略 应该首先进入市场化程度较高的沿海大城市； 应该用更快的速度抢占市场，逐步更新设备	WT战略 应该先用模拟式的监测设备抢占市场，然后再根据电视数字化的进程逐步进入市场

SPACE 矩阵分析法

战略地位与行动评价矩阵，即 SPACE 矩阵（strategic position and action evaluation matrix）分析法，是一种战略因素匹配方法，可以对企业的总体战略态势进行评估分析。如图 5－4 所示。

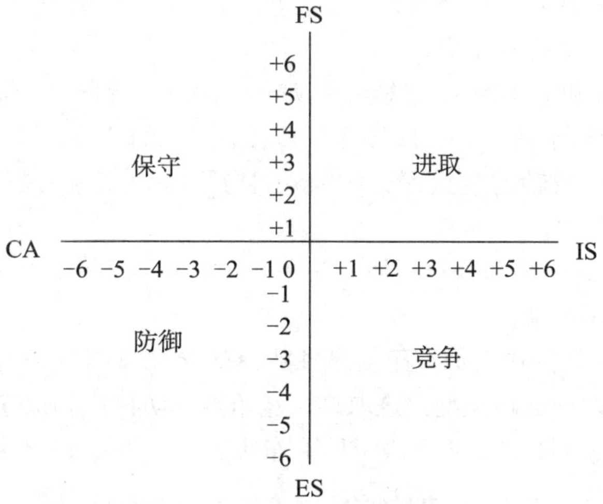

图 5－4　SPACE 矩阵结构

SPACE 矩阵包含了两个内部因素——财务优势（FS）和竞争优势（CA），两个外部优势——环境稳定性（ES）和产业优势（IS）。这四个因素由一系列指标构成，如表 5－2 所示。

表 5－2　常用内外部环境因素指标

内部战略环境	外部战略环境
财务优势（FS）	环境稳定性（ES）
投资收益	技术变化
杠杆比率	通货膨胀率
偿债能力	需求弹性
流动资金	市场进入壁垒
现金流动	竞争压力
业务风险	价格需求弹性
竞争优势（CA）	产业优势（IS）
市场份额	增长潜力
产品质量	盈利潜力
产品生命周期	专有技术知识
用户忠诚度	资源利用
竞争能力利用率	资本密集性
对供应商和经销商的控制	生产效率和生产能力利用率

资料来源：戴维．战略管理：概念与案例：第 13 版．北京：中国人民大学出版社，2013.

SPACE矩阵中，财务优势和产业优势的匹配产生了进取型战略，包括不相关多元化战略、纵向一体化战略、新市场开发战略、新产品开发战略。财务优势和竞争优势的匹配产生了保守型战略，包括市场渗透战略、产品开发战略。竞争优势和环境稳定性的匹配产生了防御型战略，包括收缩、清算和剥离等战略。产业优势和环境稳定性的匹配产生了竞争型战略，包括一体化战略、差异化战略、市场开发战略。

建立SPACE矩阵的步骤如下：

第一，分别选定构成财务优势（FS）、竞争优势（CA）、环境稳定性（ES）和产业优势（IS）的影响因素，即构成变量。

第二，对构成FS和IS的各个变量给予从＋1（最差）到＋6（最好）的评分；对构成ES和CA的各个变量给予从－1（最好）到－6（最差）的评分。

第三，分别将各个数轴的变量评分相加，再分别除以变量总数，从而得出FS、CA、IS和ES各自的平均分数。

第四，将CA和IS的平均分数相加，并在横轴上标示出来；将FS和ES的平均分数相加，并在纵轴上标示出来。

第五，在SPACE矩阵中自原点至横纵轴数值的交叉点画一条向量。这一向量所在的象限表明了企业可采取的战略类型：进取型、竞争型、防御型和保守型。

现以某航空公司为例具体说明SPACE矩阵的运用，如表5-3和图5-5所示。

表5-3 某航空公司的SPACE矩阵的评分表

	评分人				平均得分		评分人				平均得分
	总经理	人力总监	财务总监	营销总监			总经理	人力总监	财务总监	营销总监	
财务优势（FS）						环境稳定性（ES）					
投资收益	4	3	4	3	3.5	竞争压力	－4	－3	－4	－4	－3.75
偿债能力	2	2	2	3	2.25	进入壁垒	－3	－3	－2	－2	－2.5
现金流动	3	4	3	3	3.25	需求弹性	－2	－3	－3	－3	－2.75
退出方便	2	3	2	3	2.5	通货膨胀	－1	－1	－1	－1	－1
业务风险	4	5	4	4	4.25	技术变化	－1	－2	－2	－2	－1.75
合计					15.75	合计					－11.75
竞争优势（CA）						产业优势（IS）					
市场份额	－3	－3	－2	－2	－2.5	资本密集	5	5	5	4	4.75
产品质量	－2	－3	－2	－3	－2.5	盈利稳定	4	5	4	5	4.5
用户忠诚	－3	－3	－4	－4	－3.5	增长潜力	5	6	5	5	5.25
专有技术	－5	－5	－5	－4	－4.75	盈利潜力	5	5	5	5	5
控制	－5	－6	－6	－5	－5.5	技术诀窍	4	5	4	5	4.5
合计					－18.75	合计					24

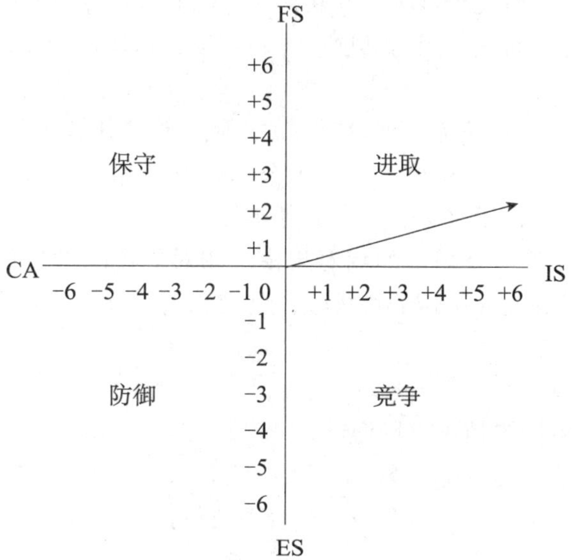

图5-5 某航空公司的SPACE矩阵

结论：

1. FS平均值：15.75 ÷5＝3.15

CA平均值：－18.75 ÷5＝－3.75

ES平均值：－11.75 ÷5＝－2.35

IS平均值：24 ÷5＝4.8

2. 横轴：4.8－3.75＝1.05

纵轴：3.15－2.35＝0.8

从图5-5可以看出，该航空公司应该采取进取型战略。

SPACE矩阵工具非常适合风险较大的行业或对风险非常敏感的行业使用。它对风险给予了特别的关注，将财务优势与环境稳定性指标独立出来作为一个纵轴，并对风险因素作了单独的分析与考虑。

BCG矩阵分析法

BCG矩阵是波士顿咨询集团提出的一种方法。BCG模型提出了业务包理论，即把一个企业内部的业务单位的集合称作它的业务包。业务包理论主张，对一个企业业务包内的业务，都应该建立一个独立的战略BCG矩阵。同时认为，一个企业的相对竞争地位（相对市场份额，企业的绝对市场占有率除以本行业最大的竞争者的绝对市场占有率）和业务增长率是决定一个企业整个业务包内某一特定业务单位应当采取的战略的两个基本参数。一方面，相对竞争地位决定一项业务产生现金流量的速率，一个与其竞争对手相比占有相对较高的市场份额的企业一般拥有较高的利润幅度并因而具有较高的现金流量。另一方面，业务增长率对一个企业的战略选择具有双重影响。首先，业务增长率影响获得市场份额的难易程度。在一个增长缓慢的业务领域，一个企业市场份额的增加通常来自竞争对手的市场份额的减少。其次，业务增长率决定了一个企业进行投资的机会水平。增长着的业务领域为一个企业把现金回投于该领域并获得较好的利润回报提供了机会。当然，这一机会同时也给企业带来一些问题，因为某项业务领域增长越快，为支撑这一增长所需要的现金量就越多。

在利用BCG矩阵进行战略方案评价时，波士顿咨询集团建议采取以下步骤：

1. 将公司分成不同的业务单位。实际上公司建立战略业务单位（SBU）时，就已经做了这一步。在矩阵中，圆用来表示每一业务单位。

2. 确定业务单位在整个公司中的相对规模。相对规模的度量尺度是业务单位的资产在公司总资产中的份额和业务单位的销售额占公司总销售额的比重。在矩阵中，圆的面积代表业务单位的相对规模。

3. 确定每一业务单位的业务增长率。

4. 确定每一业务单位的相对市场份额。

5. 绘制公司整体业务经营组合图，即BCG矩阵（见图5-6）。

6. 依据每一业务单位在公司整个经营组合中的位置选择适宜的战略。

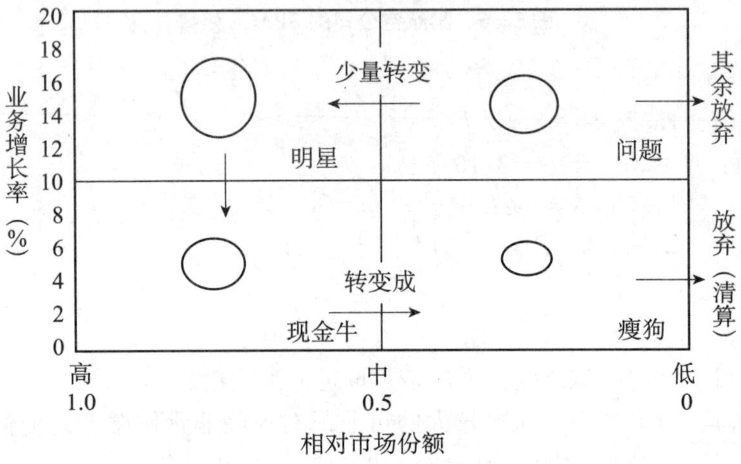

图5-6 BCG矩阵

BCG矩阵把企业内部的业务单位划分为以下四种类型。

1. 问题型

这类业务单位具有低相对市场份额和高业务增长率。为了保证增长，它们的现金需求量较高，而由于其市场份额所限，它们的现金产量又较低。由于其较高的业务增长率，对问题业务单位采取的战略之一是增长型战略，应当进行必要的投资以获得更多的市场份额，并促使其成为明星。当其业务增长率降下来之后，该业务单位就会成为现金牛。对那些管理部门认为不可能发展成为明星的问题业务单位实施收缩和放弃战略。

2. 明星型

这种类型的业务单位具有高业务增长率和高相对市场份额。由于高业务增长率和高相对市场份额，明星业务单位支出和创造的现金量都很大。明星业务单位一般为企业提供最好的利润增长和投资机会。很明显，对于明星业务单位的最好战略是进行必须的投资以保持其竞争地位。

3. 现金牛型

该业务单位具有低业务增长率和高相对市场份额。由于高相对市场份额，利润和现金产量一般较高，而较低的业务增长率则意味着对现金的需求较低。于是，大量的现金盈余通常会由现金牛创造出来。它们为全公司的现金需求提供来源，因而成为公司的主要基础。因此，公司要尽可能使现金牛业务单位长期保持其优势地位，可以采用新产品开发、多元化等战略来寻找新的增长点。

4. 瘦狗型

该业务单位具有低相对市场份额和低业务增长率。低相对市场份额通常暗示着较低的利润，而由于其业务的增长率也较低，故为提高其市场份额而进行投资通常是不划算的。该部门为维持其现有竞争地位所需要的现金往往超过它所创造的现金，因此瘦狗业务单位常常成为现金陷阱。适用于它的最合乎逻辑的战略方案是清算，进行收缩或剥离处理。

图 5－7 是对一个企业的业务整体情况所作的图解。圆圈的大小代表每个业务单位在整个企业中的重要程度（通常以所占用的资产来衡量）。10％以上的增长率被认为是高增长率的标准，而高市场份额和低市场份额之间的界限位于量度上的 0.5 处。这种划分可以依特定业务的不同而作出修改。该业务包是一个相对平衡的业务包。该公司拥有一个由两个现金牛业务组成的稳固的基础，两个明星业务为公司的增长提供了机遇。也许有两个问题业务能够以一个合理的代价进入明星之列。最后，该公司还有几个应当被管理层严格控制的瘦狗业务，对它们只能采取放弃或清算战略。

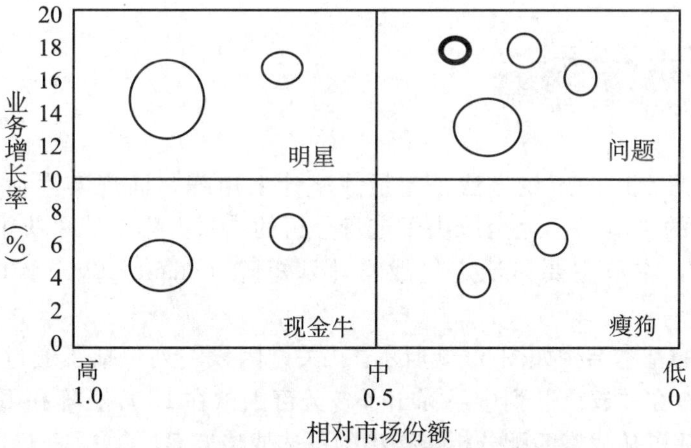

图 5－7　正常的业务包图解

图 5－8 所示的企业所具有的业务包却是严重失衡的。

在运用业务包原理时，一个十分有用的方法是为企业准备几个不同时点上的业务包图解（3～5 年之前的和预期 3～5 年以后的），这可以使管理层对它的战略选择已经达到或可能达到的结果有一个形象的了解。

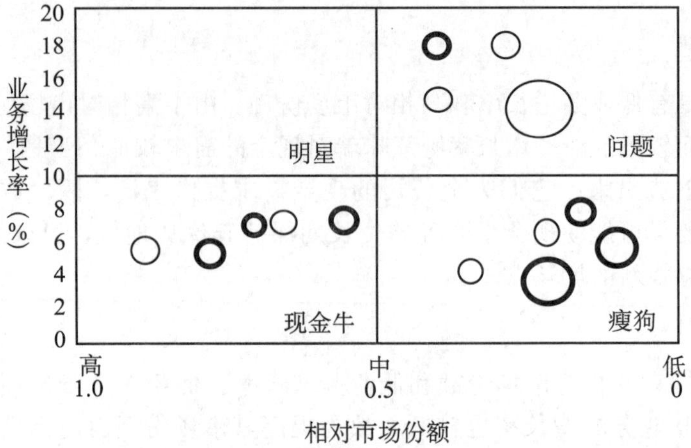

图 5-8　失衡的业务包图解

波士顿咨询集团的业务包理论有其局限性。难点之一是如何确定企业在一个复杂行业中的市场份额；难点之二是瘦狗部门或单位的命运。根据 BCG 方法，公司的瘦狗部门或单位通常是被清算。然而已经有人指出，低利润领域的经营活动通过治理和整顿，可以成为具有较高盈利的业务。一些研究显示，管理好的瘦狗业务有可能成为现金创造者。一项对 87 家在低增长行业中具有低市场份额的企业的研究认定，其中的 40 家企业的经营是有效率的，而其余 47 家是无效率的。这项研究得出结论，那些有效率的企业都倾向于通过实施认真的市场营销和研究与开发活动而执行一种高质量、中等价格的经营政策。另一方面那些缺乏效率的瘦狗业务必须考虑作为清算的候选者。

5.4　战略决策方法

企业战略决策常用的定量方法是定量战略计划矩阵，而现实生活中的战略决策更是受到各种因素的影响，不完全取决于定量分析的结果。影响战略决策的因素已在第 1 节中进行了讨论，本节主要讨论定量战略计划矩阵（quantitative strategic planning matrix）。

QSPM 矩阵的基本结构如图 5-9 所示。“关键因素”列包括了通过 EFE 矩阵和 IFE 矩阵得到的信息，在“权重”列中，标出了各关键因素在 EFE 矩阵和 IFE 矩阵中所得到的权重。顶部包括了从战略匹配分析中得出的备选战略方案。

建立 QSPM 矩阵通常包括以下几个步骤。

（1）在 QSPM 矩阵的左栏上根据先前分析过的 EFE 矩阵、IFE 矩阵确定关键外部机会和威胁，内部优势和劣势，以及相应的权重。

（2）将得出的主要备选战略方案填到矩阵顶部。

关键因素	权重	备选战略方案			
		战略方案 1		战略方案 2	
		AS	TAS	AS	TAS
机会					
1. 2. 3. ⋮					
威胁					
1. 2. 3. ⋮					
优势					
1. 2. 3. ⋮					
劣势					
1. 2. 3. ⋮					
总计					

图 5-9　QSPM 矩阵结构图

（3）确定吸引力分数（attractiveness scores，AS）。对每个备选战略方案的相对吸引力进行量化，根据所考察的关键因素与备选战略方案的关系给出评分。评分值在 1～5 之间，根据机会、威胁、优势和劣势来分别确定。具体定义见表 5-4。

表 5-4　吸引力分数说明

分数	机会	威胁	优势	劣势
5	充分把握机会	很好地应对威胁	充分利用优势	很好地弥补劣势
4	较好地把握机会	较好地应对威胁	较好地利用优势	较好地弥补劣势
3	把握机会程度一般	应对威胁能力一般	利用优势程度一般	弥补劣势程度一般
2	不能较好地把握机会	不能较好地应对威胁	不能较好地利用优势	不能较好地弥补劣势
1	完全没有把握机会	完全不能应对威胁	完全不能利用劣势	完全不能弥补劣势

（4）计算吸引力加权分数 TAS。将各横行的权重分别乘以吸引力分数就得到吸引力加权分数。吸引力加权分数综合反映了不同重要性的关键因素对各备选战略方案的相对影响力和战略吸引力。

（5）计算吸引力总分。分别将 QSPM 矩阵中各备选战略方案的 TAS 分值相加而得。吸引力总分综合体现了备选战略方案吸引力的高低，总分值越高说明战略方案越具有吸引力。“备选战略方案”中各方案吸引力总分说明了各战略方案相对于其他战略方案可取性的高低。

QSPM矩阵的最大优点是可以用量化的方式对一组战略方案进行相对可行性和合理性的比较和评价，为最终的战略决策提供客观、科学的依据。同时它使得战略制定者在战略决策过程中能够综合考虑相关的内外部重要因素，避免关键因素不适当地被忽视或偏重。

现举例说明。某房地产公司的QSPM矩阵如表5-5所示。

表5-5 某房地产公司的QSPM矩阵

关键因素		权重	市场开发		战略联盟	
			AS	TAS	AS	TAS
机会	成都市经济的发展增加了房产的需求	0.11	4	0.44	4	0.44
	“十一五”规划的实施	0.13	3	0.39	5	0.65
	住房消费信贷业务迅猛发展	0.12	3	0.36	4	0.48
	商品房住宅存在大量的需求缺口	0.11	4	0.44	3.5	0.385
	国外资金的进入提供了多种融资渠道	0.08	2	0.16	4	0.32
威胁	房地产行业市场竞争加剧	0.09	3	0.27	4	0.36
	消费者的品位要求进一步提高	0.07	4	0.28	4	0.28
	银行对贷款融资条件越来越高	0.13	3	0.39	5	0.65
	外来开发商的进入	0.07	3	0.21	4.5	0.315
	人民币汇率的提高增加了建筑成本	0.09	3	0.27	4	0.36
优势	灵活的反应机制	0.1	5	0.5	4	0.4
	较强的资源整合能力	0.15	4	0.6	4	0.6
	准确地把握客户心理	0.08	4	0.32	3	0.24
	较好的盈利能力	0.11	4	0.44	3	0.33
	人才众多	0.09	4	0.36	3.5	0.315
劣势	规模较小，融资困难	0.2	3	0.6	4	0.8
	研究开发经费投入不足	0.07	2	0.14	4	0.28
	内部管理机制不是很完善	0.07	2	0.14	3	0.21
	管理的提升只停留在口号阶段	0.06	3	0.18	3	0.18
	内部凝聚力不高	0.07	3	0.21	3.5	0.245
	总计	2		6.7		7.84

市场开发战略的总分为6.7，战略联盟的总分为7.84，说明战略联盟方案的吸引力大一些，可以作为战略决策的参考。

基本概念

战略决策（strategic decision）

优势、劣势、机会和威胁矩阵（strength，weakness，opportunity，and threat matrix）

战略地位与行动评价矩阵（strategic position and action evaluation matrix）

波士顿矩阵（Boston Consulting Group matrix）

定量战略计划矩阵（quantitative strategic planning matrix）

思考题

1. 运用SWOT矩阵分析法进行个人分析，通过认识自己的优点和缺点，分析你的竞争优势在哪里。

2. 处于SPACE矩阵中各象限的公司分别具有什么样的特点以及各自应采取什么竞争策略？

3. 简述BCG矩阵的分析过程。

4. 简述战略决策的影响因素。管理者对待风险的态度如何影响战略决策？

5. 结合某个企业，讨论企业文化如何影响战略决策。

章末案例

视频概念公司

当视频概念公司的所有人查得·罗万审阅每月利润表时，他感叹世事艰辛。从许多方面来说，他是一位成功的企业家，创办了一家不错的公司。但另一方面，他感觉公司陷入了一种长期无法获胜的状态之中。

查得·罗万上高中时创办了一家草坪服务公司。查得是从用家里的除草机为邻居修剪草坪开始的，后来他购置了设备，雇佣了高中时的三个朋友，为更多的顾客服务。草坪服务公司的利润足以支付查得上大学的学费，在上大学的四年，他继续经营公司。查得所学的专业是企业管理。大学四年级的时候，他开始关注录像带出租企业，这在当时还是一个比较新的行业，他的调查最后形成了一份关于录像带出租企业的研究报告。基于此，查得想开办一个录像带出租商店，并且在家乡的郊外商业区内选好了店址。

视频概念公司：头三年

1987年，查得大学毕业后在北卡罗来纳州莱克星顿（大约有28 000人的小镇）开了一家录像带出租商店，叫视频概念公司，零售面积200平方英尺，有500盘库存。视频概念起步缓慢，但在6个月之后就有了盈利。查得尝试了一些创新性的营销技术，如家庭送货，租十次后可免费一次，若在店里买软饮料和爆米花可以同录像带一起送货上门。为了减少开办公司的费用，查得同父母住在一起并每月仅拿500美元的工资。公司第一年的利润是64 000美元，这些利润连同盈余公积金一起都用来购买更多的录像带。经营了一年之后，查得决定开一家更大的店。在一个为附近居民服务的小型商业中心里，有一家1 000平方英尺的零售店可以利用。查得用他拥有的一些公司股票作抵押，向银行贷款80 000美元。这笔贷款期限为7年，定期支付利息，到期一次性偿还本金。新店有3 000盘录像带。查得的全部新录像带都是通过美杰视频公司购买的，这家公司是美国最大的批发分销商之一。为了增加录像带的库存量，查得从另一家公司购买了2 000多盘二手带，这家公司是从破产的公司那里购买录像带来再销售的。以后的两年中，视频概念公司的收入继续快速增长，经营仍旧有利可图。然而，查得还是把所有的利润都用来购买新的录像带。公司的收入第二年是173 000美元，第三年增加到278 000美元。

继续增长

在莱克星顿最繁华的商业区，有一家家具零售店准备迁到其在郊外更大的属于自己的建筑物内，查得开第三家商店的愿望变为现实。这家商店的面积为3 000平方英尺，足以展示12 000多盘录像带。1990年秋天，查得与这家商店签订了一份三年的租用合同，开办了第三家录像带出租商店。视频概念公司现在在莱克星顿的三大商业区内都有商店。新的商店采用开架方式展示录像带，顾客通过寻找合适的分区（新货、恐怖、科幻、动作、经典等），就可以方便快捷地找到他们想要的电影。由于采用了一套新的电脑软件程序，每位顾客的结算登记时间缩短到不足30秒，既快捷又方便。此外，这套软件还能提供管理信息，可以查询每一盘录像带的出租时间、每一位顾客租了多少盘录像带和谁租的录像带超期。这一软件使查得能很方便地跟踪每日、每周或每月的销售情况。第三家商店和这些更有效的经营手段使视频概念成为一家不断成长且利润不错的公司。1991年，三家商店的出租量仍在增长，大多数收入来自新店。查得继续采用原来的政策，十次租用之后提供一次免费租用，并把每盘每天的租金降到1.99美元，在当地高中集中开展了几次广告促销活动。

视频概念公司的积极扩张和不断增长的市场份额迫使莱克星顿较差的录像带出租企业退出这一行业。到1991年夏天，查得原来的17家竞争对手仅有6家还在继续经营。查得认为，积极的价格战略、高质量的服务和新上市录像带的精心挑选是他战胜小型竞争对手的主要因素。这6家竞争对手的平均库存不足1 000盘，没有一家超过1 600盘。查得估计，莱克星顿录像带出租业所有商店的年收入总计为600 000美元。全国录像带出租连锁店的增多引起了查得的注意，他参观了附近几个城市竞争对手的商店。在参观过程中，查得主要是看一看其他的录像带出租企业正在做什么，并且了解自己应该做什么，以使自己的公司更有效率和竞争力。虽然他也曾经参观过附近几个城市的百事达商店，但是查得估计百事达商店的年收入至少要达到600 000美元才有利可图。因此，查得相信莱克星顿太小了，不足以吸引一家大的录像带出租连锁店。他还认为，视频概念公司三家商店的存货之好以及经营的有效性可以同全国任一家连锁店相媲美，包括百事达，并认为视频概念公司在莱克星顿的市场地位很安全。

残酷竞争的到来

1991年8月，百事达公司宣布它将在莱克星顿开一家商店，这是全美最大的录像带出租连锁店。百事达1986年有19家商店，到1991年增加到2 829家（1 805家为公司所有，1 024家是特许经营），总收入大约为12亿美元。百事达商店一般有80 000～140 000盘录像带，占地面积4 000～10 000平方英尺。1991年，百事达所有的、刚经营一年多的1 248家商店的月平均收入为75 000美元。1991年秋天，百事达在查得主要的视频概念商店所在的那条街开了一家新店，它以310 000美元购买了一片空地，然后租用了一栋6 400平方英尺的建筑物。该建筑物是按照它的要求建造的，头三年的租金是每平方英尺8.5美元。建筑物的装修成本加上录像带，花了375 000美元，并且百事达在开业促销上又花了150 000美元。总共加起来，百事达为了在莱克星顿开这家店花了835 000美元。与之相比，视频概念开同样规模的商店仅花200 000美元。百事达的经营成本与视频概念的差不多，两者使用的电脑结算设备相似，并且人工成本也大致一样。两个公司的录像带的折旧期限都是 12 个月。

百事达对视频概念公司的影响

查得决定不进行广告促销，以便应对百事达的开业风潮，但是他在每次出租时都添加一本视频概念公司的广告手册。这本手册中注明，视频概念的租金比百事达的低，视频概念有一个新的专门为任天堂游戏设立的分区，视频概念是一个家庭娱乐商店（而非限制级录像带），并且视频概念是一个当地人开的商店，它支持当地的学校活动。查得认为，他的低价（1.99 美元对百事达的 3.5 美元）、细心服务的名声以及当地人身份都是针对百事达这一资金雄厚的竞争对手的有利的战略条件。他认为，不应该同百事达的广告预算攀比，也不应在广告中攻击百事达。查得认为，最好的办法就是继续做他做得最好的事，不必理会百事达的经营战略。不过，他还是增加了每一个新推出的录像带的购买量。

在百事达新店开张及其宏大的开业营销活动的影响下，视频概念两个月的收入下降了 25%，然后又开始慢慢恢复到以前的水平。在这两个月的时间内，查得更加努力地工作，他对员工进行短期培训，以便为顾客提供最优的服务。以前就有员工培训计划，但这次主要是迫于百事达的竞争威胁，并且是为了满足为顾客提供最好服务的要求。服务的要点是：当员工为顾客登记结算时，直接告诉顾客在获得一次免费租借之前应租借几次，如何提高保存录像带的能力，以及视频概念愿意免费为顾客送货上门（这些服务百事达不提供）。然而，视频概念公司的销售收入达到每月 40 000 美元之后便停滞不前了，这种情况持续了 12 个月，仅有一些正常的季节性变化。在此期间，查得进行了几次促销活动，包括星期一、星期二和星期三的晚上租一赠一，给所有的顾客寄去广告手册（简要介绍视频概念公司相对于百事达的优势）以及一张免费的优待券。

这些促销活动有助于视频概念公司保持现有的销售水平，但成本高昂，致使三家商店的利润下降。为了提高利润，查得检查经营状况以找到进一步改善效率的方法。通过数小时的销售模式研究，他最终能更有效地安排员工。他还用软件程序提供的信息，判断出什么时候出租业务达到高潮，什么时候新的录像带出租率高。热门的录像带存在两大问题。第一个问题是买多少盘。电影票房的高低与出租热好像没有多少联系。当一部电影以录像带的形式发行时，查得通常以每盘 60 美元的价格买 40～50 盘。在 6 周到 3 个月内，对这些录像带的需求会很大，然后需求就明显下降。第二个问题是，在需求降到非热门录像带的水平之前，应该在什么时间卖出多少盘。当热门录像带的出租达到高潮时，查得知道，这一短暂的时期为二手带的销售提供了一个相当好的市场。如果带子不在这一时期内卖出，那么以后就不会有多大的出租需求和销售价值。查得认为通过仔细分析录像带的销售数据，他已经解决了第二个问题。对信息的分析帮助他减少了对库存的投资并且改善了现金流。

困境

百事达开店之后的第三年，查得认真分析了视频概念公司的财务报表。公司有盈利并能保持现有收入（1993 年为 465 958 美元）。查得估计，百事达的到来使莱克星顿的录像带出租需求增加到 1 300 000 美元。他认为，百事达一年的收入为 700 000

美元，其余几个独立的竞争对手的年收入大约共有100 000美元。查得发现，目前的竞争态势十分明显。视频概念公司有一个商店可以同百事达相提并论，不论是在录像带的选择，还是在人工成本和经营效率上。视频概念有成本优势，租用商店的成本为每平方英尺3.5美元，而百事达为8.5美元，但百事达在购买录像带方面有更大的优势。它能借助其强大的购买力以低得多的价格进货。视频概念主要的营销力量是其较低的租赁价格（1.99美元，百事达为3.5美元），但百事达利用其巨大的广告预算来吸引顾客。同全美一样，从1992年开始，莱克星顿的录像带出租收入的增长率逐渐降低。1992年，百事达全国范围的开业一年多的商店的销售增长仅为4.7%。未来这一行业的增长也不容乐观，许多迹象表明市场已经成熟。更重要的是，电信公司不断努力，力争用光纤技术建立家用信息高速公路，每户家庭交纳一定费用就可以足不出户观看电影。尽管这一技术正处于发展阶段，但它扩散到小城镇也就是几年的事情。光纤技术对录像带出租业的长期威胁越来越明显。展望未来，查得感到，虽然他已竭尽全力，但视频概念公司的净利润并不像他预料的那样高，与他付出的时间和资本并不相当。他仅仅能偿付长期贷款的利息，目前的现金流入还不足以很快地清偿银行贷款本金。查得正在考虑几个选择：一是把出租价格提高到2.49美元，以增加利润，但查得担心这种做法会带来坏的结果；二是雇佣别人帮他管理公司，这样他可以找其他的工作；三是把公司卖掉。

资料来源：根据多方面资料整理。

讨论题

1. 请用波特五种竞争力量模型分析视频概念公司所处行业的竞争结构。
2. 用SWOT矩阵分析法分析视频概念公司的内外环境。
3. 你认为查得下一步应该采取何种策略？

第 6 章

业务层战略

学习目标

1. 掌握成本领先战略、差异化战略和集中化战略的概念和优缺点；
2. 了解企业如何实施这三种竞争战略；
3. 识别这三种竞争战略之间的区别；
4. 了解市场渗透战略、市场开发战略和产品开发战略的内容。

引　例

破译“巴黎欧莱雅男士”成功的密码

“巴黎欧莱雅男士”实施的“形象高端，价位中端”策略虽然需要巨大资源投入和市场容量，但无疑为众多苦苦思索如何从激烈竞争中突围的中国企业提供了一种有效的思路。

欧莱雅的中国市场调查报告显示，其男性护肤品 2009 年在中国市场上的营业额上升了 40%。欧莱雅旗下的男士产品，以“巴黎欧莱雅男士”最受中国消费者欢迎，自 2006 年 10 月一上市便受到市场的热烈追捧，不到 3 年的时间后来居上，成为男性大众护肤品领域无可争议的领导者，同时占据了巴黎欧莱雅中国业务的 22%～23%。这一巨大的成功为欧莱雅在男性护肤品市场的发展奠定了坚实的基础，同时在业界引起不小的轰动。

巴黎欧莱雅的男士系列为何会如此成功？成功的密码又是什么？接下来，就开始密码破译之旅。

密码一：定位中端，抢占第一

欧莱雅在男性护肤品市场向来是先锋，早在 1985 年就推出了世界上第一款高档的男性护肤品——碧欧泉男士，并在 2001 年进入中国内地，经过多年的耕耘已成为高端男性护肤品市场的霸主，但在向来被誉为“商家必争之地”的男性大众护肤品市场却一直没有产品推出。通过深入调研，欧莱雅发现尽管男性大众护肤品市场品牌众多，却始终没有一个品牌能够成为真正的领导者。从价格上看，都是30元以下的低端产品，这无疑为欧莱雅进军前景广阔但仍是一片空白的大众中端市场提供了绝佳的机会。鉴于此，“巴黎欧莱雅男士”被委以重任，负责进军大众市场，定位中端，“低调”的价格极有亲和力，同时走专业护肤路线，为中国男性量身定制护肤产品。

密码二：注重需求差异化，提高产品针对性

男性护肤品市场虽然近年增长迅速，但和发展成熟的女性市场相比，仍有不小的差距，进入这一市场的众多品牌一般偏向于“清洁”这一基础的功能性诉求。实际上，男性的皮肤虽然和女性大为不同，但也有油性、干性、敏感性和混合性的肤质之分，而且不同年龄段的男性对皮肤护理也有不同的需求。欧莱雅针对不同肤质特点和不同年龄段的男性研发了不同的洁面膏、啫喱和面霜。清晰的产品定位让消费者能够迅速识别适合自己的产品，极大地缩短了“巴黎欧莱雅男士”被大众市场接受的时间。

密码三：借势品牌，同中求异

巴黎欧莱雅在女性护肤品市场拥有巨大的影响力，经过近10年的苦心经营，已经形成和宝洁旗下的第一护肤品品牌玉兰油分庭抗礼之势。作为该品牌延伸出来的新产品，延续了其中端定位的“巴黎欧莱雅男士”理所当然地继承了丰厚的品牌资产，但同时也面临着巨大的挑战，即如何消除巴黎欧莱雅这一品牌的女性色彩对男性产品的影响，并保持这一品牌个性的一致性。在这一点上，“巴黎欧莱雅男士”系列广告功不可没。

在广告诉求对象上，“巴黎欧莱雅男士”选择的是消费能力最强且产品需求最大的30岁左右的都市男性，并洞悉中国男性注重外表这一心理。

密码四：商超并行，渠道下沉

在销售渠道上，“巴黎欧莱雅男士”在充分了解男性消费者购物习惯的基础上，结合产品定位，决定采用商场专柜和超市“两条腿走路”，辅以个人护理连锁店等渠道。近年，欧莱雅在中国市场的重大战略之一便是渠道下沉。作为旗舰品牌，巴黎欧莱雅率先在二三级市场打开局面，并在二三级甚至以下市场获得更大的市场成长空间，这无疑为男士产品的推广提供了更广阔的大众渠道。

密码五：季节性促销，建立品牌忠诚度

由于男士在夏季出油问题较为严重，而在秋冬季节皮肤容易干燥，因此在这两个时期护肤的需求会高于平时，为了刺激超市的销售，“巴黎欧莱雅男士”有选择性地进行季节性促销活动。但促销并不仅仅是为了短期的销量增加，实际上，男士的价格敏感度相比于女性更低，忠诚度却更高，一旦使用很少会转换其他品牌，所以促销一方面也是为了吸引新顾客购买试用从而转为忠诚使用者。

巴黎欧莱雅一方面像奢侈品那样在百货商店开设专柜，无论是专柜的设计还是美容顾问提供的专业化服务毫不逊色于同处一区的诸如资生堂之类的高档品牌；另一方面又像大众消费品那样在电视上投放大量一线明星代言的广告，同时注重促销，通过向消费者“提供平价的奢华”，巴黎欧莱雅成为大众化妆品市场上真正的领跑者。

资料来源：破译巴黎欧莱雅男士成功的五大密码．(2010-10-14)．http：//www.chinasspp.com/News/detail/2010-10-14/92386.htm.

引例表明，业务层战略是一个企业成长发展的基本战略，也是影响企业长期发展的重要通道。案例中作为旗舰品牌的巴黎欧莱雅从竞争激烈的女性护肤品市场转向男性护肤品市场，填补了男性护肤品市场的空白，为巴黎欧莱雅进一步扩大规模奠定了坚实的基础。通过向消费者“提供平价的奢华”，巴黎欧莱雅成为大众化妆品市场上真正的领跑者。本章要求读者理解企业三种基本业务层战略和市场渗透战略、市场开发战略以及产品开发战略的内容，以帮助读者更好地把握业务层战略的内涵，为公司制定业务层战略提供依据。

业务层战略所涉及的问题是在给定的一个业务或行业内，业务单位如何竞争取胜的问题，即在什么基础上取得竞争优势。所以，业务层战略也称为企业竞争战略。在业务单位的战略选择方面，业务层战略一般如下：成本领先战略、差异化战略、集中化战略、市场渗透战略、市场开发战略和产品开发战略。

6.1　成本领先战略

成本领先战略的概念

成本领先战略亦称低成本战略，其核心就是在追求规模经济效益的基础上，通过加强成本控制，在研发、生产、销售、服务和广告等领域把成本降到最低，成为行业中的成本领先者，并获得高于行业平均水平的利润的一种战略。企业凭借其成本优势，可以在激烈的市场竞争中获得有利的竞争优势。

成本领先战略的理论基础有两个：

一是规模经济效应，指单位产品成本随生产规模的增大而下降。

二是学习曲线效应，指单位产品成本随累积产量的增加而下降。这主要是因为随着产品累积数量的增加，员工生产经验更加丰富，生产技术更加熟练，劳动生产率提高，单位产品成本下降。同时，随着产量的增加，员工被更加有效地组织起来，提高了劳动生产率，单位产品成本下降。

这种战略的目的是通过不断强化业务经营运作方式的高度成本有效性，获得相对于竞争对手的持久的成本优势，从而塑造本企业及其产品的市场竞争力。需要注意的是：

（1）成本领先战略的目标是获得比竞争对手相对低的成本，而不是获取绝对低的成本，即只要得到相对于竞争对手更低的成本，就认为达到了目标，也就构筑了成本优势的基础。

（2）在努力获得低成本领导地位时，管理者必须注意保持那些被购买者认为是至关重要或基本的产品特色和服务，不可为了降低成本而不加区别地降低产品的功能、特色或过度降低其服务标准、减少服务项目。因为一种产品或服务如果过于简略、没有任何附加价值，将会削弱而不是增强其竞争力。

（3）必须重视企业获取成本优势的方式是否可能被竞争对手轻易地模仿。如果对于竞争对手来讲，模

延伸阅读　沃尔玛到底靠什么挣钱

仿这种获取低成本的方法并不困难或不需要付出太大代价，则低成本领导者的这种以低成本为基础的竞争优势就难以维持很长时间，也就不会形成有价值的优势。

采用成本领先战略的优势和劣势

1. 采用成本领先战略的优势

低成本企业在行业中具有明显的优势：可以以低价为基础与竞争对手展开竞争，扩大销售，提高市场占有率，获得高于同行业平均水平的收益；可以在与客户的谈判中争取到更大的生存空间；有较强的原材料价格上涨的承受能力；可以依托低成本所形成的竞争优势形成进入障碍，限制新的加入者；可以削弱弱势产品的竞争力。具体而言，企业采用成本领先战略的主要益处有：

（1）形成进入障碍。企业的生产经营成本低，可以对那些欲进入本行业的潜在进入者设置较高的进入障碍，使生产技术尚不成熟、缺乏规模经济的企业很难进入此行业。低成本的领导者也处于一个比较好的位置，当它感受到威胁时，可以采用降价的策略，一个新的竞争对手很难赢得顾客，低成本生产商的削价能力是新进入者的障碍之一。因为那些潜在的进入者如果真的进入这个市场，不可避免地要面对这些问题：生产技术尚不成熟；品牌缺乏知名度，市场占有率低；生产经营上缺乏规模经济导致总成本极高。面对来自成本领先者的降价压力，新的进入者往往无力回击，所以企业要进入此行业困难重重。

（2）增强企业的讨价还价能力。企业的成本低可以使自己与供应者讨价还价的能力增强，降低投入因素变化所产生的影响。同时，企业成本低可以提高自己对购买者的讨价还价能力，对抗强有力的购买者。低成本能够为公司提供部分利润保护，因为再强大的客户也很难通过谈判将价格降到成本效率仅次于卖方公司存活的价格水平。如果同样的产品在市场上以与竞争对手相同的价格出售，企业的成本低，则意味着成本领先者可以给予销售商、代理商更多的利益，使得销售商、代理商更乐意与之合作。

（3）降低替代品的威胁。企业的成本低，在与竞争者竞争时，仍然可以凭借其低成本的产品和服务吸引大量的顾客，降低或缓解替代品的威胁，使自己处于有利的竞争地位。

（4）保持价格领先的竞争地位。在迎接竞争对手挑战方面，低成本公司在下列各方面处于有利地位：以价格为基础的竞争，利用低价格的吸引力可以从竞争对手那里抢占销售份额和市场份额；可以在竞争对手毫无利润的水平上保持盈利，在残酷的价格战中存活下来并获得高于行业平均水平的利润（其基础是利润较高或者是总的销售量较大）；而高于同业的获利水平，使得成本领先者可以在营销、研发上投入更多的资金，进一步打击对手，保持绝对竞争优势。可见，如果市场上的很多购买者对价格都很敏感，而且价格竞争很激烈，那么，低成本就是一种强大的防御力量。

2. 采用成本领先战略的劣势

（1）如果竞争对手的竞争能力过于强大，拥有开发更低成本的生产方法，例如，竞争对手利用新的技术或更低的人工成本形成新的低成本优势，就会使企业原有的优势成为劣势。

（2）竞争对手易于模仿。当企业的产品或服务具有竞争优势时，竞争对手往往会采取模仿的办法，形成与企业相似的产品和成本，给企业造成经营困境。

（3）顾客需求的改变。如果企业过分追求低成本，降低了产品和服务质量，影响到顾客的需求，结果会适得其反，企业非但没有获得竞争优势，反而会处于劣势。

企业在采用成本领先战略时，应及早注意这些问题，采取防范措施。

获得成本优势的途径

成本领先战略要求坚决地建立起高效及大规模的生产设施，基于经验全力以赴降低成本，严格成本与管理费用的控制，以及最大限度地减少研发、服务、推销、广告等方面的成本费用。为了达到这些目标，就要在管理方面对成本给予高度的重视。尽管质量、服务以及其他方面也不容忽视，但贯穿整个战略的是使成本低于竞争对手。公司成本较低，意味着当别的公司在竞争过程中已失去利润时，该公司依然可以获得利润。要获得成本优势，企业价值链上的累积成本必须低于竞争对手的累积成本，要达到这个目的有两个途径。

1. 控制成本驱动因素

控制成本驱动因素即比竞争对手更有效地开展内部价值链活动，更好地管理推动价值链活动成本的各个因素，其主要途径有：

（1）规模经济或不经济。价值链上某项具体活动常常会受到规模经济或规模不经济的约束。如果某项活动的开展，规模大比规模小成本更低，或者能够将某些成本如研发费用分摊到更大的销售量之上，就可以获得规模经济。对那些容易受到规模经济或规模不经济制约的活动进行敏锐的管理是节约成本的一个主要方法。

（2）学习及经验曲线效应。开展某项活动的成本可能因为经验和学习的经济性而随时间的推移而下降。

（3）关键资源的投入成本。开展价值链活动的成本部分取决于公司购买关键的资源投入所支付的成本。对于从供应商那里购买的投入或价值链活动中所消耗的资源，各个竞争厂商所承担的成本并不完全相同。一家公司对外购买投入的成本的管理通常是一个很重要的成本驱动因素。

（4）与公司中或行业价值链中其他活动的联系。如果一项活动的成本受到另一项活动的影响，那么在确保相关活动以一种协调合作的方式开展的情况下，就可以降低成本。例如，当一个公司的质量控制成本或材料库存成本同供应商的活动相关的时候，就可以通过在以下方面同关键的供应商合作来降低成本：零配件的设计、质量保证程序、及时送货以及一体化材料供应。

（5）在公司内部同其他组织单元或业务单元进行成本分担。一个公司内部的不同产品线或不同业务单元通常共同使用一个订单处理和客户账单处理系统，使用相同的销售力量，共同使用相同的仓储和分销设施，依靠相同的客户服务和技术支持队伍。这种类似活动的合并和兄弟单位之间的跨部门资源分享可以带来重要的成本节约。成本分担有助于获得规模经济，有助于缩短掌握一项技术的学习时间，有助于促进生产能力更充分地利用。

（6）垂直一体化对业务外包所具有的利益。部分或全部一体化进入供应商或前向渠道联盟可以使一个公司绕开有谈判权的供应商或购买者。如果合并或协调价值链中紧密相关的活动能够带来重大的成本节约，那么前向或后向一体化就有很大的潜力。另一方面，有时对某些职能活动进行业务外包，让外部的专业厂商来做或许更便宜，因为它们利用现有技术和规模开展这些活动的成本会更低。

（7）生产能力利用率。生产能力利用率是价值链中一个很大的成本驱动因素，因为它本身附带了巨大的固定成本。生产能力利用率的提高可以使承担折旧和其他固定费用的生产量扩大，从而降低单位固定成本。业务的资本密集度越高或固定成本占总成本的比重越高，这个成本驱动因素的重要性就越显著，因为生产能力利用不足会使单位成本遭受很大的损失。在这种情况下，在生产方面寻找接近满负荷运转的途径是获取成本优势的一个来源。

（8）战略选择和经营运作决策。公司内部的各种管理决策可以使公司的成本降低或者上升。

2. 改造企业的价值链

改造企业的价值链即省略或跨越一些高成本的价值链活动。其主要途径有：

（1）简化产品设计，将模型和款式的零配件标准化，转向“易于制造”的设计方式。

（2）削减产品或服务的附加值，提供基本无附加值的产品或服务，从而削减多用途的特色和选择。

（3）转向更简单、资本密集度更低或者更简便、更灵活的技术过程（计算机辅助设计和制造，既能够包容低成本效率，又能够包容产品定制的柔性制造系统）。

（4）寻找各种途径来避免使用高成本的原材料和零部件。

（5）使用“直接到达最终用户”的营销策略，削减批发商和零售商的成本费用和利润。

（6）将各种设施重新布置在更靠近供应商和消费者的地方，以减少入厂和出厂成本。

（7）抛弃那种“针对每一个人”的经营方式，将核心集中在有限的产品或服务上，以满足目标购买者特殊但却很重要的需求，消除产品或服务中的各种变形所带来的活动和成本。

（8）再造业务流程，去掉附加值很低的活动。

（9）利用电子通信技术，减少打印和复印成本，通过电子邮件加快通信，通过使用视频会议减少差旅成本，通过公司的内部网络传播信息。

（10）加强客户关系管理（CRM），通过网络同顾客建立联系。

6.2 差异化战略

差异化战略的概念

差异化战略亦称特色经营战略，是指企业向市场提供与众不同的产品和服务，树立起一些在全行业范围中具有独特性的东西，以满足顾客的特殊需求，从而形成竞争优势的一种战略。企业形成这种战略主要是依靠产品和服务的特色，使客户建立起品牌偏好与忠诚，而不是依靠产品和服务的成本。但是应该注意，差异化战略不是说可以忽略成本，只是强调这时的战略目标不是成本问题。

产品或服务的特色可以体现在产品设计、生产技术、产品性能、服务、网络、商标形象等方面。当企业进行价格竞争但不能达到扩大销售的目的时，实行差异化战略就可以培养顾客的品牌忠诚度，降低其对价格的敏感性。差异化战略是企业获得高于同行业平均水平利润的一种有效的战略。

个案分析

“差异化”服务成为航企高质量发展共识

2019 年以来，面对竞争日趋激烈的机票市场，各大航空公司几乎都把目标瞄准“差异化”服务。从东航、上航品牌运价产品到福州航空机上餐食预订，从祥鹏航空行李差异化服务到南航“一人多座”产品，航空公司频出“大招”，积极探索高质量发展之路。

站在社会层面，航企着力推行“差异化”服务是新时代满足人民对美好生活向往的需要。党的十九大以来，我国的主要矛盾已经转变，人民对物质文化的需要已经转变成了对美好生活的向往。在新时代美好生活的憧憬中，航空出行不再高不可攀，单纯的位移服务也不再是稀缺资源。对于航企而言，要想留住旅客的心，就必须为旅客提供更高质量的产品、更优质的服务，为旅客创造更多价值。因此，不论是舱位分级、餐食任选，还是对行李服务的区分，航企走“差异化道路”都是为了创新更多优质产品或服务，最大限度满足旅客的期待，提高旅客对航企的忠诚度。

站在生产层面，航企着力推行“差异化”服务是供给侧结构性改革的需要。2018 年，全球航企辅助收入将近 930 亿美元，其中辅助收入前十大航空企业全部来自国外航空公司，收入占比最高的美国精神航空公司已经达到 46.6%。中国民航正在努力推动民航高质量发展。高质量发展意味着高质量的供给、高质量的需求以及高质量的配置，显然高度同质化的产品或服务首先成为突破点。立足供给侧结构性改革的关键时期，面对一边是严重同质化的“红海”市场，一边是有巨大潜力的“蓝海”市场，对有待提高整体盈利能力的航空企业而言，究竟如何选择，其结果是不言而喻的。

站在消费层面，航企着力推行“差异化”服务是精准“获客”的需要。大众消费标签早已从“标准化”升级至“个性化”。同样面对机票服务，有些旅客愿意购买服务少的低价票，有些旅客宁愿多花钱也要享受更好的服务。面对众口难调的“个性化”旅客群体，一方面，在物质与精神消费并重的时代，以往一个座位、一条毛巾、一瓶水或一份餐食的标准化服务已经不适应发展需要，市场需要“差异化”服务来满足旅客“千人千面”的个性化需求；另一方面，繁杂的市场需求在一定程度上也为航空企业更加准确地获取旅客资源、提高旅客忠诚度提出了挑战。因此，为了更加精准地“获客”，航空企业就必须聚焦消费升级，不断创新产品与服务，为旅客提供更多的权益、更多的选择。

由此可见，“差异化”服务已成为航企高质量发展共识。而随着票价拆分、打包服务等“差异化”服务模式的日渐成熟，航企竞争可能由当前以价或以量取胜转化成以“智”取胜。谁能及时洞察旅客需求，谁的创新产品或服务能满足人民对美好生活的向往，谁就有可能把握旅客的心声，获取更多真正可持续的收入来源。

资料来源：谭丽华．“差异化”服务成为航企高质量发展共识．中国民航报，2019-08-15.

采用差异化战略的优势和劣势

1. 采用差异化战略的优势

（1）形成进入障碍。由于产品的特色，顾客对产品或服务具有很高的忠诚度，从而使该产品和服务具有很强的进入障碍。潜在的进入者要与该企业竞争，就需要克服这种产品的独特性。

（2）降低顾客的价格敏感度。由于差异化，顾客对该产品或服务具有某种忠诚度，当这种产品的价格发生变化时，顾客对价格的敏感程度不高。生产该产品的企业便可以运用差异化战略，在行业的竞争中形成一个隔离带，避免竞争者的伤害。

（3）增强讨价还价的能力。差异化战略可以为企业带来较高的边际收益，降低企业的总成本，增强企业对供应者的讨价还价能力。同时，由于购买者别无选择，对价格的敏感程度又降低，企业可以运用这一战略削弱购买者讨价还价的能力。

（4）防止替代品的威胁。企业的产品或服务具有特色，能够赢得顾客的信任，便可以在与替代品的较量中比同类企业处于更有利的地位。

2. 采用差异化战略的劣势

（1）企业形成产品差异化的成本过高，大多数购买者难以承受产品的价格，企业也就难以盈利。竞争对手的产品价格降得很低时，企业即使控制其成本水平，购买者也不再愿意为差异化的产品支付较高的价格。

（2）竞争对手推出相似的产品，降低产品差异化的特色。

（3）竞争对手推出更具差异化的产品，使企业的原有购买者转向竞争对手。

（4）购买者不再需要本企业赖以生存的那些产品差异化的因素。例如，经过一段时间的销售，产品质量不断提高，顾客对电视机、录放机等家用电器的价格越来越敏感，产品差异化的重要性就降低了。

实行差异化战略的途径

实行差异化战略可从以下几个方面考虑：

（1）产品质量差异化。产品质量差异化是指企业向市场提供竞争对手不具有的高质量的产品，通过高质高价获得比竞争对手更多的利润。想当年，四川“长虹”电视机由于质量优异，尽管价格比一般电视机高出20%，仍受到了广大消费者的青睐。再如，青岛“海尔”电冰箱，以开箱合格率100%的高质量形象进入市场，从而建立起独特的高质量信誉。

（2）产品可靠性差异化。

（3）产品销售差异化。

（4）产品创新差异化。

（5）产品品牌差异化。

差异化并不是营销和广告部门策划出来的，也不仅仅限于将质量和服务眉毛胡子一把抓，差异化最重要的是理解购买者看重什么，在价值链的哪一环节创造差异化，创造差异化需要哪些资源和能力。实际上在行业价值链中的每一项活动都存在差异化的可能性，其中最常见的有：

（1）那些最终会影响公司终端产品的质量或者性能的采购活动。

（2）以如下各项内容为目标的产品研究与开发活动：改善产品设计和性能特色，扩大产品的最终用途和应用范围，缩短新产品开发的周期，增加产品种类，增加用户安全设施，提高回收能力，加强环境保护。

（3）能够达到下列目的的生产研究开发和技术相关的活动：使公司能够以有效的成本进行用户订单式制造，使生产方式在环境方面更有安全性，能够提高产品质量、可靠性和外观。

（4）能够达到下列目的的生产制造活动：降低产品缺陷，防止成熟前产品失败，延长产品的寿命，改善使用的经济性，增加最终用户的方便性，改善产品的外观。

（5）能够达到下列目的的出厂物流和分销活动：快速交货，提高订单完成的准确性，减少产品脱销现象。

（6）能够达到下列目的的市场营销、销售和顾客服务活动：为顾客提供卓越的技术支持，加快维护及修理服务，增加和完善产品信息，增加和改善为终端用户所提供的培训材料，改善信用条件，加快订单处理过程，增加销售访问次数，提高顾客的方便程度。

公司的管理者必须能够充分地理解创造价值的各种差异化途径并能够推动具有独特性的各项管理活动，从而制定优秀的差异化战略和评价各种不同的差异化方式。

6.3 集中化战略

集中化战略的概念

集中化战略亦称聚焦战略，是指把战略重点放在一个特定的目标市场上，为特定的地区或特定的购买者提供特殊的产品或服务。集中化战略与其他两个基本的竞争战略不同：成本领先战略与差异化战略面向全行业，在整个行业范围内进行活动；集中化战略则是围绕一个特定的目标进行密集型的生产经营活动，要求能够比竞争对手提供更为有效的服务。企业一旦选择了目标市场，便可以通过差异化或成本领先的方法，形成集中化战略。就是说，采用集中化战略的企业，基本上就是特殊的差异化或特殊的成本领先企业。由于这类企业的规模较小，采用集中化战略的企业往往不能同时采用差异化和成本领先的方法。与差异化战略不同的是，采用集中化战略的企业是在特定的目标市场中与实行差异化战略的企业进行竞争，而不在其他细分市场上与其竞争对手竞争。在这方面，集中化的企业由于其市场面狭小，可以更好地了解市场和顾客，提供更好的产品与服务。

个案分析

小企业集中差异化竞争方能赢得市场

江苏无锡有一家名叫“新光数控”的省级高新技术企业，规模不大，仅有百名员工，但研发生产的一款称作“自动手臂”的人工智能产品，在苏锡沪地区同行中非常出名，求购该产品的订单已排到2020年年底。按理说在智能制造高度发达的无锡不乏同类工厂，为何这家工厂“风景独好”？厂方用一句话概括：赢在“个性定制”。换言之，就是以差异化竞争取胜。

随着人口红利逐渐消失，用工成本提高，不少传统企业相继走上“机器换人”之路，人工智能产业可谓商机无限。于是，人工智能产业成为许多企业新的掘金目标。然而，企业必须清醒地看到，虽然人工智能产业的市场刚性需求巨大，市场空间有待充分挖掘，但如果仍是走前些年光伏产业那种盲目扩张、无序竞争的老路，就很可能进入产业发展的“死胡同”。尤其是任由少数“散、小、乱”企业的“搅局”，千篇一律的产品在价值链低端竞争，这不仅很难赢得广阔市场，反而会被淘汰出局。实践证明，所有在发展中不断壮大的产业，每家相关企业都能在产业链中找到自己合适的位置，也就是依靠拥有自主知识产权的拳头产品成为产业链中不可或缺的角色，而不是依靠无序甚至恶性竞争。

所以，无论是在人工智能产业，还是其他热门的新兴产业领域，所有入场企业都必须在技术、模式等方面寻求创新，继而做优做精产业链上的每个环节。新光数控的奥秘在于：坚持不急不躁搞研发，潜心做出与别人不一样的个性化产品，无意中由行业“配角”成为市场“主角”。如此作为，既能令企业成为小而精的“隐形冠军”，又能助力整个产业做大做强。

资料来源：谢辰华．差异化竞争方能赢得市场．江苏经济报，2019-04-19.

采用集中化战略的优势和劣势

1. 采用集中化战略的优势

采用集中化战略的优势是可以防御行业中的各种竞争力量，使企业在本行业中获得高于一般水平的收益。这种战略可以用来防御替代品的威胁，也可以针对竞争对手最薄弱的环节采取行动。采用集中化战略需要形成产品的差异化，或者在为该目标市场的专门服务中降低成本，形成低成本优势；或者兼有产品差异化和低成本的优势。在这种情况下，其竞争对手很难在目标市场上与之抗衡。这样，企业在竞争中成功地运用集中化战略，就可以获得超过行业平均水平的收益。

2. 采用集中化战略的劣势

（1）当市场发生变化、出现技术创新或新的替代品时，该产品需求量下降，企业就会受到严重的冲击。

（2）这种企业对环境的适应能力差、经营风险大，应当看到市场上大多数产品或迟或早要退出市场。因此，采用此战略应当有应变的准备，做好产品的更新改造工作。

企业选用集中化战略要注意防备来自三方面的威胁，并采取相应措施维护企业的竞争优势。

（1）以广泛市场为目标的竞争对手很可能将该目标细分市场纳入其竞争范围，甚至已经在该目标细分市场中竞争，它也可能成为该细分市场的潜在进入者，对企业造成威胁。这时选用集中化战略的企业要在产品及市场营销等各方面保持和加大其差异性，产品的差异性越大，集中化战略的维持力越强，需求者的差异性越大，集中化战略的维持力也越强。应当指出，正是由于集中化战略的维持力建立在差异性基础上，因此，随着差异性的变化，选用集中化战略的企业的目标细分市场也应该随之作出相应的调整。

（2）该行业的其他企业也采用集中化战略，或者以更小的细分市场为目标，造成了对企业的威胁。这时选用集中化战略的企业要建立模仿的壁垒，当然其壁垒的高低取决于特定的市场细分结构。另外，目标细分市场的规模也会造成对集中化战略的威胁，如果目标细分市场较小，竞争者可能不感兴趣；但如果是在一个新兴的利润不断增长的较大的目标细分市场上采用集中化战略，就有可能因其他企业在更为狭窄的目标市场上也采用集中化战略、开发出更为专业化的产品，而被剥夺了原选用集中化战略的企业的竞争优势。

（3）在集中化战略的细分市场中，替代品的出现或消费者偏好的变化，价值观念的更新，社会政治、经济、法律、文化等环境的变化，技术的突破和创新等方面的原因引起目标细分市场的替代，导致市场结构性变化，此时集中化战略的优势也将随之消失。

实施集中化战略的原则

企业实施集中化战略的关键是选好战略目标。一般的原则是，企业要尽可能地选择那些竞争对手最薄弱的目标和最不易受替代产品冲击的目标。在选择目标之前，企业必须确认：

（1）购买群体在需求上存在的差异。

（2）在企业的目标市场上，没有其他竞争对手试图采用集中化战略。

（3）企业的目标市场在市场容量、成长速度、获利能力、竞争强度方面具有相当的吸引力。

（4）本企业资源实力有限，不能追求更大的目标市场。

集中化战略的形式与实施条件

集中化战略一般有两种形式，即成本集中和差异化集中，这两种形式的重点都是面向企业选定一个特定细分市场。具体的形式有：

(1) 产品线集中化战略。对于产品开发和工艺装备成本较高的行业，部分企业可以以产品线的某一部分作为经营重点。例如，日本汽车厂商一直将经营重点放在节能的小汽车生产和销售上，而我国的民营企业万向集团则始终以生产汽车产品的零配件万向节为主。

(2) 用户集中化战略。企业将经营重点放在具有特殊需求的顾客群上。例如，当美国耐克公司基本控制跑鞋市场时，阿迪达斯公司则集中力量开发符合12～17岁青少年需要的运动鞋，以同耐克竞争。

(3) 地区集中化战略。按照地区的消费习惯和特点来细分市场，企业选择部分地区有针对性地组织生产。例如，青岛海信公司针对农村市场电压不稳而生产的宽电压电视机，提高了企业的农村市场占有率；海尔公司则根据西南地区农民用洗衣机洗地瓜的特点，开发出既可洗衣服又可洗地瓜的洗衣机。

满足下列条件时，不管是以低成本为基础的集中化战略还是以差异化为基础的集中化战略都会变得有吸引力：

(1) 目标市场足够大，可以盈利，或者小市场具有很好的成长潜力。

(2) 企业的资源和能力有限，不允许选定多个细分市场作为其目标市场，整个行业中有很多的小市场和细分市场，从而一个集中型的厂商能够选择与自己的强势和能力相符的有吸引力的目标小市场。

(3) 在同一目标细分市场中没有其他的竞争者采用这一战略；其他竞争厂商很难满足目标小市场上进行的专业化经营；定位于多个细分市场的竞争厂商很难满足目标小市场的专业或特殊需求，或者如果满足这个市场的专业需求的话，代价往往极其高昂。

(4) 采用集中化战略的公司拥有足够的能力与资源，能在目标市场上站稳脚跟。

(5) 采用集中化战略的公司凭借其建立起来的商誉和公司服务来防御行业中的竞争者。

6.4 市场渗透战略

市场渗透战略的概念

市场渗透战略通过更大的营销努力提高现有产品或服务的市场份额，是实现市场逐步扩张的拓展战略。该战略可以通过扩大生产规模、提高生产能力、增加产品功能、改进产品用途、拓宽销售渠道、降低产品成本、集中资源优势等单一策略或组合策略来开展。

市场渗透战略是一种立足于现有产品，充分开发其市场潜力的企业发展战略，又称为企业最基本的发展战略。由于市场渗透战略是由现有产品和现有市场组合而成的，所以企业战略管理人员应当系统地考虑市场、产品及营销组合的策略，以达到市场渗透的目的。实施市场渗透战略时，未来的与现有的产品市场组合之间差异最小。因此，只要企业现有产品市场组合的潜力尚未得到充分开发，实施市场渗透战略的风险就最小、所需投入资源就最少。

实施市场渗透战略的原则

- 企业特定产品与服务在目前市场中尚未达到饱和；
- 现有顾客对产品的使用率还可以明显提升；
- 在整个行业的销售额增长时主要竞争对手的市场份额却在下降；
- 行业历史显示，销售额与营销费用高度正相关；
- 规模的扩大带来很大的竞争优势。

实施市场渗透战略的途径

（1）增加产品的使用频率。比如，某超市为持有会员卡的消费者提供回馈项目，消费者每使用该卡购物10元，就能增加一个积分，最后可以用积分来换取商品或者进行消费抵扣。这样消费者就有动力经常到此超市购物。

（2）增加产品使用的数量。网上购物就是一个很好的例子，例如淘宝、天猫在“双十一”（每年11月11日）时，可以让消费者领取店铺红包，消费总额超过一定数额就可以用红包抵扣或者享有一定折扣，并提醒消费者消费多少可以抵扣。这一策略增加了销售量，因为许多消费者在购买一个商品之后会增加其他商品的购买或者鼓动其他消费者购买以凑足数额达到抵扣、折扣的目的。

（3）转变非买者。任何市场中都存在这样一些消费者，他们由于一些原因不使用某种产品，如果一个企业能够找到其中的原因，就可以采取措施来转变这些消费者。比如，在护肤品领域，男性护肤品的渗透率比女性要低，大部分消费者认为男性不需要护肤，但是欧莱雅专门开辟了男性护肤品牌，并成功地将其推销给男性，抓住了男性护肤的先行机会。

（4）新的应用。当对现有产品增加新的应用时，会使其销量增加。如电热毯除了最基本的加热功能，新增加了高温除螨、睡眠控温、释放负离子等功能，满足了消费者多样化的需求以刺激购买。

（5）转变流失的消费者。每家企业平均每年的消费者流失率为20%～40%。一项研究表明，企业有60%～70%的概率再次向原有消费者成功销售；对流失的消费者，销售成功的概率为20%～40%；而只有5%～20%的概率去赢得新的消费者。一个手机运营商去接触那些流失的消费者以找出他们“离去”的原因，并且对此制定针对性策略重新赢得这些消费者，成功的概率在15%～20%。

（6）转变竞争对手的消费者。这是最难的一种取得增长的方法，因为这需要企业相对于竞争对手要么有明显的价格优势，要么有明显的差异化优势。事实证明这是一个有效的战略，比如一个提供ERP软件的企业意识到许多中小型企业对它们已有的ERP系统不满意并试图去解决这个问题，由于这个企业对市场很了解，能够很容易发现企业对它们的ERP系统的不满意之处并找到其中原因。利用这样的信息，就可以将这些潜在的消费者转变为实际的消费者。

6.5 市场开发战略

市场开发战略的概念

市场开发战略是由现有产品和新市场组合而产生的战略，即企业用现有的产品开辟新市场领域的战略。它是发展现有产品的新顾客群，从而扩大产品销售量的战略。市场开发可以分为区域性开发、国内市场开发和国际市场开发等。这一战略可以使企业得到新的、可靠的、经济的和高质量的销售渠道，对于企业的生存发展具有重要意义。

市场开发战略需要建立品牌意识和品牌形象并拥有新的分销渠道，这种战略往往会面临新的竞争对手，经常需要形成新的营销策略，且消耗资源较多，成功概率较低。

市场开发战略的原则

- 企业可以获得新的、可靠的、经济的和高质量的销售渠道；
- 企业在所经营的领域极其成功；
- 存在未开发或未饱和的市场；
- 企业拥有扩大经营所需的资金和管理人才；
- 企业存在过剩的生产能力；
- 企业所经营的主业属于区域扩张型或全球化的产业。

实施市场开发战略的途径

市场开发战略的途径通常包括：将本企业原有产品打入从未进入过的市场；在新市场寻找潜在用户，激发其购买欲望，扩大新市场的占有率；企业也可考虑增加新的销售渠道，灵活运用各种中间商的销售途径，开发新的市场；开拓区域外部或者国外市场。

个案分析

勇闯陌生市场实现大发展

——记航天科技集团七院航天电液公司淮北矿业市场的开发之路

经过激烈的竞标，航天科技集团七院航天电液公司（以下简称航天电液），一举中标安徽淮北矿业集团招标现场4个项目，中标金额3 772万元。这是航天电液2019年在淮北矿业市场取得的第二笔千万级订单，至此，该公司2019年在淮北矿业市场订单突破1亿元，创历史新高。2017年是1 400万元；2018年是5 400万元；2019年是1亿元。从2017年初接到淮北矿业集团的第一笔订单开始，航天电液仅用不到3年时间就完成了年度订单从1 000万元到1亿元的跨越。一个亏损的特困企业是如何打开市场大门的？破局之道唯有适应市场。

转变市场策略，敲开大门

2017年以来，航天电液根据市场特点，结合自身优势，转变市场开发方向，制定了与国有大型煤企合作、重点布局的市场营销策略。李强是当时该公司主要的市场开发人员，他单枪匹马闯入陌生的淮北矿业市场，凭着航天企业的金字招牌，让公司成功进入合格供应商名录，并获得第一笔订单：73套电液控制系统，订单金额370万元。当时淮北矿业集团正处于低迷状态，为将客户付款不及时的经营风险降到最低，航天电液与客户再次谈判，要求对方预付款30%。经过沟通，客户同意了这个要求。于是，项目紧锣密鼓地上马了。

由于2017年以前的经营状况欠佳，航天电液的人员已精简到最少。为全力完成这个项目，公司集中力量，突击项目技术攻关，投入最大的人力物力进行生产。经过不懈的努力，产品交付出厂并正常运行。但由于航天电液电控生产人员流失较多，产品还是延迟了交付。为弥补客户的损失，也为争取长期的合作，该公司决定为客户提供无偿维修服务，这份诚意和高质量的产品性能赢得了客户的认可。同年9月，通过双方高层的互访和实地考察，凭借技术优势和良好口碑，航天电液接到了来自淮北矿业市场的1 000万元订单。

创新驱动发展，占领市场

杨柳矿的121套自动化综采工作面是航天电液在淮北矿业市场的首个自动化项目。杨柳矿煤层较厚、较软，顶底板条件差，均为泥岩或砂岩，还有高瓦斯的突出风险。为此，航天电液为其量身定制项目方案，产品一经使用就给矿上减人增效、安全方面带来了提升，让一直处于亏损状态的杨柳矿当年实现经济收入6亿元，增产30万吨，提前20天圆满完成生产任务。航天电液的技术支持获得了淮北矿业的高度认可。

近几年，航天电液紧跟行业步伐，利用航天高科技优势，加大产品研发力度，重点开发技术含量高、能适应不同需求的差异化产品。几年间，该公司成功研制了智能综采自动化控制系统，突破了极难采煤层的自动化采煤技术，创新性地采用了采煤机无线控制技术通信、无线语音通信等技术。目前，该公司难采煤层智能化作业技术在国内同行中处于领先地位。

继杨柳矿项目后，2018年初，航天电液与最大的竞争对手郑州煤机集团同时竞标朔石西矿项目，在自身竞标价格高于对手的情况下，凭借差异化产品技术优势和特别能吃苦的精神，最终获得了订单。“产品差异化策略是我们赢得淮北矿业市场的制胜法宝。”航天电液经营开发部部长帅小红说。

2019年4月，全国煤炭安全培训工作现场会在淮北矿业集团召开，航天电液作为供应商进行了电液控系统及智能化系统演示，产品得到了国家煤矿安监局有关领导的高度肯定。

航天精神助力，赢得口碑

2018年7月，一张照片在杨柳矿迅速传阅，照片上一个赤着上身戴着安全帽、浑身上下覆满煤灰的汉子躺在黑漆漆的地上睡着了。

原来时值项目在杨柳矿进行调试，调试组深入井下，利用矿方采煤间隙，不分昼夜调试产品。因调试地点距井口近3小时路程，为节约时间，项目组长江明永和徒弟黄仁亮一直坚守在井下，有一次整整在井下连续工作了36小时。快速响应的售后服务是航天电液重点打造的项目。为满足矿场的需要，航天电液实行驻矿定点服务，随时跟踪排除故障，确保矿场正常采煤。在祁南矿的一次调试中，售后人员发现电源箱密封圈不防爆，存在安全隐患。由于此密封圈属于特殊规格，为缩短更换周期，售后人员在当地寻找定制厂家，只用了两天时间就及时更换了密封圈。“航天人认真负责，真是好样的！”生产矿长竖起大拇指。

淮北矿业市场共涉及15个矿19个工作面，交通不便给售后工作带来极大不便。为此，航天电液设立服务中心，统一管理，努力为客户提供更快捷优质的售后服务。

吃苦、战斗、攻关、奉献，发扬航天精神，紧跟市场需求，航天电液在淮北矿业市场上越战越勇。

资料来源：孙丽君．航天科技七院航天电液公司淮北矿业市场的开发之路．中国航天报，2019-09-10.

6.6 产品开发战略

产品开发战略的概念

产品开发战略是指在现有市场上通过改良现有产品或开发新产品来扩大销售量的战略。这种战略的核心内容是激发顾客的新需求，以高质量的新产品引导消费潮流，是企业对市场机遇与挑战、内部资源能力的优势和劣势所进行的全面的、前瞻性的思考和认识，也是作出的深思熟虑的选择和决定。产品开发战略能避免企业临时、随意、盲目地开发和进入一些没有市场价值的产品，而忽视那些真正能够提升市场竞争力的产品机会。产品开发战略是企业产品开发的路线图，是指引产品开发的方向和路标。

产品开发战略的主要条件

实施产品开发战略的主要条件如下：

- 企业拥有成功的但处于产品生命周期中成熟阶段的产品；
- 企业所在行业属于快速发展的高技术行业；
- 竞争对手实施竞争性定价；
- 竞争对手不断进行产品开发；
- 企业拥有强有力的研究与开发能力。

产品开发战略的途径

1. 新产品的创意

发现市场机会、寻求新产品创意、提出新观点的可能有各种人员。企业内部的各个部门是一大来源，但更为广泛的来源在企业外部，如中间商、专业咨询机构、教学和科研机构、政府部门，特别是广大消费者，他们的意见直接反映着市场需求的变化趋势。因此，企业必须和各方面保持密切的联系，经常倾听他们的意见，并对这些意见进行归纳和分析，以发现新的市场机会。在这方面经常采取的方法有：询问调查法、德尔菲法、访谈法、课题招标（承包）法与头脑风暴法。

2. 新产品商业化

在新产品上市以前，企业应做好以下决策：何时推出新产品，何地推出新产品，向谁推出新产品，如何推出新产品。

（1）何时推出新产品。指企业高层管理者要决定在什么时间将新产品投放市场最适宜。例如，如果某种新产品是来替代老产品的，就应等到老产品的存货被处理掉时再将这种新产品投放市场，以免冲击老产品的销售，造成损失。

（2）何地推出新产品。指企业高层管理者要决定在什么地方（某一地区、某些地区、全国市场或国际市场）推出新产品最适宜。选择市场时要考察这几个方面：市场潜力，企业在该地区的声誉，投放成本，该地区调查资料质量的高低，对其他地区的影响力以及竞争渗透能力。此外竞争情况也十分重要，它同样可以影响到新产品商业化的成功。

（3）向谁推出新产品。指企业高层管理者要把分销和促销目标面向最优秀的顾客群。这样做的目的是要利用最优秀的顾客群带动一般顾客，以最快的速度、最少的费用，扩大新产品的市场占有率。

（4）如何推出新产品。企业管理部门要制定投放市场的市场营销战略。这里，首先要对各项市场营销活动分配预算，然后规定各项活动的先后顺序，从而有计划地开展市场营销管理。

企业应该选择一个最适宜新产品上市的时间，在最适宜的地点，向最需要新产品的顾客，以最恰当的方式推出新产品。

延伸阅读　新产品开发的艰辛

基本概念

业务层战略（business-level strategy）　　成本领先战略（cost-leadership strategy）
差异化战略（variation strategy）　　集中化战略（concentric strategy）
市场渗透战略（market penetration strategy）
市场开发战略（market development strategy）
产品开发战略（product development strategy）

思考题

1. 简述三种竞争战略的概念、优缺点及其区别。
2. 不同市场竞争地位的竞争战略是如何形成的？
3. 简述市场渗透战略和市场开发战略的区别和联系。
4. 论述差异化战略的实行途径。
5. 格兰仕、沃尔玛、卡西欧和现代汽车都是公认的追求成本领先战略的例子，但是这些公司却在广告上有着大量投入，而广告投入又是与产品差异化战略联系在一起的。这些公司是真的追求成本领先战略，还是通过强调它们的低成本来追求产品差异化战略？

章末案例

腾讯向左 脸书向右

“社交”是腾讯和脸书的共同标签。根据不久前 Hootsuite 和 We Are Social 的统计报告，在全球38亿互联网用户中，有30亿人使用社交媒体，这意味着全球近一半的人使用社交媒体，其中最受欢迎的社交媒体平台包括脸书和腾讯。不过，时至今日，腾讯看上去仍像一家网游公司，根据它发布的2017年第二季度财报，来自网络游戏的收入占其总收入的42%。相比之下，脸书绝大多数的营收都来自广告业务。

腾讯显然不只停留在网络游戏，它一直试图打造一个完整的“关系链”，充分挖掘其社交媒体和社交网络的商业价值，并且在探索国际化的路上跌跌撞撞。用腾讯总裁刘炽平的话说，腾讯要成为“全球性的消费类科技巨头”。而拥有20亿月活跃用户的脸书也开始寻找下一个10亿用户，近期以一款“彩色气球”的App试水中国市场。

两大社交巨头，一个市值刚刚超4 000亿美元，一个市值一度超5 000亿美元，都希望向对方的主流市场渗透。

营收构成：一个来自游戏，一个来自广告

“脸书上市前给广告商推荐了一个术语，即脸书不再是‘广告’，而是‘故事’，我们的感觉是，中国社交广告的‘故事’才刚刚开始。”5年前，脸书上市前，时任腾讯高级执行副总裁、网络媒体业务系统总裁的刘胜义接受第一财经记者独家采访时这样说。当时的腾讯，正计划通过一场社交变革整合社会化媒体和社交网络资源，打造一个集用户、产品、技术和方法论于一体的“社会化营销平台”，希望“通吃脸书+推特”。

5年时间过去，从营收构成来看，脸书的收入绝大多数来自广告业务。在脸书2017年第二季度总营收的93.21亿美元中，广告收入达到了91.64亿美元，同比增长47%，其中移动广告的占比达到87%。但值得注意的是，脸书首席财务官戴夫·维赫纳（Dave Wehner）此前就曾暗示，广告作为脸书盈利增长的驱动是不可持续的。他当时预计，到2017年年中以后，广告对盈利增长的贡献将明显减弱。

而腾讯的网络广告随着信息流广告流量、微信及移动应用的广告收入增加而快速增长，但其营收仍然主要来自网络游戏。腾讯2017年第二季度收入为人民币566.06亿元，实现高达59%的同比增长。其中网络游戏达到人民币238.61亿元，同比增长39%，占总收入的42%。腾讯集团管事局主席兼首席执行官马化腾除了提到腾讯在多个业务实现强劲的收入增长外，还在特别强调游戏业务持续增长的同时，表示腾讯也在竭力打造健康的参与网络游戏的方式。

从财报来看，除广告收入外，脸书2017年第二季度支付及其他服务费营收为1.57亿美元，比去年同期的1.97亿美元下滑20%。而腾讯除了游戏业务外，还有网络广告、支付相关服务及云服务等。

值得留意的是，2017年第一季度，腾讯营收结构一度发生变化，以支付、云业务等为代表的“其他业务”占比首次超过了网络广告占比，成为腾讯第二收入来源。但到了第二季度，腾讯网络广告的占比以1个百分点的优势反超“其他业务”。第二季度财报显示，腾讯网络广告业务的收入同比增长55%至101.48亿元，媒体广告收入增长48%至40.77亿元，这主要是由腾讯视频服务以及腾讯新闻的信息流广告的流量增长推动的。社交及其他广告收入增长61%至60.71亿元，主要反映来自微信（主要是微信朋友圈及微信公众账号）及其他移动端应用的广告收入增长。

腾讯其他业务同比增长177%至96.54亿元，主要是由于腾讯支付相关服务及云服务收入的增长。其中，线下商业交易的支付业务快速增长，主要是由于腾讯为拓宽线下商户基础而加强与美团点评及其他渠道合作伙伴的合作；腾讯云在全球范围进一步扩展其基础设施的覆盖范围，目前在全球运营34个可用区。

向对方主流市场渗透

“中国人每天花在腾讯各种App上的总时长达17亿小时，这要比他们在所有其他应用上花费的时间加起来还要多。”“互联网女皇”玛丽·米克尔（Mary Meeker）曾在报告中这样说。

值得注意的是，微信月活跃用户中，有1/3每天在微信上花费4个多小时。作为对比，普通人每天花在脸书、Instagram、Snapchat以及推特上的时间总和略多于1小时。

不过，在用户数据上，脸书月活跃用户是微信的两倍多，二者月活跃用户都保持了一定的增速，微信增速更快，但QQ月活跃用户出现下滑。

第二季度财报显示，截至2017年6月30日，脸书月活跃用户数为20.1亿，比上年同期增长17%。在2017年6月，脸书日活跃用户数平均值为13.2亿，比上年同期增长17%。相比之下，腾讯微信的合并月活跃用户达到9.63亿，比上年同期增长19.5%；QQ月活跃用户达到8.50亿，比上年同期下降5.4%。

在用户增长的同时，腾讯和脸书都在试图向对方的主流市场渗透。

不久前彭博报道中曾提及关于腾讯海外收购的往事，其中就包括2014年时，腾讯几乎快谈妥对WhatsApp的收购，但由于马化腾接受了一项背部外科手术，延迟了飞往硅谷的行程，与WhatsApp创始人的谈判不得不延期，最终被脸书捷足先登。现在，WhatsApp在脸书旗下增长迅猛。

最近一笔受到瞩目的腾讯海外投资是入股特斯拉。腾讯在2017年8月16日发布的财报中称，截至2017年6月30日的6个月，腾讯集团对一项现有可供出售的金融资产（一家美国的上市公司，主要从事开发及销售电动汽车、可持续能源生产及储存设备）作出约11.83亿美元的额外投资。腾讯集团所持该投资公司的股东权益约占其已发行普通股总数的5%。

在腾讯大举投资海外的同时，脸书则悄悄在中国发布了一款名为“彩色气球”的App。“彩色气球”为脸书打开了一扇观察中国网民习惯和动态的窗户，包括他们在互联网上如何分享信息、如何与亲友交流互动，以及在他们喜欢的社交媒体平台上会如何表现。

社交巨头寻找未来

坐拥4 000亿美元市值，腾讯的掌舵者马化腾最大的担忧是什么？前两年他说，“越来越看不懂年轻人的喜好，这是自己最大的担忧”。而在2017年，他接受第一财经采访时称，自己最大的焦虑是“技术”。

对于掌舵拥有5 000亿美元市值的脸书的扎克伯格来说，相比搞砸公司，他更怕的是错过“改变世界的机会”。

可以看到的是，围绕马化腾所焦虑的“技术”，腾讯正在加大对云业务和AI技术的投资。腾讯在财报中称，公司认为AI（人工智能）是必备能力，可通过提升用户体验、加强精准定向技术及赋能生态系统合作伙伴的方式，让业务受益。在人工智能领域，腾讯布局不算早，但步步紧追。2016年4月，腾讯正式成立AI Lab人工智能实验室，2017年年初还任命AI领域顶尖科学家张潼担任AI Lab的主任，并在硅谷成立了相关实验室。张潼曾对记者表示，腾讯在场景、数据和计算能力上的丰富积累，是AI领域研究人员所渴求的基础条件。

在医疗应用上，2017年8月腾讯发布了AI医学影像产品“腾讯觅影”，将辅助医生对早期食管癌进行筛查。腾讯方面表示该产品的筛查准确率达到90%，并且已经和多家医院开始临床预实验。

而脸书最近也因为人工智能机器人“失控”的谣言和与马斯克的隔空对战而吸引了业界的注意。事实上，脸书并没有关闭机器人聊天系统，而是在使它们变得更加聪明可控。

在围绕人工智能的隔空论战中，马斯克认为，人工智能对人类文明是一个“可怕的问题和威胁”。而扎克伯格对人工智能持乐观态度。他说：“对于那些认为人工智能会导致末日的‘悲观主义者’，我并不能理解他们，他们太过于消极。从某种角度看，我认为他们很不负责任。”

伴随着对于未来广告收入增长乏力的担忧，脸书在发布2017年第二季度财报之际也曾暗示将加强人工智能助手的商业化，并希望从聊天机器人上盈利。上个月，脸书人工智能实验室主任杨·勒存（Yann LeCun）在接受第一财经记者专访时表示：“人工智能助手是脸书未来的研发重点，用户有望看到更多的实际成果。”他还表示，脸书人工智能部门的很多研究成果都会用于人工智能助手产品的开发中。

资料来源：刘佳．腾讯向左　Fackbook向右．第一财经日报，2017－08－17.

讨论题

腾讯和脸书各自采用了什么战略？为什么？有什么风险？

第 7 章

多元化战略

学习目标

1. 了解企业多元化战略的发展过程；
2. 掌握企业多元化战略的含义和分类；
3. 认识企业实施多元化战略的原因；
4. 理解相关多元化战略和不相关多元化战略；
5. 认识和理解多元化战略的风险。

引　例

贝因美涉足液态奶　试水多元化

在成功“脱帽”后，贝因美多品类、多元发展意图凸显。记者从贝因美方面获悉，该公司子品牌贝佳满（安达）乳业集团于2019年5月注册成立，之后在市场上推出了“为爱佳满”全系列产品，包括液态奶、奶油等，这也是贝因美除奶粉、辅食之外乳制品细分领域的新尝试。根据贝因美方面的介绍，此次全新系列产品包括液态奶、奶油、植脂淡奶等多款产品，不过新品并非针对C端（最终消费者）客户，而是主要向餐厅、酒店等B端（企业）客户供货。

对于贝因美的多品类试水，业内人士认为虽然进入的领域并非蓝海，但是在B端供应上也可与其他企业形成差异，例如恒天然、光明乳业等也在强化餐饮渠道的布局。有别于C端，随着奶茶、咖啡等消费场景的不断出新，乳制品企业在B端看到了更多的商机。

以婴幼儿配方乳粉为主业的贝因美为何会尝试其他细分市场？贝因美方面解释称，这是因为该公司在黑龙江安达地区深耕多年，当地奶源和贝因美自建工厂均处于优质水平，这为贝因美多品类尝试提供了可能。

黑龙江省安达市拥有“中国奶牛之乡”的美誉，新中国第一个现代化乳品加工厂坐落于此。目前安达市拥有6家乳品加工企业，在奶酪生产方面也走在全国前列。贝因美在安达市的布局始于2005年，加工厂总投资13亿元，年产10万吨，该基地是贝因美全球布局中具备最高科学领先水平的婴幼儿配方乳粉湿干法生产基地。贝因美进一步透露，除了液态奶、奶油等领域的试水外，贝因美特殊医学用途配方奶粉也在该基地生产。据悉，贝因美是首个拿到特殊医学用途配方奶粉注册批号的企业，该公司的特殊医学用途配方奶粉也将于近期上市。贝因美的多品类尝试也与该公司的业绩脱困有关系。作为曾经的"国产奶粉老大"，贝因美近年发展不佳。在连续两年的亏损后，戴上了"ST"的帽子，2018年贝因美创始人复出、新职业经理人上任，在历经几个月的攻坚后，终于摘帽成功。但是贝因美元气依然未完全恢复，公司诸多业务领域仍然在重新梳理和建设阶段。

多元化的探索也是贝因美努力的方向之一。2019年5月，贝因美对外称，已与新西兰保健食品公司Good Health达成战略合作，未来双方将主要围绕婴儿营养品市场展开合作。

据了解，Good Health是新西兰的天然保健食品公司，产品包括牛初乳、海洋产品、蜂制品和羊胎素、深海鱼油等。未来，贝因美将全面代理Good Health母婴系列在KA商超系统的业务。

资料来源：阿茹汗．成立子品牌公司　贝因美涉足液态奶试水多元化．企业家日报，2019-08-02.

引例表明，多元化战略是一个成熟企业发展的方向之一，也是影响企业长期发展的主要通道。案例中多元化战略的探索是贝因美努力的方向。贝因美全新系列产品包括液态奶、奶油、植脂淡奶等多款产品，客户既包括C端客户，又包括餐厅、酒店等B端客户。同时与新西兰保健食品公司Good Health达成战略合作，未来双方将主要围绕婴儿营养品市场展开合作。Good Health产品包括牛初乳、海洋产品、蜂制品和羊胎素、深海鱼油等。由此可见发展前景非常广阔。本章要求读者认识企业实施多元化战略的原因、理解相关多元化战略和不相关多元化战略的优劣势以及多元化战略的风险，以更好地把握多元化内涵，为公司制定多元化战略提供依据。

7.1 企业多元化战略概述

企业多元化战略的发展过程

著名企业战略管理家安索夫于1957年在《哈佛商业评论》上发表了论文《多元化战略》，标志着企业多元化战略研究的开始。在这篇论文中，安索夫根据美国1909—1948年间最大的100家企业的发展和变化，总结出它们成长的四种基本方向：在现有市场内增长；开发新市场；开发新产品；多元化。安索夫将其概括为一张图表，即日后闻名于世的"产品-市场矩阵图"的雏形。

1962年，美国著名经济史学家钱德勒出版专著《战略与结构》，在学术界及工业界引起极大反响。他认为美国企业的成长一般都经历了四个阶段，与每个阶段的公司战略相适应就产生了不同形式的组织结构。四个阶段的公司战略可简述为：数量扩大战略；地区扩展战略；垂直一体化战略；多元化经营战略。在第四个阶段，与多元化战略相适应，产生了总公司本部和事业部——简称“事业部制”的分权管理结构，即现代大型工商企业最合理的基本组织结构形式。

关于多元化发展的原因，安索夫归纳为四类：(1) 企业凭借其扩张战略无法达成预定目标；(2) 能达成目标的前提下，如果公司盈余太多，远超扩张需要时，可能尝试多元化；(3) 公司遇到比扩张战略有更大获利性的新市场机会时，也可能采取多元化；(4) 特定情况下，扩张与多元化前景都不明朗时，也可能多元化。安索夫在书中还提出“协同性”(synergy) 的概念，指两事物若有机结合则可超过其简单相加的力量。他认为企业多元化发展时要最大限度利用协同性。

1970年，赖利 (L. Wrigley) 在哈佛商学院完成了他的博士论文《事业部制与多元化》，使企业多元化研究迈出重要一步，提出了多元化程度的测量方法及类型划分。赖利提出，以一个企业的某一产品占销售的比重大小，即专业化率来测量该企业的多元化程度：(1) 当某一类产品所占比重大于95%时，该企业为单一业务型；(2) 当某一类产品所占比重在70%～95%之间时，该企业为主导业务型；(3) 当任何一类产品所占比重都小于70%，但产品相关时，该企业为相关业务型；(4) 条件同 (3) 但产品无关时，该企业为无关业务型。显然，后三种为多元化类型。

从企业实践来看，1950年，在《财富》杂志选出的美国500强中，只有38.1%的公司其收入超过25%来自多元化业务。到1974年，多元化业务公司的比例上升到63%。相对而言，单一业务型或主导业务型公司的比重从1950年的超过60%下降到1974年的37%。从20世纪70年代末开始，特别是经过80年代中期的发展，企业又开始剥离与核心业务不相关的业务单位，重新回归到主营业务上来。从1981年到1987年，大约50%的《财富》500强公司又返回到主营业务上。到1988年，《财富》500强公司中单一业务型或主导业务型公司的比重上升到53%。在中国，企业产品多元化从20世纪90年代中期开始，海尔集团等行业领先企业开始实施多元化战略，取得了较大成功。

企业多元化战略的含义和分类

企业多元化战略是指一个企业同时涉足两个或两个以上相关或不相关的行业领域，向市场提供多种基本用途的产品，以避免在单一领域的风险，使自己能长期稳定地获取和追求最大经济效益的战略选择。

根据多元化的层次和各业务间的关联程度，多元化战略可以划分为不同类型，主要包括有限多元化战略、相关多元化战略和不相关多元化战略。图7-1是多元化的层次和类型。

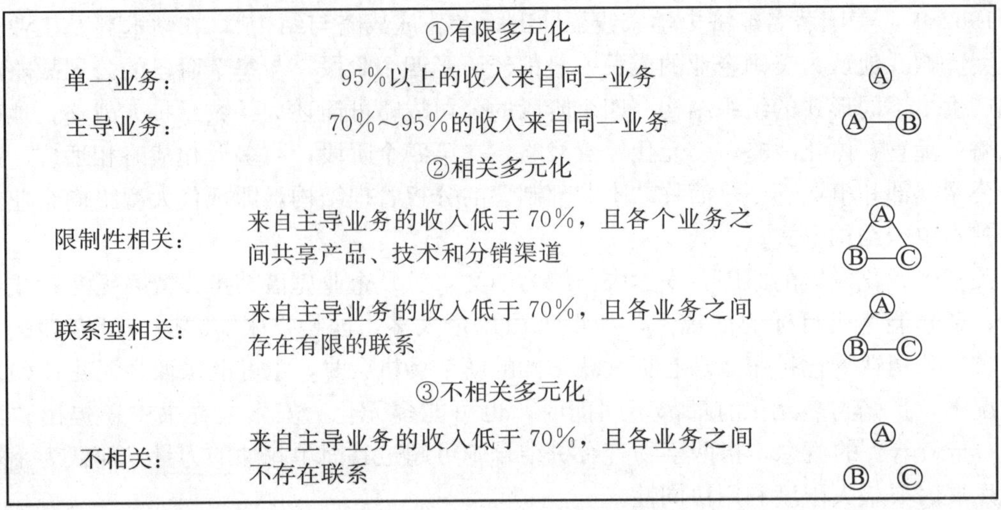

图7-1　多元化的层次和类型

1. 有限多元化战略

当企业大多数的业务活动都集中在一个业务里时，该企业实施的是有限多元化战略，包括单一业务型和主导业务型战略，这种多元化战略是低层次的多元化。采用有限多元化战略的企业仍重点关注一个市场或一个业务的能力，所以现实中不能称为多元化企业，在本章不作重点讨论。

2. 相关多元化战略

相关多元化战略是指企业超过30%的收入来自主导业务之外的业务，并且这些业务通过一定的方式相互联系。如果企业经营的所有业务共享相当数量的投入、生产技术、分销渠道、类似顾客群等，该多元化战略称为限制性相关多元化战略，“约束”是指企业进入新市场或行业只能在共享企业当前拥有的资源和能力的基础上才能实现。

如果企业所涉及的不同业务仅在有限的方面相互联系，或者不同的业务在很多不同的方面相互联系，那么该企业采用的是联系型相关多元化战略，也称为混合多元化战略。图7-1中，业务A与业务B共享相似的生产技术，业务B与业务C有相似的供应商，但业务A与业务C没有共享的属性和直接的联系。

3. 不相关多元化战略

如果企业中所涉及的大量不同业务之间不存在联系，而且来自主导业务的收入低于70%，该企业实施的就是不相关多元化战略。

7.2　企业实施多元化战略的原因

由于经营环境、拥有的资源、自身能力以及所处的发展阶段不同，企业多元化的动机也不同。实施多元化战略的原因有以下几个。

1. 战略性行业转移

当企业从事的现有行业处在衰退阶段，企业为了避免“死亡”，就必须进行多元化经营。这种情况下的战略目标是实现战略性行业转移，即通过进入新的行业，企业逐步从现有行业中撤出，并将“生命线”建立在新行业领域中。这类行业主要有采掘、烟草、白酒、纺织及钢铁等。

实现战略性行业转移的多元化经营以现有行业衰退为充分条件，其结果有两种：一是进入新行业后，企业同时在原行业和新行业领域经营，但原行业比重逐渐下降，新行业比重逐步上升；二是进入新行业后不久，企业彻底放弃原行业经营，集中资源来经营新行业。

2. 范围经济

范围经济是指企业同时经营多个行业时，会产生比单一行业经营更多、更大的经济效益，即通常所说的“1＋1＞2”的效果。这类经济效益产生的原因在于诸行业间资源的依存性所决定的“相乘”（或称为“协同”）效应以及企业内部具有未利用资源的客观性。其主要特点：一是充分发挥现有资源的潜力，如设备、产品、技术、工艺、品牌、销售网络及采购；二是用较少的资源投入就可以进入新行业；三是新行业与现有行业之间存在较强的相关性。

范围经济作为多元化经营的战略目标，往往是由许多子目标组成的：

（1）充分发挥企业技术装备能力；

（2）充分利用原材料和副产品；

（3）共享技术，以节约研究与开发费用；

（4）利用企业已建立的品牌形象和销售网络，降低新产品进入市场的费用。

这类多元化经营活动的典型行业是石油化工、普通化工、冶金工业等。这些行业的企业一体化程度较高，垂直链较为完整，由此决定了这类行业的企业较易于通过多元化经营来实现范围经济的战略目标。

3. 提高或获取核心能力

以提高核心能力为目标的多元化经营通常有两种形式：一是通过现有核心能力在新行业的运用来提高核心能力水平；二是从新行业获取新的核心能力，再将现有的和新的核心能力融合为一个整体来提高核心能力。

日本佳能公司于1960年进入电子计算器行业，虽未取得成功，但由此获得了微电子技术方面的能力。这种能力与佳能公司原来拥有的精密机械技术和光学技术方面的核心能力相结合，不仅提高了佳能核心能力的水平，而且在后来的企业成长中，佳能利用自己的核心能力成功地进入复印机等办公设备行业，使这些能力得以充分利用并进一步提高。

当企业尚未拥有核心能力但明确了自己的核心能力范围时，企业也可将获取核心能力作为多元化经营的目标。这个目标的设定及经营活动的展开应该考虑到企业现在经营的行业与新行业的关联程度。一般而言，关联程度越高，其获取核心能力的目标实现的成功率就越大。同时，新行业的选择不应超出设定的核心能力存在的行业领域，否则，获取核心能力的目标将难以实现。

4. 分散风险

当企业经营的行业由于市场、技术等变化导致经营风险加大时，企业通常采取多元化经营来实现分散风险的目标。如何通过多元化经营来分散风险呢？其中一个至关重要的问题是新行业的选择。但是要注意行业间的关联性。

很多研究证明，多元化经营与风险的降低没有直接关系。把鸡蛋放在多个篮子里带来的安全感往往会引起心理疏忽，可能也会使鸡蛋全部被打破，这时还不如全部放在一个篮子里再全力以赴看好篮子的效果好。“多元化经营一定可以分散风险”的说法是不正确的，问题的关键在于如何从事和从事什么样的多元化经营。

延伸阅读　优酷“合计划3.0”开创版权多元化合作的里程碑

5. 追求成长

当企业现有市场容量达到饱和或产品竞争力不强时，企业只有通过多元化经营方可实现其成长目标。而在其他条件下，实现企业成长目标的方式是多种多样的，例如，国际化、专业化、垂直一体化、多元化等。

7.3　相关多元化战略与不相关多元化战略

相关多元化战略

相关多元化战略是企业为了追求战略竞争优势，增强或扩展已有的资源、能力及核心竞争力而有意采用的一种战略。相关多元化战略的优点是利用了不同业务之间的范围经济。对于在多个行业或产品市场上经营的公司来说，范围经济能节约成本，它通过将能力和竞争力从一项业务传递到另一项业务来实现。实施相关多元化战略最常用的方式是：

（1）进入能够共享销售队伍、广告、品牌和销售机构的经营领域（小甜饼和饼干的生产者进入咸味快餐食品业）。

（2）探求密切相关的技术和专有技能（本田公司小型发动机技术既可以用于汽车，也可以用于割草机）。

（3）将技术秘密和专有技能从一种业务单位转移到另一种业务单位（一家成功经营的意大利餐馆购并经营墨西哥食品的连锁店）。

（4）将品牌名称和在顾客中建立起的信誉转移到新的产品和服务上（一家轮胎生产商购并擅长制动器修理、替换消声器和减震器业务的汽车维护连锁中心）。

（5）购并有助于公司在目前经营新业务（有线电视广播公司购买一支运动队或一家电影制作公司以提供节目的原始资料）。

相关多元化战略的例子很多。索尼作为一家领先的消费电器公司，采用技术相关、营销相关的多元化战略进入电子游戏机行业，并将其在电子技术、营销技巧方面的能力和生产能力以及其品牌的信誉转移到游戏机的生产、销售和电子游戏的营销方面。宝洁公司的系列产品包括汰渍洗衣粉、佳洁士牙膏、海飞丝洗发水等。虽然这些产品有不同的竞争对手和不同的生产要求，但宝洁的产品仍然是相关多元化的，因为这些经营都是通过同样的批发销售渠道，在同样的零售点销售，卖给同样的顾客，并且采用同样的广告和促销方式，使用相同的营销技巧。

相关多元化战略中的共享活动是很常见的，通过共享可以降低成本，创造竞争优势。一般而言，主要价值链业务如内部物流、生产管理、外部物流有许多的共享活动。在内部物流上，各事业部可以共享同一个储运系统、仓库设施及其他质保措施；在生产管理上，各事业部可以共享组装设备、质量控制体系及维护保养体系；在外部物流上，各个事业部可以共享销售人员及销售服务平台；在辅助性业务上，各事业部可以共享采购、科研等。尽管从理论上说整个价值链都可以共享，事实上共享活动多发生在以下几种情况。

1. 技术共享

当存在可分享的共有技术、与某种特殊技术相关的最大经营机会或者可以将技术秘诀从一种业务转移到另一种业务时，不同的业务经营间存在技术匹配。有着技术共享利益的业务共同运作比分开运作结果更好，因为这时在技术开发和新产品的研发方面存在潜在的成本节约，并且新产品进入市场的时间更短，可以使两种业务的销售都得到增长，产品间重要的互补或内在相关以及业务间技术转移的潜力可以使技术相关活动取得更加高效的业绩。

2. 生产运作共享

当不同的业务间有机会在获得原材料、研发活动、改善生产过程、元件的生产、成品装配或实施行政支持功能方面有合并活动或转移技术和生产能力的机会时，就存在运作匹配关系。与共享相关的运作匹配关系通常代表了节约成本的机会：有些来自将活动合并成大规模的运营（规模经济）；有些来自将各种经营合在一起而带来的节约成本的能力（范围经济）。共享活动的成本所占比例越大，共享的成本节约越有意义，由此导致的成本优势也越大。由于运作匹配关系的存在，最重要的技术转移机会通常存在于某种业务的供应链管理或专门生产技能可在另一业务中得到有效应用。

3. 与销售和顾客相关的共享

当不同业务经营的价值链活动高度交叠，以至它们的产品有着相同的顾客，通过共同的中间商和零售商销售，或者以相似的方式进行营销和促销时，这些业务间就存在与市场相关的匹配。有多种节约成本的机会（或范围经济）来自与市场相关的战略匹配：对所有相关产品使用相同的销售队伍，而不是为每项业务组建独自的销售力量，用同样的广告和宣传材料为相关的产品做广告，使用共同的品牌名称、协调交货和运输方式，合并售后服务和维修组织，协调订货程序和记账，使用共同的促销手段，合并特约经销商网络。这样的价值链调配通常会使一个公司的营销、销售和分销成本更具经济性。

除了范围经济，市场相关战略匹配会带来将销售技巧、促销技巧、广告技巧或产品差异化技巧从一种业务转移到另一种业务的机会。而且，一个公司的品牌名称和信誉也可以由一种产品转移到其他产品。本田在摩托车和汽车业中的美名使它在进入割草机经营领域时不用支付大笔广告费就立刻获得了认可和信任；佳能在照相设备领域中的信誉是一项帮助其进入复印设备领域的竞争性资产；松下将其品牌名称转移到微波炉领域，这使其能够以更轻松、花费更少的方式进入微波炉市场。

4. 管理共享

当不同业务单位在公司管理或运作方面具有可比性，就可以将一种业务的经营管理方法转移到另一种业务经营中去。管理技能的转移可以发生在价值链的任何环节。在 1989 年危机潜伏的存贷行业出现大幅度下滑时，福特公司购并了一些运营不佳的存贷机构，并将其在汽车业中的财务和信贷管理方法转移到存贷行业。

不相关多元化战略

在现实世界中，许多公司选择不相关多元化战略，进入有着丰厚利润机会的各种行业。不相关多元化战略是通过财务经济创造价值的，财务经济是指借助于公司内部或外部的投资，通过财务资源的优化配置实现成本节约。财务经济的第一种类型就是有效的内部资本配置，这样可以尽量降低事业部的风险（通过业务组合来降低整个公司的风险）。第二种类型就是收购其他公司并重组，通过在外部买进或卖出一些事业部来实现公司整体价值的提高。

寻求不相关多元化的公司几乎总是通过购并一家已建立的公司进入新领域，而很少在自己的公司结构内组建新的子公司。它们的前提是通过购并实现增长，并转化成股东价值的增加。

不相关多元化战略的作用有以下几个方面：

（1）公司经营风险在一系列不同的行业得到分散，这是更好的分散财务风险的方法，因为公司的投资可以分散在有着完全不同的技术、竞争力量、市场特征和顾客群的业务之中。

（2）通过在有着最佳利润前景的行业投资可以使公司的财力资源发挥最大作用。尤其是来自低增长和低利润前景业务的现金流量可以转向购并或进入具有高增长和高利润潜力的业务领域得以改善。

（3）公司的获利能力可以更加稳定，因为一个行业的经营困难阶段可以被其他行业的繁荣阶段部分抵消，公司某些业务的周期性下降可以与多元化进入的其他业务的周期性上升取得平衡。

（4）当公司的经理们发现具有利润上升潜力的廉价公司时，股东财富就能增加。

不相关多元化战略的两个最大缺点是难以很好地管理多种不同业务和无法获得战略匹配带来的竞争优势潜力。一个公司涉及的经营项目越多，多元化程度越高，公司总经理越是难以对每个子公司进行监察和尽早发现问题，也越难以形成评价每个经营行业吸引力和竞争环境的真正技能，而判断由各业务层次的经理们提出的计划和战略行动的质量也更加困难。另外，不相关多元化的业务组合的业绩并不比各业务独立经营所获业绩的总和多。除了母公司提供财力支持之外，不相关多元化战略对于单个业务单元的竞争力没有什么帮助。每项业务都得靠自己努力建立某种竞争优势，其他业务的不相关性使得成本削减、技术转移或技术分享方面不存在相通性。在一家高度多元化的公司中，公司经理们所增加的价值主要取决于他们在决定增加何种新业务、提高哪种业务水平、将可利用的财力资源调度到构建高效运作的业务组合时的能力，以及他们给予业务子公司经理们的指导的质量。

尽管不相关多元化战略存在上述缺点，但下列情况下可以考虑实施该战略：当一个公司需要多元化以远离一种没有吸引力的行业，并且没有可以转移到相关行业的明显能力时，这一战略当然值得考虑。另外，如果公司的所有者对投资几项不相关业务比投资几项相关业务有更强的偏好，也可以采用该战略。

个案分析

中航国际：多元化聚合战略

主要创新点

多元化业务形成母合优势，整合成战略资源平台。

核心逻辑

整合各自为战的贸易、地产开发、零售管理等业务，形成整合性价值，进行整体性交易。

创新概述

中航国际有航空、贸易物流、零售高端消费品、地产酒店、电子高科技、资源开发六大业务平台，有飞亚达、天虹零售、深南电路等多家品牌企业，2011年又完成了多起并购。如何形成优势互补，对外彰显聚合性的价值？以国内业务为例，一般开发商与当地政府进行资源洽谈往往吸引力不强（因为政府更关心整体GDP、就业率等方面的综合提升），而中航地产能组合集团其他业务，如工业地产、高科技制造、酒店、零售等，相对其他专业对手，其综合开发能力强，深受当地利益相关方的欢迎与支持。在面向国外（尤其是非洲区域）的业务上，中航国际更多扮演“整合国内资源的国际营销渠道”角色，利用旗下公司在海外积累的关系与声誉，获取订单，然后组织国内相关业务，甚至与其他企业（如三一重工）一同进入国际市场，对国际市场的区域配套进行整体性开发，降低了其他业务/企业的海外交易成本。这种多元业务的配套式开发尤其能够获得当地政府的认可，因此中航国际能通过整体性订单将各个专业公司业务带动起来，网络状的业务协同促使中航国际聚合成巨大的母合优势。

风险与挑战

多元化能组合成“大战舰”，也能拼成“大舢板”。“大战舰”组合要求各船只的方向有一条主轴线，内部要有力协同、配合，随着多元业务边界的扩大，这种配合的难度越来越大，这是中航国际需要应对的挑战。

资料来源：王赛，郑静婷．案例：名企5大年度战略创新．经理人，2012（11）．

7.4 实施多元化战略的途径

企业在实施多元化战略的过程中，一般有三个途径实现其目标：一是内部开发；二是合并和收购；三是建立战略联盟，即联合开发。这三种途径各有多种具体的形式，其适应条件各不相同，优势和不足也存在差异，因此效果也不同。

1. 内部开发

内部开发是指主要依靠企业所拥有的资源和能力进入新的行业来开展多元化经营。其具体形式主要有：

（1）垂直链裂变。垂直一体化企业使其价值链环节中的某些环节面向市场，为市场提供不同于最终产品的多种产品。

（2）独资新建企业和工厂。利用企业拥有的资源和能力新建企业和工厂，进入新的行业。

（3）技术“副产品”的充分利用。研究与开发有时会产生技术“副产品”，它不属于企业拥有的生产技术体系，可独立出来生产不同于企业现有产品的产品。

（4）充分利用人才。企业有时拥有与其现有经营领域不同的人才，以这类人才为核心，组织资源和能力从事新行业的开拓。

内部开发要求企业拥有较强的资源和能力，即技术资源和能力。由于内部开发主要依靠本企业力量，从提出新的观点到形成产品并推向市场，是一个漫长的过程，因此，选择内部开发后，其产品推向市场的时间并不特别重要。

内部开发的优点在于易于控制和比较。但是，这类途径也有其局限性，它不利于企业获得外部资源和能力，妨碍新观念的产生。因此，内部开发较适合规模大、技术领先的企业。

2. 合并和收购

合并有两种形式：一是吸收合并，指参与合并的两个企业中一个失去法人地位，另一个则存续下来；二是新设合并，指参与合并的两个企业都失去法人地位，产生一个新的企业。

收购也有两种形式：一是资产收购，指买方从卖方购入部分资产或经营权；二是股份收购，指买方直接或间接收购卖方部分或全部的股票之后，目标公司变成买方的一部分或全资的一个经营单位。

采取合并和收购途径进行多元化经营的企业可获得的主要优势包括：一是能够快速地进入新的行业市场；二是如果双方企业的经营领域存在相关且互补的关系，合并和收购将发挥“相乘”效果，极大促进企业成长；三是可以获得外部资源和能力。采取合并和收购的途径也有不少困难，主要是双方文化之间的冲突、管理人员的职位安排及奖励制度等，这对管理能力提出了较高的要求。

1997 年，我国在组建大型企业集团的过程中，采用合并与收购方式发展多元化经营的比较多。如1997年11月，金陵石化、仪征化纤、南化集团和江苏石油合并组建中国东联石化集团。不到半年时间，东联集团又被合并到中国石化集团。

3. 建立战略联盟

战略联盟是指两个企业为了实现特定的战略目标而采取的任何股权或非股权形式的共担风险、共享利益的联合行动。这是20世纪80年代以来大量出现的一种企业发展途径。

战略联盟的具体形式有三类：一是松散关系，包括网络组织、机会性联盟等；二是契约关系，包括分包经营、许可证经营和特许经营等；三是正式的所有关系，包括联营、合资、合作企业等。

在战略联盟中，以合资、合作方式进入新行业，实现多元化经营是后发展国家企业采用较多的一种途径，中国转型时期的国有企业更是如此。其主要原因在于：一是后发展国家的企业大多数是后发展型的，其进入的新行业仅是相对自身而言，这些新行业在先发展国家基本上是成熟行业，企业采取合资、合作方式可以充分利用外部资源，缩小企业能力差距；二是中国的资本市场正处在形成过程中，西方国家意义上的并购目前还难以成为中国企业多元化经营的主要途径。

采取战略联盟途径来进行多元化经营的优势主要表现在：通过合作，弥补自身在进入新行业时的资源和能力不足；通过合作可获得“相乘”效果和可持续竞争优势。但是战略联盟也存在不少问题，主要是联盟各方的动机并不相同，利益追求不尽一致，更重要的是有时缺乏信任。此外，战略联盟方式有可能培育出比自己更强大的竞争对手。

上述三种途径并无优劣之分，问题的关键在于企业如何根据实际情况选择一个较为合适的途径。为此，企业要考虑两类因素：一是企业采取某种途径应具备的条件，包括技术、市场、资金、管理四个方面；二是企业采取某种途径产生的优势或劣势，主要是进入市场的速度、竞争对手的对抗程度、文化冲突程度和外部资源能力四个方面。

当企业拟定采取多元化战略作为成长的主要方式时，其面临的核心问题是：如何在未涉足的众多新行业中，寻找、选择、确定企业多元化经营的目标行业，即目标行业的选择。企业选择多元化经营主要考虑的因素有：

（1）企业经营资源剩余。企业经营资源剩余是指从企业目前从事的生产经营活动所需的经营资源角度，除满足其需要外还有一定的剩余，并且这些剩余的经营资源可用于企业开拓新的经营领域。企业经营资源剩余是多元化经营的前提，更为重要的问题是，企业拥有什么样的、多大量的经营资源剩余才能具备开展多元化经营的条件。

（2）所在国市场经济的发达程度。企业开始多元化经营的规模起点与所在国市场经济的发达程度基本上正相关，即随着市场经济发达程度的提高，企业多元化经营的规模起点也在不断提高。

（3）行业技术特性。一般而言，如果某行业的技术结构呈收敛型，即产品是由众多不同种类的技术组合而成，该行业的企业就不太适合多元化而较适合从事专业化，如汽车、飞机和电子计算机等行业；如果某行业的技术结构呈发散型，即产品技术可用于较多的产品，该行业的企业就适合多元化经营，如电气和化工行业等。

（4）行业生命周期。从企业经营战略角度看，行业生命周期分为萌芽、成长、成熟和衰退等阶段。一般而言，处在行业生命周期前期的企业应采取专业化战略，处在中期的企业应根据具体情况选择专业化或多元化，处在后期的企业应积极发展多元化经营。

（5）防范风险。人们通常认为多元化经营可以分散风险，实际上问题并没有这么简单。就目标行业选择来说，由于专业化经营主要集中在某个行业从事生产经营活动，其风险程度仅取决于单一的来源，而多元化经营企业在多个行业中从事生产经营活动，其风险程度取决于多个来源。因此，多元化经营的风险程度一般来说高于专业化经营企业。另外，专业化经营企业的风险结构是单一的，一旦产生风险，企业只能全部承受而无他法；而多元化经营企业的风险结构是复合性的，在风险结构为叠加的情况下，风险会相应增大，在风险互补情况下，风险会相应降低。多元化经营企业选择行业主要有三种思路：一是外部思路，从行业吸引力分析出发，根据行业相关性来选择目标行业；二是内部思路，从企业资源和能力分析出发，通过技术、市场情况选择目标行业；三是核心能力思路，从企业核心能力出发，通过核心能力与经营领域的相互关系来选择目标行业。

多元化战略的实施包括两项内容：一是进入目标行业的策略，主要研究多元化进入目标行业的障碍和条件，进入的目标、主体、方式，进入的成功要素；二是进入以后的经营策略，主要研究进入后产品结构组合、经营资源分配、组织结构变革、核心能力部署等。

应该注意的是，对于不同的多元化经营类型来说，企业要考虑的条件和因素以及进行的抉择是不同的。

相关多元化战略是企业在现有的技术、市场与管理经验基础上发展新的业务，它能使企业将其竞争优势运用于多个相关的业务，获取范围经济利益。因此，当新发展的业务与现有业务的结合能增强企业的优势或机遇，并降低企业的劣势与威胁时，企业就会选择相关多元化战略。根据现有业务与新业务之间关联内容的不同，相关多元化战略又可以分为同心圆型多元化战略与水平型多元化战略两种类型。

同心圆型多元化战略的选择条件主要有：

（1）企业参与竞争的行业属于零增长或慢增长的行业；

（2）增加新的但相关的产品将会显著地促进现有产品的销售；

（3）企业能够以有高度竞争力的价格提供新的相关产品；

（4）新的相关产品所具有的季节性销售波动正好可以平抑企业现有生产周期的波动；

（5）企业现有产品正处于产品生命周期中的衰退阶段；

（6）企业拥有强有力的管理队伍。

水平型多元化战略的选择条件主要有：

（1）通过增加新的不相关产品，可使企业从现有产品和服务中得到的收益显著增加；

（2）企业参与竞争的行业属于高度竞争或停止增长的行业，其标志是低行业盈利和低投资回报；

（3）企业可利用现有销售渠道向现有用户营销新产品；

（4）新产品的销售波动周期与企业现有产品的波动周期互补。

不相关多元化战略所发展的业务与原有业务之间没有技术、市场的关联，企业采用这一战略的立足点是发挥自己的资金优势和财务协同效应，或对现有的资源配置状况加以改善，以获取长远发展的动力。

不相关多元化战略的选择条件主要有：

（1）企业的主营业务正经历着年销售额和盈利的下降；

（2）企业拥有在新行业成功竞争所需要的资金与管理人才；

（3）企业有机会收购一个不相关但有良好投资机会的企业；

（4）购并企业与目标企业之间目前已存在资金上的融合；

（5）企业现有产品的市场已经趋于饱和；

（6）集中经营某个行业的企业有可能受到垄断指控。

7.5　企业实施多元化战略的风险

虽然多元化战略具有种种好处，但它也可能给企业带来一些风险。企业实施多元化战略面临五个方面的风险。

1. 削弱原有产业

企业资源总是有限的，多元化经营的投入往往意味着原有产业要被削弱。这种削弱不仅是资金方面的，还包括管理层注意力的分散，后者所带来的后果往往是严重的。然而，原有产业是多元化经营的基础，新产业在初期需要原有产业的支持，若原有产业被迅速削弱，公司的多元化经营就会面临危机。

2. 市场整体风险

支持多元化经营的一个流行的说法是，多元化经营通过“把鸡蛋放在不同的篮子里”去化解风险，正所谓“东方不亮西方亮”。然而，市场经济中的广泛关联性决定了多元化经营的各产业仍面临共同的风险。也就是说，鸡蛋仍放在一个篮子里，只不过是篮子稍微大一些罢了。在宏观力量的冲击之下，企业多元化经营的资源分散反而加大了风险。

3. 行业进入风险

行业进入不是一个简单的“买入”过程。一方面，企业在进入新行业之后还必须不断地注入后续资源，去学习这个行业并培养自己的员工队伍，塑造企业品牌；另一方面，行业的竞争态势是不断变化的，竞争者的策略也是一个未知数，企业必须相应地不断调整自己的经营策略。所以，进入某一行业是一个长期、动态的过程，很难用通常的投资额等静态指标来衡量行业的进入风险。

4. 行业退出风险

企业在多元化投资前往往很少考虑到退出的问题。然而，如果企业深陷一个错误的投资项目却无法做到全身而退，那么很可能导致企业全军覆没。一个设计良好的经营退出渠道能有效地降低多元化经营风险。

摩托罗拉当初看好卫星通信业务进而发起了“铱星”计划，当最后“铱星”因负债数十亿美元而失败时，摩托罗拉却因一开始就将“铱星”项目注册为独立的实体而只承担了有限的责任。

5. 内部经营管理整合风险

新投资的行业会通过财务流、物流、决策流、人事流给企业以及企业的既有产业经营带来全面的影响。不同的行业有不同的业务流程和不同的市场模式，因而对企业的管理机制有不同的要求。企业作为一个整体，必须把不同行业对其管理机制的要求以某种形式融合在一起。

多元化经营的多重目标和企业有限资源之间的冲突，使这种管理机制上的融合更为困难，使企业多元化经营的战略目标最终趋于内部冲突的妥协。百事的“快餐＋可乐”多元化经营就面临着两个产业在资金、人力资源等方面的冲突，最终只好成立两个公司分别独立经营。

当企业通过兼并进行多元化经营的时候还会面临另一种风险，那就是不同企业文化是否能够成功融合。企业文化的冲突对企业经营而言往往是致命性的。

基本概念

公司层战略（corporate-level strategy）　多元化战略（diversification strategy）
市场影响力（market power）　纵向一体化（vertical integration）
范围经济（economics of scope）　财务经济（financial economics）
相关多元化战略（related diversification strategy）
不相关多元化战略（unrelated diversification strategy）
公司层核心竞争力（corporate-level core competencies）

思考题

1. 简述企业实施多元化战略的原因。
2. 比较相关多元化战略与不相关多元化战略的优缺点。
3. 试举例说明哪些情况下企业应采用不相关多元化战略。
4. 实施多元化战略的途径有哪些？其优缺点各是什么？
5. 公司实施相关多元化战略是如何运用共享活动和核心竞争力的传递来实现范围经济的？

章末案例

抢进上游——创维的多元化战略

在深圳南山高科技园区，TCL大楼附近的一块地皮刚刚被市政府划给了创维集团，用于建造一座半导体8mm晶元厂，这个投资2亿多元的计划已经得到董事会的批准，财政贷款也已到位，年内就将启动。加上另外一项同时进行的液晶模组制造厂的建造计划，这些信息都指往一个方向：创维将进军彩电价值链上游的核心零部件产业。

此前，创维虽然也生产安防用品等，但其超过95%的销售额仍然来源于彩电业务，因此，创维基本上算是一家“纯粹的彩电制造商”。但此后，创维的身份将发生变化，成为开始涉足产业上中下游的多元化企业。

在中国彩电业界，多元化并不鲜见，大多数彩电起家的企业把触角伸到了手机、电脑、冰箱等领域，这种多元化的方式可以利用现有制造和渠道的力量，扶植新的利润增长点，把鸡蛋放在不同的篮子里。而像创维这样在一个产业里面纵向多元化的却非常少见，其优点是上下游业务可以互为市场，巩固竞争优势，但也要面对更大的技术风险，而且上下游业务命系一线，一损俱损，一荣俱荣。创维为什么选择这种“纵向多元化”?

快速、富有攻击性的战略风格

普通消费者对于创维的印象经常与“风暴”这个词联系在一起。2001年，创维推出了“纯平风暴”，2002年是“逐行风暴”，2003年叫“高清风暴”，2004年则换成了“平板风暴”。像台风过境，年年不同，但每次都迅猛异常。

从2001年50多亿元的销售额，到2005年增长到大约120亿元，而且在消费者心中形成“时尚、创新感较强”的品牌形象，这几场“风暴”可谓居功至伟。

其实细数起来，除了“逐行”潮流主要是由创维催动的之外，其他几个都不算是创维的专利。某厂商推出一个新技术的产品，做一个好的概念，得到市场的认同后，大家马上跟随，几家主流厂商轮流充当领头者和分食者的角色。在中国的彩电厂商之间，没有秘密，谁也别想专美。

但不管扮演领头者还是分食者的角色，创维始终保持着一种快速的、富有攻击性的战略风格：到处寻找尚处于导入期的新技术，抢先切入，占据先手；即使错过了第一时机，也会在新技术进入成长期的时候全力进场，从不缺席；一旦发现该技术出现衰退的迹象，二话不说马上离场。

逐行电视就是一个典型的例子。2000年，创维开发出一种新应用技术，叫做双频电视，原来传统电视的频率是50赫兹，而这种电视是100赫兹的，产生的频闪更不易被人眼察觉，但当时在市场上并没有获得认同。2002年，创维给这项产品包装了个新名字——“健康电视”，推出了更多的型号。随着“不闪的才是健康的”这句广告语风靡全国，创维健康电视的销量和这个被命名为“逐行电视”的细分市场一起迅速成长起来。逐行电视市场在一年内翻了几倍，而创维的市场占有率超过一半。趁热打铁，在“逐行风暴”活动的推动下，创维2002年总销量的10%、销售额的20%都来源于逐行电视。

但在2003年10月，创维突然宣布停止生产逐行电视。原因有两个：一是当时创维的两个主要竞争对手看到逐行概念大热开始跟进，竞争的加剧必然会带来利润的下降；二是它看到了高清数字潮流的兴起。

2002年，刚刚在市场上崭露头角的高清数字电视与传统模拟电视划清了界限，到了2003年，高清数字电视不仅技术已经比较完善，成本也达到与逐行电视差不多的水平。也就是说，逐行电视已经输掉了与高清数字电视的竞争。

看到潮流已改，创维马上放弃了自己倾注大量心血的逐行电视，3个月内完全停产，将存货清理完毕，转而全力进攻高清数字电视。

此时，创维的几个主要对手已经抢先占据了这块新市场：长虹率先提出数字长虹概念；康佳宣布“高清元年”来临，并召开中国高清电视技术论坛，图谋霸主地位；专注于高端电视领域的厦华提出“引领中国数字化革命”；TCL则以“数字窗”概念整合旗下所有高清产品。高清数字概念已经传播得如火如荼，迟到者创维如何切入？

速战速决转攻高清数字

创维采取一贯的速战速决、以攻为守的风格。2003年9月22日，创维宣布生产出高清背投。一个星期之后，创维的6款高清数字背投、9款高清数字纯平、1款液晶电视出现在北京市场上，冠名“健康高清”。10月15日，创维宣布停产逐行电视，并且大肆宣传逐行电视是即将被淘汰的产品，引来不少仍在生产逐行电视的厂商的抗议。经过20天暴风骤雨式的“高清风暴”，此时的创维抢占了50%的高清市场。创维数字转型的成功不能不说冒了很大风险。

尽管当时数字电视的口号喊得很响，但大多数企业都是把它当“趋势”，由于什么时候真的进入成长期还未可知，企业难免半心半意，瞻前顾后，只有创维把它当现实市场和主力产品在做，因此，创维的长驱直入其实并没遇到真正顽强的抵抗。

如果高清数字电视的高速成长期延迟两年到来，以当时创维的实力，很难独力推动市场成熟，也难迅速找到新的支柱产品。在放弃原标志性产品逐行电视、新标志性产品又迟迟不能大规模投产的情况下，创维很可能倒退5年，回到彩电业的第三军团。

当时，创维品牌推广部副总经理沈健说了这样一句话：“这次战役风险是很大，但创维希望能掌握先机，不做小弟。”

每家厂商都说想做霸主，但创维是最不怕表现出“企图心”的。凡要做必大张旗鼓，即使实力较弱的时候，也是宁当鸡首、不做凤尾，何况2003年已经有了70多亿元的销售额打底。

与其他多元化经营的厂商不同，创维的核心业务只有彩电一项，无所谓分散精力分担风险，所以想发展，就只能在电视这条路上找突破口。20世纪90年代是规模经济和渠道制胜的年代，2000年之后新技术迭出、产品频频换代，正是给创维这样规模较小、技术力量却并不逊色的企业以机会。此时的创维已不甘久居第二军团，在寻找机会上位的急迫心情之下，别人眼里七成风险的事情，到了创维眼里就变成了七成机会。

因此，创维牢牢抓住了每次技术升级的时机，全力投入每年最热的高成长期产品。该出手时就出手，看中浪头，就集中资源全力切入。浪头来了又去，借着一次次的积累，创维建立了在高端市场上的优势，成功进入国产彩电第一军团。

但在获得这种锐进式的成长速度之后，创维也有自己的困惑。

锐进者的风险与难题

速度和市场占有率毕竟不是企业的终极追求，如何把先手变成优势，再把优势变成长久的胜势才是关键。

2004年的平板潮流，创维无疑又在正确的时间蹭上了正确的浪头，但是问题也日益凸显出来。

第一，在缺乏核心技术的情况下，如何获得更稳定的利润？

中国彩电厂商多年来一直在做应用研发，核心技术都掌握在日韩厂商手里，这并不是秘密。国内每次所谓的技术潮流，其实都是国外市场上已经成熟的技术，然后在中国市场引爆，所以变化更突然，周期更短暂。像松下、夏普这样的企业经历了平板技术完整的发展过程，也在导入期有过高利润阶段。但是中国企业在导入期就开始了激烈的竞争，而且随着上游厂商的变动，利润空间可能迅速被压缩。

2004年8月5日，创维举行了“平板风暴”活动，其原因并不仅仅是开拓市场。据创维品牌总监孙伟中介绍，其实有三个原因：“一是整合内部产销研，做从CRT到平板的转型；二是在平板里先占上创维品牌的位置；三是因为我们预感到平板上游的价格将会有一个比较大的调整，要把老产品通过降价的方式销售出去。我们提了三个口号：新产品、新技术、新价格。”

第三个原因其实非常重要，从2004年上半年开始，等离子和液晶电视的核心部件几乎月月降价。“原来是一台机器成本2.8万元，现在成本降到了1.8万元，如果不尽快卖掉，过几个月的成本可能就是1.5万元了。老产品要销掉，不然就会影响新产品。创维只能尽全力在最短时间内卖掉，不惜赔钱。”

各种“风暴”之下，创维的市场占有率继续提高，背投、液晶、等离子都成绩斐然。经过2004年国庆到元旦的市场迅速增长，平板和背投占据了创维整体销量的3%～5%，销售额超过10%。

趋势没有错，既然已经占了这块市场的先手，创维无疑还要在平板之路上坚持下去。但是因为变数太大，利润极不稳定，这个月赚下个月可能就赔。虽然市场在高速成长，但是增长的部分主要被上游产业取走，企业并没赚到高额利润，甚至低于平均利润率。

为了控制成本，创维在降低库存、加强物流方面下了很大功夫。主推的新产品只集中在几个重点市场启动，创维彩电全年周转8次以上，平板电视年周转甚至有十几次。从销售到管理，前后端的员工也逐渐适应了年年变化的主题，降低了重新启动的内部损耗。

但是这种被动的跟着跑，始终无法摆脱“上游戏水，下游呛水”的窘境。

第二，目前的优势如何固化为企业的核心竞争力？

创维通过一次次风暴对新市场突击成功，但是在大家都不具有核心技术、产品的供应链非常开放的前提下，这种市场占有率的优势很难固化下来，这也是其他几家厂商并没有全力以赴投入的原因之一。一方面，这种注意力不集中给创维带来了机会；另一方面，创维也必须考虑，一旦其他人下决心拼抢，现在的优势能够保持吗？

“硬件”上很难具有固化下来的优势，这点创维没有否认。创维强调这个阶段沉淀下来的是“软件”上的优势：品牌形象、员工对消费者的了解、客户关系、陈列方式、销售人员的能力、内部管理、企业文化、员工信心等方面。

孙伟中说：“一个企业的竞争往往不是一个表象的竞争，而是综合能力的竞争，不是你有一个好产品就能把销售做好，产品与技术只是一个关键环节。我们平板做得好，除了产品外，我们在销售环节还做了许多细致的工作。平板和CRT是两个品类，平板面向的是高素质的消费者，CRT是低价的消费者。而我们提前接触了平板的消费者，更了解他们的心理状态。假设一家原来做背投的企业现在做平板，你会发现它的展厅看起来极不相称。”

第三，如何将这种“锐进”带来的风险，尤其是技术信息不充分带来的资源损耗降低？

创维这种抢先占领市场的策略，需要它对任何新技术以及非常细小的市场都给予高度的关注。处于这样的行业位置，有时候很难判断一个新技术是尚处于萌芽阶段，还是根本就只可能有很小的市场。与实力雄厚的对手争抢先机，除了敢下手，有时候机会还来自别人没看见或者看不上的地方。这就意味着创维在研发上需要更多的关注点，所以因判断失误的浪费也随之增加。

创维拥有一支规模不小的研发队伍，其研发系统并非完全是市场驱动型，研发计划有相当的独立性，不会轻易被市场打乱节奏。每年能研发出几百款新产品，其中只有很少一部分被推向市场。但比起其他厂商，创维算得上勇于把技术从实验室推向市场的一个。

孙伟中这样解释创维的思路：“一个畅销的产品必须是百里挑一挑出来的，这是新产品保证竞争力必要的过程。磨刀不误砍柴工。”

这话没错，但是在要求快速反应的决策中，判断难免有误。LCOS芯片就让创维交了一笔学费。如今业界又在议论纷纷，光数字处理（DLP）电视是不是下一个曾经被寄予厚望、但是看样子很可能将面临淘汰的技术明星。创维是DLP应用在国产领域做得比较领先的，还与最上端的技术拥有者得州仪器合作办了一个试验室。如今，这个实验室最主要的作用是与得州仪器建立技术敏感的联系，随时了解源头技术的改良动态，以此来判断DLP技术在未来几年内是否能成为主流。

挺进上游抢位产业链

创维进军上游的选择，正是在这样的背景下产生的。

如今的创维已不复当年的“小弟”模样，从生产规模到市场销量，堪与几家老牌厂商比肩。它的困惑也不是如何在技术革新的过程中寻找机会，以快制慢，出奇制胜，突破第一军团的包夹。现在，创维除了与身边的国产厂商且战且跑，更重要的是要在技术变革带来的更大范围的产业升级中，尽快找到并抢占适合自己的位置。

做上游核心零部件，好处是前后呼应、互为市场。对新业务来说，靠创维自己的需求，就可以确保新业务在初期有稳定的销量，降低投资风险。而且半导体晶元和液晶模组这两个新产品的变量相对较少，利润预期更有规律可循，对创维这种有较系统的研发计划的企业更为适合。对电视业务来说，可以将创维从其他厂商之间那种仅限于应用设计和价格的竞争方式中拉出来，提高其在产业链中的地位，赋予其更核心、更长久的竞争力。

需要面对的风险则在于上游产品的投资更缺乏弹性，一旦判断失误，损失会较下游制造环节更加难以挽回。创维选择液晶模组，也是因为液晶的应用范围比等离子广泛，即使液晶没有成为主流的显示方式，还可以用做手机屏、显示器，风险相对小一些。至于半导体晶元的具体应用途径，则还在讨论当中。

这一计划能否顺利实施？能否达到预期效果？这些都还是未知数。

这也许不是解决创维当前所有困惑的“一揽子方案”，但却是中国彩电企业在当前情境下寻找突破路径的一种新的探索。

资料来源：苏醒．抢进上游：创维纵向多元化．21世纪商业评论，2005（3）．

讨论题

1．创维采用了什么样的多元化战略？说明理由。

2．企业之间的竞争会改变创维的战略吗？如何改变？

3．什么是企业的核心竞争力，创维如何培养自己的核心竞争力？

第 8 章

合作战略与并购战略

学习目标

1. 了解战略联盟的概念；
2. 掌握战略联盟的特征；
3. 了解实施战略联盟的动因；
4. 思考并分析组建战略联盟应注意的问题；
5. 了解企业并购的类型、方式；
6. 分析企业并购的动机；
7. 了解企业并购评价。

引　例

中国宝武并购马钢集团　钢铁“巨无霸”呼之欲出

近亿吨级的钢企巨无霸呼之欲出

2019 年 6 月 2 日，关于中国宝武钢铁集团有限公司（以下简称“中国宝武”）并购马钢（集团）控股有限公司（以下简称“马钢集团”）的“靴子”终于落地了。当天，马钢股份发布晚间公告称，中国宝武对马钢集团实施重组，安徽省国资委将马钢集团 51%股权无偿划转至中国宝武。

“中国宝武收购马钢集团之后，作为被控股公司，我们从省属国有企业变成央企了，提升了抵御市场风险的能力，对我们来说是利好。”马钢股份方面向《中国经营报》记者表示，中国宝武收购马钢集团之后，间接控制马钢股份 45.54%的股份，成为马钢股份的间接控股股东。马钢股份的实控人变更为国务院国资委，直接股东保持不变，仍为马钢集团。

据了解，中国宝武并购马钢集团之后，资产规模将超过 8 000 亿元，未来粗钢产能有望接近亿吨。对此，钢谷网总经理仝琳向记者表示，钢企兼并重组是行业发展趋势，通过近两年市场化、法制化的手段已经化解了超过1亿吨的落后产能，为钢企兼并重组奠定了基础。仝琳判断未来钢铁企业将进入"大钢企时代"，会形成十个左右的大钢企，竞逐国际市场。

并购后产能居世界第二

根据马钢股份的公告，中国宝武对马钢集团实施重组，安徽省国资委将马钢集团51%股权无偿划转至中国宝武。通过本次收购，中国宝武将直接持有马钢集团51%的股权，并通过马钢集团间接控制马钢股份45.54%的股份，成为马钢股份的间接控股股东。

"收购马钢已经在业内传了很长时间，这次是尘埃落定。"一位中国宝武管理层人士向记者表示，在宝钢集团与武钢集团合并之后，根据中国宝武发展规划（2016—2021年）的文件材料，在2019—2021年间，中国宝武钢铁产能要提升至8 000万～1亿吨。收购马钢集团之后，产能将超过8 000万吨，但是距离1亿吨还有距离，也就是说不排除未来还会再并购一些产能。

公开资料显示，中国宝武是由宝钢集团与武钢集团合并而来。在合并之前，即2015年，宝钢集团的粗钢产量为3 493.8万吨，仅次于河钢集团，全国排名第二；武钢集团产量为2 577.6万吨，全国排名第六。合并之后，中国宝武产量超过6 071.4万吨，紧追世界排名第一的安赛乐米塔尔，后者2015年粗钢产量为9 713.6万吨。中国宝武与马钢集团均属于千万吨级以上的大型钢铁集团。相关数据显示，2018年，中国宝武和马钢集团粗钢产量分别为6 742.94万吨和1 964.19万吨，合计达到8 707.13万吨。这意味着在产能方面再进一步增量，就能与安赛乐米塔尔并驾齐驱。

然而，值得注意的是，9 713.6万吨的数据是安赛乐米塔尔2015年时的粗钢产量，其近年来也曾出手并购钢铁产能。其中，距今最近的一起并购是2018年9月份安赛乐米塔尔对埃莎钢铁的并购，前者将竞标报价提高至约58.3亿美元，该价格高于竞争对手俄罗斯VTB集团旗下Numetal公司的约51.4亿美元的出价。公开信息显示，目前安赛乐米塔尔的钢铁产量为1.3亿吨，约占世界钢铁产量10%。

"在钢铁行业，越大就越具有'话语权'，也就越赚钱，例如中国宝武目前就是国内最赚钱的钢铁企业。"西北某大型钢企负责人张强（化名）告诉记者，截至2018年底，中国宝武总产值为7 118亿元，净资产为3 608亿元，2018年实现营业收入4 398亿元，实现净利润338亿元，这是国内其他钢企无法相比的。

"紧随钢铁世界第一的安赛乐米塔尔，中国宝武与马钢合并不仅仅使钢铁产能得到提升，也增强了中国宝武国际竞争力，这也符合中央制定的要把央企做大做强的行动方针。"上述钢企负责人如是表示。

或迎来兼并重组潮

兼并重组不仅仅是"大钢企时代"的必经之路，也曾被认为是去产能的重要推手。2016年，经国务院批准，宝钢、武钢实施联合重组，成立中国宝武，打造钢铁领域世界级的技术创新、产业投资和资本运营平台，形成具有较强竞争力的超大型钢铁企业集团，现在看来宝钢、武钢之间的合并是成功的。

事实上，钢企兼并重组曾被多次提及。早在2017年，在国家发改委提出煤炭去产能实施方案的时候，就有业内人士指出，钢铁行业的兼并重组力度或比煤炭行业更大。根据《钢铁工业调整升级规划（2016—2020年）》（以下简称《规划》）的要求，立足现有龙头企业实施整合以及推动建设国家技术创新示范钢铁企业，支持以钢铁为主导产业的国家新型工业化示范基地建设。另外，据2016年9月国务院发布的针对钢铁行业兼并重组的46号文件设定的总目标，2025年，钢铁行业产量的60%～70%将集中在10家左右的大集团内，其中8 000万吨级的钢铁集团3～4家、4 000万吨级的钢铁集团6～8家。依照上述要求，目前8 000万吨级以上的仅有中国宝武，也就是说该级别的钢企还差2～3家，因此，中国宝武扩围只是一个开始。

相对于央企之间的合并，河北、江苏、山西等地相继出台钢铁行业发展相关规划目标。其中，截至2020年，河北省钢铁企业将形成“2310”产业格局，包括2家具有国际竞争力的企业，3家地方实力企业，10家特色钢企；江苏积极形成“134”格局；山西计划从目前的27家减少至10家；四川力争建成影响力大、竞争力强的千万吨级骨干钢铁集团，总产值达3 500亿元。

仝琳向记者表示，钢铁行业具有周期性，几年来，随着供给侧改革政策红利提振钢材市场，钢铁企业负债大幅度下降，这为企业兼并重组提供了极好机会，而《规划》着力要求在“十三五”期间完善钢铁布局、调整格局以及提高自主创新能力，为企业兼并重组提供了契机。同时，市场机制作用下，从2016年开始，钢铁价格稳中向好，钢铁企业也借势赚了个钵满盆满，这为钢铁行业兼并重组提供了强大的资金支持。

“曾经有很多人质疑过宝武合并，认为一旦市场发生变化，船大难掉头，现在看来却恰恰相反，宝武之间的合并是成功的，为国内钢企合并提供了借鉴的样本。”张强向记者表示，世界钢铁看中国，中国钢铁看合并，目前我国仍然是市场上最大的钢铁生产国，但是我国钢铁是大而不强。

张强解释称，之所以说大而不强，是因为我国钢铁在特钢方面还有待提升。例如航母等所需的一些高端特钢，目前的技术仍然由日本、美国、俄罗斯等少数国家掌握。其主要原因是我国钢企大多只看重基础建设对粗钢的需求，忽视了对高端钢材的长期研发投入。进入“大钢企时代”之后，国内将诞生少数“巨无霸”钢企，这些钢企会对重组之前的钢企重新进行定位，避免区域之间的竞争。“比如说，合并之后，有专门生产粗钢的，有专门生产特钢的，当然也有专门搞研发的，从而增强了国内钢企在国际市场的竞争力。”

张强认为，在钢铁行业不管是央企、国企还是民企，兼并重组都是必经之路。

资料来源：王金龙．中国宝武并购马钢　钢铁“巨无霸”呼之欲出．中国经营报，2019-06-08.

引例表明，合作战略和并购战略是现代企业强化其竞争优势的重要手段。随着经济全球化的迅猛发展，企业之间的关系已经从对立竞争走向大规模的合作竞争，采用合作战略来提高其竞争力。案例中钢企的兼并重组是未来发展的方向。进入“大钢企时代”之后，这些钢企会对重组之前的钢企重新进行定位，从而增强国内钢企在国际市场的竞争力。本章要求读者认识战略联盟的概念、特征、动因、形式和并购的含义、类型、动机、评价等，以帮助读者更好地把握合作战略和并购战略的内涵，为公司制定发展战略提供依据。

8.1 合作战略

随着经济全球化和科学技术的迅猛发展，越来越多的企业开始认识到，单凭企业自身的力量很难在激烈竞争的市场环境中求得生存和发展。20 世纪 80 年代以来，西方企业尤其是跨国公司迫于强大的竞争压力，开始对企业竞争关系进行战略性调整，纷纷从对立竞争走向大规模的合作竞争，采用合作战略来提高其竞争力，其中合作战略最主要的形式之一就是建立战略联盟。战略联盟作为企业组织关系中的制度创新，已成为现代企业强化其竞争优势的重要手段，被誉为“20 世纪 20 年代以来最重要的组织创新”。本节主要讨论战略联盟的内容。

战略联盟的概念

所谓战略联盟是指两个或两个以上的相互独立的企业为了实现各自的战略目的，通过公司协议或联合组织等方式而结成的一种网络式的联合体。如美国的 IBM、摩托罗拉及苹果之间的联盟，目的就是通过减少竞争和需求的不确定性来开发和普及 PowerPC 处理器。日本的索尼、松下、东芝等电器公司通过各种产品不同定位的协议与合作，各自占领了一定的市场份额。在过去的十几年中，战略联盟的数量激增，战略联盟已成为最广泛使用的战略之一，它可以使来自不同国家的企业共同分担风险、共享资源、获取知识、进入新市场。

战略联盟的特征

企业间战略联盟有六大特征。

1. 组织的松散性

战略联盟以共同拥有市场、合作开发技术等为基本目标，若机会来临，联盟中的成员便聚兵会战。一旦机会丧失，各成员将各奔前程。因此，战略联盟本身是个动态、开放的体系，是一种松散的企业间组织形式。联盟内成员之间也可能存在彼此竞争的关系。

2. 合作与竞争并存

传统的企业竞争是以竞争对手消失为目标的对抗性竞争，战略联盟的出现改变了这种竞争方式，认为企业间除了对抗性竞争，还必须从防御的角度出发同其他企业合作、结盟。为竞争而合作，靠合作来竞争。战略联盟中竞争与合作并存的方式有三种：一是先合作后竞争。合作各方在一定领域中合作，再在其他领域中竞争。典型的如索尼、松下和日立三家公司，就曾首先共同制定统一的与高清晰度电视机兼容的盒式录像机制式标准，然后各方再在市场上展开竞争。二是竞争与合作同时进行。如美国通用汽车公司与瑞典沃尔沃公司在美国建立合作生产重型卡车项目的同时，在其他产品和市场上仍然彼此竞争。三是合作各方与他方竞争。最典型的例子是霍尼韦尔集团、布尔公司与 NEC 建立长期的互补关系，NEC为霍尼韦尔与布尔的大型计算机生产中央处理器、为霍尼韦尔生产个人电脑，布尔在美国本土以外生产霍尼韦尔设计的中型计算机并销售其部分产品，霍尼韦尔则在美国市场推销NEC的超级计算机生产线与布尔的网络技术。霍尼韦尔认为这种联合能减少竞争对手，维持现有的市场地位，并使业务集中。联盟的另两方则认为此举能降低进入美国市场的成本，皆大欢喜。

3. 行为的战略性

战略联盟的方式与结果，不是对瞬间变化所作出的应急反应，而是为了优化企业竞争环境的一种长远谋划。因此，联合行为注重从战略的高度改善联合体共有的经营环境和经营条件。

4. 地位的平等性

战略联盟各方是在资源共享、优势相长、相互信任、相互独立的基础上通过事先达成的条款或协议而结成的平等关系。联盟各成员共享经营资源，并在持续的联合过程中，共创联盟的整体经营资源。这就从根本上改变了合资合作企业之间依赖股权多少或其他控制能力的强弱来决定母公司与子公司、高级与初级的不平等关系，有利于建立平等合作的经济秩序。

5. 优势的互补性

在竞争激烈的高科技行业中，没有哪个企业的技术能在所有方面都居世界领先水平。战略联盟可把各个企业独有的优势结合起来，建立一个"全优"的机构。战略联盟中每项工作、每个环节都可能是世界一流的，是任何单个企业望尘莫及的。通过联盟，企业可以实现技术上的优势相长，并可加快创新速度，降低风险。在这些行业里，战略联盟取代局部竞争已成为一种趋势。

6. 范围的广泛性

战略联盟可以产生于企业价值链的各个环节（从研究开发到售后服务），涉及众多行业。在产生方式上，战略联盟可以通过技术转移、相互特许、中间产品联营、合作生产、管理协议或市场协议等各种方式形成，范围相当广泛。

实施战略联盟的动因

泰吉和奥斯兰等人提出了"战略缺口"假设以解释企业进行战略联盟的动因。他们认为，企业在分析竞争环境和评估自身的竞争力及资源时，往往会发现，在竞争环境中它们所取得的战略绩效与它们依靠自有资源和能力所能达到的目标之间存在一个战略缺口，战略缺口的存在一定程度上限制了企业走依靠自有资源能力自我发展的道路，这就在客观上要求企业走战略联盟的道路。企业的缺口越大，参加战略联盟的动力就越大。而且，企业只要投入相对较少的资金，就能够在技术研究开发、技能、产品、市场占有、生产能力等方面实现优势互补，增强合作双方的竞争力。特别是随着科学技术的高速发展和全球经济一体化，产品、服务、技术和资本跨国界的流动越来越多，世界各国之间相互依存度越来越高，这就形成了国际战略联盟的外部条件。就企业自身的内在需要来说，企业实行战略联盟主要有以下几个方面的动因。

1. 开拓市场

20 世纪 90 年代以来，围绕全球市场，企业间的竞争日益激烈，尤其是世界经济区域集团化以及新贸易保护主义的盛行，更使企业在开拓新市场、巩固原有市场方面困难重重。一个企业要想在国际市场中占有一席之地，仅仅依靠自身的力量已远远不够，即使著名的单个跨国公司在现今世界经济区域化、一体化和全球化发展的格局下，也难以完全左右和垄断全球市场，只有利用他人销售网络的优势，才能更好地开发新市场。例如，美国在线公司（AOL）和日本最大的移动通信厂商 NTT DOCOMO 在 2000 年 9 月底结成战略联盟，联合开发日本无线网络通信服务市场。对于美国在线来说，与 NTT DOCOMO 公司的联盟将有助于扩大它在日本市场的影响；而对于 NTT DOCOMO 公司来说，联盟将使其在美国市场站稳脚跟，并扩大它在欧洲市场的影响。

2. 获取技术

随着技术创新及其推广速度的加快，企业在充分利用和改进原核心优势的同时，还必须拓展新的技术领域，而先进的技术是企业在国际竞争中取胜的关键。在当今科学技术迅猛发展的情况下，没有哪个企业能长期垄断某一技术。而且，技术开发本身带有很大的风险性。企业通过战略联盟，不仅可以避免风险，减少不必要的重复投资，而且可以相互交流信息，相互传递技术，加快研究与开发的速度。蓝色巨人 IBM 是世界上最大的计算机生产厂商，但它不能单独研制所有的电脑技术，还必须与微软、英特尔等其他公司合作。微软为其提供 Windows 操作系统，英特尔为其提供计算机集成芯片。

3. 减少风险

企业之间实现战略联盟可以通过下列方法减少一方或双方的经营风险：同合作伙伴共同分担风险，产品组合多元化，更快进入市场和获取收益，减少投资成本等。另外，如果企业进行跨国联盟，还可以降低政治风险。当地公司可能有足够的影响力使合资企业免受当地政府的干预，或者合资企业本身就是政府产业政策的结果。在后一种情况下，由于政府认为合资企业有助于当地经济的发展而支持它，从而使政治风险进一步降低。政府喜欢合资企业、不喜欢独资企业的情况不仅发展中国家存在，像日本这种发达国家也存在。

4. 实现规模经济

企业间的战略联盟可以很好地将同类产品的生产经营企业结合成为一个整体，深化分工，强化技术进步，使不同企业之间的资本、技术、人力、信息资源得以有效、灵活组合，最大限度地降低产品成本，提高规模经济效益。2000 年 3 月，意大利菲亚特集团与美国通用汽车公司在意大利都灵宣布，两家公司将通过置换股权的方式组建战略联盟。有关人士认为，这一联盟将成为世界上最大的汽车生产联合体。菲亚特集团董事长保罗·弗雷斯科表示，组建联盟的目的是使两家公司优势互补，通过共同开发科技和原材料的合理分配达到降低生产成本、实现规模经济、更大限度地占领世界汽车市场的目的。

5. 实行人才交流

通用汽车公司与日本铃木汽车公司曾建立战略联盟关系。两公司达成协议，从 2001

年9月起生产双方联合研制的雪佛兰 YGM－1概念车。双方还将在产品规划、设计、工程、研发、采购等关键部门实行人员互换。通用汽车公司董事长史密斯将在2001年6月铃木汽车公司举行股东大会时加入铃木的董事会。

个案分析

建立银企战略联盟 实现合作互惠共赢

2018年9月13日，中国航天科技集团有限公司与上海浦东发展银行股份有限公司在京签署战略合作协议。双方将积极致力于银行融资服务、国际业务服务、财务顾问服务等金融领域的合作，充分发挥各自产业优势，整合双方资源以取得良好的经济和社会效益，实现优势互补、合作共赢，并逐步建立“航天科技-浦发银行”战略联盟。

集团公司党组书记、董事长吴燕生，浦发银行总行党委书记、董事长高国富出席签约仪式。集团公司党组成员、副总经理王海波，浦发银行党委委员、副行长、浦银租赁董事长王新浩代表双方签署协议。集团公司总部、五院、财务公司、投资控股公司的有关人员参加签约仪式。

吴燕生表示，此次战略合作协议的签署，将进一步推动双方共同发展，为促进双方高端合作发挥积极的作用。集团公司作为中国航天科技工业的主导力量，肩负着富国强军、建设创新型国家、推动我国从航天大国迈向航天强国的使命。近年来，集团公司实现了整体经济规模和经济效益的平稳快速增长，坚持军民融合式发展，积极打造航天产融结合平台，大力发展以战略性新兴产业为核心的航天技术应用产业和航天服务业，努力推动航天高技术向国民经济建设领域的转化应用。

吴燕生代表集团公司感谢浦发银行此前出资300亿元积极参与由集团公司牵头发起设立的中央企业国创投资引导基金，此举为增强中央企业科技创新能力、发展壮大战略性新兴产业、充分发挥央企在国家科技创新中的引领作用作出了积极贡献。他强调，此次银企合作是双方在高层建立战略合作伙伴关系的起点，是加深合作的重要里程碑，必将翻开双方优势互补、资源共享、全面合作、互惠共赢的新篇章。

高国富表示，航天科技集团与浦发银行迎来了携手共进、合作共赢的重要时刻。他对集团公司在国防军工领域所作出的重要贡献和近年来取得的各项成绩表示钦佩。他指出，浦发银行与航天科技集团保持着长久且良好的银企合作关系，特别是2017年，浦发银行出资参与中央企业国创投资引导基金，为推动技术创新、促进央企合作发挥了标杆性的作用。他强调，此次战略合作协议的签署，标志着浦发银行与航天科技集团的合作迈入新阶段。双方将站在更高的起点，放眼更远的未来，着力更多的领域，深化更广的合作。他相信，在双方的共同努力下，定会将合作共赢推向新高度，创造新辉煌。

资料来源：任悦鸣．建立银企战略联盟 实现合作互惠共赢．中国航天报，2018－09－14.

战略联盟的形式

战略联盟的形式有很多，企业可以根据其不同目的，从各种战略联盟形式中作出选择。

现在比较流行的战略联盟形式包括联盟合资、股权投资和职能型联盟。其中，职能型联盟是当前企业运用较多、作用比较显著、应充分引起我国企业注意的一种战略联盟形式。

1. 研究开发战略联盟

这是各国企业为了研究开发新技术、新产品、新材料、新能源而采取的一种联盟形式。三星电子公司与世界著名网站雅虎宣布结成战略联盟，并就双方共同拓展针对消费者的、与互联网相关的全球业务达成一项广泛的电子商务协议。根据协议，双方将整合三星在硬件技术与雅虎在软件技术方面的优势，共同制定有关互联网解决方案产品的全球开发及市场计划。三星电子计划与雅虎共同开发可直接进入雅虎站点的“互联网解决方案产品”，这些产品包括三星已有的网络电话和互联网移动电话。在此项合作中，三星负责所需硬件的开发，雅虎则提供相应的互联网解决方案。

2. 制造生产战略联盟

企业实行制造生产战略联盟，可以实现规模经济并在市场不景气时节约生产能力。这种类型的战略联盟在汽车或重型设备工业是很普遍的，因为它可以给这些企业带来规模经济和降低成本的机会。例如，欧洲空中客车公司生产的 A300 和 A310 宽体客机，由德国负责生产机身，英国负责生产机翼，西班牙负责生产尾翼，而法国负责总装。这种把欧洲各国飞机制造的优势结合在一起的联盟取得了成功。

3. 联合销售战略联盟

这是一个传统的战略联盟。借助这一形式，一个企业可以通过在自己现有区域或一个具体区域销售另一个公司的产品来增加其销售的品种。例如，国际领先的商业管理应用软件供应商思佳公司宣布与联想神州数码科技发展公司共结友好联盟，携手共创中国 ERP 市场。联想神州数码科技发展公司系统集成部将正式代理销售思佳全系列产品。

4. 合资企业战略联盟

这种形式多发生在发达国家与发展中国家的企业之间。发达国家投资者的目的大多是进入发展中国家的市场，而发展中国家的企业多是为了利用发达国家企业的技术、品牌、管理等资源优势，以提高自身的市场竞争力。例如，中外合资企业就是中外投资者以参股的方式出资，在中国境内设立的一个具有法人资格的共同经营实体。

组建战略联盟应注意的问题

战略联盟是一种新的组织模式，与并购相比具有反应迅速、机动灵活的优点，但也正是由于这些特点产生了许多不足，在具体操作中，应注意以下问题。

1. 企业战略联盟环境分析

实施联盟战略是企业采用外部扩展方法，实现企业快速成长最为有效的途径。企业战略联盟的成功实施首先取决于企业是否客观地评价缔结战略联盟的必要性和合理性，是否系统地分析企业内外部战略环境。知己知彼，方能百战不殆。首先，企业需要“照照镜子”，客观地剖析自我，了解自身的优缺点。其次，企业需要进行外部环境分析，进一步了解市场对企业的拉动作用、技术对企业的推动作用、竞争对手的冲击作用以及政府对企业的约束作用等，从而把握市场发展趋势，抓住企业发展机遇。内外部环境分析必将唤起企业对其战略、结构、过程以及人员等重新进行思考以便更快地采用新技术、新手段，更好地适应客户不断变化的需求。

2. 企业战略联盟合作伙伴选择的3C原则

一旦决定组建一个战略联盟，首先要做的就是考虑选择合作伙伴的各种因素和标准，这些标准的核心可以归纳为3C原则，即兼容（compatibility）、能力（capability）、投入（commitment）。经过对战略联盟几十年的研究，3C理论日渐成熟，跨国公司组建战略联盟的多年实践也说明，3C原则是公司寻找合作伙伴的关键条件。

（1）兼容。兼容是一个成功的联盟所必须具备的最重要的条件之一。两个企业进行合作，如果缺少兼容性，那么不管它们的业务关系在战略上多么重要，也不管它们彼此多么有能力，都很难经受时间的考验，也很难应对变化的市场和环境，因为它们首先要做的是能够在一起工作。很多跨国公司在谈起联盟时，都用婚姻来形容它，这并不是说战略联盟是件浪漫的事，恰恰相反，这正说明兼容及解决分歧与矛盾的能力是保持联盟双方良好关系的基石。

如何应用3C理论来寻找一个兼容的合作伙伴呢？

1）从现有的合作伙伴中寻找。寻找一个兼容的合作伙伴，最好的办法就是在已经与自己存在业务联系的客户中选择。因为已有的业务来往为今后的友好相处奠定了基础，两家企业人际关系已经建立，每家企业对对方都有了较深入的了解，合作双方对未来联盟业务也比较熟悉。

2）分散风险，不要把鸡蛋放在一个篮子里。虽然从现有的合作伙伴中挑选联盟伙伴有许多好处，但也不要对现有伙伴过分依赖。注意不要把自己的视野限制在一个狭小的范围之内，丧失为特定业务找到最佳合作者的机会。

3）兼容测试。对未来的合作伙伴的兼容性进行测试，要根据对方企业的硬件、软件因素及有形、无形特征来进行。

①对潜在合作伙伴兼容性的硬件因素进行测试。

第一，公司在规模和能力上的兼容性。应该寻找在规模和能力上与自己相当的合作伙伴。

第二，对现存的联盟网络的兼容性。公司在测试兼容性时要考虑以下问题：

- 合作伙伴与你的强硬竞争对手有可能形成紧密的合作关系吗？
- 如果有的话，它们合作的领域是否正是你容易受到伤害的领域？
- 你能接受上述情况吗？

- 公司是否有防止对方把双方共享的专有资源给你的其他竞争对手使用的手段？
- 合作伙伴的其他联盟关系是否会阻碍你进入所期望的领域？
- 合作伙伴是否会把商业秘密泄露给你的竞争对手？

第三，通过以往合作的记录测试兼容性。在考察以往的合作经历时，记住这句话很有意义：没消息可能是最好的消息。

第四，从公司战略上测试兼容性。如果联盟双方的战略存在矛盾，那么再理想的合作伙伴也不能与你愉快合作。这方面应当考察以下内容：

- 潜在合作者与你合作的动机和目标是什么？
- 合作者向联盟投入的关键资源是什么？
- 合作者的优劣势是什么？

第五，从公司的组织管理和实践上测试兼容性。要仔细研究潜在合作者与自己的公司在组织管理上是否存在兼容性：在组织管理做法上是否有足够的弹性，是否愿意花足够的精力来解决潜在的冲突；双方的组织结构是否有兼容性；双方的管理模式是否具有兼容性等。

第六，从其他方面测试兼容性。如在生产管理、市场营销、财务管理、安全、健康、环境策略等方面都要测试兼容性。

②对潜在合作伙伴兼容性的软件因素进行测试。

与硬件因素相比，软件因素同等重要。公司文化是否融合，特别是双方高层管理人员和主管联盟企业的经理是否能友好相处可以决定一个联盟的命运。事实上，能否和睦相处取决于各种因素。

在软件因素中最重要的当属相互之间的信任。在联盟中相互信任有巨大价值，实践证明，正是高层领导人员的相互信任使联盟度过一个又一个危机。现实中，联盟较低层次的管理者之间常有一些争执和不信任，有很多抱怨和问题，但如果双方高层管理者相互信任，相信对方的诚意和判断，他们就能摆脱这些琐事并解决这些问题。

（2）能力。合作者必须有能力才能与你合作，合作才有价值。在评价合作对象的能力时，公司应当为每一个潜在的合作对象准备一份档案材料，以便更好地评价它们的优点与缺点。主要应评价以下几点：

- 在拟合作的领域，你与合作伙伴谁更活跃？
- 对方的市场实力如何？
- 对方的技术水平、生产能力、销售网络如何？
- 对方的核心竞争力在哪里？
- 对方管理者的素质与能力如何？

（3）投入。找一个与自己有相同投入意识的合作者是联盟成功的第三个条件。尽管合作者很有能力并且与自己很相容，但如果它不愿意向联盟投入时间、精力、资源，联盟就很难很好地运作。因此，必须对潜在合作者进行测试，以确定对方是否也与你一样有积极的投入意识。对投入意识的测试归纳为两点：

1）联盟的业务是否属于合作者的核心产品范围或核心业务范围。如果拟设立联盟的业务范围对合作者的主要业务来讲是微不足道的，那么，合作者就很可能不向联盟投入必要的时间和资源，同时合作者还很有可能退出联盟，使你处于进退两难的境地。

2）确定合作者退出联盟的难度。联盟面临的危险之一就是公司已把合作纳入战略中并且投入了大量的资源和精力，而合作者却突然要求退出联盟，从而使公司陷入进退维谷的境地。所以，公司最终决定建立联盟关系前，必须测试：对方退出联盟的可能性有多大？困难程度有多大？本公司的代价有多高？

3. 企业战略联盟风险防范

在战略联盟实施过程中肯定会有许多问题，企业必须对可能出现的问题及自己的承受能力进行预测并加以防范。防范战略联盟风险主要从以下三个方面来考虑：（1）风险发生的概率有多大？（2）如果风险发生，对企业造成的冲击是什么？（3）谁来管理风险？谁拥有管理风险的知识和经验？风险管理需要有一个预警体系以帮助企业确定什么时候对风险作出反应。交通指示灯即是一个很好的例子。企业需要设置自己的指示灯体系，当警告信号黄灯出现时，应立刻采取措施。在缔结战略联盟之前，企业就必须准备好撤退战略。撤退战略必须明确地表明企业退出联盟的代价是什么。在实施战略联盟时，这话听起来很消极，但是很实际、很实用。

8.2 并购战略

企业并购的含义

企业并购是指一个企业购买另一个企业全部或部分资产或股权，从而控制、影响被并购企业，以增强企业竞争优势、实现企业经营目标的行为。企业并购从19世纪末开始在西方被企业界采用，其对西方大型跨国公司的形成和经济的迅速发展起到了不可估量的推动作用。近年来，随着经济体制改革和现代企业制度的推行，这一方式越来越受到我国企业界的重视，企业并购有助于提高我国企业的竞争能力，促进企业的发展。

企业并购的类型

企业并购有多种类型，可从不同的角度划分。

1. 按并购方与被并购方所处的行业不同，可以分为横向并购、纵向并购和混合并购

（1）横向并购。横向并购是指并购方与被并购方处于同一行业。例如，美国波音公司与麦道公司的合并、日本东京银行与三菱银行的合并。横向并购可以消除重复设施，提供系列产品或服务，实现优势互补，扩大市场份额。

（2）纵向并购。纵向并购是指在经营对象上有密切联系但处于不同产销阶段的企业之间的并购。按照产品实体流动的方向，纵向并购可分为顺向并购与逆向并购。顺向并购是

指沿着产品实体流动方向或称产业链下游所发生的并购，如产品原料生产企业并购加工企业或销售商或客户，或加工企业并购销售企业等；逆向并购是指沿着产品实体流动的相反方向或称产业链上游所发生的并购，如加工企业并购原料供应商，或销售企业并购原料供应企业或加工企业等。前者如一家汽车制造公司并购一家出租汽车公司；后者如一家轧钢企业并购一家铁矿公司。纵向并购可以加强企业经营整体的计划性，协调供产销结构，增强企业竞争能力。

（3）混合并购。混合并购是指不同行业在经营上无密切联系的企业之间的并购，例如一家生产家用电器的企业并购一家旅行社。混合并购的目的在于实现投资多元化，减少行业不景气可能造成的经营风险，扩大企业经营规模。

2. 按被并购方对并购方所持态度不同，可分为友善并购和敌意并购

（1）友善并购。友善并购通常是指并购方与被并购方通过友好协商确定并购条件，在双方意见基本一致的情况下实现产权转让的一类并购。此类并购一般先由并购方选择被并购方，并主动与对方的管理当局接洽，商讨并购事宜。经过双方充分磋商签订并购协议，履行必要的手续后完成并购。在特殊情况下，也有被并购方主动请求并购方接管本企业的情形。

（2）敌意并购。敌意并购通常是指当友好协商遭到拒绝后，并购方不顾被并购方的意愿采取强制手段，强行并购的一类并购。敌意并购也可能采取不与被并购方进行任何接触，而在股票市场上收购被并购方股票，从而实现对被并购方控股或兼并的方式。由于种种原因，并购（尤其是兼并）往往不能通过友好协商达成协议，被并购方从自身的利益出发，拒不接受并购方的并购条件，并可能采取一切抵制并购的措施加以反抗。在这种情形下，敌意并购就有可能发生。

在产权交易市场上采取主动购买行为的一方称为收购公司，而被动出让的一方称为目标公司。收购公司兼并目标公司后实现对目标公司的控股，既可以采取直接收购的方式，也可以采取间接收购的方式。直接收购就是收购公司直接向一家目标公司提出拥有其资产所有权的要求，双方通过一定的程序磋商，共同商定完成收购的各项条件，进而在达成协议的条件下达到拥有目标公司所有权的目的。直接收购也称为协议收购或友好接管，属友善并购范畴。间接收购是指收购公司并不向目标公司直接提出购买企业产权的要求，而是在证券市场上高于市价大量收购目标公司的股票，从而达到兼并或控制目标公司的目的。此外也可以是收购公司利用目标公司股价下跌之机，大量买进其公司股票，从而达到控制目标公司的目的。这种收购一般不是建立在共同意向基础之上，因而极可能引起目标公司的抵抗，这种意愿相悖的收购也称作敌意收购，属敌意并购的范畴。敌意收购可能是收购公司最初采用的一种收购策略，也可能是收购公司向目标公司提出收购建议被拒绝后采用的收购策略。无论出自何种考虑，敌意收购的过程都充满了火药味。

3. 按并购方的身份不同，可以分为产业资本并购和金融资本并购

（1）产业资本并购。产业资本并购一般由非金融企业进行，即非金融企业作为并购方通过一定程序和渠道取得目标企业全部或部分资产所有权的并购行为。并购的具体过程包括从证券市场上取得目标企业的股权证券或在目标企业增资扩股时以适当的价格取得其增

发的股权证券，或者向目标企业直接投资，以便分享目标企业的利润。正因为如此，产业资本并购表现出针锋相对、寸利必争的态势，谈判时间长，条件苛刻。

（2）金融资本并购。金融资本并购一般由投资银行或非银行金融机构（如金融投资公司）进行。金融资本并购有两种形式：一是金融资本直接与目标资本谈判，以一定的条件购买企业的所有权，或当目标企业增资扩股时，以一定的价格购买企业股权；二是由金融资本在证券市场上收购目标公司的股票从而达到控股的目的。金融资本与产业资本不同，它是一种寄生性资本，既无先进技术，也无管理经验。因此，金融资本并不谋求产业利润，而是靠“炒企业”获取投资利润。因此，金融资本并购具有较大的风险性。

4. 按照并购股权的份额，可分为控股并购和全面收购

（1）控股并购。控股并购就是在收购过程中，并购方公司出资收购目标公司，达到控股地位，包括相对控股和绝对控股。相对控股就是收购的股权比例在目标公司所有股东中最大，处于相对控股地位，从而可以控制目标公司；绝对控股就是收购的股权比例占50%以上，处于绝对控股地位，具有绝对的控制权。

（2）全面收购。全面收购就是并购方公司对目标公司实行全面收购，出资购买目标公司的所有股权，或者出资收购目标公司的所有资产，这样目标公司就成为并购方公司的全资子公司，并购方拥有对目标公司资产的全部所有权。

企业并购的方式

按并购的具体方式和途径，企业并购方式主要有购买式、承担债务式、控股式、吸收合并式。

1. 购买式

即并购方出资购买目标企业的净资产以获得其产权的方式，也是整体并购。并购后，被并购企业的法人主体地位消失，并购方对目标企业实现绝对控制。这种方式一般在企业资产结构合理、对目标公司的收益预期较好、同时又不愿因有新股东的加入而分享或稀释原有股东的利益时采用。对目标公司的所有者来说也皆大欢喜，因为它可以使资产变现，投向新的领域，盘活存量资产，消除对并购后企业的发展前景不确定性的忧虑。

2. 承担债务式

即并购方以承担目标企业的债务为条件接受其资产并取得产权。其特点是：产权交易不以价格为标准，不用付现款，以未来分期偿还债务为条件接受目标企业。该方式简便易行。

3. 控股式

即通过收购目标公司一定的股份成为目标公司最大的股东，从而掌握对目标公司的控制权。在这种情况下，被控股公司仍具有法人资格，与控股公司形成母子公司关系。这种方式能以少量资产控制更多资产，提高资产效能。在人事上，直接变化就是大股东可提议召开临时股东大会，从而可改组董事会，通过董事会对目标公司的经理层人员进行调整，大股东代表进入董事会并入主经理层。在资产上，往往伴随着置换或剥离劣质资产，注入

优质资产，实现主业的战略转移等。控股式并购主要有两种形式：一种是直接与目标公司的大股东谈判，由目标公司的大股东协议出让股权给收购方。如新疆德隆国际实业总公司与株洲市国有资产管理局签订股权转让协议，以 7 000 万元人民币受让该局持有的湘火炬股权，从而成为湘火炬的第一大股东。另一种是通过二级市场收购目标公司股票，达到相对控股从而实现对目标公司的控制。虽然这种方式成本较高且可操作的目标公司并不算太多，但不乏成功者，并且每一次成功都给中国证券市场带来巨大震动。大港油田通过其下属关联企业于 1998 年下半年发起对爱使股份的收购就是一例。在历经 5 个月的惊心动魄收购后终于持有 7%的爱使股份，成为爱使第一大股东，并在同年 10 月 31 日以大港推荐的李遵义担任爱使董事长为标志，正式入主爱使股份。大港之所以看中爱使，一是爱使资产结构独特；二是爱使业绩及资产质量较好，连续两年净资产收益率超过 10%；三是爱使地处上海这个远东经济中心；四是爱使主营业务不突出，与大港正好实现互补。大港油田以爱使为桥梁，借壳上市进入资本市场，既增加了自己的无形资产，又为迅速壮大奠定了基础。

4. 吸收合并式

一般指收购方向被收购方发行股票换取被收购方股东所持股份或资产，从而注销被收购方法人资格的吸收合并行为。从历史上看，以换股为特征的合并一直是创造经济巨人的重要方式。这是因为对大规模兼并来说，要兼并方一下子拿出巨额现金来进行收购几乎不可能。清华同方吸收鲁颖电子堪称吸收合并的典型案例。鲁颖电子主要生产中高压瓷介电容器和交流瓷介电容器，是中国最大的中高压瓷介电容器生产基地，其交流高压瓷介电容器已先后取得国内“长城”及美国 HL、加拿大 LSA、德国 VDE 等国际安全认证，国内市场占有率 40%以上。清华同方是一家有雄厚科研实力和高校背景的上市高科技公司，主营信息产业和人工环境产业，迫切需要一个自己的电子元件生产基地。而鲁颖电子所生产的陶瓷电容器可用于清华同方的 RH 型智能传感器、RH 型智能控制器、短波通信设备、计算机等产品。二者结合可实现优势互补，相得益彰。经双方协商，清华同方以吸收合并方式兼并鲁颖电子，鲁颖电子每 1.8 股可换取清华同方 1 股，鲁颖电子的资产、负债及相应的权益并入清华同方，鲁颖电子的法人地位注销。鲁颖电子原总股本为 2 731.091 2 万股，共折合为清华同方股票 1 517.272 8 万股。在合并中清华同方采取的资本运营策略必将使企业如虎添翼。人们越来越深切地感到，唯有不断利用收购、兼并、重组等手段，对在国民经济中占主导地位的国有企业实行战略改组，调整不合理的产业、产品结构，培育出能同跨国公司抗衡的大型企业，才能使中国企业在 21 世纪重铸辉煌。

企业并购的动机

企业并购就是资源优化配置的过程，也就是说，通过企业并购，只要企业经营得好、有效益，企业资源就向优势企业集中，经营得不好，企业就要被并购。通过这种方式，可以很好地实现战略调整中的效率原则，提高企业的整体效益。

1. 利润最大化

市场经济中企业一切经营活动的根本动机在于利润最大化，企业的经营活动实质上是一个追逐利润的过程。并购是一种直接投资行为，同其他经营活动一样，其动机在于利润最大化。资源的稀缺性决定了竞争是不可避免的，任何企业都是要素市场的需求者，两个企业的合并意味着原来独立的两个需求者合二为一。并购增强了企业在要素市场上的地位（这种地位包括讨价还价的能力），消除了存在于要素市场的企业机会主义行为的能力，从而降低了成本。并购使企业规模扩大，有利于发挥规模经济的优势。此点可从古典经济学成本曲线进行分析，古典经济学认为长期平均成本曲线是短期平均成本曲线的包络线，都是 U 形曲线。对一个企业而言，存在一个与最优生产规模对应的最小的平均生产成本，当生产规模小于最优生产规模时，可以通过并购使其达到最优而使平均成本最小，利润最大。德国最大的工业集团戴姆勒-奔驰公司和美国第三大汽车公司克莱斯勒当年在伦敦正式敲定了双方合并协议。双方合并后实力将位居美国通用、福特、日本丰田、德国大众之后，成为全球第五大汽车生产企业。这种跨国的强强结合是为了降低成本，发挥规模经济效益，合并后双方生产的产品将继续使用原来的品牌，各自主要的传统市场也不会融为一体，而在采购、营销、技术协作以及零部件互换方面进行合作，从而达到降低成本、加快产品推向市场的目的。

2. 优势互补，风险共担

从竞争优势的角度考虑企业并购，一方面，并购企业的竞争优势向目标企业转移；另一方面，目标企业的竞争优势向并购企业转移。并购的目的就在于推动和促进这种竞争优势在两个企业间的相互转移，或以发挥并购企业自身的竞争优势为目的，或以获取目标企业的竞争优势为目的，或者两者兼而有之。企业并购的动机在于将自身的竞争优势“送出去”或将其他企业的竞争优势“拿进来”，二者都以巩固和提高并购企业的竞争能力为目的，以实现优势互补。奔驰与克莱斯勒的合并是优势互补的一个典型案例。奔驰公司以制造高级小轿车著称，其产品在欧洲占有很大的市场份额，但在美洲市场上份额较小。而克莱斯勒的强项是生产小型汽车、越野吉普车和微型厢式汽车，其产品虽在美洲市场上大行其道，在欧洲市场上却地位可怜。双方都有开拓对方市场的意图，而合并与技术交流正好满足各自的意愿，相互支持、相互补充、优势互补。科学技术日益向高新方向发展，技术开发的难度越来越大，所需费用越来越多，承担的风险也随之加大，企业并购可以弥补各自在尖端技术上的不足，分担巨额开发费用和风险，缩短开发周期。

3. 实现多元化经营和保持核心竞争力

为了保持组织资本和声誉资本以及在财务和税收方面的优势，企业会寻求多元化经营。多元化经营既可以通过内部发展完成，也可以通过并购活动完成。在特定情况下，通过并购进行多元化经营要优于内部发展途径。

企业要进入新的产业领域开展新的产品经营业务有很多方法：一是投资建厂，即企业可以通过对新产业领域的市场调查，进行目标市场分析，确定市场占有率，同时进行投资经济可行性分析，确定最佳投资方案并确定整体进入新产业还是开展新产品经营业务。二是通过投资或并购方式进入，即对从事经营新产业或新产品业务的目标公司进行调查、分析、论证后，通过商务谈判、协商一致，以投资入股、兼并、合并等方式进入该产业或该产品领域经营业务。这两种方式有利有弊。对于一个大的企业集团而言，面对激烈的市场竞争，不可能用太长的时间投资建厂（包括开发或引进产品技术、招募新员工、开发市场等），而且也不一定经济。因此，许多企业集团在进入新产业或新产品业务时，更倾向于通过并购方式来实现企业的多元化经营。

4. 降低交易成本，提高资源利用效率

交易成本的节约是企业并购的一个重要原因。在市场经济中，企业不仅仅是商品的生产单位，还需要在产前、产后进行大量的交易活动，以实现其产品的价值，这些发生在流通领域的交易活动是联系生产和消费的纽带，是企业再生产过程中不可缺少的环节。这些交易活动包括企业全部的采购、推销、包装、调运、保管、储存等活动，也包括与此相关的一些信息收集、沟通、洽谈业务、签订和履行合约等活动。这些交易活动本身还包含风险责任，必须对此支付一定费用。通过并购企业可以实现组织和规模的迅速膨胀，进而改变交易成本的支付量，使原有企业的市场交易内部化，将并购前供、产、销不稳定的市场关系变为相对稳定并且可以控制的内部分配关系。将不确定性变为确定性，将未知变为已知，可以降低因市场交易的不确定性而形成的交易成本。企业通过并购，可以节约研究和开发费用，可以节约大量中间品的投入，可以降低营销过程中的费用支出，可以把大额的交易成本变为小额的管理费用。

企业并购评价

（一）并购前的评价

1. 目标公司分析

在收购一家公司之前，必须对其进行全面的分析，以确定其是否与公司的整体发展战略相吻合，了解目标公司的价值，审查其经营业绩及公司的机会与障碍，从而决定是否对其进行收购，目标公司的价格是多少以及收购后如何整合。

（1）产业分析。任何公司都是处在某个产业之中，公司所处产业状况对其经营与发展有着决定性影响。产业分析主要包括以下几个方面的内容：

1）产业总体状况。产业总体状况包括产业所处生命周期阶段及其在国民经济中的地位、国家产业政策等。

大部分产业在发展过程中都要经历一个由萌芽、成长、成熟到衰退的周期，处于不同生命周期阶段的产业发展状况是不同的，这也决定了处于该产业的公司的发展。如果一个公司处于一个成长阶段的产业，这个公司的发展空间就会相对较大，前景较好；反之，如果公司处于一个衰退期的产业，其发展就会受到限制。

各个产业在经济发展的不同时期在国民经济中的地位是不同的。一定时期内某些产业处于主导地位，在国民经济发展中发挥重大作用，那么这些产业很容易受到国家的重视，得到政策的扶植，如果公司处于这些产业中，容易从中受益。

2）产业结构状况。根据哈佛商学院波特教授的研究，产业中存在着五种基本的竞争力量：潜在进入者、替代品、供应商、买方和行业内的竞争者，这五种竞争力量组成了产业结构状况，五种竞争力量的分布决定着一个行业的竞争程度和行业内公司的盈利能力。

3）产业内战略集团状况。产业内各竞争者可以按不同的战略地位划分为不同的战略集团，一个产业中各战略集团所处的位置、战略集团之间的相互关系对产业内竞争有很大影响。如果一个产业中各战略集团分布合理，那么公司处于战略集团的有利位置对其经营十分重要。

通过以上对目标公司所处产业状况的分析，可以判断对目标公司的并购是否与公司整体发展战略相符，并购后是否可以通过对目标公司的良好经营为公司获取收益。

（2）法律分析。对目标公司的法律分析，主要集中在以下几个方面：

1）审查公司组织章程。在审查公司组织章程的过程中，应该注意对收购、兼并、资产出售方面的认可，以及并购中应经过多大比例认可方能进行的规定；公司章程中有无特别投票权及限制。另外，对公司董事会的会议记录也应当进行审查。

2）审查财产清册。应审查公司财产的所有权以及投保状况，对租赁资产应看其契约条件是否有利。

3）审查对外书面合约。应对被收购公司使用外界商标、专利权或授权他人使用的约定，以及租赁、代理、借贷、技术授权等重要契约进行审查，注意在目标公司控制权转移后这些合约是否还有效。

4）审查公司债务。注意其偿还期限、利率及债权人对其是否有限制。例如，规定公司的控制权发生转移时，债务立即到期。

5）审查诉讼案件。对公司过去的诉讼案件和现有诉讼案件进行审查，看是否存在对公司经营有重大影响的诉讼案件。

（3）经营分析。对目标公司的经营分析，主要包括目标公司的运营状况、管理状况、重要资源等。

1）运营状况。通过对目标公司近几年经营状况的了解，分析其利润、销售额、市场占有率等指标的变化趋势，对今后运营状况作大致预测，同时找出问题所在，为并购后的管理提供基础。

2）管理状况。调查分析目标公司的管理风格、管理制度、管理能力、营销能力，分析其并购后是否能与母公司的管理相融合。

3）重要资源。分析目标公司的人才、技术、设备、无形资产，以在并购后充分保护这些资源，并发挥这些资源的作用，促进整个公司的发展。

（4）财务分析。对目标公司财务方面的分析，主要是确定目标公司的财务报表是否真实反映了其财务状况。这一工作可以委托会计师事务所进行，审查的重点包括资产、负债和税款。审查资产时应注意各项资产的所有权是否为目标公司所有；资产的计价是否合理；应收账款的可回收性，有无提取足额的坏账准备；存货的损耗情况；无形资产的价值评估是否合理等。对债务的审查主要集中在查明有无漏列的负债，如有应提请目标公司调整。另外，应查明目标公司以前各期税款是否足额及时缴纳，防止并购后由并购公司缴纳税款及罚款。

延伸阅读　并购“智慧型”企业莫忘知识产权尽职调查

2. 自身并购实力分析

在企业并购中，并购方正确评价自身的并购实力也是至关重要的一个环节，应当从以下几个方面考虑。

（1）经营能力。对并购方的经营能力分析，主要包括公司的管理能力、市场营销能力、技术开发能力等。

1）管理能力。主要评价并购方自身是否有足够的管理能力投入目标公司的管理整合中。并购方在并购之前就应该对本公司的管理能力进行评估，如果没有足够的管理能力，就应该重新考虑自己的并购策略，要么放弃，要么首先解决管理人才的问题。

2）市场营销能力。主要分析并购方产品的市场占有率、销售增长率、分销商的数量、服务能力等，考察并购方公司是否有足够的营销能力来拓展目标公司的销售市场。

3）技术开发能力。主要考察并购方公司的研发能力，一般根据并购方公司研发机构的水平和每年投入的研发费用以及市场上销售新产品的比重、产品性价比来判断。

（2）财务评价。对并购方进行财务评价，看并购方是否有足够的财务能力投入并购后的管理整合。主要包括以下方面：

1）净利润增长率。对公司近几年的净利润率进行分析，考察公司的利润增长率，结合公司近期的产品投资情况，评估并购方公司在未来经营中是否有较大的发展空间。因为对目标公司的整合需要一个较长的过程，在这段时间内，合并公司的主要利润来源还是依靠并购方公司，因此，并购方公司应该有足够的现金流来支持合并公司的运行。

2）其他一般比率分析。包括一些衡量财务风险的比较重要的比率，如资产负债率、财务杠杆等，通过这些比率评价并购是否会给并购方带来财务风险。

（3）筹资能力分析。在企业并购中，并购方要付给目标公司资金，如何筹集这笔资金成为公司并购实施过程中的一个重大问题。在并购决策前，应该对筹资能力进行仔细评价。

1）筹资渠道的选择。从筹集资金来源的角度看，筹资渠道可以分为企业的内部渠道和外部渠道。内部筹资渠道是指企业从内部开辟的资金来源。这种方式保密性好，企业不必向外支付借款成本，风险较小。外部筹资渠道是指企业从外部开辟的资金来源，主要包括借款、扩充股本、发行企业债券、引进新的投资者等。从企业外部筹资具有速度快、弹性大、资金量大的优点，是并购过程中筹集资金的主要方式。其缺点是保密性差，企业要负担高额成本，会产生较高的风险。

2）筹资方式的选择。随着我国金融市场的发展，企业筹资有多种方式可以选择，在并购中企业可以根据实际情况选择合理的方式。主要有以下方式：向银行和金融机构借款、发行债券、普通股融资、优先股融资、可转换债券融资、购股权证融资等。

3）筹资成本。筹资成本是指公司为取得并使用资金而付出的代价，其中包括支付给股东的股息和债权人的利息等。在并购筹资过程中，公司必须在筹资风险与筹资成本之间进行权衡，以使公司保持一个合理的资本结构，保障良好的运营。一般公司在并购过程中都是从多种来源筹集并购资金，而各种来源资金的成本是不同的，为了估算全部融资的综合成本，需要对资金成本进行加权计算，其公式为：

$$K=\sum_{i=1}^{n}W_iR_i$$

式中，K 为加权平均资金成本率；W_i 为第 i 种资金占全部资金总额的比例；R_i 为第 i 种资金的资金成本率。

（二）目标公司的价值估算

在并购实施过程中，收购方必须对目标公司的价值进行估算，从而为公司的出价提供基础。另外，通过估算目标公司的价值和现金流量，可以确定相应的融资方法。公司是市场经济中的一种特殊商品，其价值由多种要素决定，公司的盈利能力只是它的衡量价值之一，因此目标公司的价值估算是一个十分复杂的问题。一般在公司的并购中，目标公司的价值估算可以用三种方法进行：净值法、市场比较法和净现值法。

1. 净值法

所谓净值法是指利用公司净资产的价值作为目标公司的价值。净值法是估算公司价值的基本依据。利用这种方法估算公司的价值，一般在目标公司不适合继续经营或收购方主要目的是获取目标公司资产时使用。使用这一方法的关键是正确估计目标公司资产和负债的实际价值，因此必须在保证目标公司资产负债表准确性的基础上进行。

（1）资产的估算。在资产的估算中应该注意以下项目：有价证券一般应以市值为基础，而非账面价值为基础计算；外币应计算汇兑损益；应收账款应注意其可回收性以及是否已提取足额的坏账准备；存货应合理估算其目前的市价；固定资产按其净值计算；无形资产采用合理的方式评估其价值。

（2）负债的估算。应对目标公司的负债进行审查，查明有无漏列的负债。另外，对目标公司的负债应进行正确处理。

目标公司资产和负债净值估算出来后，两者相减即得出其净值，作为目标公司的价值。

2. 市场比较法

市场比较法是以目标公司的股价或目前市场上已成交公司的价值作为标准来估算目标公司的价值。有两种标准可用来估算目标公司的价值。

（1）公开交易公司的股价。尤其是对于没有公开上市的目标公司的价值可以根据已上市的同类型公司的市价来估算。具体操作是先找产品、市场、目前获利能力、未来业绩成长等方面与目标公司类似的若干家上市公司，将这些公司的各种指标与股价的比率作为参考，根据并购公司目的的不同，选择不同的标准，尽可能使估算价值接近实际价值。

（2）相似公司过去的收购价格。如果最近市场上有同类公司成交的案例，以这些公司的成交价格作为参考。这种方法由于所采用的标准是收购公司支付的真实价值，且由于继续经营的溢价和清算的折价均已包含在收购公司的成交价格中，所以相对较为准确。但由于很难找到经营项目、财务业绩、规模等十分相似的公司作为参考，且被收购公司由于收购公司战略、经营条件不同，对收购公司有不同的意义，因此这一价格很难合理确定，这一方法的采用有很大局限性。

3. 净现值法

如果收购公司的目标是为了对其继续经营，那么对目标公司的价值估算以净现值法为宜。净现值法是预计目标公司未来的现金流量，再以某一折现率将其折现为目标公司的价值。

这一方法将收购后公司的利润资本化作为目标公司的价值，是基于目标公司未来获利的能力而不是基于其资产的价值来估算其价值。这符合公司这一特殊产品的本质，因为在收购后对目标公司继续经营的情况下，目标公司的使用价值是其获利能力而非资产本身。传统上用以往年度目标公司的会计盈余为基础估算公司的价值，忽略了货币的时间价值，且没有反映未来时期公司的盈利能力、经营风险，因此无法反映收购后继续营运的价值。由于上述原因，净现值法是目前美国公司收购通用的评估方法。

由于净现值法是将目标公司未来的现金流量折现为现值来估计其价值，因此这一方法的关键在于未来现金流量和折现率的确定，在具体操作中需要注意以下事项：

（1）现金流入量。在净现值法下，现金净流入公式为：

现金净流入＝税后净利－非现金费用－税后利息费用－固定资产与营运资金投入

这个公式是假设在无债务负担下目标公司的价值，因此在计算出公司价值后再减去负债额，得出目标公司的估算价值。

（2）残值计算。在最后一年计算残值时，不应以会计折旧的概念来计算，通常用最后一年现金流入除以折现率来计算。

（3）年限确定。在确定现金流入的年限时，应根据企业的具体情况进行，一般经营状况稳定的企业时间可以长一些，而经营状况变化快的企业，如高科技企业则可以短一些。

（4）折现率的确定。一般应以买方企业购买目标企业的资金成本来确定折现率，因为不同的资金成本有不同的报酬率。

以上三种方法在估算目标公司的价值时经常采用，它们各自适用于不同的场合，并无优劣之分，在并购之中可以灵活选用，也可以几种方法同时使用。

（三）并购后的评价

并购完成后，仍然需要进行评价，因为只有及时地进行并购评价，才可以获知并购是否成功，在哪些方面成功，在哪些方面还没有完全显露出优势。获知这些以后，企业才可以更好地进行下一步的整合管理。

1. 对并购后公司财务效益的评价

视企业并购所处的具体环境和动因，实践中可采用如下指标对并购后公司的财务效益进行评价。

（1）资产成本降低率。这是一种财务协同效益，是指当一个需求增长低于整个经济增长的行业中的企业，并购一个需求高速增长行业中的企业时，可以使用并购企业低成本的内部现金，降低合并后企业的投资成本，从而抓住目标企业所在行业中的投资机会。

（2）资本积累增加。资本积累是指把分散的较小的资本合并成统一的较大的资本，企业并购是加速资本积累的重要条件。在并购后的评价中，应该注意此次并购是否为公司的资本积累作了很大的贡献，企业的有效规模是否确实有所扩大。

（3）超常收益水平。企业经营活动的最终目的在于价值增值，并购的所有动因都在于获取超常利润。按照现代财务理论，并购的目的是增加股东财富，即并购后股票的价值增值。超常收益是指事件期间内的实际收益与未发生该事件时期的预期基准收益相减后的差额。如果超常收益为正，表明并购给股东创造了附加值；如果超常收益为零，表明并购是中性的；为负值则表明并购对股东不利。

（4）财务协同效应。并购的业绩最终是通过财务数据表现出来的，因此，财务协同的实现是衡量并购成败的重要因素。一般用以下几个方面来衡量：

1）节税效应。首先，并购后减少了很多外部交易，可以节省一些流转税；其次，并购后合并公司报表，统一缴纳企业所得税，可以节省大量的所得税；最后，并购双方可能有一些免税的项目进入并购后公司，同样可以节省税收。

2）降低成本。不管是横向并购还是纵向并购，降低交易成本都是必然的，这可以通过成本核算进行考察，也可以通过合并后的财务报表数据进行评估。

3）整体财务能力的提高。对于合并后公司整体财务能力的评价，应该依据并购后几年内的财务报表，通过一些财务比率进行评价。例如，衡量收益性的指标有总资产报酬率、所有者权益报酬率、毛利率、销售利税率、净利润率；流动性分析的指标有存货周转率、应收账款周转率、流动资产周转率；还有公司安全性分析指标、成长性分析指标等。

2. 对并购后公司非财务效益的评价

对企业并购的效益评价，仅限于财务方面显然是不合适的，因为影响并购后企业的发展和核心竞争力的一些因素是难以由财务指标衡量的。企业的总目标总是要通过各种分目标或非财务目标来实现。考核评价时，应将财务效益评价与非财务效益评价相结合。

（1）并购是否实现了合理的规模经济。规模经济是并购的一个极其重要的动因，衡量一个企业是否达到规模经济应该从多个方面进行考核，包括：并购后经过产业整合是否大幅度降低了成本；整合后是否扩大了产品的营销渠道；整合后生产规模是否达到了合理的水平。

（2）并购是否实现了生产关系的变革。也就是说，通过并购，劳动生产率是否提高，并购公司的技术水平或自动化水平是否显著提高，并购是否给生产方式、管理模式带来了创新性的变革。

（3）并购是否有利于产业和产品结构的调整。首先，观察并购是否促成新技术部门的形成，是否形成了新的技术或产品，从而提高了核心竞争力；其次，并购是否提高了存量资产的运行效率，更有效地利用现有资产，充分发挥企业的生产运营能力。

（4）并购是否提高了市场占有率。提高市场占有率，构成市场优势地位，并不要求企业完全摆脱竞争压力。判断相关企业是否拥有市场优势地位，需要从企业的绝对规模和相对规模两个角度来进行，而企业的相对规模主要应从市场占有率、主导定价能力、资金优势、市场的准入壁垒、产品技术含量以及供应商和消费者对相关企业的依赖程度等方面考虑。

（5）并购是否实现了多元化经营。考察并购后的企业是否实现了多元化经营，是否提高了抗风险能力；在多元化经营过程中，是否继续拥有核心竞争力，是否可以继续保持行业领先优势。

企业并购后的整合

整合是指并购方或并购双方共同采取的一系列旨在推进并购进程、提高并购绩效的管理措施、手段和方法，主要有以下几个方面：

1. 经营战略整合

企业并购是否服务于企业长期发展战略是并购成败的关键因素之一。只有符合科学合理的企业发展战略、建立在理性并购动机之上的企业并购行为才能保持正确的方向，为企业创造效益。并购过程中的经营战略整合，就是对并购企业和被并购企业的优势战略环节进行整合，以提高企业整体的盈利能力和核心竞争力。核心竞争力是主营业务领域取得优势的支柱，没有核心竞争力，企业在主营业务领域的竞争优势和发展是不可能的。如果企业不具备一定的核心竞争力，在主营业务领域缺乏竞争优势，而力图通过并购在其他领域建立优势，就如无本之木，最后难免连仅有的一点市场优势也丧失。从另一个角度看，通过并购吸收与自己存在战略互补关系的企业是培养核心竞争力的一个有效方式。企业竞争力的培养主要通过企业内部有关专长的培养来实现。即使通过并购可以从外部获得一些核心竞争力的要素，这个比例也不可能过大，否则企业是无法有效吸收外部资源并将其转化成核心竞争力的。因此，在已有领域确立核心竞争力，同时向新的经营领域获取竞争优势要素，是企业在并购过程中需同时考虑的战略性问题。

2. 组织与制度整合

企业并购中的组织与制度整合对并购的最终成功有很大影响，其目标是在企业并购后形成有序统一的组织结构及管理制度体系，以尽快实现企业的稳定经营。企业组织结构的调整目标是形成一个开放性与自律性有机统一的组织系统，使整合后企业的生产要素更加自如、高效地结合，适应外部环境的变化。在组织调整中，企业必须根据统一指挥原则、权利对等原则、弹性原则、专业化原则和管理幅度原则等进行处理。整合管理制度是为了实现管理规范化，使企业建立起实施整套规则的管理结构和使决策能被授权并合理地实现预期结果的工作体制。除了使管理规范化，还要重视科学管理方法的采用和企业重组。只有提高企业管理水平，企业重组才能获得良好的效益。为了有利于沟通和更有效地控制被并购企业，在整合阶段，并购方一般将自己良好的制度移植到被并购企业中去。对于那些组织完善、业绩优良、财务状况良好的企业，并购方可不改变其管理制度，以保持制度的稳定性和连续性。但大多数情况下，尤其是在我国发生的企业并购中，管理不善、制度落后、机制陈旧的被并购企业数量很大，因此，将并购方的良好制度植入被并购企业十分重要。

3. 人力资源整合

企业的人力资源政策直接影响到企业中每一个员工的业绩和表现。良好的人力资源政策，对培养企业的员工、提高企业员工的素质，更好地贯彻和执行内部控制有很大的帮助。我国企业往往只重视新进人员的学历和经历，却忽视培养和再教育过程，不能使新进人员尽快融入企业文化。企业在并购以前应该对被并购企业的人员状况有充分的了解，对于人才不能只注重其学历，更应该考察其能力。一项调查显示，企业被并购后最先离开企业的员工往往是有能力、企业需要的人才，他们在企业被并购后由于对企业未来难以把握而被竞争对手所吸纳。因此我国企业在并购过程中不但应该了解被并购企业员工的学历情况，而且应该注重对被并购企业员工的学习能力和动力的考察，因为学习能力强和动力足的员工无论其过去所学专业如何、工作经历怎样，通过再培训就能较快融入新的企业文化，及早适应新的工作环境，达到新的工作要求。

人力资源整合应做好以下工作：(1) 对被并购企业人员进行必要调整；(2) 做好主要人员（关键人才）的选派工作，包括高层领导、财务人员、技术人员、市场人员等；(3) 稳定人才，解除企业优秀员工的后顾之忧，给予物质上、精神上的激励，制定稳定人才的政策；(4) 建立人才数据库，保持管理队伍的连续性；(5) 有针对性地开展人力资源培训；(6) 接受指导与改进管理的机会；(7) 评价员工的适应性；(8) 评估工作动力；(9) 决定公司业绩的真正因素。

4. 企业文化整合

在企业并购中，经营规模、行业、所在地区等的不同，决定了企业之间在文化方面存在明显的差异，经营思想、价值观念、工作态度、管理方式方法等都可能有强烈的文化冲突。因此，企业文化的整合影响企业并购的成败。当两个企业并购后，原来各企业的经营理念、待人处世方法、习惯风气和员工情结都存在一定的冲突，这是规章制度和操作规程所不能解决的问题。领导层要密切关注对于两种企业文化的理解以及它们之间的融合，尤其是在这两种文化的集权程度、开放性、正规性等方面差异较大的情况下，应在文化管理方面投入足够的资源，防止出现过高的并购成本。

任何新组成的企业必须认识到，其人员来自不同的企业文化，要想把文化冲突的影响降至最低，就要通过相互渗透式的融合，最终形成你中有我、我中有你的企业文化，而不是简单地用一种文化替代另一种文化，或者使几种文化并存。企业并购中文化的整合要遵循实事求是、取长补短和促进经营的原则。并购后企业应着重分析并购前企业的实际情况，结合并购后企业发展战略目标，研究并购后企业文化的理想模式。文化冲突在并购中是不可避免的，处理不好会产生不必要的内耗。要有效地融合双方的文化，建立起新的文化，必须通过“认识双方文化—确定文化差异—寻求协调办法—确定文化整合方案—实施”这样一个程序来完成。

基本概念

战略联盟（strategic alliances）
3C 原则（3C principle）
战略合作（cooperative strategy）
并购（merger and acquisition）
协同效应（synergy）
交易成本（transaction cost）
整合（integration）

思考题

1. 如何选择战略联盟的合作伙伴？如何处理战略联盟中的合作与竞争关系？

2. 简述实施战略联盟的动因。
3. 战略联盟有何特征?
4. 战略联盟的形式有哪些?
5. 战略联盟对企业发展有何意义? 组建战略联盟应注意什么问题?
6. 简述企业并购的类型与方式。
7. 企业并购的动机有哪些?
8. 简述企业并购评价的内容。

章末案例

全球汽车行业的联盟形式：全球联盟和本国联盟

近期关于公司联盟的学术研究有个很有意思的发现，即联盟的原因之一是公司经常在相同的国家开展业务，同时经常在这个国家相同的区域运营，所以对这些公司来说它们很容易在一些主要的项目上进行合作。因此，这些公司在全球相互竞争，但是可能在区域相互合作。长久以来，当面临激烈竞争时，公司会建立联盟和采用合作的战略。这是由几个原因造成的。实际上，当面临激烈竞争时，维持市场势力是很困难的，而采用合作战略，可以通过一个更好的竞争形势来降低对手的市场势力，这符合“相互克制”的观点。另一个形成联盟的原因是基于公司的资源基础模型。为了竞争，公司经常需要一些自己没有但可能其他公司有的资源。因此，“互补资源”是解释大公司在相同的行业或者垂直的相关行业中形成合资企业或者战略联盟的另一个原因。

由于公司在相同的地区运营并且有相似的需求，对于它们来说一起合作更容易，例如，欧洲公司标致雪铁龙（PSA Peugeot Citroen）和欧宝-沃克斯豪尔（Opel-Vauxhall（通用汽车所有））联盟生产传动系统中的引擎和传动装置。美国福特汽车公司和通用汽车公司合作研发升级版的九速和十速变速箱。未来，福特汽车和通用汽车要一起研发十一速和十二速的自动变速箱来提高燃油效率，以使公司符合提高燃油效率的联邦新指导方针。

关于资源的互补，一个非常成功的联盟是形成于 1999 年的法国公司雷诺和日本日产的联盟。这两家公司各自都没有足够的规模来形成规模经济，而在 20 世纪 90 年代全球汽车行业中，规模经济对于成功至关重要。当这一联盟形成时，每家公司都拥有对方的一部分股权。两家公司中较大的一方雷诺拥有日产 43.3%的股权，同时日产拥有雷诺 15%的股权。很有意思的一点是，卡洛斯·戈恩（Carlos Ghosn）成了两家公司的首席执行官。一直以来，这一公司层面的协作联盟制定了三个原则来引导两家公司的关系：

(1) 信任（平等、无私、专业地工作）；

(2) 尊重（承诺、责任和责任感）；

(3) 透明（开放、坦白和清晰）。

很大程度上是由于这些原则，雷诺和日产的联盟成为公认的成功案例。有一种观点认为这个联盟成功的主要原因在于每家公司带给该联盟的互补资源：日产在亚洲很强势，雷诺在欧洲很强势。它们一起建立新的产品销售点，例如在拉丁美洲，但它们两家谁也没有能力独自完成这一目标。

一些公司加入联盟是因为它们“被挤压在中游”，也就是说，对于绝大多数大众市场来说，它们拥有中等的市场销量，需要通过合作来建立切实可行的规模经济。比如，菲亚特-克莱斯勒需要促进它的年销售额从43亿美元增加到60亿美元左右，并且需要加强在迅猛发展的亚洲市场的表现来获得足够的市场势力。因此，它和两家小型的日本汽车生产商马自达和铃木成立了合资企业。然而，之前马自达和铃木的联盟历史使得它们对于当前联盟的未来憧憬不是很乐观，菲亚特和通用汽车、克莱斯勒和戴姆勒、马自达和福特最后都分道扬镳了。

这也是欧洲公司标致雪铁龙遇到的情况，标致雪铁龙和通用汽车欧洲的子公司欧宝-沃克斯豪尔一起为了生存而奋斗，更具体来说，标致雪铁龙和欧宝-沃克斯豪尔达成了一个初步协议共享平台和引擎以获得必要的资本来为以后的设计投资。因此，在这些例子中，公司不仅需要额外的市场份额，还需要足够的资本进行必要的投资从而获得更多的市场势力。

总之，有很多原因解释了为什么竞争者在竞争的同时还要通过建立战略联盟和合资企业达成合作，这是为了满足增加市场势力的战略需要，利用互补资源，以及与通常在一个国家相同区域内运营的公司合作。

资料来源：希特，爱尔兰，霍斯基森．战略管理：概念与案例：第12版．北京：中国人民大学出版社，2017.

讨论题

1. 公司实施战略联盟的原因是什么？

2. 一个联盟里的合作者拥有互补资源是什么意思？雷诺和日产共享的互补资源是什么？

3. 雷诺和日产的战略联盟有什么风险？为了减少风险，两家公司应该怎么做？

第 9 章

国际化战略

学习目标

1. 了解国际化战略的概念；
2. 理解企业实施国际化战略的动因及其意义；
3. 掌握国际化战略的类型；
4. 理解进入国际目标市场的方式。

引 例

中国食品企业“走出去”步伐加快

我国食品行业经过多年发展，品质保障能力大为提升，品牌美誉度快速扩展，很多优秀的食品品牌在深耕国内市场的同时，迈出国际化步伐，向海外市场拓展。近日，在第三届中国食品产业发展大会暨中轻食品工业管理中心技术专家委员会年会的食品工业企业家“走出去”论坛上，内蒙古伊利实业股份有限公司、湖北安琪生物集团有限公司、加多宝集团、中国轻工集团公司等企业代表，围绕食品企业如何“走出去”分享了各自的经验和做法，并就企业在海外投资中可能遇到的问题提出建议和解决方法。

“一带一路”的机遇

我国正处于加快现代化食品产业建设的重要时期，与“一带一路”沿线的新兴市场和发展中国家在农业和食品产业领域具有高度互补性。“一带一路”的深入推进，为食品工业的发展拓宽了市场规模和区域空间。当前，“一带一路”正从谋篇布局的“大写意”阶段转向精耕细作的“工笔画”阶段，有数据显示，包括食品工业的全国轻工业一季度对东盟出口同比增长 25.16%，对欧盟出口增长 22%，对“一带一路”沿线国家出口增长 18.04%。“为更好地满足消费者的品质需求，伊利将目光投向海外。”论坛上，内蒙古伊利实业股份有限公司副总裁刘春喜认为，“一带一路”建设为伊利进行全球资源整合搭建了桥梁。“一带一路”倡议提出后，伊利搭建了“乳业丝路”，引领中国食品品牌“走出去”。他举例称，新西兰是“一带一路”沿线的重要国家，乳业资源发达。伊利在新西兰建立大洋洲生产基地，基地所在的怀马特市原奶产量约占新西兰全境的42%。企业也依托优质的奶源资源，不断打造高品质产品。

加多宝集团品质管理总经理庞振国在谈到传统饮品企业“走出去”时也提到了我国政策支持的作用。“‘一带一路’是政策沟通、设施联通、资金融通、贸易畅通、民心相通。不仅包括物质层面，同样还包括文化。”他认为，宏观政策的支持、我国综合国力的持续增强、国家对中华文化和中国元素软实力的重视，使得文化对饮料消费具有终级推动力。国外消费者对具有中华文化底蕴的传统饮品将充满好奇和喜爱，中国传统饮品在“走出去”中也迎来了机遇。

有成绩也有挑战

目前，我国向全球120多个国家和地区出口食品，“一带一路”建设为我国食品行业开拓海外市场带来新的历史机遇。企业在把握市场机遇加快产品海外布局的同时，也面临着各种挑战。

“相比国内经营，海外经营面临着更大的困难和更多风险。”湖北安琪生物集团有限公司总经理肖明华如是说。他在论坛中分享了安琪在埃及和俄罗斯建厂的经历，面对海外建设效率低、造价高的问题，他建议企业可以与当地政府建立合作机制，或利用中国制造优势，尽可能从中国采购设备器材和材料。面对投资国相关法律法规多、涉及政府许可程序复杂的情况，他提到企业可以多聘请当地的技术咨询公司，聘请有经验的当地员工从事法律、财务、管理等职位。

中国轻工集团公司总经理郭建全则提出，企业在“走出去”时一定要充分了解所在国的市场需求、政治环境、法律法规、宗教文化和风俗习惯，特别是要详细了解市场供需情况和投资准入、工程许可、税收、金融、外汇、用工、环保等方面的法律，防范政治、经济、法律和安全风险。同时，企业必须依法合规经营，遵守我国对外投资合作相关法律法规，履行必要审批程序，遵守东道国对外投资合作相关法律，遵守国际条约、国际规则和惯例。

重视企业本土化与科技创新

“走出去海阔天空，这是近几年安琪推行国际化的最大体会。”肖明华指出，安琪的“走出去”紧紧围绕市场展开，做好战略策划，择机而行，针对目标国积极开展调研。围绕工厂先做市场，市场开发与工程建设同步推进。“不计投入，追求骨干本土化，注重人力资源管理和重视海外员工的培养。”郭建全建议，面对食品行业的国际化发展方向，首先，企业要把握机遇，加快走出去步伐。有实力的企业未来将深度融入全球食品产业链，在全球范围内实现高配置。其次，坚持“走出去”和“引进来”相结合，推动科技进步。要主动走出去参与国际科技交流与合作，提高话语权和影响力，要积极引进来，以科技交流互访、引进科技人才、引进技术设备、科技项目合作等方式，共同研究行业内的关键技术，提高科技创新能力，带动行业科技进步。坚持协同合作，实现互利共赢。坚持产业链上下游企业协同合作，建立全产业链的战略合作联盟，打造“共同出海”的集群发展模式。

庞振国认为，企业在“走出去”时要充分挖掘中华传统文化内涵，加强对产品工艺的深入研究开发，逐步提升生产模式和智能制造水平。质量零缺陷、产品零库存、工业机器人的采用，都建立在数据信息基础上，它们推动了数据信息的自动采集、互联互通、集成应用，逐步提升了智能制造水平。“走出去”企业要满足国际化生产和销售的需求，确保产品质量一致性。

资料来源：闫利．中国食品企业“走出去”步伐加快．消费日报，2019-08-29.

引例表明，国际化战略是一个成熟企业为在国际环境中长期生存和发展所作的长远的总体谋划，它是影响企业长期国际化发展的关键通道之一。案例中迈出国际化步伐、向海外市场拓展是中国食品企业努力的方向。我国向全球100多个国家和地区出口食品，“一带一路”建设为我国食品行业开拓海外市场带来新的历史机遇，由此可见发展前景非常广阔。本章要求读者认识企业实施国际化战略的原因、掌握企业国际化战略的类型、理解进入国际目标市场的方式，以更好地把握国际化内涵，为公司制定国际化战略提供依据。

9.1　国际化战略概述

国际化战略的概念

国际化战略是企业产品与服务在本土之外的发展战略。随着企业实力的不断壮大以及国内市场的逐渐饱和，有远见的企业家开始把目光投向中国本土以外的全球海外市场。企业国际化战略是指从事国际化经营的企业（国际企业）通过系统地评估自身的资源以及使命，确定一个较长时期内企业的主要任务和目标，并根据变动的国际环境拟定必要的行动方针，为实现企业在国际环境中长期生存和发展所作的长远的总体谋划。企业的国际化战略将在很大程度上影响企业国际化进程，决定企业国际化的未来发展态势。

通常，企业实施国际化战略应当考虑以下几点内容：

（1）企业的经营领域。企业要明确出售何种产品或服务，目标市场定位在哪里，企业为哪类消费者服务，因为每个国家的差异很大。

（2）找出企业经营领域方面的差别优势。了解企业提供的产品及服务是在什么基础上取得超出竞争对手的优势。例如，是较容易获得原材料，还是具备更优秀的人才；是掌握特殊技术，还是有较低的成本与价格优势等。

（3）明确企业战略执行步骤及大体的时间安排。企业为了从现有地位向（1）与（2）推进，应明确哪些步骤宜早作安排，哪些步骤可以推迟进行。

（4）期望取得的目标成果。企业用什么样的财务标准和其他标准衡量自己的成就，以及预期达到什么样的成果水平。

企业实施国际化战略的动因

企业实施国际化战略，主要有以下动因。

1. 扩大市场规模

国际市场存在新的潜在机会。如果一个公司在本国市场上（尤其是发达国家，比如美国）推出了一项创新产品，在其他国家的市场上也会产生对这个产品的需求，于是就会有产品出口。当国外市场上的需求增长到一定程度，特别是当国外厂商也开始生产这种产品以满足增长的需求时，本国公司就会直接到国外市场投资，开办工厂，生产和销售产品。

2. 规模经济与学习效应

当存在超出本国市场容量的规模经济时，企业为了取得规模经济就不得不向新的市场渗透，将企业的储运、采购、生产和市场营销等活动转向国际化。例如企业将不同国家的产品标准化，采用相同或相似的生产设备，整合重要资源，将更有可能取得最优化的规模效应。

同时，企业在国际化市场中的业务运作还可以为企业带来更多的学习机会。跨国公司在不同国家的市场经历，为其提供了无数的学习机会和管理经验。然而，经验表明，企业要想从国际化研发投资中获利，就必须具有过硬的研发系统来吸收知识。

3. 区位优势

区位优势是国际化经营的企业在投资区位上所具有的选择优势。不同国家其区位优势明显不同，例如中国和俄罗斯，中国有14亿人口，拥有巨大的消费市场，而俄罗斯具有能源优势，富含石油和天然气。企业把工厂开设到海外市场不仅可以获得其他国家或地区的宝贵自然资源，还可以享受到其他国家的优惠政策。许多国家为了吸引外资，推出一系列优惠政策，如提供低息或无息贷款、提供厂房、减免税收和提供保险等。有些国家为了鼓励国内企业到海外进行国际化，也给予一些鼓励政策，如提供外汇补助、津贴、低息贷款及风险保险等。

延伸阅读　中国市场的吸引力

4. 确保生产的低成本

当生产成本是产品竞争的关键因素时，企业会把生产转移到资源较多或劳动力价格相对较低的地区，在世界范围内规划生产经营的最佳配置，并向全世界销售产品。玩具、机械制造和很多其他行业的企业都将它们的部分工厂转移到国外以寻求低成本优势。

9.2　国际化战略的选择

国际化经营环境分析

1. 国际化经营环境的内容

从地域空间来看，国际化经营环境由母国环境、东道国环境和国际环境三部分构成。

（1）母国环境。母国环境由本国的间接环境因素和直接环境因素构成。国内经理对这些因素最为熟悉，这些因素不仅影响国内经营，也影响海外业务。母国的经济、政治和社会状况促使本国政府制定鼓励或限制对外投资和出口的措施。例如，当政府面临外汇短缺时，可能限制资金的外流，这将制约以该国为基地的国际企业的海外扩张。相反，如果国内失业率高，在海外有生产基地的国际企业可能会面临进口限制。

（2）东道国环境。东道国环境是企业在外国市场上经营时，在当地所面临的各种间接和直接环境因素。同样的因素在母国也同样存在，只是是在其他国家，这些因素的状况可能与本国大不相同。在国内环境中，许多因素保持不变，单一的货币、同质且熟悉的文化、共同的语言、熟悉的基础结构，经理们就是在这样的环境中生长、生活和工作的，他们能对之有所预见、接受，作出本能的反应。而在国际化经营中，具有这样特性的因素是很少的。当然，各国的情况不一样，各类环境的差别、机会以及威胁也大为不同。可能东道国环境状况与本国环境状况有很大差别，而各东道国之间的差别可能较小。因而，尽管有些东道国之间存在环境差别，但与母国相比，这种差别就很小了。

东道国环境因素的另一特点是难以评价和预测。环境陌生、缺乏信息常常会带来不正确的评价和预测。有些国家政局不稳定，曾经赞同海外投资的政府可能一夜之间被反对外资的政府所取代。因此，这些环境因素的高度不确定性和多样性要求更为复杂的决策过程。

（3）国际环境。当企业进行国际化经营时，涉及资源和业务在不同国家之间的流动。母国环境和东道国环境之间以及各东道国环境之间的相互作用构成了国际经营的国际环境。国际环境包含一系列多样化的政治、法律与经济因素，国际机构、国际货币体系以及国际协议等构成了国际环境的主体。联合国及其所属机构等国际组织、欧盟等区域性组织以及石油输出国组织等的政策和活动都对企业的国际经营活动产生直接或间接的影响。

延伸阅读 高质量共建“一带一路” 中企怎么做

2. 国际化经营环境分析

国际化经营企业的经理必须仔细研究分析企业在每个国家所面对的竞争状况和产业状况，这决定着企业是否在某个市场上继续开展业务，也表明了企业在经营活动中所应遵循的策略。

（1）产业分析。表现产业特性的因素主要有以下几个方面：属于消费资料还是生产资料；其产品的替换性与补充性；生产规模的经济效益与经济效果；资本密集程度；技术革新的可能性；买方的集中程度等。

国际企业要在竞争环境中取胜，就必须准确评估和了解该产业的全球竞争状况和每一国家的竞争情况。基本分析内容如下：

1）从战略上分析产业结构特征。这些特征包括竞争者的数量与规模、市场领导者及其势力范围、客户与购买特点、分销渠道、产业垂直联合程度、该产业的进出难易程度、该产业的容量与地域分布以及该产业的其他特点。

2）分析该产业的发展方向及其推动力量。产品所处的生命周期阶段会使某一产业发生根本性的变化。产业结构的重大变化影响长期投资机会，国际化经营的企业必须据此调整其投资策略。许多间接环境因素影响着产业的演进。

3）分析该产业的经济特点。这些特点包括资本需求量、成本结构、经济规模、正常利润水平、内部现金流量、定价方式、不同生产能力利用水平下的价格-成本结构、盈亏平衡状况等。这种收入-成本-利润分析为国际化经营的企业在该产业经营给出了限定条件。

（2）竞争分析。有关竞争状况需要分析三方面因素：进出产业的主要竞争者、现有产品和服务的替代和补充状况、现有竞争者的主要策略变化。

1）进出产业的主要竞争者分析。国际企业应该就竞争提出这些问题：竞争是如何变化的？是否有新的竞争者进入该市场？原有竞争者有可能离开市场吗？例如，韩国和日本的低成本、高效率的钢铁生产者的竞争给美国钢铁制造商带来的经济影响就是市场新进入竞争者的例子。这些公司轻易克服进入壁垒并带来潜在的竞争，可获得有益于进入该产业的协同作用，而在该产业竞争的企业可能实施一体化战略，如果它们进入该产业，就可能进行前向整合和后向整合。

2）替代可能性分析。同质低成本产品和服务替代品的出现会影响该市场上企业的盈利能力。例如，新建水坝和发电站会减少电力工厂对燃料的需求，给石油业企业带来负作用；禁止使用人工甜味剂，会增加对国际企业食糖产品的需求。

3）现有竞争者的主要策略变化分析。主要竞争者的策略变化是国际企业经理必须加以研究的最为重要的因素。例如，威斯汀豪斯公司推出的2 500小时或2年保证正常使用的灯泡引起了通用电气公司和其他竞争者的极大关注；IBM、Savin、SCM、柯达以及其他复印机制造商不断加剧的竞争使施乐公司不得不作出反应，尽管该公司过去在这一领域一直独霸天下。

假设企业能辨别出竞争者对其环境看法中所存在的偏差和盲点（这些偏差和盲点是竞争者完全忽视了的区域（如策略行动）、看法不正确的区域，或认识迟缓的区域）并了解这些偏差和盲点有助于企业选择那些竞争者不太会马上予以还击的行动，也有助于企业寻求即使引来还击，但还击的有效性差的行动。

3. 国际化经营环境分析方法与评估

国际化经营环境的评估方法有很多，不同的行业、不同的企业有不同的方法。下面简单介绍几种常用的典型方法。

（1）经营环境等级评分法。经济学家罗伯特·斯托鲍夫认为企业在国际化经营中对环境进行评价时，应该集中对最主要的八个因素进行评价。评价时，设定不同的等级，对每个因素按其实际状况划分出等级并赋予一定的分值，最后汇总得出对某国环境的综合评价。这八个主要因素是：资本回收限制；外商股权比例；对外商的管制和态度；货币稳定性；政治稳定性；关税保护倾向；当地奖励措施；近五年的通货膨胀率。

（2）国别冷热比较法。伊西阿·利特瓦克和彼得·拜廷把国际化经营环境归结为七个主要因素，根据七个因素的程度高低来判断一个国家的环境是“冷”还是“热”。这七个因素为：政治稳定性；市场机会；经济发展和成就；文化一元化；法律障碍；筹资障碍；道德文化差异。这七个因素中，如果前四个程度高，属于“热”国，投资环境好，反之则属于“冷”国；后三个因素则相反，如果程度低，属于“热”国，程度高则属于

“冷”国。

（3）机会-威胁分析法。这里主要指的是国际化经营的风险远比国内大。国际化经营的风险主要有政治风险和外汇风险，尤其要注意外汇风险的预测及规避。外汇风险有三种类型：交易风险、换算风险和经营风险，对不同类型的风险应采取不同的方法进行管理。

在环境分析中需要收集大量的资料和信息，大的国际企业可以自己建立一套完善的信息网络，随时随地对环境进行监测；中小企业则可以通过公共咨询机构获得有关的信息。企业应根据各种信息对国际化经营的环境进行机会-威胁分析，作出正确的经营决策。

公司层国际化战略的类型

在完成对国际化经营环境的分析之后，企业面临的一个基本问题就是如何选择国际化战略，即如何解决所谓的全球-当地两难问题。公司既需要对经营者所在国市场的特定需求作出反应，又需要忽略各地区的差异而在全球范围内从事相似的经营活动。

解决两难问题的方法有两种，无论是选择当地反应还是全球反应，都会形成一家跨国公司的基本战略导向。这种战略导向影响组织设计、管理体系以及生产、营销和财务等其他领域的职能战略。

选择当地反应方案的公司强调根据国家或地区差异来确定组织与产品，其核心是根据不同的需要调整产品或服务来满足当地顾客的需求。促使一个跨国公司采用当地反应方案的外部力量主要来自顾客偏好方面的国别差异或文化差异，以及顾客需求的多样性。此外，产业的运作方式以及各国政策上的差异也会导致公司倾向于当地反应。

选择全球方案的公司会不遗余力地在全球所有的国家采用标准化的产品、促销战略和分销渠道，以增强其相对于竞争对手的成本优势。

但是，无论采用何种战略都无法确保企业国际化的成功，因为每一个公司或产品都有与其相适应的国际化战略。由此，面对国际化的巨大诱惑，寻求国际化的公司应该审慎地确定当地或全球战略导向。有三种广义的国际化战略可供选择，如图 9-1 所示。

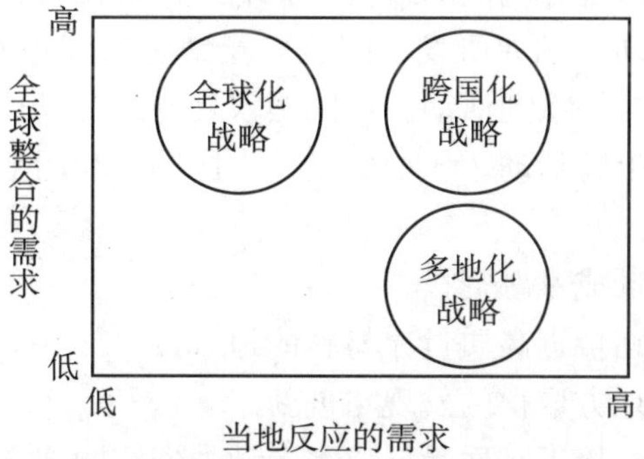

图 9-1　国际化战略

1. 多地化战略（本土化战略）

多地化战略把满足当地的需求置于首要位置，公司密切关注当地顾客的需要并努力为其提供具有吸引力的产品或服务。例如，为了满足特定地区顾客的偏好和需求，公司可以对在该地区出售的产品的广告、包装、销售渠道与定价等作出相应的调整。

由于最大限度地利用差异化，针对世界不同的国家生产和销售各不相同的或特殊的产品，对进行国际化经营的公司来说意味着更高的成本，为适应当地的要求而调整每种产品的特性必然会导致额外的成本支出。因此，国际化的公司通常不得不向其顾客收取相对较高的价格，来抵补适应当地需要而调整产品所带来的额外成本。

多地化战略并不限于有能力建立海外子公司的大型跨国公司。即使是仅仅出口其产品的小公司，也可以通过适应不同国家或文化来广泛调整其产品线，实施多地化战略。然而，对于大多数大型组织来说，采用多地化战略通常意味着将其海外子公司作为独立的业务，将每个国家作为一个利润中心。大型组织分布于每个国家的子公司可以根据需要自主经营，但要想从总部取得资源就必须创造利润。除拥有自己在所在国当地的生产设施、营销职员和分销体系之外，跨国公司的子公司通常利用当地的原材料，雇用当地的人员。

2. 全球化战略（全球标准化战略）

全球化战略是指国际化经营的企业关注于规模经济和区位经济带来的成本降低，其商业模式是基于全球规模的低成本战略。实施全球化战略的公司，将其生产、营销和研发活动集中在很少的几个有利的国家和地区。它们更愿意在全世界销售标准化的产品，利用规模经济使利润最大化，它们也倾向于利用其成本优势支持在世界市场上的进攻性定价。这种战略在很多工业产品行业中越来越普遍，例如笔记本电脑、家用汽车、手机等产品。当不同国家的市场和顾客的需求没有明显差异时，全球化战略是最有效的。

全球化战略的风险是在获得全球效率时损失了灵活性和学习能力，对所在国的市场反应不够灵敏，使顾客产生不满意。

3. 跨国化战略

跨国化战略既要考虑全球化战略的效率又要考虑多地化战略的反应能力，所以实施跨国化战略既要寻求区位优势，又要寻求比较优势。

寻求区位优势，就是从世界范围的经营中获取经济效益。区位优势是指跨国公司根据条件要求，将其价值链活动（例如研发、制造以及销售）分布或配置在世界的某些地方，以期能够以最低的成本进行一系列活动。不同国家具有的可以被公司所利用的资源在很大程度上支持了价值链中的上游活动，比如研发、生产等。利用上游区位优势，开展国际化经营的公司就可以：

（1）寻求世界范围的低成本融资。

（2）将下属单位配置在接近高质量原材料的地方。

（3）共享在世界其他地方取得的发现与创新。

（4）将下属单位配置在接近高质量低成本劳动力资源的地方。

因此，采用跨国化战略的公司在配置上游价值链活动的时候不仅要依据较低的成本，还要考虑到使其产品或服务增值的潜力。

与特定国家相联系的成本与质量优势通常称为一国的比较优势。它与竞争优势的不同之处在于，竞争优势是指单个公司相对其他公司的优势，而比较优势是指一个国家相对另一些国家的优势。比较优势对子公司而言是十分重要的，因为它们可以利用比较优势取得相对其他国家竞争对手的竞争优势，以此赢得竞争。跨国公司视任何国家为一个全球平台来进行特定的价值链活动，因此，一国的比较优势不再仅仅是对当地组织有利。随着经济全球化的不断深入，无论所有权掌握在哪个国家，如果公司具有选择任何区位的弹性和意愿，任何公司都可以将任何国家的比较优势转变成自己的竞争优势。

跨国化战略的实施是非常困难的，因为企业既要有强有力的中央集权和协调以实现效率，又要有分权以增加弹性，使产品或服务能够针对当地市场的特点作出反应，所以企业需要较高的管理水平和能力，这样才能整合分散而专业化的资源，使之成为一个有机整体。

9.3 国际市场进入方式

对各个具体国际目标市场采取何种方式进入是国际化战略规划中的重要内容。国际目标市场进入方式主要有出口、许可协议、战略联盟、收购以及新建全资子公司。将这些进入国际市场方式的特点进行整理，如表 9－1 所示。

表 9－1　进入国际市场的方式及特点

进入方式	特点
出口	高成本，低控制
许可协议	低成本，低风险，几乎无控制，低回报
战略联盟	成本分担，资源共享，共同承担风险，整合中的问题（如两种企业文化）
收购	快速进入新市场，高风险，谈判复杂，与本地运作合并中的问题
新建全资子公司	复杂，成本高，时间长，风险高，最大控制，潜在超额利润

1. 出口

很多企业以出口作为其国际化的起点。商品出口可分为直接出口和间接出口。直接出口是指企业将产品出口给国外客户，这些客户可能是最终用户，也可能是中间商。间接出口是指通过本国的各种外贸机构或国外企业设在本国的分支机构进行出口。

（1）直接出口。直接出口中企业对出口产品的经营管理保留部分或全部的控制权，企业要参与国际营销活动如市场调查、寻找客户、办理出口手续等。其优点是：企业可加强控制，更有效地按自身的意图实施出口战略，有利于积累国际营销经验，培养营销人才。但是这种方式要求企业投入的资源也较多，需要大量的人力物力，风险也较大。直接出口有以下几种主要形式：直接将产品卖给最终用户；利用代理商；利用国外的经销商；设立驻外办事处；建立国外营销子公司等。

（2）间接出口。这一方式是指国际化企业通过所在国的中间商办理出口业务，企业的产品走出了国界，但企业的营销活动仍在国内进行，企业并不直接参与该产品的国际营销活动。间接出口的优点是风险最低，资金、人力等资源投入较少；缺点是企业控制海外营销活动的能力较差，学习国际经营的潜力较低，一般适合中小企业使用，或把间接出口作为进一步发展的跳板。即使是IBM和通用电气等大型跨国公司也采用间接出口的方式渗透到某些次要市场。间接出口的方式主要有：外贸收购；靠外贸企业代理出口业务；委托出口管理公司代理出口业务；联营出口；靠国际贸易公司代理出口业务；靠外国公司的采购处代理出口业务等。

2. 许可协议

许可协议是允许外国公司在其所在国或一系列国家生产和销售公司的产品，被许可方按照协议价格（通常根据销售的单位数按比例收取许可费）向许可方购买在本国制造产品的权利。许可协议的优点是不必承担开发海外市场的成本与风险，所以对于那些缺乏海外市场所需资本的企业来说，许可协议是一种有吸引力的选择。

许可协议也有缺点：

第一，企业无法严密控制外国市场的制造、营销战略职能，实现经验曲线成本经济和区域经济利益，就像追求全球化战略和跨国化战略的企业那样。通常情况下，每个被许可方都会建立自己的制造部门。因此，许可企业很难通过集中化制造实现经验曲线成本经济和区域经济利益。对于经济性非常重要的企业来说，许可协议并不是海外扩张的最佳选择。

第二，全球化竞争要求企业协调不同国家间的战略行动，从而可以用在一个国家取得的利润支持在另一个国家的竞争性进攻。而许可协议在本质上严重地限制了企业以这种方式协调战略的能力。被许可方不可能允许国际化企业拿走自己的利润去支持在另一个国家毫无关系的运营。

第三，向外国企业实行技术许可存在风险。对于许多国际化企业来说，技术诀窍是竞争优势的基础，它们希望对此保持控制。实行技术许可后，企业可能会很快失去这种控制。例如，RCA公司曾经向日本企业许可彩色电视机技术，日本企业很快掌握了RCA的技术并且利用这一技术进入了美国市场。现在日本的产品在美国市场上的份额已经超过了RCA的品牌。

3. 战略联盟

战略联盟这种国际扩张方式是让公司共担进入国际市场的风险与资源。战略联盟能促进企业核心竞争力的发展，有利于企业未来的战略竞争力。战略联盟中的每个成员都会为联盟带来知识和资源。实际上战略联盟的一个重要目的就是获取新的能力，通常包括技术能力。然而要将技术支持转移到联盟中，通常要求合作伙伴之间相互信任。协调各方的预期有助于联盟取得更好的效果。

通用汽车和上汽集团的联盟多年来一直很成功，因为管理方式十分正确，双方对结果都非常满意。研究显示，公司执行官必须充分了解自己的企业，理解决定不同国家规范的因素，知道合作伙伴怎样看待自己的企业，并且学会在保持与企业自身文化价值一致的前提下不断改变。

4. 收购

在当今的国际市场，伴随着全球市场自由贸易的不断扩展，收购已经成为进入新市场的快捷途径，也将是企业打通国际市场的主要手段。收购比新建企业能更快地进入海外市场。收购现成的企业通常意味着收购合格的员工和当地的管理人员，得到当地市场的知识和同当地顾客、政府的关系。在一些市场上，如果当地企业已饱和，容不下更多的竞争对手，收购也许是唯一的进入方式。

5. 新建全资子公司

新建全资子公司也称为绿地投资。这是一个复杂且成本很高的过程，但它能最大限度地控制企业的运作，并极有可能取得超额利润，尤其是当公司拥有很多无形资产并通过新建企业来展现时。企业能对新建公司的运营进行完全控制，在企业拥有产权技术时尤其有利。研究显示，服务业全资子公司和驻外员工特别受偏爱，因为这些行业与终端客户密切接触并且要求高水平的专业技能、专业化知识和定制化服务。另有研究认为，绿地投资在计划建立实物资本密集的工厂时作用十分突出；当企业是人力资本密集型时则更倾向于使用收购的方式，因为在本土工会化程度高和高文化距离的地方，通过绿地投资方式将知识转移到东道国比较困难。

但是在陌生国家建立企业的风险也很高。为了建立新企业，企业需要获取当地市场的知识和专业技能，或者雇用当地员工（可能是从竞争对手那里挖人，或者通过咨询公司）。但是，此方式可以对其产品的技术、营销及分销实行完全控制。研究认为，当目标市场国家风险较高时，出于风险管理的目的，企业更愿意以合资企业的方式进入，而不是进行绿地投资。如果企业在之前有过该国市场的经验，则更倾向于使用新建全资子公司的方式。

9.4 国际化战略的风险

国际化经营总是伴随着多种风险。由于这些风险，实施国际扩张很困难，实施国际化后的管理也很困难。国际化战略的主要风险是政治风险和经济风险。

政治风险

政治风险是与战争和国家政权不稳定相关的风险。国家政权的不稳定会产生一系列问题，其中包括政府规章制度的修改带来的不确定性和经济风险、大量潜在冲突、私有财产国有化的可能。在一国投资的外国公司可能会考虑其国家政局的稳定性，以及政局动荡和政权变化对其投资、资产的影响。政治风险主要有政治暴力风险、征收风险、汇兑限制风险。

政治暴力风险指目标投资地区发生革命、战争、内乱和其他事件，致使外商及其财产蒙受重大损失，直至无法继续经营。总体而言，我国企业在国际化经营中面临的主要政治暴力风险既有传统的战争、内战、恐怖行为等，也有和平环境中贸易保护主义和劳工权益问题驱动的风险。

征收风险指目标投资地区政府对外国企业实行征用、没收或国有化的风险。目前各地区政府为发展经济吸引国际投资，公开、直接的征收风险已很小。较为现实的征收风险是间接的蚕食式征用风险，即目标投资地区的中央、地方政府不公开宣布直接征用企业的有形财产，而是以种种措施阻碍外国投资者有效控制、使用和处置企业的财产，外国投资者作为股东的权利受到很大的限制，构成事实上的征用行为。

汇兑限制风险，也称转移风险，指目标投资地区因国际收支困难而实行外汇管制，禁止或限制外商、外国投资者将本金、利润和其他合法收入转移到目标投资地区外。随着金融自由化浪潮的冲击，大多数国家与地区逐步开放了外汇管制，汇兑限制风险大幅降低。然而，由于目前国际货币危机、金融危机频发，发展中国家和某些转轨国家的汇兑限制风险仍不可低估。

经济风险

经济风险是指一国的经济环境可能对公司健康发展不利，影响公司的经营和生产，不利于公司国际竞争优势的发挥。国际化的主要经济风险是不同货币汇率的差异与波动对企业未来国际经营的影响。对美国公司来讲，美元对其他货币的汇率决定了其国际化资产和收入的价值，如美元升值会降低美国跨国公司在另一个国家资产和收入的价值。另外，不同货币的价值有时会极大影响公司在全球市场的竞争力，因为它们会影响到在不同国家制造的产品的价格。由于产品价格不同，美元升值会损害美国公司向国际市场的出口。因此政府对国内经济和金融资本的监管和控制不仅影响本地经营活动，还影响外国在本地的投资。不同的国际化内容面临的经济风险也不一样。

生产国际化的经济风险包括：生产性风险——在这一庞大的生产网络中，无论哪一个部分出现问题，影响的都将是整个生产网络，波及的将是众多国家与地区；环境性风险——在国外设厂生产，由于人生地不熟、文化法律各异，加之政策的变化和社会治安状况的不确定，生产会面临较多的环境不确定因素；等等。由此可见，生产国际化在增加投资回报的同时，也有增加风险的可能。

贸易国际化是指产品销售面向国际市场，以国际市场占有率为主要营销目标。贸易国际化的发展促进了两个市场的融合，推动了市场多样化发展。市场多样化使得市场富有生机活力，创造了更多的商机和更高的效率，但也使得市场矛盾丛生、竞争激烈，价格等的波动成为常态，由此所引起的市场风险也不可避免地加大。例如，价格风险，由于市场供求关系和竞争形势的不断变化，商品价格呈现多变性，使经营者对市场的价格难以把握，国际贸易中的价格风险相对加大；汇率风险，作为货币的价格，国际市场上汇率处于动荡状态，加大了贸易主体的收汇风险；结算风险，国际结算工具众多，且各具优劣，结算方式选择的恰当与否，也决定着企业所承受的结算风险的大小；信用风险，国际贸易涉及地域广泛，对象众多，对方资信考察难度较大，往往会因信用问题而导致货款回收延误或受损；等等。

资本国际化指资本可以以更大的规模和更快的速度在全球范围内流动，并带动其他生产要素的全球配置。资本国际化减少了投融资活动的设限，增加了其主导性和便利性，使企业便于在全球范围内融资，以弥补资金需求缺口；也便于在全球范围内投资，满足企业更高的投资预期追求。这种更大范围内的资金配置，会带来更可观的资本收益和更节约的资源使用，因而成为资本流动的主流与大势所趋。然而，资本国际化增加的不仅仅是资本的流动性与收益性，还有与之相生相克的资本全球流动的风险性。一是随着资本市场的不断繁荣、金融衍生产品的不断丰富，加之市场约束机制的相对滞后，资本市场的盲目性与投机成分增多；二是资本国际化使得资本关系日趋复杂，局部金融失衡多见，且这种失衡风险的传递效应、倍数效应也在扩大。因此，任何一种资本国际化运营都要面对资本损和益两种可能。如果能准确预测风险，并有针对性地选择投融资方式和投融资组合，善用金融工具与手段，可能会在高风险的情况下获取高额回报；反之，资本国际化运营会成为巨大的金融陷阱。

基本概念

国际化战略（internationalization strategy）

多地化战略（multipurpose strategy）

跨国化战略（transnational strategy）

全球化战略（globalization strategy）

目标市场（target market）

政治风险（political risk）

经济风险（economic risk）

思考题

1. 企业实施国际化战略的动因及其意义是什么？
2. 企业国际化战略有哪几种类型？
3. 企业进入目标市场的方式有哪些？
4. 识别以下哪些是全球标准化产业，哪些产业更适合本地化：散装化学品、制药、品牌食品、电影制片、电视媒体、个人电脑、航空运输和时装零售。

章末案例

韩国汽车怎样打入美国市场

美国是世界上最大的汽车市场之一，而且是世界上利润最高的汽车市场之一。据分析，日本汽车制造商的利润大部分来自北美市场。不难想象，各国汽车制造商都想打入美国市场。但在过去的几年中，进入美国的汽车制造商中只有韩国的现代汽车取得了成功。究其原因主要有三个有利因素。

（1）时机有利。当前世界贸易保护主义盛行，但由于国与国之间的经济发展不平衡，一个国家的贸易壁垒可能成为其他国家打入市场的绝好机会。由于日本对美国的汽车出口受到所谓“自愿配额”的限制，出口数量停留在每年230万辆。日本采取了向高档车转移的方针，逐步提高售价。美国的三大汽车制造商出于利润的考虑，采取了保持销量、提高售价的做法。这就使低档经济型车的市场出现了缺口，从而给韩国汽车提供了打入美国市场的机会。

（2）币值有利。韩元对美元是稳定的，汇率基本不变。美元对日元大幅度贬值，韩元对日元也相对贬值，这就使韩国汽车的美元成本大大低于日本汽车的美元成本。

（3）员工素质有利。美国汽车工业趋于“夕阳工业”，三大美国汽车商相继关闭多余生产线、解雇工人，新一代有才华的青年都不愿在汽车工业谋职，使得工人年龄相对上升，素质相对下降。而韩国的汽车工业正处于上升时期，汽车工人的社会地位提高，汽车制造商很容易招到最优秀、最能干的工人，而其工资只是美国汽车工人的1/10。现在韩国汽车工人的平均年龄只有27岁，日本为34岁。

在产品上，现代汽车采用的并不是当代最先进的汽车技术，而是20世纪80年代初日本三菱汽车公司的技术。这一技术在美国市场上已有多年历史，产品可靠、耐用、标准化程度高，维修非常方便。与之成为对照的日本铃木汽车，采用的是当代最先进技术生产的马达，油耗量是小轿车问世以来最低的，但其维修难度相应上升，产品成本也偏高，而其可靠性、耐久性还是一个问号。

在产品的价格上，现代汽车采用了快速渗透定价策略，比同等级的日本车定价约低1 000美元，被美国汽车界称为“日本技术，韩国价格”。

现代汽车采取了在产品的开发与生产过程中联合但在销售环节上独立、保证100％销售控制的市场运作方法。

在渠道上，现代汽车选择了先出口加拿大，后打入美国的迂回路线。加拿大市场与美国市场极为相似，世界主要厂商均在加拿大销售汽车。由于加拿大市场比美国市场小得多，有问题易发现，也易于及时解决，代价也小得多。现代汽车采取了“少而精”的网点策略，在全美只建立200个经销点，每个经销点都有较高的销售量，保证经销商有利可图。

现代汽车充分考虑了政治因素，把零部件的采购纳入整个经营战略统一考虑，尽可能地采用美国零部件，以保证其产品有较高的“美国成分”。而在加拿大，现代汽车中的“加拿大成分”也是进口国中最高的。现代汽车集团总经理说：“我们必须考虑双向贸易。”

资料来源：韩国汽车怎样打入美国市场．（2014－12－30）．http：//www.doc88.com/p-9052609138483.html.

讨论题

请根据你对汽车市场的了解，运用所学的企业战略管理理论，对韩国汽车公司的经营战略进行评价并提出你的建议。

第10章 组织结构与战略实施

学习目标

1. 理解战略和组织结构的相互关系，了解组织结构适应战略发展的标准；
2. 了解组织结构的发展模式；
3. 理解组织结构与业务层战略、公司层战略、国际化战略的匹配；
4. 了解组织战略调整的原则、内容以及对关键人物的选择；
5. 了解企业混合结构及其特征。

引 例

华为30年的组织结构变迁

美国学者钱德勒提出的“目标决定企业战略，战略决定组织结构”的著名论断，在华为成长的过程中得到了淋漓尽致的体现。现在很多企业仍然只是根据企业的成长按部就班地形成其组织结构，而华为却勇于变革，敢于根据战略进行组织架构重组。

华为从成立到现在的组织结构演变与一般根据企业成长顺序的组织结构变化略有不同，其更多的是根据战略的制定来调节，也就是结构跟随战略，即当企业采取不同发展战略时，为了保证战略的成功，企业必须变革它的组织形式来适应战略的需要。华为从成立到现在已经走过30年的时间，多年来，其战略不断依据环境的变化作出调整，组织结构也追随着战略进行优化，因而华为一直处在不断发展中，成为世界通信行业的巨头和中国企业的典范。华为的组织结构变迁大致分为四个阶段。

第一阶段（1987—1994年）

和所有企业初创时一样，华为的目标就是活下去，无论什么企业在这一阶段活下去就是根本。华为也一样从直线制组织结构演变为直线职能制组织结构。但华为不仅仅是完成企业的第一阶段——活下去，它的组织结构是直接与其战略相契合的。从1987年任正非创立华为开始，华为就在产品开发战略上采取跟随战略，后来演变成自主开发产品的集中化战略进行单一产品的开发、生产到销售。直线型的组织结构很简单，就是直接向任正非汇报，所有的运作都接受任正非的亲自管理和监督。到1992年时员工数达到200人左右，华为实行集中化战略，组织结构也开始从直线型转变为直线职能制，除了有业务流程部门，例如研发、市场销售、制造部门，也有了支撑流程的辅助性部门，例如财务、行政管理等部门。产品开发上的跟随战略就是企业要密切关注市场上出现的新产品，一旦发现适销对路的产品，就立刻集中力量进行仿制改进，跟随先进企业推出新产品。这是国内很多中小企业一直沿用的一种战略，华为在创立之初也不例外。这种战略要求的组织结构较为简单，涉及的流程部门相对较少。当时的华为也只是一二十人的小规模，简单的直线型组织结构足以支撑这种战略。后来华为由跟随战略转变为自主开发产品的集中化战略。1992年，华为的员工数已达到200人左右，组织结构也就转变为直线职能制。直线职能制按一定的职能专业分工，每一个层级都建立职能机构负责技术生产、人事、财务等的管理工作，但是这些职能机构并没有直接命令权，员工还是只受上层领导的直接控制，这在一定程度上保证了集中统一领导，又有职能部门辅助。这种组织结构在当时是与自主开发产品的集中化战略相匹配的，即可以为自主研发产品的集中化战略随时集中调配资源。这两种简单的组织结构使华为活了下来，并取得了不俗的业绩，实现了很好的发展。

第二阶段（1995—2003年）

1995年，华为的销售额已经达到15亿元，员工数量达到800多人，成为全国电子行业百强排名第26位的民营企业。此时，华为的战略逐渐从集中化战略转向横向一体化战略，从单一研发生产销售程控交换机进入移动通信、传输等多种产品领域，战略是朝多元化方向发展，成为能提供全面通信解决方案的公司。地域方面采取国家化战略，同时聚焦国外市场和国内市场。在1997年更是开始引入IBM的一套业务改革流程，而这也直接导致了华为的组织结构变化。产品开发流程引入集成产品开发（IPD），它以市场和客户需求为产品开发的驱动力，企业变成一个各方面紧密相连的有机整体。引入集成供应链（ISC）改革供应链，目的是设计和建立以客户为中心、成本最低的供应链。在这一时期，华为原有的集权式的直线职能制组织结构的缺点日益凸显，对外界的环境变化反应慢；高层决策迟缓；各部门之间很难进行协调和交流；各部门只重视自己的目标，而忽视整个组织的目标。而华为的横向一体化战略即企业收购或兼并同类产品生产企业以扩大经营规模需要企业各部门、资源等更具有协调性。多元化战略在一定程度上需要有事业部架构的支撑，再加上引入的IPD和ISC需要以客户和市场为导向，因此华为设立了各事业部。除此之外，在此期间基于急于开拓国内外市场的需求，华为还组建了地区公司制。因此华为的组织结构逐渐演变成事业部制与地区制相结合的组织结构。

第三阶段（2004—2013年）

前面我们提到华为引入IBM的一套业务改革流程，主要有IPD和ISC，到2003年，该项改革获得了很大的成功。之后，华为除多元化和国际化之外又增加了纵向一体化战略，其组织结构也跟随战略的变化进行了相应的调整，从原来的事业部与地区制相结合的矩阵式组织结构，转变为以市场和客户需求为导向的产品线制的组织结构模式，形成了企业的纵向管理系统。此外，企业依然分事业部，这构成了企业的横向管理，两者交叉运作形成矩阵式组织结构。一方面各事业部可以得到跨越各职能部门的支持，灵活分配资源；

另一方面可以提高参与到项目中的职能人员和项目负责人的积极性。由于组织规模较大，员工人数较多，为了提高处理业务的效率，进行快速决策，华为还建设了支撑这种运作模式的完整 IT 框架。

第四阶段（2014 年以来）

任正非提出，“简化组织管理，让组织更轻更灵活，是我们未来组织的奋斗目标”。美军有两条核心业务流程：一条军政（养兵）流程，一条军令（用兵）流程，两条流程相互制衡，互为补充。来源于美军作战的灵感，任正非提出了班长的战争。阿富汗战争是“班长的战争”，作战主要由三个人组成，他们是战争的主体。这三人根据军事目标的要求，从军政流程中获得最佳成员随即组成作战小队，每个人有不同的职责可以完成情报的收集、爆破和狙击一系列流程。任务结束后就解散回归军政流程。这种单位集成的做法可以快速形成作战单元，且可大可小，灵活易变。而华为也想通过项目型组织的建立，构建像美军一样的团队集成能力和一线的快速作战能力。“通过现代化的小单位作战部队，在前方去发现战略机会，再迅速向后方请求强大火力，用现代化手段实施精准打击。”

2014 年，华为围绕“共同为客户创造价值”的思路，在重新定义三会治理结构的基础上，将组织结构逐步调整为基于客户、产品和区域三个维度的组织结构。集团职能平台相当于美军的“军政”模块，是聚焦业务的支撑、服务平台，向前方提供及时准确有效的服务；运营商、企业、消费三大组织，相当于美军的“军令”模块，负责区分不同客户群，针对其不同的商业规律和经营特点指挥作战。

从以上四个阶段的发展就可以看出华为从创立到现在的 30 年组织结构的发展历程。作为中国企业的标杆，华为的组织结构还在不断地优化，还在不断地挑战自己、发展自己。

资料来源：刘子璇．华为三十年的组织结构变迁．企业改革与管理，2018（16）.

引例表明，随着企业战略的推进，企业组织结构也在不断变化。从华为四个阶段的发展可以看出其从创立到现在的 30 年组织结构的发展历程。不同的战略会形成不同的组织结构，企业组织结构变革是企业实施战略的一项重要工具。一个好的企业战略如果没有与其相适应的组织结构是无法实现其最终目标的，因此了解组织结构的各种模式对企业未来发展非常重要。本章要求读者掌握组织结构的发展模式，以及不同的组织结构模式如何与业务层战略、公司层战略、国际化战略相匹配等内容，以更好地实施公司战略和策略。

10.1　组织结构与战略的关系

组织结构的基本概念

组织结构是在组织理论的指导下，经过组织设计，由组织要素相互联结而成的相对稳定的结构模式。企业组织结构是实施企业战略的一项重要工具，一个好的企业战略需要通过与其相适应的组织结构去完成，方能起作用。实践证明，一个不合时宜的组织结构必将对企业战略产生巨大的损害，使良好的战略设计变得无济于事。因此，企业组织结构是随战略而定的，它必须根据战略目标的变化及时调整。在战略运作中，采取何种组织结构，主要取决于企业决策者和执行者对组织结构的理解，取决于企业自身的条件和战略类型，也取决于对组织适应战略发展标准的认识和关键人物的选择。

美国学者钱德勒在1962年出版的《战略与结构》一书中指出：战略与结构关系的基本原则是组织的结构要服从于组织的战略，即企业战略决定着结构类型的变化。这一原则指出企业不能仅从现有的组织结构去考虑战略，而应从另一视角，即根据外在环境的变化去制定战略，调整企业原有的组织结构。

一般看来，按相对稳定时期的企业结构划分，组织结构包括职能专业化、区域组织、事业部制、矩阵结构和横向型结构等大几类。但这仅是从静态来区分的。如果从企业发展的角度，即从动态来看，企业处于不同发展时期，必将采用不同的组织结构。企业结构也一定是随企业的发展过程进行不断的推演、创新，从而寻求到最佳状态。因此，我们理解企业组织结构的战略含义不能局限于其静态时的几种形态，更重要的是从企业的动态发展过程来理解其演变过程及其在不同时期表现出来的形态。只有这样，才不会被一时的表面现象所迷惑，而能使我们在复杂的过程中更准确地把握企业组织结构的动态变迁。

战略的前导性和组织结构的滞后性

对外部环境的改变最先作出反应的是战略，而后组织结构才在战略的推动下对环境变化作出反应。这样就形成了战略的前导性和组织结构的滞后性。

战略的前导性指企业战略的变化快于组织结构的变化。这是因为，企业一旦意识到外部环境和内部环境的变化提供了新的机会与需求，首先是在战略上作出反应，以谋求经济效益的增加。例如，经济的繁荣与萧条、技术革新的发展都会刺激企业发展或减少企业现有的产品或服务。而当自身积累了大量的资源时，企业也会据此提出新的发展战略。当然，一个新的战略需要一个新的组织结构，至少需要在一定程度上调整原有的组织结构。

组织结构的滞后性指组织结构的变化常常慢于战略的改变。造成这种状况的原因有两个：一是新旧结构的交替有一定的时间过程。当新的环境出现后，企业首先考虑的是战略。新的战略制定出来后，企业才能根据新战略的要求改变企业的组织结构。二是旧的组织结构已经被人们熟悉、习惯，且运用自如。一方面，当新的战略制定出来后，他们仍习惯沿用旧有的职权和沟通渠道去管理新的经营活动，总认为原来有效的组织结构不需要改变；另一方面，当管理人员感到组织结构的变化会威胁到他们个人的地位、权力和安全感时，往往会以各种方式抵制改革。

从战略的前导性和组织结构的滞后性可以看出，在环境变化、战略转变的过程中，总是有一个利用旧结构推行新战略的阶段，即交替时期。

组织结构适应战略发展的标准

企业战略的内容应充分考虑到企业员工的行为特点，适用于指导和调动整个组织，这是组织结构适应战略的最本质内容。这种组织结构适应有三个标准：产生共同愿景；反映企业组织的前进趋势；具备催人奋进的精神动力。

产生共同愿景是指组织结构在战略上充分有效地使全体员工的认知和努力方向一致，具有为企业全体员工提供共同理想的聚焦作用。对于作为企业长期运营共同的指针或者理想蓝图的战略来说，这是最具重要意义的组织结构适应。不可否认，企业的最终活动是诸多具体个人活动的动态总和。至于这些个人活动是统一起来还是分散开来，这是组织结构适应战略发展所要解决的问题。毫无疑问，统一单体活动使之统一化，关系到企业取得业绩的大小。在促进人们行动一体化方面，管理者可采用的方法、手段有许多，组织结构设计便是其一。

要使全体员工有共同愿景，只统一前进方向还不够，还必须使人们自觉地接受一体化的方向，并以高涨的士气和坚定的信心，向着既定的企业战略目标齐心协力，使企业运作处于最佳状态，这就是组织结构能反映整个企业组织的前进趋势。否则，虽有共同愿景，但趋势错误，其结果也必将对战略结局无济于事。

企业有了这种前进趋势，可以充分鼓起员工的干劲，使企业内在力量倍增；反之，没有了前进趋势，企业的内在潜力将不能用在“刀刃”上。能反映企业组织的前进趋势，并能加以利用和保持，体现战略的指向，也是企业组织结构适应战略的第二个标准。有了这种前进趋势的一体化方向，企业就可以在竞争中处于优势地位，使竞争对手望而却步，并迫使其反击的势头越来越弱，从而在竞争中获胜。

组织结构适应战略发展的第三个标准是设计好的组织结构能否在全体员工中产生催人奋进并保持紧张感的精神动力。企业的组织结构实现了共同愿景，反映了前进趋势之后，如果缺乏催人奋进并保持适度紧张的精神动力，则组织迟早会懈怠，并逐渐习惯成自然，产生惰性。为了防止出现这种情况，防患于未然，有必要给员工注入一定的紧张剂——精神动力，使其不断上进，努力拼搏。如果做不到这一点，企业的一体化方向和前进趋势终会因懈怠而付之东流。

综观企业组织结构适应战略发展的三个标准，可以清晰地看到，它们是顺序累积性地实现其有效机能的。首先是结构能产生企业的共同愿景，然后再凝聚这些共同愿景，使其反映到企业发展的正确趋势上来，接着为了保持长久，就必须使企业在实施战略过程中永葆活力，不断进取。三者相互作用，构成了企业组织结构适应战略的动态标准体系。三者缺一不可：没有共同愿景，则体现不出企业的前进趋势，精神动力也就无从谈起；没有反映企业的前进趋势，则共同愿景很有可能产生误导作用，精神动力也有可能产生负作用；同样，不能保持企业成员的精神动力，企业的共同愿景和前进趋势则可能功亏一篑。

个案分析

H 传媒企业的组织结构调整

H 公司是一家具有 20 年历史的国有传媒企业。目前，H 公司已经发展成为以广告、网络和节目三大主业为核心，涉足旅游、房地产、酒店等产业的综合性传媒集团。但是，H 公司在高速发展和规模扩大的同时，资产收益率和资产周转率逐年下降。经过反复对比和深入研究，H公司高层发现，和当时很多国企一样，公司的股份制改造并没有从根本上改变企业的管理方式和组织结构。公司高层和大多数员工已明显感觉到，现有的管理方式和组织结构已不适合公司的长远发展战略和当前的市场环境。如何变革才能适应公司发展的要求？这已经成为公司亟须解决的问题。通过同行的介绍，H公司了解到北森公司在该领域已经成功地操作了几个类似的案例，于是，H公司联系了北森公司。

咨询分析

经过员工访谈和问卷调查，北森公司认为H公司的主要问题在于：第一，公司战略定位基本正确，在战略目标分解成为部门或子公司的子目标以及子目标的实现上存在严重缺陷，战略不能落地。第二，公司总部治理结构相对规范，子公司治理结构问题突出，多元化后公司总部与各子公司的关系和管理模式不合理，岗位责权不清，存在责任交叉和空缺的现象，出现问题后互相推诿找不到责任人的情况时有发生。第三，公司组织结构中存在部门职责与权力不匹配、因人设职的情况，组织层级过多，指挥链条混乱，存在严重的多头指挥现象。第四，公司组织结构紊乱造成公司资源的流失，如销售政策和执行流程混乱造成客户和市场丢失，利用公司资源牟取私利的现象层出不穷。

解决方案

根据企业发展战略、管理模式和业务格局对组织结构进行调整和优化。首先，明确集团总部定位，集团总部是战略决策中心、投资中心、管理和协调中心的组合。集团总部的角色应集中于管理整个集团的业务组合、促进业务单元的业绩改进和最大限度利用集团资源投资发展；集团总部的职能部门应该高效、精简，着力发展由产业推动的战略、财务计划及人力资源管理的技能；总部应该通过对业务单元战略及经营计划的严格审查和考核，并通过提供有效的激励机制来指导业务单元的经营，而不是对日常运作的干预；集团总部应集中资金管理，实施集中融资；各业务单元的财务系统应归集团财务部直接领导。

其次，根据集团定位，对战略管理型、操作管理型和财务管理型三种管理模式与公司战略进行匹配，对不同股权构成和产业类型的子公司采取不同的组织管理模式，清晰界定下属公司与职能部门之间的关系。不同管理模式下的子公司在发展目标、管理手段和应用方式上应有所不同，各有侧重。

再次，将三大主业子公司升格为事业部，并将同类产业纳入事业部统一管理，其他产业保留子公司管理模式，以增强事业部的市场分析和快速决策能力，从而增强其核心竞争力。

最后，基于管理模式与关键管理流程对现有管理职能进行分拆、合并、增设，新设投资决策委员会、证券投资监管委员会和考核委员会。各委员会承担相应的横向流程整合和协调功能。

结果反馈

H公司按照北森公司的方案调整并优化了组织结构，明确了集团总部与子公司之间的管理关系和权力分配，理顺了各职能部门的责权划分和协调关系，管理层次精练，指挥有效，控制力度强，并且对公司资源及资源的增值进行了有效的管理，防止了资源的流失，公司管理和运营效率大为提高。与组织结构配套的薪酬和绩效管理体系的运用和实施，形成了良好的激励机制，直接改变了该公司以前人浮于事、部门之间互相推诿、多头指挥、技术和能力较强的人员流失严重等现象，为公司实现战略目标提供了有力的保障，该方案得到了客户的普遍认同和高度评价。

资料来源：某传媒企业的组织结构调整案例．（2006－10－09）．https：//wenku. baidu. com/view/b9722b0d0b4e767f5acfce5f. html.

10.2　战略和组织结构的发展模式

一般来讲，企业会有一个产生、发展、壮大、衰退、终结的生命周期过程，即企业要经历一个有不同发展阶段的战略时期。在整个战略过程中，企业规模由小变大，再由大变小（走下坡路），此时就对企业组织结构提出了动态变迁的要求。在企业不同的战略阶段，必须有不同的组织结构与之相适应，随着企业战略的推进，企业组织结构也在进行不断的动态变迁。随着企业规模的增大和多样化经营程度的提高，企业的组织结构与高层管理者所扮演的角色也在不断转变。当组织结构无法与企业战略相协调时，组织结构就会改变。图 10－1 显示了公司经历的发展模式，这个模式也说明了企业战略和为支持其实施而采用的组织结构之间关系的变化。

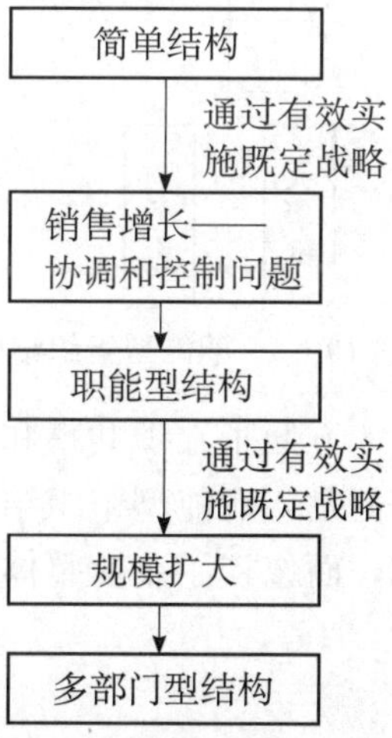

图 10－1　战略和结构的关系发展模式

简单结构

简单结构又称直线制结构，其所有者兼经营者直接做出所有主要决定，并监控企业的所有活动。这种结构涉及的任务不多，分工很少，规则也很少，整个结构很简单，如图

10－2所示。简单结构适用于提供单一产品、占据某一特定地理市场的小企业。我国很多民营企业在创办初期都采用这一组织形式，因为这些企业在创办时只有几个人，且多是亲朋好友，采用这种结构不仅提高了工作效率，而且降低了管理费用。一般来说，具有简单结构的公司会选择集中成本领先战略或集中差异化战略。

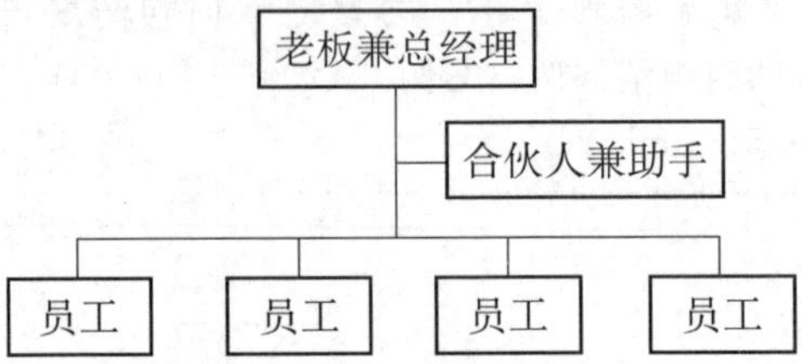

图10－2　简单结构

职能型结构

职能型结构是由一名总经理及有限的公司员工组成，在重点的职能领域如生产、财务、营销、研发和人力资源等配备职能层次的经理。在组织中，有专门的职能部门为企业的组织决策提供参考意见，同时，企业高层领导者直接领导下属的各个生产部门，如图10－3所示。

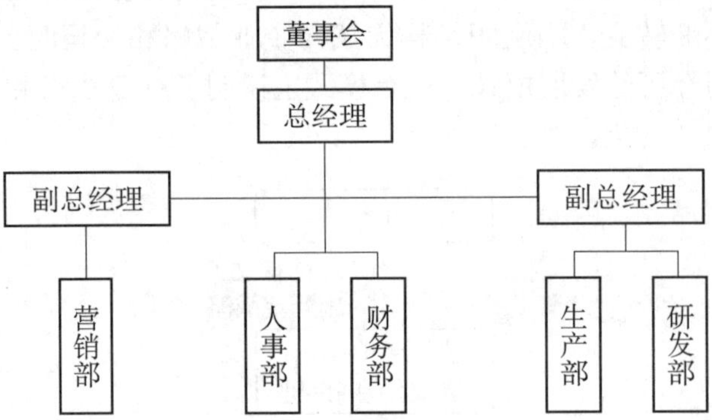

图10－3　职能型组织结构

职能型组织结构允许职能分工，方便了知识共享和观点发展。这种组织结构也有利于专门职能领域内的个人职业发展。但是，职能型组织结构也可能产生负效应——职能部门的负责人可能只专注于自己的领域，而忽视了企业整体发展战略的需要；部门与部门之间的协调比较困难。

多部门型组织结构

多部门型组织结构，通常是指以地区、产品或服务项目、用户和生产工序或业务过程的不同来划分的组织形式。这种组织结构在美国仅次于职能型结构，被普遍采用。在多部门型组织结构中，职能业务活动在总公司和各自独立的分部两个层次进行。当组织增长到一定规模时，需要细分它们的行为来处理可能在生产、地域或业务方面的大量多元化问题。

多部门型组织结构的优点：(1) 集中关注业务领域；(2) 解决了职能合作问题；(3) 可以衡量各部门的业绩；(4) 能够培育未来的高级经理。

多部门型组织结构的缺点：(1) 职能重复，增加管理费用；(2) 形成了各部门之间的利益冲突；(3) 与总部的关系容易出现问题。

多部门型组织结构又分为事业部制结构和矩阵结构。

1. 事业部制结构

事业部制结构是指在公司总部下设立若干自主经营的业务单元（事业部），它是企业为了进一步发展采用的形式。企业提供多种产品和服务，产品间的关联程度较低，市场间的联系程度也较低，客观上需要减少协调工作量。为适应这种情况，企业一般按产品、用户或地区等要素实行事业部制的组织结构，它的建立主要是解决职能部门不能解决的分散化和多元化经营的问题。事业部制组织结构如图 10－4 所示。事业部制的最大特点是划分了公司最高管理层与业务层的职责范围。公司最高管理层负责战略管理与协调，而业务层负责具体产品的经营运作。事业部制还将公司的集权与分权协调起来，以实现效率最大化。

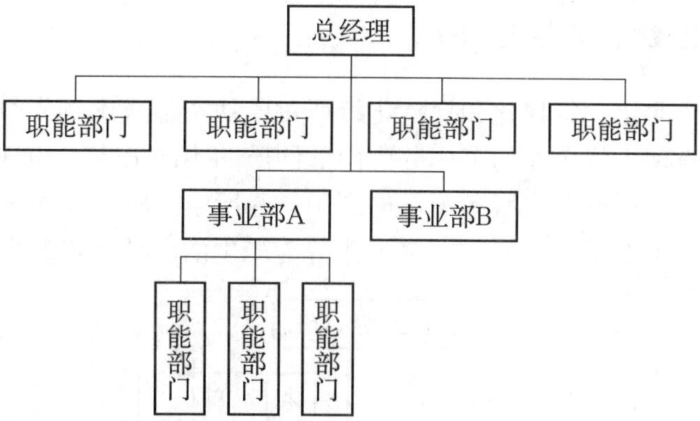

图 10－4　事业部制组织结构

2. 矩阵结构

当企业发展到一定阶段，内部产生了必要的双重领导，这时企业内部资源需要相互借用，企业运营的不确定性、复杂性及相互依赖程度增强，需要更有效地处理信息和决策。如果要划分企业发展阶段，这一阶段可与多元化并列。与此相适应，企业多采用矩阵结构，它将职能型和事业部制的原理相结合，目的是加强各职能部门及规划部门的协作，将集权与分权结合起来。矩阵结构如图 10－5 所示。矩阵结构的主要优点是项目目标明确，加强了部门之间的配合和信息交流，员工可以看到自己的工作成果，增强了企业对市场变化的适应性，提高了效率。不足之处在于，管理费用过高，不能完全控制下属员工，导致下属受到多方领导，也极易引起管理者之间的冲突，造成决策时间过长。因此，运用矩阵结构时，管理者应当尽量协调各部门之间的冲突，使之保持密切的合作和更高的工作效率。同时，矩阵结构的战略既可能由每个矩阵组织决定，也可能由总部决定。

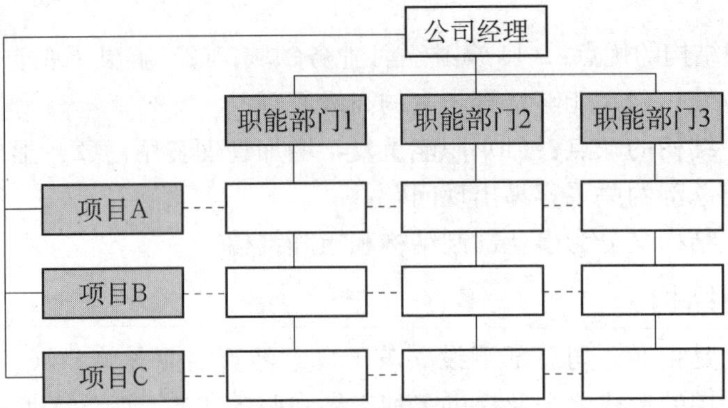

图10-5 矩阵结构

10.3 实施业务层战略的组织结构

实施成本领先战略的组织结构

组织结构中的专业化、集权化和规范化特征对成功实施成本领先战略有重要作用。在成本领先战略中，经理人将企业的工作分为内部同质的不同分支，而划分的基础通常是一些职能领域，如产品生产或客户服务等，如图10-6所示。将工作按其专门性来划分和重组，公司就能通过员工对单一专业的特定工作行为产生的高效率来获得成本上的节约。

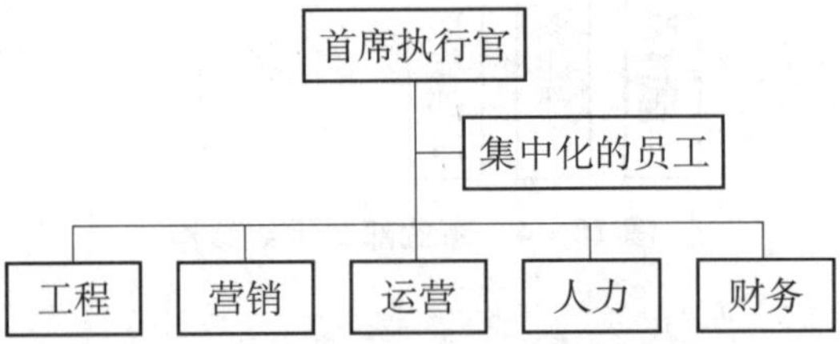

图10-6 实施成本领先战略的组织结构

集权化就是决策权主要保留在公司高层经理人手中。现今组织中存在着分权的趋势——将决策权下放到公司内与顾客有直接频繁联系的人手中。然而为了细致协调组织中的各项活动，实施成本领先战略的组织结构要求权力的集中化。但是，在设计此类组织结构时，经理人在注重协调和整合有关公司重大行动的同时，也致力于将部分决策权下放。

由于成本领先战略通常为那些大量生产相对标准化的产品的公司所用，因此规范化、标准化也很必要。规范化是公司通过正规制度和程序管理组织活动的程度。为了促进更高效的运作，研发方面的努力更强调生产过程中效率的提高。成功实施成本领先战略要求组织结构具备高度的专业分工、决策的集中化及作业程序规则的规范化等特点。

实施差异化战略的组织结构

当职能型组织结构中的决策权下放时，差异化战略就能成功地实施。在成本领先战略中，对组织职能活动的协调和整合是通过决策权的集中实现的，而实施差异化战略的职能型结构要求公司中的每个员工都学会有效地协调和整合自己的行动。实际上，公司的高层经理团队对决策具有同一种认同模式，有利于差异化战略的实施。研究证明，当认同模式得到运用时，事业部追求差异化战略的业绩就能得到提高，尤其是当差异化战略是在一个稳定的环境中得以实施时。但当公司所处的市场变化剧烈时，实行一致认同模式就较为困难。

营销和研发职能在实施差异化战略的职能型结构中尤为重要。差异化战略要求企业必须具有较强的市场营销能力，以使企业对市场需求具有较高的敏感性，能够及时发现市场机会。同时，广告、服务也需要差异化，还要有创新尤其是产品创新，即研发能力。权力相对分散成为此结构的一个重要特征，如图 10－7 所示，一般而言，实施差异化战略必须对收集来的信息所表明的可能性作出快速反应，这就决定了决策权和责任的分散化。差异化战略还要求在各职能部门之间形成密切的协作关系，因此这种结构不具有高度的专业化。

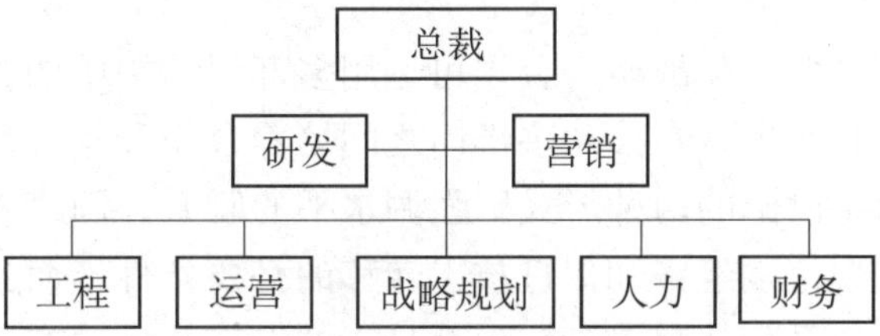

图 10－7　实施差异化战略的组织结构

实施成本领先/差异化整合战略的组织结构

实施成本领先/差异化整合战略针对的是某个特定的顾客群、某产品系列的某个细分区段或是某个地区市场。它侧重的是在细分的同时又比竞争者（实施差异化的同类企业）有一定的成本优势，这的确有一定的难度。但随着柔性制造系统的产生，生产制造部分的刚性瓶颈问题得到了解决，由变换产品种类而引起的成本已不再像过去那样严重地制约此类企业。同时，加上各部门之间的协调，如跨部门的团队，有的企业已经能够有效地实施成本领先/差异化整合战略。

为了降低生产成本和运作成本，以及向特定的目标顾客提供个性化产品和服务，组织必须具有足够的弹性和灵敏度，因此，实施成本领先/差异化整合战略的企业通常选取职能型组织结构。一般来说，这类企业的组织规模较小，职能型组织结构完全可以满足企业的这些要求，为企业的细分市场提供个性化的产品和服务。

建立部门之间的横向联系对实施成本领先/差异化整合战略的企业来说是很重要的，但更重要的是运用这种组织结构创造出一种企业文化，使部门之间能够自愿地沟通协调，并致力于创造成本和差异化两方面的优势。实际上，好的企业文化最难模仿，也最不容易形成。

10.4　实施公司层战略的组织结构

对多部门结构的有效运用有助于公司实施公司层战略（多元化）。在这里，我们将描述分别用于实施限制性相关、联系型相关和不相关多元化战略的三种多部门结构，如图10－8所示。

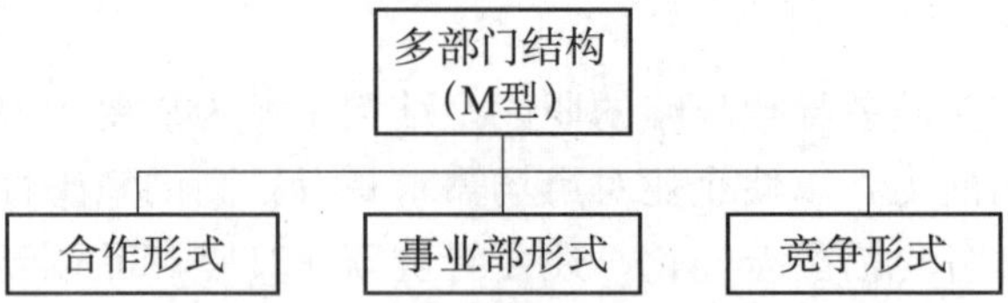

图10－8　三种多部门结构

运用合作形式实施限制性相关多元化战略

为了实施限制性相关多元化战略，公司可运用多部门结构中的合作形式。合作形式是一种运用多种综合策略和水平，在公司多部门之间培养合作和整合的结构。合作形式（如图10－9所示）比后面将讨论的两种形式更强调水平的联系。围绕着公司的产品和市场而形成的部门间合作是实现范围经济和促进技术转移的必要条件。而且，联系的重要性还体现在它能允许和支持对一系列战略资产，包括员工的专有技术、有形资产（包括设施）和运作方法等的共享。

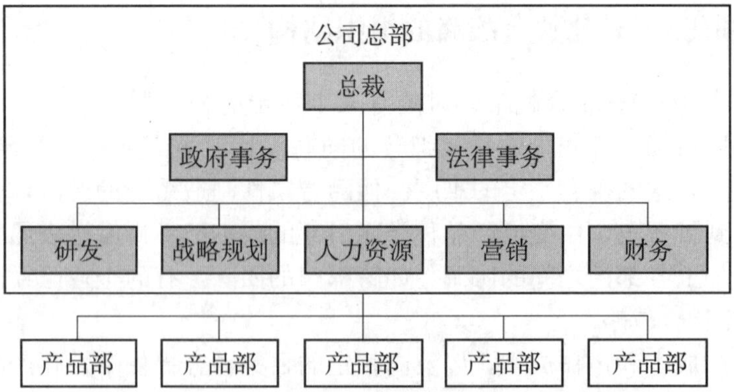

图10－9　实施限制性相关多元化战略的合作形式

为了促进通过纵向整合或因战略资产的共享而联系起来的部门间的合作，一些职能部门（如人力资源管理、研发和营销）都集中于公司层面。这些集中化的职能工作由公司总部、公司办公室来管理。相比于未进行多元化的企业，如果公司办公室能允许公司各部门的资源得到利用，从而使各部门获得成本优势或差异化优势，那么部门结构就成为多元化的企业竞争优势的来源。

除集中化之外，结构性整合联络可用于培养实施限制性相关多元化战略的企业内部部门的合作。部门经理间频繁的直接接触能够鼓励和支持部门之间的合作及战略资源的共享。有时，各个部门甚至专门设立联络官，以减少部门经理花在协调和整合部门内各单位工作上的时间。针对某个项目而成立的临时团队或任务小组由各个部门的人员组成，以实现部门间的协调。有时，公司整合形成正式的部门，以便在一个持续的基础上完成临时团队或任务小组的工作。在实行限制性相关多元化战略的企业中，最极端的情况是出现矩阵式组织。矩阵式组织是指既包含职能专业化又包含产品或项目专业化的双重组合结构。尽管矩阵式组织很复杂，但有效的矩阵结构能提高公司不同部门间的协调。

水平的协调必须进行大量的信息处理，以便成功实施限制性相关多元化战略。但由于部门间的合作必然会带来经理人自主权的损失，部门经理并不总是愿意投入这种组织结构所要求的综合信息处理的活动中。而且，部门间的合作会产生对部门经理不平等的“积极成果流”。换言之，既然部门经理的报酬与部门的业绩表现密切相关，那么通过共享企业的战略资产而获取最大市场利益的部门就会被认为是以别人的费用来增加自己的收益。在这些情况下，就必须把提供共享战略资产也作为业绩评估的标准。因而，在合作形式中，不仅要以单个部门的表现，而且要以其对整个公司的贡献来制定报酬激励机制，这样才能克服可能产生的问题。

运用事业部形式实施联系型相关多元化战略

多部门结构中的事业部形式至少由三个层次组成，第一层次也是最高层次是公司总部，第二层次是事业部，第三层次是每个事业部内部通过同一产品或地域市场而发生联系的部门群。整个公司的业务组合由那些与在事业部内相互联系的部门及那些与事业部外的其他部门没有联系的部门组成，因而群体内的各个部门是互相联系的，而群体之间却没有互相联系（如图 10 - 10 所示）。在各个事业部内部，具有相似产品或技术的部门组合起来产生协同效应。各个事业部都是一个公司总部控制下的利润中心，这种结构形式的一个重要好处在于企业中的各处决策者在他们自己的业务单位中，只需接受事业部的执行官而不是总部人员的战略指导。大型多元化企业的组织结构可能非常复杂，这种复杂性是多元化企业业务规模和多元化的反映。

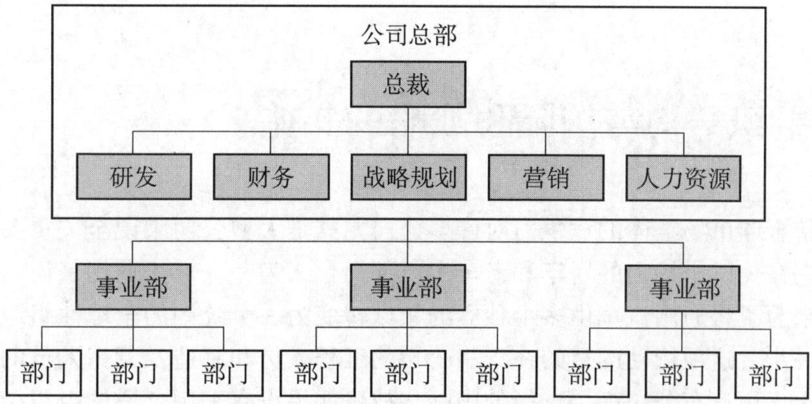

图 10 - 10　实施联系型相关多元化战略的事业部形式

运用竞争形式实施不相关多元化战略

实施不相关多元化战略的公司通过高效的内部资源分配或业务的重组、收购和剥离来创造价值。多部门结构中的竞争形式是用于实施不相关多元化战略的组织结构（如图10-11所示）。这是一种强调对公司内不同（通常不相关的）部门基于企业资本的竞争实行控制的组织结构。为了在有效的资源分配中实现利润，各部门必须拥有独立的、可衡量的利润业绩，并对自身的表现负责。公司内部存在的资本市场使得组织在安排上强调部门间的竞争多于合作。

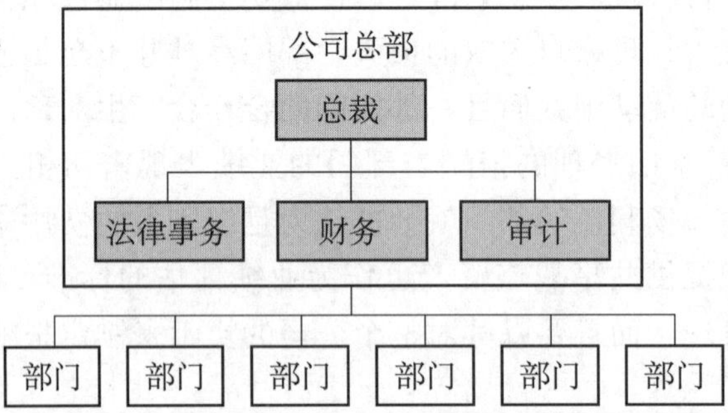

图10-11 实施不相关多元化战略的竞争形式

为了强调部门间的竞争，公司总部与各部门之间通常保持一定的距离，而且不介入部门事务，除非出于审计和管理业绩很差的部门的需要。公司总部以回报率为目标，以此来监控各部门的表现。它在竞争的基础上分配企业的现金流，而不是自动地将现金发还给产生现金流的企业。

总之，多部门结构的三种主要形式各自与特定的公司层战略相关。我们可以从集权化程度、水平结构（整合机制）、业绩评价的重点及激励性报酬机制几方面对其进行比较。在三种形式中，最大集权化和最昂贵的组织形式是合作形式，最小集权化和具有最少组织（官僚）成本的是竞争形式，事业部形式要求部分集权，并涉及保持部门间关系的一些必要机制。在事业部形式中，激励性报酬不仅与事业部业绩有关，还与公司整体表现有关；而在竞争形式中，最重要的评估标准是部门表现。

10.5 组织结构与国际化战略的实施

能够具备全球市场整体的竞争力对许多公司尤其是大型公司来说至关重要。比如通用汽车公司将它在美国市场上的轿车和卡车生产部门合二为一。对于通用来说，这次合并是公司几十年来为了将通用汽车由多个独立的领域转变为一个统一的全球性组织的一系列行动中的最后一步。这项行动的目的在于将公司的工程人员和制造及营销人员的工作整合起来。但是，由通用汽车公司高层选择的国际化战略如果没有采用合适的组织结构就很难成功实施。

运用地理区域性结构实施多地化战略

多地化战略指在每个国家市场的各部门实施各自的战略和运营策略，以使产品能适应当地市场。然而企业有时很难知道它们的产品应该或能够在多大程度上本土化。实施多地化战略的企业为了将全球竞争对手隔开，通常会在国家间差异最大的行业细分市场上建立市场地位或进行适度竞争。地理区域性结构（如图 10－12 所示）是用于实施多地化战略的。地理区域性结构强调当地国家的利益，并有利于区域经理致力于满足当地文化差异。

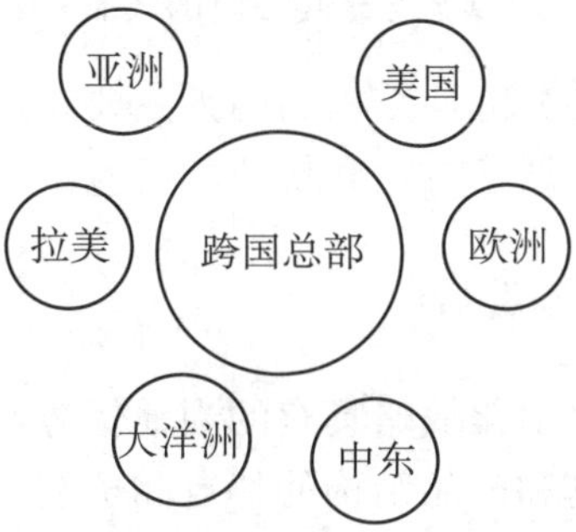

图 10－12　实施多地化战略的地理区域性结构

由于实施多地化战略不要求各国市场之间有太多的协调，在地理区域性结构中各部门之间不存在整合的机制，因而制度化程度很低，且各部门之间的协调也是非正式的。这种结构通常由公司总部的朋友或家庭成员被派往他国开办分支机构形成。这些分支机构与总部之间通过家庭成员式的非正式沟通发生联系。

通过地理区域性结构实施的多地化战略的主要缺点在于它不能带来全球整体效率。随着国际市场日益强调成本，企业对追求规模经济和范围经济的需求也增强了，这些变化促成了全球化战略的使用。

运用产品分区性结构实施全球化战略

全球化战略指向各个国家市场提供标准化产品，并由公司总部规定相应的竞争战略，它追求和强调规模经济和范围经济效应。鉴于规模经济和范围经济之间关系的重要性，加上成功实施全球化战略的需要，公司将部分组织职能外包给最有效的全球服务提供者。

产品分区性结构（如图 10－13 所示）用于实施全球化战略。产品分区性结构是一种赋予公司总部决策权来协调整合各个分离的业务部门决策和行动的结构。这种结构是高速发展的公司为寻求有效管理它们多样化的产品线而选择的组织结构。产品分区性结构整合机制通过对个人交互作用的互相调整而达成有效协调。协调机制包括经理间的直接接触、部门间的联络、临时的任务小组或永久团队和整合人员等。因为经理们经常进行跨国调动，所以他们就要更熟悉在产品分区性结构中实施整体战略的理论。标准化的政策和程序（制度）能使公司战略和结构的目标为经理人员共享。

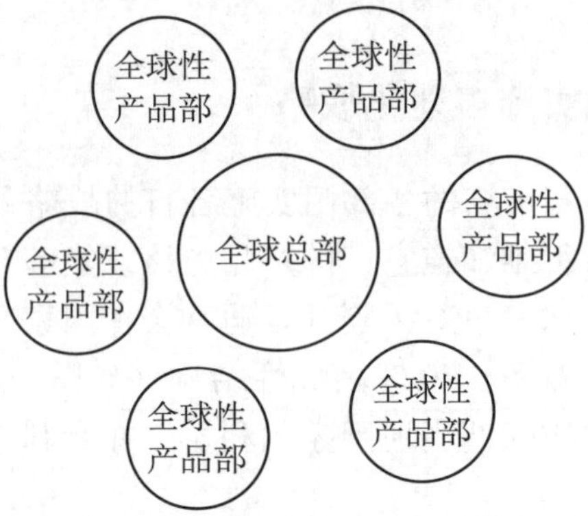

图 10-13　实施全球化战略的产品分区性结构

全球化战略及其伴随的产品分区性结构的两大主要缺点：协调决策和跨国行动中产生的困难，以及对当地需求和偏好缺乏有效和快速的反应。

运用混合结构实施跨国化战略

跨国化战略指公司既寻求多地化战略具有的当地优势，又注重全球化战略所带来的全球效率。混合结构具有强调地理和产品结构的特点和机制，因而它既强调地理区域，又强调产品分区。

很明显，地理区域性结构适合多地化战略，产品分区性结构适合全球化战略。然而，当公司试图通过混合结构来同时实施多地化战略和全球化战略时，这两种结构间的机制差异就不那么明显了。用于实施跨国化战略的组织结构必须具备集权化和分权化、集合和分化、制度化和非制度化的灵活机动性。这些看来相反的特性必须由一个整体结构来管理，且这个结构必须能够鼓励全体员工理解文化差异对企业运营的影响。相应地，如果要改变公司的整个文化，需要有一个强大的教育机构支持。如果文化变革有效，那么混合结构能够使公司学会如何运用其能力在当地经济中获取竞争优势。这些能力经常是在较少文化差异的竞争环境中产生和发展的。随着企业的全球化和企业战略的混合化，企业总部的思维模式对于培养企业领先优势、建立强大的企业形象越来越重要。

10.6　企业战略与组织结构的调整

企业组织战略调整的原则

企业战略的重要特性之一便是它的适应性。它强调企业组织运用已占有的资源和可能占有的资源去适应外部环境和内在条件的变化。这种适应是一种极为复杂的动态调整过程，要求企业一方面加强内部管理，一方面不断推出适应性的有效组织结构。因此，适应的特殊性决定了这种适应不是简单的直线运动，而是一个循环上升的过程，企业组织理论界人士将该过程称为适应循环。适应循环明确地指出组织结构如何适应企业战略的原则，因此，适应循环原则是企业组织战略调整的根本原则。

企业组织战略调整的内容

1. 调整内容

与企业战略相适应的组织结构调整工作包括三个内容：

（1）正确分析企业目前的优势和劣势，设计开发出能适应战略需求的组织结构模式。

（2）通过企业内部管理层次的划分、相应的责权利匹配和适当的管理方法和手段，建立起确保战略实现的实力。

（3）为企业组织结构中的关键战略岗位选择最合适的人才，保证战略的推行有力。

2. 调整前的准备

为了促进上述组织结构调整工作的有效开展，需做好以下几方面的前期准备工作：

（1）确定战略实施的关键活动。应从错综复杂的活动中，如制度建设、人员培训、市场开发等方面，去寻找对战略实施起重大作用的活动。

（2）把战略实施活动划分为若干单元。将企业整体战略划分为若干战略实施活动单元，它们实际上组成了组织结构调整的基本框架，这在客观上保证了企业战略被放到首要地位。

（3）将各战略实施活动单元的责权利明确化。企业战略管理者应全面权衡集权与分权的利弊，作出适当选择，给每个战略实施活动单元授予适度的决策权力，责成其制定符合企业战略的单元战略并负责贯彻执行。

（4）协调各战略实施活动单元的战略关系。这种协调，一是通过整个政治权力等级层次的方式来实现；二是在实施企业整体战略的过程中吸收各战略实施活动单元共同参加，让其在实施过程中相互了解、相互沟通，从而发挥协调各方的作用。

企业在调整组织结构的过程中，必然会对组织结构进行选择，而每一种组织结构都有其长处与短处。因此，企业应综合考虑各种组织结构的特点，而不局限于某一基本的组织形式。组织结构作为实现企业战略的手段，其本身无所谓好坏，关键在于如何适应战略。因此，企业应从实际出发，对自身的组织结构进行有效的调整，使其既能满足战略要求又简单可行，而不盲目追求结构的膨胀和形式上的完美。

企业战略调整中对关键人物的选择

企业战略实施的成败，很大程度上取决于关键岗位上关键人物的选择。选择合适的关键人物是进行企业组织结构调整的重要内容之一。在选择关键人物的过程中，应特别注意以下几点：

1. 关键人物的能力应与战略要求相适应

企业战略实施过程中的关键人物是指战略项目经理人员的集合，包括主管经理和经理班子中的人员。战略项目经理人员的选择应适应特定的战略要求，需要具有与该公司战略更匹配的资质，能在特定战略领域对关键因素作出独立判断和有效的把握，在战略实施中发挥中坚骨干的作用，并具有强烈的责任感和事业心；既要有专业水平，又能形成相应的管理风格，并能不断创新。同时，应从提高这些关键人物的整体水平和相互补充出发，对他们进行合理搭配。

2. 利用现任管理者贯彻新战略

企业实施一项新战略的关键人物，往往是现任管理者。选择现任管理者来贯彻新战略的依据是：

（1）现任管理者对关键因素已有了解，对企业战略、经营方式已熟悉，所需培训时间短。

（2）现任管理者的个人资质优越，在员工中有较高威信。

（3）现任管理者能综合协调各方利益，增强战略实施的向心力。这里要注意的问题是，现任管理者由于工作的连续性，有时会对机会与威胁反应迟钝。

3. 通过引进人才实施企业新战略

“筑巢引凤”不失为一种很好的方法，它有以下优点：

（1）选择对新战略有信心的外来人才，可克服现任管理者的惰性。

（2）容易激动人心，焕发活力，“新官上任三把火”，可能会烧出一片新天地。

但同时也需要注意两个问题：一是受聘者来自外部，需花费较多时间建立信誉与威望，这样有可能贻误战机；二是临阵易将产生权力转移，有可能弄巧成拙，造成混乱局面，难以形成稳定的内部环境。

4. 对关键人物实施激励

即使是非常尽责且下决心实现企业战略目标的经理也同样需要激励。在激烈竞争的市场环境下，这些关键人物只有在正确的激励下才能顺利完成战略任务。但是，正确地激励并产生效果并非易事，因为战略是长期的，其结果不会立竿见影；战略本身具有风险性，可能会半途而废；而且，为达到目的所采取的行动也会不同。这样战略成果与个人实绩很难联系起来，从而使激励变得困难。这时，可采取以下办法来实施激励：

（1）将战略目标取得的进展同已取得的成果区别衡量。

（2）设置股权奖励办法，以鼓励关键人物。

（3）针对已取得的成果进行及时、适度的激励。

基本概念

组织结构（organizational structure）
简单结构（simple structure）
职能型结构（functional structure）
多部门结构（multidivisional structure）
矩阵结构（matrix structure）
合作形式（cooperative form）
事业部形式（strategic business unit form）
竞争形式（competitive form）
混合结构（combination structure）
战略调整（strategy reengineering）
地理区域性结构（geographic area structure）
产品分区性结构（product divisional structure）

思考题

1. 为什么组织结构跟随着战略的改变而改变？
2. 分析业务层战略与组织结构的关系。
3. 分析公司层战略与组织结构的关系。
4. 分析国际化战略与组织结构的关系。
5. 随着公司的发展，组织结构是如何变化的？

章末案例

丽诗加邦的新面貌

与其他知名的服装制造商一样，丽诗加邦（Liz Claiborne）在 20 世纪 90 年代也实施了一项重大的产品扩张战略，当时该企业收购了许多小服装厂和配饰企业，企业内部还建立了众多自己的品牌。

丽诗加邦以前的目标是通过实现更高的运营效率以及销售收入的增长带动利润的增长。2005 年，丽诗加邦扩展到 36 个不同的品牌，尽管收入已经从 20 亿美元增加到 50 多亿美元，但其利润并未实现同步增长。事实上，利润是下降的，因为管理如此众多的品牌是如此复杂和成本高昂，结果导致成本急剧上升。同样，在 21 世纪初，沃尔玛、塔吉特等零售企业也越来越多地向市场提供自有品牌的服装，而服装制造厂要想继续通过这些连锁商店销售它们品牌的服装，将被迫压低价格。

丽诗加邦聘请威廉·麦库姆（William McComb）担任首席执行官来扭转困局。几个月内，他开始转变发展方向，压缩企业规模，向新的组织结构形式转变，以减少管理 36 个品牌带来的有关问题，并且进一步推动企业成长，伴随着盈利能力的提升。麦库姆认为丽诗加邦已经形成一种失控的“复杂文化”。由于企业的快速成长以及过度复杂的组织结构，曾经给丽诗加邦带来成功的核心商业文化已经被丢弃了。

丽诗加邦先前的高管人员创建了 5 个不同的服装事业部来管理其 36 个品牌，这些品牌是根据服装或配件的风格而分组的。例如，Ellen Tracy 等奢侈品线被划分进一个事业部；丽诗加邦、Dana Buchman 等为职场女性提供服装的品牌组成第二个事业部；橘滋（Juicy Couture）等针对年轻顾客的引领潮流和时尚的服装则归为第三个事业部等。每一个事业部都由一个独立的管理层负责，都要承担设计和营销等全部职能活动以支持其品牌。问题是为了响应不断变化的消费者偏好，企业服装风格也要不断改变，结果就是在同一事业部内部越来越难以实现品牌间的差异化，不同事业部间的品牌同样越来越难以区分。与此同时，由于不同事业部重复设置职能活动导致成本上升，之前提到的行业竞争加剧也越来越迫使丽诗加邦必须压低向零售商的供货价，以保护其产品销售。

麦库姆决定精简和改变丽诗加邦的组织结构以满足不断变化的消费者需求，以及来自零售行业不断加剧的竞争。第一步，他认为企业可以出售、特许经营或者关闭 36 个品牌中的 16 个品牌，然后专注未来能带来更大利润的剩余 20 个品牌。为了更好地管理这 20 个品牌，他对企业结构进行了重组，将 5 个事业部削减为 2 个。这就整整减少了一个层次的高级管理团队。他还取消了先前 5 个事业部重复设置的营销、分销以及零售职能活动。结果，运营成本大幅度下降，组织更易于管理。

剩下的两个事业部一个是零售事业部，称作“直营品牌”，另一个是批发事业部，称作“合作品牌”。企业新的组织结构期望能让每一个事业部运营的方式更加聚焦、充满活力和清晰。例如，零售事业部主要负责通过丽诗加邦的零售连锁商店销售相关服装品牌，如 Kate Spade、Lucky Brand Jeans、橘滋等连锁店。把这些成长最为迅速的品牌整合起来，将能够使事业部管理者制定更好的营销和分销决策，实现产品差异化，进而吸引更多的消费者。向百货商店和其他零售商销售丽诗加邦、Dana Buchman 等服装品牌的批发事业部所面临的问题则是如何降低成本，以减缓它们不断增长的威胁。例如，梅西百货公司的自有品牌服装的份额已经从 2005 年的 15%增长到 2007 年的 18%。如果批发事业部的管理者能找到提高库存周转率、分担营销成本等的方法，他们就能以更低的价格向梅西百货公司供货，鼓励这些商店销售他们的品牌服装，丽诗加邦仍能获取更高利润。

麦库姆意识到为了减少复杂程度，并且确保每一个事业部都能够建立起正确的商业文化，改变丽诗加邦的组织结构是非常必要的。他把先前依据服务质量或价格将众多服装品牌划分到不同事业部，变革为按照每一个事业部顾客的需求来划分。这些顾客或者在丽诗加邦自己的店铺里，或者在购买丽诗加邦的衣服后再销售给个体消费者的零售连锁店里。现实的问题是每一个事业部都面临着一系列截然不同的战略和运营问题。在新的组织结构下，每一个事业部的管理人员都能集中精力解决一系列特定的问题，进而为其品牌获取更好的业绩表现。麦库姆希望企业的销售收入能快速增长，同时新的组织结构能带来不断攀升的利润。

然而遗憾的是这些想法并未实现，且丽诗加邦一直处于困境之中。事实上，在 2011 年，企业被迫将其自有的标识性品牌丽诗加邦出售给了杰西潘尼（J. C. Penney）。哪里出了问题？

资料来源：希尔，琼斯．战略管理．北京：机械工业出版社，2017.

讨论题

1. 麦库姆在变革丽诗加邦组织结构和控制系统时，采取了哪些办法？
2. 为什么麦库姆要作出这些变革？这些变革使业绩改善了吗？

第11章

战略领导力、企业文化与战略实施

学习目标

1. 掌握战略领导力的含义；
2. 了解战略领导者在战略实施中的任务；
3. 掌握战略领导者战略实施的艺术与行为模式；
4. 了解企业文化的含义、功能；
5. 掌握企业战略与企业文化的关系，以及二者的协调模式；
6. 了解企业文化变革的策略。

引　例

企业战略转型与企业文化重塑

企业战略转型，必然伴随着新旧思想的交锋、管理模式的转变、不同价值的交融。转型期的企业，不仅有“看得见”的业务模式升级和组织架构变革，还有“看不见”的思维模式转变和企业文化转型。前为“表”、后为“里”，两者相辅相成、不可或缺，可谓“合则齐美，离则两伤”。

企业文化是一种被全体员工认同的价值观，直接决定着员工的思维模式和行为方式，其“存量”和“增量”具有深度的再开发性，以及可转化为其他财富的“增值力”和“扩散力”。

成功的企业文化重塑，需要处理好新因子和旧因子、顶层和基层、硬约束和软环境、整体和个体四个方面的关系，具体而言，就是要做到以下几点。

巩固继承＋开拓创新。企业在长期发展过程中，积淀并形成独特的企业文化。在企业发展的不同阶段，企业文化所包含的企业精神及价值观有着不同的时代内涵。在企业转型期，企业文化体系中既有符合企业转型发展的部分，也有不合时宜应摒弃的部分。要在继承中巩固和创新，找准“变”与“不变”，在现实中扬弃，在开拓中创新，让企业文化引领企业转型发展。

顶层设计＋基层实践。企业文化重塑不能只靠上层“一厢情愿”，必须把顶层设计和基层智慧、顶层拉动和基层推动结合起来，使转型更具系统性、整体性、协同性。首先，应从企业发展的战略角度，强化宏观构建和前瞻思考，画出“战略图”“目标值”“路线图”“时间表”，并依据战略需要，提炼勾勒与企业战略目标相吻合的企业文化，找准关键的新文化因子。其次，应时时关注基层对转型战略的执行及对新文化因子的吸收情况，倾听基层呼声，不断强化重点文化因子，让基层员工深刻理解企业转型的坚定信心和方向。

管理变革＋环境营造。企业文化有一定的惯性，员工思维和行为的转变需要一个较长的过程，因此企业转型不会轻松完成，必须进行系统的管理变革。要改变传统的管理方式与方法，从组织架构、责任机制、激励机制和约束机制等方面建设新的管理机制，通过管理的变革来完成文化的转型。此外，要注重营造开拓创新、开门纳谏、尊重人才、尊重创造、爱岗敬业、争做标杆的良好环境，为转型注入鲜活的思想源泉。

企业发展＋员工成长。不同企业成功的要素各不相同，但有一点是共通的，就是企业与员工的共同成长。唯有如此，员工才会发自内心地与企业同呼吸、共命运。在企业转型期，一方面员工对企业的未来发展更为担忧，另一方面，转型期往往意味着更大的工作压力和更高的工作要求。这两方面因素叠加，易使队伍出现信心不足及积极性、创造性下降等问题。此时，更应强化灌输企业转型成败对员工自身发展的影响。

一次成功的企业文化转型，必将使企业具有更加强大的战斗力和执行力，产生巨大的凝聚力和创造力。如此，企业转型迎来的不仅是物质之变，更是精神之变、气质之变；不仅有思想的真砥砺，更有企业的新发展。

资料来源：安然．企业战略转型与企业文化重塑．企业家日报，2015－11－11.

引例表明，不同时代企业文化所包含的企业精神及价值观是有区别的。随着企业战略的推进，企业文化直接决定着员工的思维模式和行为方式。因此企业文化是公司实施战略成败的关键因素，成功的企业文化转型，必将使企业具有更加强大的战斗力、凝聚力和创造力。因此了解战略领导力和企业文化对企业未来发展是非常重要的。本章要求读者掌握战略领导者战略实施的艺术与行为模式，以及企业战略与企业文化的关系等内容，以更好地掌握企业战略实施的内容。

11.1 战略领导力与战略实施

战略领导力的含义

战略领导力是指预测事件、展望未来、保持灵活性并促使他人进行所需的战略变革的能力。战略领导力是战略领导者必须具备的领导技能，其核心是有效地管理公司运营以及持续保持公司高绩效的能力。公司获取战略领导力的责任主要由战略领导者承担。战略领导者包括高层管理者、董事会成员、部门总经理。

战略实施是整个企业参与的管理过程，企业高层管理者是企业战略管理的核心，直接参与企业战略分析与制定的全过程，同时还是组织者和领导者。在战略实施过程中，高层管理者的推动和促进力量是保证战略成功的关键因素。

战略领导者在战略实施中的任务

战略实施过程中，企业会遇到巨大的挑战和困难，战略领导者要鼓舞、激励和影响企业员工，使他们能够在一个共同战略愿景的激励下，满腔热情地投入战略实施过程中，积极主动地战胜困难，实现企业的战略目标。

战略领导者最主要的职责就是激励员工运用其智慧和能力，以最有成效、最有效率的方式实现企业战略目标，获得竞争优势。具体来讲，战略领导者需要在战略实施过程中完成以下任务：

1. 开发和维持企业核心竞争力

核心竞争力是企业赢得竞争优势所依赖的重要资源和能力，它使企业可以为顾客提供具有独特价值的产品和服务。核心竞争力可能来自企业的各项职能领域，如研发、生产、营销、分销、服务、财务等。企业战略领导者需要在不同的领域建立和发展核心竞争力，有效促进战略实施。

2. 激励和指导中基层管理者

战略实施离不开企业所有人员的支持和行动，战略的成功实施需要依赖中层和基层管理者的支持与合作。中层与基层管理者决定着战略实施的娴熟程度，战略领导者应该运用恰当的物质、精神手段对其进行有效的激励与约束。同时，需要针对战略实施中遇到的困难与挑战进行及时的指导。

3. 开发和挖掘人力资本

人力资本是企业所有员工所拥有的知识和技能的总和。尽管企业获取竞争优势有多种方式、多种选择，但是企业最终的竞争优势需要通过人力资本所有者的有效活动来实现。实践表明，人力资本对企业发展的贡献远远大于其他资本要素。有效开发和管理人力资本，即在企业内部设立良好的培训开发、考核应用等机制并有效贯彻实施是战略实施过程中战略领导者不可忽视的内容。

4. 培育支撑战略的企业文化

企业文化具有导向、约束、凝聚、激励和调适等功能，是企业成败的关键因素、形成战略的重要条件和战略实施的重要手段，因此，企业文化建设是企业战略领导者必须关注的内容。企业文化代表了企业的价值取向、行为准则，是企业竞争优势的重要来源。同时，由于刚性与连续性，企业文化往往会对新战略的实施产生一定的阻碍。因此，变革企业文化、塑造和培育支撑战略实施的企业文化是战略领导者的重要责任。

战略领导者应具有的素质

战略管理对领导者提出了更高的要求，只有具有全面的素质，才能够保证企业战略得到真正贯彻。清华大学经济管理学院刘冀生教授认为，战略领导者应当具备六方面的素质。

第一，要有高尚的道德。道德情操要高尚，对自己要严格要求，意志要坚定，作风要谦虚，要比较低调。

第二，要有优良的价值观。公司的利益高于个人利益，要为客户创造价值。

第三，要有很强的领导能力，要有组织、领导、计划、激励、控制的能力。

第四，要有魄力，要敢于直面残酷的现实。什么叫敢于直面残酷的现实？就是要正视企业的劣势到底在哪里，要能听进他人对企业的批评意见，要有敢于直面残酷现实、敢于直面企业丑陋部分的勇气，只有这样才能作出正确的决策。

第五，要有很强的执行力。制定很好的战略与变革的方案和管理变革的方案，要有很强的执行力，实现目标要有优秀的行动力和技能。

第六，要培养接班人。国外很多长寿公司的CEO都是企业自己培养的。《基业长青》的作者总结了18家长寿公司的经验，这18家长寿公司的存在年限总计达1 700年，只有4个CEO是"空降兵"，其余都是企业自己培养的职业经理人。对于企业的"一把手"来讲，要培养职业经理人和接班人。

战略领导者战略实施的艺术与行为模式

战略实施的效果在很大程度上依赖于战略领导者的组织管理技巧和战略实施艺术。一般而言，企业战略领导者战略实施的艺术与行为模式可以归纳为五种类型：指挥型、变革型、合作型、文化型和增长型。

1. 指挥型

这种模式的特点是企业最高管理者考虑的是如何制定一个最佳战略。在实践中，计划人员要向最高管理者提交企业经营战略的报告，最高管理者作出结论，确定战略之后，向高层管理人员宣布企业战略，然后强制下层管理人员执行。

这种模式的运用有以下约束条件：

（1）最高管理者要有较高的权威，靠其权威发布各种指令来推动战略实施。

（2）只能在战略比较容易实施的条件下运用。这就要求战略制定者与战略执行者的目标比较一致，战略对企业现行运作系统不会构成威胁；企业组织结构一般是高度集权化的，企业环境稳定，能够集中大量的信息，多元化经营程度较低，企业处于强有力的竞争地位，资源较为宽裕。

（3）要求企业能够准确和有效地收集信息并及时汇总到最高管理者手中。因此，它对信息条件要求较高。这种模式不适合环境快速变化中的企业。

（4）要求有较为客观的规划人员。在权力分散的企业中，各部门常常因为强调自身的利益而影响企业总体战略的合理性。因此，企业需要配备一定数量的有全局眼光的规划人员来协调各部门的计划，使其更加符合企业的总体要求。

这种模式的缺点是把战略制定者与执行者分开，即高层管理者制定战略，下层管理者执行战略，下层管理者可能缺少执行战略的动力和创造精神，甚至会拒绝执行战略。

2. 变革型

这种模式的特点是战略领导者考虑的是如何实施企业战略。在战略实施中，最高管理者在其他方面需要对企业进行一系列的变革，如建立新的组织结构、新的信息系统，变更人事，甚至是兼并或合并经营范围，采用激励手段和控制系统促进战略的实施。为进一步增加战略成功实施的机会，企业战略领导者往往采用以下三种方法：

（1）利用新的组织结构和参谋人员向全体员工传递新战略优先考虑的战略重点是什么，把企业的注意力集中于战略重点所在的领域。

（2）建立战略规划系统、效益评价系统，采用各项激励措施以支持战略的实施。

（3）充分调动企业内部人员的积极性，争取各部门人员对战略的支持，以此来保证企业战略的实施。

这种模式在许多企业中要比指挥型模式更加有效，但这种模式并没有解决指挥型模式存在的如何获得准确信息的问题、各事业单位及个人利益对战略计划的影响问题以及战略实施的动力问题，而且还产生了新的问题，即企业通过建立新的组织结构及控制系统来支持战略实施的同时，也失去了战略的灵活性，在外界环境变化时战略的变化更为困难。从长远来看，在环境不确定的企业中，应该避免采用不利于战略灵活性的措施。

3. 合作型

这种模式的特点是企业的战略领导者即最高管理者考虑的是如何让其他高层管理人员从战略实施一开始就承担有关的战略责任。为发挥集体的智慧，企业最高管理者要和其他高层管理人员一起对企业战略问题进行充分的讨论，形成较为一致的意见，制定出战略，再进一步落实和贯彻战略，使每个高层管理者都能够在战略制定及实施过程中作出各自的贡献。协调高层管理人员的形式多种多样，如有的企业成立由各职能部门领导参加的战略研究小组，专门收集在战略问题上的不同观点，并进行研究分析，在统一认识的基础上制定出战略实施的具体措施等。最高管理者的任务是要组织好一支合格胜任的制定及实施战略的人员队伍，并使他们能够很好地合作。

合作型的模式克服了指挥型模式及变革型模式的两大局限，使战略领导者接近一线管理人员，获得比较准确的信息。同时，由于战略的制定建立在集体考虑的基础上，从而提高了战略实施成功的可能性。

该模式的缺点是由于战略是持有不同观点、不同目的的参与者相互协商折中的产物，有可能会使战略的经济合理性有所降低，同时仍然存在着制定者与执行者的区别，未能充分调动全体管理人员的智慧和积极性。

4. 文化型

这种模式的特点是企业战略领导者考虑的是如何动员全体员工参与战略实施活动，即企业最高管理者运用企业文化的手段，不断向企业全体成员灌输战略思想，建立共同的价值观和行为准则，使所有成员在共同的文化基础上参与战略的实施活动。由于这种模式打破了战略制定者与执行者的界限，力图使每一个员工都参与企业战略的制定及实施，因此企业各部门人员都在共同的战略目标下工作，使企业战略实施迅速、风险小，企业发展迅速。文化型模式也有局限性，表现如下：

（1）这种模式建立在企业员工都有学识的假设基础上，在实践中员工很难达到这种学识程度，一般员工（尤其是劳动密集型企业中的员工）对企业战略制定的参与会受到文化程度及素质的限制。

（2）极为强烈的企业文化可能会掩盖企业中存在的某些问题，企业要为此付出代价。

（3）采用这种模式要耗费较多的人力和时间，还可能因为企业的高层不愿意让出其控制权，而使员工参与战略制定及实施流于形式。

5. 增长型

这种模式的特点是企业战略领导者考虑的是如何激励下层管理人员制定、实施战略的积极性及主动性，为企业效益的增长而奋斗。最高管理者要认真对待下层管理人员提出的一切有利于企业发展的方案，只要方案基本可行，符合企业战略发展方向，在与管理人员探讨了解决方案中的具体问题的措施以后，应及时批准这些方案，以鼓励员工的首创精神。采用这种模式，企业战略不是自上而下推行，而是自下而上产生，因此，最高管理者应该有以下认识：

（1）最高管理者不可能控制所有的重大机会和威胁，有必要给下层管理人员以宽松的环境，激励他们参与有利于企业发展的经营决策。

（2）最高管理者的权力是有限的，不能在任何方面都把自己的愿望强加于组织成员。

（3）最高管理者只有在充分调动和发挥下层管理者积极性的情况下，才能正确地制定和实施战略。一个稍微逊色但能够得到广泛支持的战略，要比那种“最佳”却根本得不到热心支持的战略有价值得多。

（4）企业战略是集体智慧的结晶，仅靠一个人很难制定出正确的战略。因此，最高管理者应该坚持发挥集体智慧的作用，同时努力减少集体决策的各种不利因素。

20世纪60年代以前，企业界认为管理需要绝对的权威，这种情况下，指挥型模式是必要的。60年代，钱德勒的研究结果指出，为了有效地实施战略，需要调整企业组织结构，就出现了变革型模式。合作型、文化型及增长型模式出现较晚，但从这三种模式中可以看出，战略实施充满了矛盾和问题，在战略实施过程中只有调动各种积极因素，才能使战略获得成功。上述五种战略实施模式在制定和实施战略上的侧重点不同，指挥型和合作型更侧重于战略的制定，把战略实施看作事后行为，而文化型及增长型则更多地考虑战略实施问题。实际上，在企业中上述五种模式往往是交叉或交错使用的。上述五种模式可由表11-1表示。

表11-1 战略领导者战略实施的艺术与行为模式

类型	战略领导者研究的企业战略问题	扮演的角色
指挥型	如何制定出企业的最佳战略	理性行动者
变革型	如何制定好的战略并推行实施	设计者
合作型	如何使战略管理人员从一开始就对企业战略承担起自己的责任	协调者

续表

类型	战略领导者研究的企业战略问题	扮演的角色
文化型	如何使整个企业员工都为确保企业战略的成功而努力	指导者
增长型	如何激励企业战略管理人员和全体员工去执行已经制定的企业战略	评价者

战略领导者应当遵循的原则

延伸阅读 转型领导者特质

美国管理学家彼得·德鲁克总结了适用于总统的六条原则，这六条原则同样适用于企业战略领导者：

第一，决不可顽固地坚持自己要做的事情。企业外部环境的变化要求战略作出及时的调整。

第二，集中精力，不要分散自己。相对于需要而言，企业的资源总是有限的，战略领导者需要将企业有限的资源投到战略重点上，不能过分分散资源。

第三，决不对一件肯定的事情过于自信。企业战略领导者不能仅凭经验进行战略实施，企业过去的经验不能保证未来的成功。

第四，不搞微观管理。“总统不必去做的事情，就绝对不可以去做。”罗斯福的原则是：“我作出决定，然后把工作交给一个内阁成员，让他不受干扰地去处理。”企业战略领导者应当把自己的主要精力放在战略管理上，不能因为管理幅度过宽而分散精力。

第五，总统在其政府中没有朋友。德鲁克借用林肯的格言：“总统在其政府中没有朋友。”企业战略领导者需要在企业中营造一种公平、公正的文化，尽量避免亲缘、血缘、地缘等关系的影响。

第六，杜鲁门曾告诉刚就任总统的肯尼迪一句话：“一旦你当选了，立即停止竞选的那一套。”战略领导者在战略实施过程中，切不可感情用事，要坚持理性原则，务实地实施战略。

史蒂芬·柯维在《高效能人士的七个习惯》中所提出的高效能人士的七个习惯，对于领导者同样适用。领导者应当不断自我磨炼，逐步养成这七种习惯：

习惯一，主动积极。采取主动，为自己过去、现在及未来的行为负责，并依据原则和价值观而非情绪或外在环境来做决定。

习惯二，以终为始。所有事物经过两次创造——先是在脑海里酝酿，后是实质的创造。组织做计划时，均先提出愿景和目标。领导工作的核心就是在共有的使命、愿景和价值观之上，创造出一种文化。

习惯三，要事第一。实质的创造是愿景和目标的组织和实现。次要的事不能放在第一位，重要的事不能放在第二位。无论紧迫性如何，个人和组织都要针对要事而来，把要事放在第一位。

习惯四，双赢思维。它是一种基于互敬、互惠的思考框架，目的是获得更多的机会、财富和资源，而不是敌对式竞争。双赢思维鼓励我们解决问题，并协助个人找到互惠的解决方法，是一种资讯、力量、认可及报酬的分享方式。

习惯五，知己知彼。当我们放弃回答，改而去聆听别人，便能开启真正的沟通之门，增进彼此关系。获得对方理解之后，会感受到尊重与承认，进而会放下戒备之心，坦然以对，使双方的了解更加流畅自然。知彼需要仁慈心，知己需要勇气，若能两者平衡，则可大幅度提升沟通的效率。

习惯六，协同增效。创造第三种选择——既非按照我的做法，也非遵循你的原则，而是采用第三种远胜于个人之见的方式。实践协同增效的人际关系和团队，会抛弃敌对态度，不以妥协为目标，也不止于合作，需要的是创造式合作。

习惯七，不断更新。主要指如何在四个基本生活方面——生理、社交、心智及心灵，不断更新自己。这个习惯提升了其他六个习惯的实施效率。对组织而言，不断更新提供了愿景及不断的改善，使组织不至于呈现老化及疲态，并迈向新的成长之路。

11.2 企业文化与战略实施

企业战略的实施离不开企业文化环境。管理大师托马斯·彼得斯说："一个伟大的组织能够长久生存下来最主要的条件并非结构形式或管理技能，而是我们称之为信念的那种精神力量，以及这种信念对于组织的全体成员所具有的感召力。"对于战略实施过程来讲，与之相匹配的优秀的企业文化是必不可少的，企业文化和企业战略相匹配会促进企业的发展，反之，则会阻碍战略实施和企业发展。

企业文化的含义

企业文化，或称组织文化，是企业在生产经营实践中逐步形成的，为全体员工所认同并遵守的，带有本组织特点的使命、愿景、宗旨、精神、价值观和经营理念，以及这些理念在生产经营实践、管理制度、员工行为方式与企业对外形象方面的体现的总和。

美国学者约翰·科特和詹姆斯·赫斯克特认为，企业文化是指一个企业中各个部门，至少是企业高层管理者所共同拥有的企业价值观念和经营实践。特伦斯·迪尔和艾伦·肯尼迪认为，企业文化是价值观、英雄人物、习俗仪式、文化网络、企业环境。威廉·大内认为，企业文化是"进取、守势、灵活性，即确定活动、意见和行为模式的价值观"。

企业文化是企业的灵魂，是推动企业发展的不竭动力。它有非常丰富的内涵，一般来讲，可以将其分为四个不同的层次：第一层是核心层，是呈现观念状态的价值观、信念，它体现在企业的经营哲学、宗旨、方针、目标等方面，称为企业精神；第二层是体现企业行为准则的企业制度，它是企业价值观和信念的反映；第三层是呈现行为形态的员工的工作方式、社会交往方式、应变方式等，通常称为企业作风；第四层是呈现物质形态的产品设计、质量、厂容厂貌、员工服饰等，通常称为企业形象。也有些学者将企业文化划分为三个层次，即企业物质文化、企业制度文化和企业精神文化。

企业文化包括若干要素，分别处于以上所讲的层面。其中，重要的有企业精神和共同价值观、行为规范和规章制度、工作作风和传统习俗、企业形象和形象性活动等。

企业文化的功能

企业文化对于企业的生存与发展发挥着重要的作用，在企业经营管理中发挥着物质资源所起不到的功能。具体而言，企业文化具有以下功能：

1. 导向功能

所谓导向功能就是企业文化对企业的领导者和员工起引导作用。企业文化的导向功能主要体现在以下两个方面：

（1）经营哲学和价值观念的指导。经营哲学决定了企业经营的思维方式和处理问题的法则，这些方式和法则指导经营者进行正确的决策，指导员工采用科学的方法从事生产经营活动。企业共同的价值观念规定了企业的价值取向，使员工对事物的评判达成共识，有着共同的价值目标，企业的领导者和员工为着他们所认定的价值目标去行动。美国学者托马斯·彼得斯和小罗伯特·沃特曼在《追求卓越》一书中指出："我们研究的所有优秀公司都很清楚它们的主张是什么，并认真建立和形成了公司的价值准则。事实上，一个公司缺乏明确的价值准则或价值观念不正确，我们就怀疑它是否有可能获得经营上的成功。"

（2）企业目标的指引。企业目标代表着企业发展的方向，没有正确的目标就迷失了方向。完美的企业文化会从实际出发，以科学的态度去制定企业的发展目标。这种目标一定具有可行性和科学性，因为企业员工就在这一目标的指引下从事生产经营活动。

2. 约束功能

企业文化的约束功能主要是通过完善管理制度和道德规范来实现的。

（1）管理制度的约束。企业制度是企业文化的内容之一。企业制度是企业内部的法规，企业的领导者和企业员工必须遵守和执行，从而形成约束力。

（2）道德规范的约束。道德规范是从伦理关系的角度来约束企业领导者和员工的行为。如果人们违背了道德规范的要求，就会受到舆论的谴责，会感到内疚。同仁堂药店"济世养生，精益求精，童叟无欺，一视同仁"的道德规范约束着全体员工必须严格按工艺规程操作，严格质量管理，严格执行纪律。

3. 凝聚功能

企业文化以人为本，尊重人的情感，在企业中形成一种团结友爱、相互信任的和睦气氛，强化团体意识，使企业员工之间形成强大的凝聚力和向心力。共同的价值观念形成了共同的目标和理想，员工把企业看成是一个命运共同体，把本职工作看成是实现共同目标的重要组成部分，整个企业步调一致，形成统一的整体。这时，"厂兴我荣，厂衰我耻"成为员工发自内心的真挚感情，"爱厂如家"就会变成他们的实际行动。

4. 激励功能

共同的价值观念使每个员工都感受到自己的存在和行为的价值。自我价值的实现是人的最高精神需求的一种满足，这种满足必将形成强大的激励。在以人为本的企业文化氛围中，领导者与员工、员工与员工之间互相关心，互相支持。特别是领导者对员工的关心，员工会感到受人尊重，自然会振奋精神，努力工作。另外，企业精神和企业形象对企业员工有着极大的鼓舞作用，特别是企业文化建设取得成功、在社会上产生影响时，企业员工会产生强烈的荣誉感和自豪感，他们会加倍努力，用自己的实际行动去维护企业的荣誉和形象。

5. 调适功能

调适就是调整和适应。企业各部门之间、员工之间，由于种种原因难免产生矛盾，解决这些矛盾需要各自进行自我调节；企业与环境、与顾客、与企业、与国家、与社会之间都会存在不协调、不适应之处，这也需要进行调整和适应。企业哲学和企业道德规范使经营者和普通员工能科学地处理这些矛盾，自觉地约束自己。完美的企业形象就是进行这些调节的结果。

个案分析

联想文化

联想自1984年成立以来，走过一条曲折的道路，更取得了令世人瞩目的斐然成绩。这些佳绩的取得，与其优秀的企业文化是分不开的。优秀的企业文化是企业的核心竞争力所在，是使企业在激烈的市场竞争中屡屡胜出的基因。不断创新发展的历程，为联想积淀了宝贵的文化财富。行家用“1，2，3，4，5”高度概括了联想的企业文化与管理思想的内涵（1是指“一种文化”；2是指“两种意识”；3是指“3个三”；4是指“4个四”；5是指“五个转变”）。

“一种文化”

建立统一的企业文化，即统一思想、统一行动、统一形象。把“以人为本，客户至上”作为企业文化的主旋律。秉持“把员工的个人追求融入企业的长远发展之中”的核心理念，通过达成企业目标来实现员工对个人理想和高素质生活的追求。或者说，联想人的个人追求只有统一于实现联想发展目标之中，才有可能实现；联想发展了，就会给联想人创造更好的成长机会，提供更大的发展舞台；联想赋予每个联想人均等的发展机会，人人都有相当的平台，人人都有成功的机会。

“两种意识”

“两种意识”，即客户意识和经营意识。

“3个三”

“3个三”，即管理三要素、做事三准则、处理投诉三原则。

管理三要素：建班子、定战略、带队伍。

做事三准则：如果有规定，坚决按规定办；如果规定有不合理之处，先按规定办并及时提出修改意见；如果没有规定，在请示的同时按照联想文化的价值标准制定或建议制定相应的规定。这是在联想公司做任何事情都必须遵守的准则，决不允许随心所欲，自以为是。公司有规定的，不管是否认同或合理与否都要按规定执行，不能因为觉得不合理就可以蔑视、变通执行。对不合理的规定提出修改意见是每个联想人的权利、责任和义务。

处理投诉三原则：一是首先处理好与用户的界面，给用户一个满意的处理；二是找到相关的责任人并分析问题的性质，进行批评和处罚；三是触类旁通分析问题的根源，制定改进的措施。

“4 个四”

第一个四——“联想精神四个字”；第二个四——“联想员工四天条”；第三个四——“管理风格四要求”；第四个四——“问题沟通四步骤”。

联想精神四个字：求实进取。

联想员工四天条：不利用工作之便谋取私利、不收受红包、不从事第二职业、工薪保密。

管理风格四要求：认真、严格、主动、高效。

问题沟通四步骤：一是找到责任岗位直接去沟通；二是找该岗位的直接上级沟通；三是报告自己上级去帮助沟通；如果还不行，那就采取最后一招——找到双方的共同上级去解决，即请求自己上级与对方上级的共同上级来决策。

“五个转变”

一是由被动工作向主动工作转变；二是由对人负责向对事负责转变；三是由单向负责向多向负责转变；四是由封闭管理向开放管理转变；五是由定性管理向定量管理转变。

资料来源：联想企业文化与管理思想 12345.（2012－03－11）. http：//www.doc88.com/p-899907040957.html.

企业战略与企业文化的关系

企业文化是企业生存和发展的基本条件之一，也是确保企业战略有效实施的重要保障。企业文化与战略的关系主要体现在以下方面：

1. 企业文化是战略成败的关键因素

在很多情况下，文化成为战略成败的关键因素，建设优秀的企业文化本身就是战略。

2. 企业文化是形成战略的重要条件

企业战略是在企业价值观、经营理念等企业文化核心要素所规范的总体经营思想、路线、方针的指导下产生的，可以说，有什么样的企业文化就会形成什么样的战略。优秀的企业文化能够突出企业特色，形成企业成员共同的价值观念，而且企业文化具有鲜明的个性，有助于企业制定出与众不同、充满激情的克敌制胜的战略。

3. 企业文化是战略实施的重要手段

企业战略制定之后，需要全体成员积极有效地贯彻实施。企业文化所具有的导向、约束、凝聚、激励及调适等功能，会激发员工的热情，统一企业成员的意志，使其为企业战略目标的实现而努力。

4. 企业文化与战略的相互适应和协调

通常情况下，与战略相比较，企业文化具有刚性和连续性等特点，一旦形成，对其进行变革的难度较大，因此，它对企业战略的制定和实施具有引导和制约的作用。同时，企业战略也要求企业文化与之相适应、相协调。如果企业根据内外部条件的变化，制定出新的战略并要求企业文化与之相适应，而企业原有文化的变革速度非常慢，很难及时对新战略作出反应，那么原有的企业文化就有可能成为实施新战略的阻碍力量。因此，在战略管理过程中，企业内部新旧企业文化的更替和协调是战略实施的重要保证。

企业的战略管理者应当重视和保存现有文化中那些支持新战略的方面，同时更需要对现有文化与新战略存在矛盾的方面进行及时确认和改变。当环境发生变化和推行新战略时，现有的文化可能不再适应形势需要，此时，有必要进行组织内部的文化变革，以保证企业文化与战略之间的适应和协调。

战略实施与企业文化的协调

企业文化是成功实施企业战略的重要支持。企业在选择和创建企业文化时，必须以战略对文化的要求为出发点，综合考虑战略类型、行业特点、管理风格、产品或服务特性等各种因素，实施有助于战略实施的文化类型。

1. 选择与战略类型相匹配的企业文化

战略类型多种多样，与之匹配的文化也有多种类型，本部分仅介绍与进攻型、防守型、撤退型企业战略相匹配的企业文化。

（1）与进攻型战略相匹配的企业文化。实施进攻型战略的企业主要通过技术开发、产品开发、市场开拓、生产扩大等策略不断开发新产品、新市场，掌握市场竞争的主动权，提高市场占有率。与此相适应的企业文化应当以持续创新为核心，营造一种有利于创新的尊重个性、鼓励开拓、不怕失败的宽松氛围。这种类型的企业文化的具体特点如表11-2所示。

表11-2　与进攻型战略相匹配的企业文化的特点

序号	特点
1	企业员工等级身份模糊，行为随便，不拘礼节
2	企业员工具有高度的冒险精神及承担重任的勇气
3	企业拥有高效的、斗志昂扬的、渴望成功的环境
4	企业重视个人的协调能力和在不确定的社会环境中完成工作的能力
5	在作出决策前，对重要问题具有强烈要求取得共识的倾向
6	企业鼓励全体员工独立思考、锐意进取，并善于采纳普通员工的合理化建议
7	企业对因各种创新而给组织带来良好效果的成员予以高度评价与赞扬
8	高度重视积极冲突，希望员工积极主动参与，为自己的意见进行激烈辩论
9	职位和收入严格与个人实际工作绩效相联系

（2）与防守型战略相匹配的企业文化。实施防守型战略的企业为了应对竞争对手的挑战、规避激烈的市场竞争，投入的资源仅仅用于维持现有的竞争地位，希望取得稳定发展，以守为攻，后发制人。与此相适应的企业文化应该是坚持稳重、严谨，注意管理细节的工作作风，提倡遵守纪律、循规蹈矩、审慎行事，强调严格控制和高度规范化、秩序化

和标准化。这种类型的企业文化的具体特点如表 11－3 所示。

表 11－3　与防守型战略相匹配的企业文化的特点

序号	特点
1	企业内部等级分明，正规刻板
2	办公室秩序井然，严肃肃静
3	人人彬彬有礼，和气有加，经常使用技术或行政称谓
4	具有很多反映身份和地位的标志
5	行动缓慢而谨慎，重视计划、程序和时间性
6	决策一旦制定就必须坚决执行
7	员工之间相互尊重，鲜有观点争论
8	管理人员在职责范围内提出的建议能得到重视并付诸实施，不能容忍下级不服从上级的情况
9	权力受到高度尊重，尽量避免冲突
10	有根据个人完成工作情况和私人背景而确定员工职位和收入水平的标准

（3）与撤退型战略相匹配的企业文化。实施撤退型战略的企业常常在竞争中处于不利地位，或者其产品处于衰退期而严重滞销，或者财务状况恶化等。此时，企业不得不牺牲一定的眼前利益来应对严重的竞争威胁。一般情况下，长期在某部门工作、参与某种产品生产与销售的员工，当遇到该部门或该产品被撤销的情况时，可能会因无法继续工作而失去工作及晋升的机会。因此，撤退型战略会遭到他们的极力抵制。此时，企业若不能以恰当的形式来回报员工以往的贡献，不仅会助长不满和抵触情绪，而且会影响员工士气，进而影响企业战略的实施。更糟的是，这样很有可能会破坏企业长期形成和保持的文化氛围。从企业外部来看，企业与其供应者、合作者、消费者之间的彼此信任的关系是通过长期努力建立的，因此企业实施撤退型战略要处理好这些关系，努力保持良好的企业形象，避免带来长期的负面影响。为此，实施撤退型战略的企业必须借助于企业文化来达到战略目标。与此相适应的企业文化应当既能在企业内部营造人心安定、士气不减的氛围，又能继续保持良好的公共关系和企业形象。

2. 企业战略与企业文化相互协调的模式

处理企业文化和企业战略相互协调的关系涉及两个方面：战略稳定性和文化适应性。战略稳定性是企业内部各要素的变化，强调的是企业在实施一个新战略时，企业的结构、技术、价值观、生产作业程序等的变化；文化适应性，也称文化的潜在一致性，反映企业要素所发生的变化与企业现有文化相一致的程度。战略稳定性和文化适应性之间的关系可以用图 11－1 来表示。在矩阵中，纵向表示企业战略的稳定性状况，即各种组织要素的变化，横向表示文化的适应性状况，即潜在的文化一致性。

从图 11－1 中可以看出，企业在实施战略时，会与企业现有文化形成以企业使命为基础、加强协同作用、根据文化进行管理、重新制定战略四种不同的关系和管理方式。

（1）以企业使命为基础。企业在实施战略时，组织要素会发生很大的变化，但这些变化与企业目前的文化有高度的潜在一致性。这时，企业一般处于非常有利的地位，可以在目前的企业文化的大力支持下实施新战略。这些企业通常经营状况良好，可以根据自己的

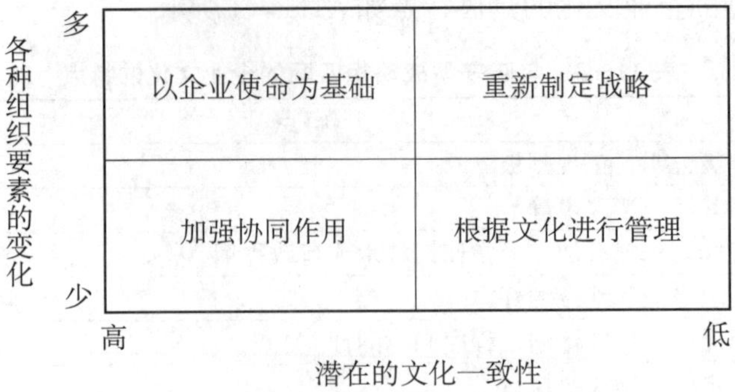

图 11－1　战略稳定性与文化适应性的关系

实力去寻找重大机会，或者改变主要产品和市场。

在这种情况下，企业处理战略与文化关系的重点如下：

1）在企业进行重大变革时，必须考虑战略与企业使命的关系。在企业中，使命是企业文化的基础。因此，企业管理者在处理这一关系、促进两者匹配的过程中，一定要注意使组织战略与企业使命保持不可分割的内在联系。

2）要发挥企业现有人员的作用，让现有人员填充由于实施新战略而产生的职位空缺。这是因为，企业现有人员之间具有共同价值观和行为准则，可以保证企业在文化一致的条件下实施变革。

3）在必须调整企业的奖励制度时，应注意与企业目前的奖励措施保持一致。例如，当新的市场变化要求产品销售方式相应变化时，新的奖励制度仍需强调与过去相同的评价标准，以保证公司奖惩制度的连贯性。

4）必须对那些与目前企业文化不相适应的变革予以特别关注，以保证现存价值观念、行为规范的主导地位。

（2）加强协同作用。企业实施新战略时，企业组织要素发生的变化较少，而且这些变化与现有企业文化高度一致，因此，企业所处地位是相当有利的。在这种情况下，企业主要考虑两个问题：

1）利用目前的有利条件和已有的优势，巩固和加强企业文化。

2）利用文化相对稳定的时机，根据文化的需求，解决企业生产经营中的问题；或者利用战略的相对稳定性，排除组织方面的障碍，转向所需要的企业文化。

（3）根据文化进行管理。企业实施新战略时，关键的组织要素变化不大，但这些变化与目前的企业文化不一致。

这时，企业最好根据企业文化的要求进行管理。其管理要点是，既要实现企业所期望的某些战略变化，又不与现存的企业文化直接冲突。或者说，在不影响企业总体文化一致性的前提下，根据具体需要对某种经营业务实行不同的文化管理。通常，每当企业文化所带来的阻力逐渐消失后，新战略所带来的某些变化就会渗透于企业的活动之中。

（4）重新制定战略。在处理企业文化与战略的关系、促进两者的匹配时，企业遇到了很大困难：企业在实施新战略时，组织要素会发生重大变革，而且这些变革与目前的企业文化很不一致。在这种情况下，企业要考察是否有必要推行新战略。如果没有必要则要考虑重新制定与目前文化相一致的战略；但如果企业外部环境发生了重大变化，企业必须推行新战略，那么企业文化就必须发生变革。在企业必须作出变革决策的情况下，应从以下四个方面考虑：

1）企业高层管理者要下定决心进行变革，并向全体组织成员阐明文化变革的意义。

2）为形成新的企业文化，企业应招聘具有该种文化意识的人才，或在内部提拔与该种文化相符的人员。

3）企业要把激励的重点放在具有新文化意识的群体和个人上，从而促进企业文化转变。

4）设法让管理者和员工明确新文化要求的行为，按照文化变革的要求工作。

个案分析

联想文化传播的“三板斧”

第一板斧：单向传播

传播者“给予”，受传者“接受”，便形成了简单的单向传播关系。这一板斧的特点是能够传递较为系统的文化内容。联想文化传播最先借助的便是内部网站，以及《联想人》《联想》等平台。

联想的员工爱“挑刺”，但究竟挑什么？挑谁？在哪挑？“刺儿梅”便提供了这样的平台，这是一个内部网专栏，主要针对企业内部的一些“大企业病”进行自我揭露和自我批评。每个联想人桌前都放有联想的内部报刊。读《联想》杂志可以了解联想的企业文化和最新的管理理念，报纸《联想人》则主要是联想某时期大事小情的信息汇总，员工可以与家人、与客户分享这些信息。通过这些平台，联想保证了文化沟通的及时性，最大限度保证了沟通效果。

第二板斧：双向传播

与单向传播相比，双向传播使传播者与受传者能通过某种平台进行互动沟通。这一板斧可以现场检验沟通效果，保证双方信息的对称。联想的文化双向互动传播方法有“入模子”培训、生日礼物、进步信箱、总裁在线、沙龙、主题会议、“大头猴有话说”等。

所有新员工在经过“入模子”的封闭培训后，都会极为认同联想的文化，并能积极与团队合作，从而成为一名合格的联想人。

新员工如果有什么问题，老员工会很自然地说上一句：有事儿就找“大头猴”。“大头猴”到底是何方神圣？原来，“大头猴有话说”是联想内部文化的一个沟通工具，它源于一次裁员谣言危机。那是在 2004 年 3 月，联想启动了一次大规模的战略裁员计划。裁员结束后，集团内部谣言四起，纷纷传言当年 6 月还要进行一轮裁员。虽然相关部门负责人赶紧站出来辟谣，但员工根本不相信。就在这时，员工在联想的网站、报纸、杂志等显著位置看到了一个“大头猴”图片，澄清了事实。这只“大头猴”自我介绍：如意“大头猴”，联想集团人力资源部新闻发言人也，上知天文，下晓地理，中知人事。也就是说，公司内外的事情“大头猴”无所不知。“大头猴”的出现，消除了员工的疑问。此后，员工有问题时就去找“大头猴”。

如果碰上重大事件，员工还可以通过“总裁在线”，请总裁亲自在线回答大家的提问。联想的员工，尤其是跨部门、跨公司的员工，也可以通过“进步信箱”来交流。

第三板斧：体验传播

活动是文化传播的一个重要、有效的方式。这一板斧的最大特点在于：通过活动的方式，让员工参与进来，在活动中体验文化主题的内涵、理解文化的外延。通过多年的实践积累，联想的文化活动多种多样，且大多为原创性的特色活动，如“无总称谓”“C-time”（沟通时刻）等。

早在1997年，联想便提出“无总称谓”。最初，联想要求全体高管每天早上在本办公楼门前迎接每位上班员工，主动向员工问好，并让每个员工以“无总”方式称呼自己一次。此活动一直延续到员工能很自然地、习惯地使用“文明称谓”为止。通过开展“无总称谓”活动，联想“平等、信任、欣赏、亲情”的企业文化得以更好地传递。

从2003年开始，员工每周二中午可以利用午休的一个小时时间与公司高管进行自由的、无主题的沟通交流，联想称之为“C-time”。其中，C代表两个含义：“Communication”（沟通）和“Coffee”（咖啡）。

此外，联想还开展“文化月”活动，即在一年中的某一个月集中开展学英语、图片展、比生活技能、评十佳歌手等活动，丰富员工生活。

资料来源：李国刚．联想文化传播的“三板斧”．中外企业文化，2009（7）．

企业文化变革的策略

如果发现企业文化已产生病态，或者企业文化已对必须采取的新战略形成阻碍时，就要下决心进行文化变革。管理者如何推动组织文化的变革呢？重要的一点就是对现有的文化进行解冻，而这需要一个全面协调的战略。

1. 组织文化分析

解冻的最佳着眼点是进行组织文化分析，包括：进行文化审核以评估现有的文化，即分析现有文化与环境及战略是否适应；确定与环境和战略相适应的文化内容；将现有文化与预期的文化作比较，进行差距评价以确定哪些价值观及文化要素需要变革。

2. 向员工宣传变革组织文化的必要性和紧迫性

虽然危机可以作为解冻强文化的一种契机，但危机并不是组织的所有成员都能意识到的。因此，管理人员必须向员工明确说明，如果不马上推行变革，组织的生存就会受到致命的威胁。要是员工没有意识到文化变革的必要性和紧迫性，那就很难使一种强文化对变革的努力作出反应。

3. 任命具有新观念的新领导者

任命新的高层领导者本身就是一个信号，它预示着一场重大的变革正在发生。新的领导者常会带来新的观念和行为标准，大胆地推动文化的变革。当然，新领导者要把他的新观念尽快地注入组织中，又往往需要将关键管理职位的人员调换成忠于这一观念的人。例如，美国的克莱斯勒公司曾成功地进行文化的变革，首先公司任命了新的首席执行官李·艾柯卡，接着艾柯卡迅速对公司高层经理作了大幅调整，这为文化变革打下了坚实的基础。

4. 发动一次组织重组

伴随着主要管理人员的调整，发动一次组织重组也具有重要的意义。设立一些新单位，或者将某些单位合并或取消，这些都以显而易见的方式传达着管理层下决心将组织引入新方向的信息。

5. 引入新口号、新故事、新仪式、新物质象征

新的领导者也要尽快创造出新的口号、故事、仪式、物质象征等来取代原有的文化载体，以更好地向员工传播组织的主体价值观。而这是要即刻去做的，耽搁只会使新领导者与现有文化为伍，最终关闭推行变革的大门。

6. 围绕新的价值观体系，树立新的榜样

管理层还要改变人员的招聘和社会化过程，以及绩效评估和薪酬制度，并树立新的榜样，以对采纳组织所期望的价值观的员工形成有力的支持。

推行以上策略，也并不能立刻就带来强烈的组织文化的变革。变革的推动者要有足够的耐心，并坚持不懈。

基本概念

战略领导力（strategic leadership）　　企业文化（corporate culture）
战略实施（strategic implementation）

思考题

1. 什么是战略领导力？简述战略领导者在战略实施中的任务。
2. 企业文化有哪些功能？与企业战略有哪些关系？
3. 举例说明战略领导者的战略实施艺术与行为模式。

章末案例

文化驱动与企业共成长

文化建设是支撑企业战略实现的根本保障。近年来，湖北宜昌供电公司全面推进“卓越文化导航”项目工程，强化文化驱动的领航力、凝聚力和融合力，公司上下对于思想导航、认知导航、行为导航有了更深刻的思考；对顶层化设计、项目化运作、动态化推进有了更加清晰的认识；对拓展活动领域、创新工作载体、促进文化融入企业管理有了更加直观的理解，这些都为建设一流能源互联网企业提供了强大的精神动力和文化支撑。

导航首在导向　提高员工认知就是指南针

只有坚持以卓越为导向，让员工从典型中感悟文化，从企业历史中学习文化，从宣贯传播中认知文化，才能有效凝聚发展共识和精神动力。

宜昌供电公司员工施梦奇原本是个内向少语的小姑娘，如今受文化导航的启发，主动请缨，在公司“道德讲堂”上讲述了身边同事黄愉婷在校期间背母上学的故事，感染了所有人。她说：“愉婷姐是2018年中华慈孝年度人物，我把她的好人好事讲出来，就会有更多的人成为好人，更多的事儿做成好事儿。”毫无疑问，卓越文化的种子，已经在施梦奇的心里扎下了根。

“员工对文化体验不深刻，理念扎根不结实，价值观点不共通”，宜昌供电公司通过针对性地初期调查，对开展卓越文化的首要阻碍和问题“定准了穴，挖到了根”，并将解决这一问题视为开展卓越文化的首要大事。

为此，宜昌供电公司精心制定方案，特邀专家解读“三型两网、世界一流”国网战略，组织员工参观宜昌市规划馆和东山电厂，自创歌曲《我宣誓》《一生一祖国》，参演阳光扶贫行动纪录片《在那高山上》，倡导“企业以员工为本，员工以企业为家”……一项项活动的稳步推进，取得了可喜的成果。“思想浮躁，观点模糊”的员工少了，“文化扎根，卓越导航”的观念强了，“精神传承，多维感知”的意识浓了。

用力更用心　培养高度认同方能同进步

企业文化建设要以“认”为本，不断增强员工对企业的思想认同、政治认同、情感认同，才能画出最大“同心圆”。

卓越文化导航是需要做到广大员工心坎上的工作，没有全员的高度认知，是不可能做好的。必须遵循文化传播和员工心理影响的规律，突出班组细胞，深化专题传播。“困难摆在哪，我们就在哪里治理；思想松在哪，我们就在哪里提高；意识散在哪，我们就在哪里凝聚。”该公司相关负责人说道。

形式上激活，基层细胞发力。宜昌供电公司运用互动式、菜单式、故事式等方式，开展“班组文化微宣讲”；聚集青年团队，推出“新青年”讲坛，为青年员工建功搭舞台、建平台、创品牌，推动卓越文化落地基层。

培训上拓展，教育内涵为纲。内容上，既有“公司想怎么做”的“菜单式”文化导航，也有“员工想做什么”的“订单式”文化导航，推动文化培训进基层、进班组、进站所。

传播上注重，新兴媒介帮衬。建立“红领学堂”党员教育培养平台、“青春宜电”微信订阅号，开设文化导航“微专栏”丰富宣教平台。

典型领路　学习先进引领光明路

“一开始，让我向班组同事‘自我推介’，我会有些不好意思，但后来发现这样做能带动更多的年轻人用心工作、用心做事，这让宣讲自己、宣讲身边人变得更加有意义，真值！”宜昌工匠、金牌工人、宣讲团成员郭士东说。宜昌供电公司常态开展“最美国网人”走基层巡讲，宣讲团紧扣“不忘初心、牢记使命”主题，讲述身边的榜样，为建设一流能源互联网企业凝心聚力。

发挥典型人物的示范引领作用，教育和激励员工，该公司主要从三个方面发力。

一是以典型人物树立导向，定期征集企业文化故事，依托“国网情，身边事”群众推选平台，促使重大典型李元成、安全卫士吴光美、网络尖兵李杨、扶贫书记覃玉红等一大批卓越员工脱颖而出。二是以特色汇集力量，立足于文化管理需要和员工队伍特质，打造文化宣教主阵地“文化长廊”、企业发展展示窗“文化馆”，发挥企业文化软实力的作用，推动企业科学发展。三是聚焦中心深度融入，实施五年跟踪培养，开展“青安先锋”“营销红领”等专项活动，定期考核员工发展能力素质，在各专业领域培养创新型、专家工匠型、基层先锋型队伍。

长征更需稳　构建保障体系便是定心丸

企业文化建设如同长征，要目标坚定、持之以恒，有完备的保障体系，才能见成效。为此，宜昌供电公司推出《卓越文化项目工作指南》加以保障。如今，该指南已成为各部门的“小红书”。“哪些地方要加强，哪些优秀经验值得推广，哪些举措能更有效促进项目实施，在这份指南上都能找到答案。”“小红书让大家做起工作来，肩上有责、心中有数、手上有招。”宜昌供电公司党建工作部负责人颇有心得地介绍了“小红书”中的“金点子”。顶层化设计，明确了责任单位、确定了工作任务、规定了完成时限；项目化运作，以“调研摸排、项目立项、督导实施、验收应用”的步骤，确保每个环节统筹推进；动态化推进，将建设情况纳入党建对标考核，形成有力的组织保障……正是这样科学设计、优化部署、统筹推进的保障系统，让大家有了一种干事创业的领航力、凝聚力，并将“卓越领航”转化为全体员工的情感认同和行为习惯，融入工作的方方面面。面对卓越文化取得的成效，欣喜之余，宜昌供电公司更多的是在总结经验教训，以便更好前行。

他们深化文化导航，创建一批创新工作室、卓越攻关团队，在行为固化、卓越实践上下功夫，并形成一批文化成果，推动公司更好更快发展。

资料来源：王斌．文化驱动与企业共成长．农电管理，2019 (9).

讨论题

1. 结合湖北宜昌供电公司的情况谈谈企业文化与战略实施的关系。

2. 讨论湖北宜昌供电公司企业文化建设的具体方法。

第12章 战略控制

学习目标

1. 掌握战略控制的概念；
2. 明确战略控制过程的步骤；
3. 学习战略控制的方法；
4. 了解战略控制的设计。

引　例

天正中广集团战略控制设计研究

战略控制处于企业内控的顶层，对企业持续发展具有决定性意义。战略控制就是企业根据经营环境变化，按照战略目标的要求，不断调整生产经营活动，从而实现战略目标，为股东创造更大的价值。很多企业的发展动力基于资源，虽然市场规模很大，但由于对经营环境重大潜在变化预警不足，企业经营很容易陷入困局。我国企业尤其如此，一方面经济社会快速转型，信息化、市场化、新型工业化快速推进，宏观经济环境处于急剧变化之中；另一方面国内宏观调控变化频繁，经济运行处于冷热快速交替状态，对企业经营造成较大的干扰。本文介绍天正中广集团战略控制设计案例。

战略控制需求分析

作为一家中等规模的房地产企业，天正中广集团（以下简称“集团”）在战略控制方面面临艰难的选择。集团是一家多元化企业，创建于1993年，业务涵盖不动产投资和开发销售、矿产资源、能源产业、文化产业、经贸物流、物业服务等领域。集团在房地产开发领域具有较强的实力，在全国多地拥有房地产项目，其中在京开发的“中广·宜景湾”项目荣获“影响中国十大国际化高档社区”“京城标杆楼盘”等多项荣誉，在2008年名列中国房地产开发企业500强。由于经营环境的快速变化，集团感到传统战略控制模式的弊端日渐明显。

首先，集团战略目标不能有效反映到企业生产经营之中，各部门为了短期绩效指标，将主要资源和精力放在项目开发上，但由于总体布局缺乏统领，项目布局呈现散、乱、小等局面。其次，集团资源配置具有明显的市场投机倾向，基本上是“哪个行业热门就投资哪个行业”，先后设立了 19 个公司，遍及矿产、能源、化工、文化、物流等行业，造成了资源的严重分散。最后，集团战略控制管理处于粗放状态，战略规划处于“墙上一挂”的状态。当各地政府不满足卖土地开发房地产，而是站在城市开发的角度统筹土地、产业、就业、商业等因素的统筹开发时，集团由于在系统规划、产品设计、资金运作等方面能力建设不足，导致项目开发无法及时升级。

战略控制系统的弊端导致集团经营绩效呈现下滑趋势，2009 年、2010 年集团业务收入增长率分别为 12%和 8%，低于同期行业平均增长率。集团市场占有率与行业龙头企业的差距呈现不断加大的趋势。

为了应对战略控制缺位产生的弊端与挑战，集团经过广泛的调研，决定基于战略地图理论构建自身的战略控制系统，以期构建更加灵敏的环境预警能力，使资源更加有效地配置，实现经营的重大突破。

战略地图

战略地图（strategy map）由罗伯特·卡普兰和戴维·诺顿在 2003 年提出。其主要内涵是基于平衡计分卡的四个层面，对企业的战略绘制因果关系图，其目的是增强管理者之间的沟通，以达到关于企业战略目标的共识，提高企业资源的配置效率和核心竞争力。

战略地图与平衡计分卡相比，有两个方面的优势：首先战略地图加了颗粒层，即将每一个层面都分为更多的要素；其次是动态层，即战略地图可以结合企业的战略目标和发展规划动态绘制。

战略控制系统构建

集团对发展战略进行重新定位，将发展目标定位为“国内一流的专业化房地产提供商”，致力于专业从事房地产开发和运营，并将万科作为标杆企业。围绕新的战略定位，集团战略实施系统是在发展目标“国内一流的专业化房地产提供商”的指引下，从四个层面展开，即财务层面、客户层面、内部流程层面、组织成长层面。

（一）财务层面

财务层面设置监控指标，分别是净资产回报率、主营业务收入增长率、土地储备面积、重点地区市场占有率等。

1. 净资产回报率

净资产回报率指标贯彻了内涵式发展理念，没有直接采用营业收入总额和利润额等衡量规模指标，用以衡量发展质量。重点针对集团过去一段时期行业成长性高产生的资源利用率低、费用支出随意等现象。

2. 主营业务收入增长率

主营业务收入增长率是为了监控集团成长速度，应保持高于行业平均增长率。该指标设置前期应偏低，以利于集团内部战略结构调整，保证集团能够形成高成长性机制。

3. 土地储备面积

土地储备面积是衡量集团主营业务成长的基础指标，鉴于国内现行的土地管理制度，适当的土地储备是保证集团成长的关键。

4. 重点地区市场占有率

重点地区市场占有率是指集团目标市场的占有率，主要是为了避免与行业领导者发生正面冲突。

财务层面各指标数值的确定需要综合考虑国内外经济形势、房地产行业竞争态势、标杆企业绩效水平、国内政策方针，以及集团自身发展任务等多个方面。

（二）客户层面

客户层面重点考虑了集团目标市场，以重点地区住宅地产客户为主体，分析目标客户群体的需求特征，提炼形成了几大客户价值主张，例如：

1. 高品质的居住服务体验

居住服务体验是客户价值主张的核心，是基于居住获得的总体体验。居住是一个涵盖多环节、涉及多因素的过程，不仅要有高品质的建筑质量、科学的设施配置、人性化的空间布局，还要有良好的居住环境、浓厚的人文氛围、周全的物业服务，能够使客户产生强烈的归属感和幸福感。

2. 快速交付

快速交付是客户重要的价值主张，体现了客户希望能够尽早获得高品质的居住服务体验。作为重大购买决策，住宅承载了客户强烈改变生活品质的期盼。

3. 可靠的物业服务保障

物业服务是客户持续获得高品质居住服务体验的重要保证，已经成为集团竞争优势的核心因素。随着居民消费升级，客户关于物业服务的需求正在发生深刻转变，除了安保维修、保洁等基础服务，还对社区文化形成强烈诉求，希望能够住在温馨、充满人文气息的环境，具有幸福感和归属感。

（三）内部流程层面

内部流程层面主要是从集团业务价值链角度明确了四个流程模块，分别是产品创新、运营管理、客户管理和公共关系。

1. 产品创新

加大住宅产品开发，针对重点地区目标市场设计小户型住宅产品；开发标准化预制建筑构件，提高住宅建造速度；针对客户体验需求增强，开发基于高品质居住体验的住宅产品整体解决方案；延长住宅业务价值链，开发高品质物业服务产品。

2. 运营管理

重新组建产品设计部门，加大资源投入力度，保证设计水准达到国内一流水平；重组财务部，引入高端融资人才，拓宽融资渠道；加大土地和现金储备；缩减业务线，从非住宅领域退出，提高资源集中度。

3. 客户管理

设立市场部，加大目标市场定位水平；开展住宅产品需求调研，为设计部提供准确的市场信息；建立客户关系管理系统，对客户实行全过程服务，增加对重点市场的广告投放力度，提高品牌影响力；开展用户体验活动，提升客户关于集团住宅产品的口碑。

4. 公共关系

提高项目管理，提高项目周边环境的环保、卫生、噪声、交通服务水平；开展重点市场的公益慈善活动，提升集团美誉度。

（四）组织成长层面

组织成长层面主要涵盖三个方面，分别是组织资本、文化资本和人力资本，主要支撑内部流程运行。

1. 组织资本

按照扁平化、垂直化方向推进组织机构调整。对分支机构进行扁平化再造，减少分（子）公司。推进事业部制改革，探索矩阵式组织架构；推动管理结构由金字塔式转变为哑铃式；提升重点地区大城市的战略地位，加大组织资源配置力度等。

2. 文化资本

积极开展亚文化建设。以经营专业化为主题，构建专业导向的企业文化体系，并开展系列宣贯活动；积极推进创新文化建设，全面支撑集团产品创新、制度创新和经营创新。

3. 人力资本

加大住宅产品设计人才和融资人才配置力度，弥补业务链薄弱环节；制定科学的职业发展规划，倡导全行业人才内部合理流动，增强人才资源配置效率。

结语

集团必须充分考虑到自身管理基础薄弱的现状，将战略地图作为管理思想和管理技能在内部全面宣贯。倡导“有控制也有自由”的管理理念，给基层较大的管理创新空间。可以基于战略地图，每个季度进行一次评估，根据评估结果适当调整关键指标和主要工作，既有效地保证了经营的稳定性又有效地推动了管理创新。

资料来源：刘志英．天正中广集团战略控制设计研究．中外企业家，2016（20）.

引例表明，在企业顶层的战略控制是战略过程中不可缺少的一步，对企业持续发展具有决定性意义。案例中由于集团战略控制缺位产生的弊端与挑战，集团经过广泛的调研，决定基于战略地图理论构建战略控制系统，以期构建更加灵敏的环境预警能力，从而对资源进行更加有效的配置，以实现经营的重大突破。因此战略控制是公司战略实施的关键因素之一。在实际工作过程中，有各种原因导致战略实施的结果偏离预定的战略目标，这些原因主要有：制定企业战略的外部环境、内部条件发生了变化；战略本身存在缺陷或比较笼统，需要在实施过程中进行修正、补充和完善；在战略实施过程中，受企业内部某些主观因素变化的影响，偏离了战略的预期目标。因此战略控制是战略过程中不可缺少的一步，了解战略控制对企业未来发展是非常重要的。本章要求读者掌握战略控制的过程、战略控制的方法和战略控制的设计等内容，为更好地实施公司战略和策略提供支持。

12.1 战略控制概述

战略控制的概念

战略控制是战略实施的保证，它是指监督战略实施进程、及时纠正偏差、确保战略有效实施，使战略实施结果基本上符合预期的必要手段。也就是说，企业根据战略决策的目标对战略实施过程进行控制。

战略控制的特征

战略控制是一个动态的过程，这个过程有如下特征：

1. 可行性

可行性是指公司一旦选定了战略，就必须认真考虑企业能否成功地实施战略，如公司是否有足够的财力、人力或者其他资源、技能、技术、诀窍和组织优势，换言之，企业是否有有效实施战略的核心能力。如果在可行性上存在疑问，就需要将战略研究的范围扩大，并将能够提供所缺乏的资源或能力的其他公司或者金融机构合并等方式包括在内，通过联合发展达到可行的目的。特别是管理层必须确定实施战略要采取的初始的实际步骤。

2. 不一致性

企业的整体是由局部构成的。从理论上讲，整体利益和局部利益是一致的，但在具体问题上，整体利益和局部利益可能存在不一致性。同时，企业也存在长期利益和短期利益的不一致性。企业战略控制就是要对这些不一致性的冲突进行调节，如果把战略控制仅仅看作一种单纯的技术、管理业务工作，就不可能取得预期的控制效果。

3. 多样性和不确定性

战略具有不确定性。公司的战略只是一个方向，其目的是某一点，但其过程可能是完全没有规律、没有效率和不合理的，这时的战略就具有多样性。同时，虽然战略是明确的、稳定的且具有权威的，但在实施过程中由于环境变化，战略必须适时地调整和修正，因而也必须因时因地提出具体控制措施，这就是说战略控制具有多样性和不确定性。

4. 弹性

战略控制中，如果过度控制、频繁干预，容易引起消极反应。因而针对各种矛盾和问题，战略控制有时需要认真处理、严格控制，有时则需要适度的、弹性的控制。只要能保持与战略目标的一致性，就可以有较大的回旋余地而具有伸缩性。战略控制中只要能保持正确的战略方向，就应尽可能少地干预实施过程中的问题，尽可能多地授权下属在自己的范围内解决问题，对小范围、低层次的问题不要在大范围、高层次上解决，这样反而能够进行有效的控制。

战略控制的作用

战略控制在战略管理中的作用主要表现在以下几个方面：

（1）战略控制是企业战略管理的重要环节，它能保证企业战略的有效实施。战略决策仅能决定哪些事情该做，哪些事情不该做，而战略控制的好坏将直接影响企业战略实施的效果好坏与效率高低，因此战略控制虽然处于战略决策的执行地位，但对战略管理十分重要，必不可少。

（2）企业战略控制的能力与效率高低又是战略决策的一个重要制约因素，它决定了企业战略行为能力的大小。战略控制的能力强、效率高，则企业高层管理者可以作出较为大胆的、风险较大的战略决策；反之，则只能作出较为稳妥的战略决策。

（3）战略控制与评价可为战略决策提供重要的反馈，帮助战略决策者明确决策中哪些内容是正确的、符合实际的，哪些是不正确的、不符合实际的，这对提高战略决策的适应性具有重要作用。

（4）战略控制可以促进企业文化等基础建设，为战略决策奠定良好的基础。

12.2 战略控制过程和战略控制方法的分类

战略控制过程的步骤

战略控制过程可以分为四个步骤，即制定效益标准、衡量实际效益、评价实际效益以及纠正措施和权变计划。

（1）制定效益标准。战略控制的第一步就是评价计划，制定出效益的标准。企业可以根据预期的目标或计划制定出应当实现的战略效益。这种评价的重点应放在那些可以确保战略成功实施的领域，如组织结构、企业文化和控制系统等。

（2）衡量实际效益。管理人员需要收集和处理数据，进行具体的职能控制，并且监测环境变化时产生的信号。

（3）评价实际效益。企业要将实际的效益与计划的效益作比较，确定两者之间的差距，并尽量分析形成差距的原因。

（4）纠正措施和权变计划。在生产经营活动中，一旦企业判断出外部环境的机会或威胁可能造成的结果，就必须采取相应的纠正或补救措施。

战略控制过程的特点

1. 渐进性

一般来讲，总体战略是逐步演变而成的，是在公司内部的一系列决策和一系列外部事件逐步发展、最高管理层有了对行动新的共同看法之后，才逐渐形成的。

2. 交互性

现代企业面临的环境控制因素的多样性和相互依赖性，决定了企业必须与外界信息来源进行高度适应性的互相交流并利用所获得的信息。

对企业战略来说，最起码的先决条件是要有一些明确的目标，以便确定主要的行动范围。在这一问题上要做到统一指挥，留有足够的时限以使战略有效，要使公众形成对自己有利的观点和行动，需要很长的时间，也需要积极地、源源不断地投入智力和资源。战略控制要求保持高质量的工作效果、态度、服务和形象等有助于提高战略可靠性的因素。由于许多复杂因素的影响，必须进行适当的检验、反馈和动态发展，注重信息收集、分析、检验，以唤起人们的意识，扩大集体的意见，形成联合和其他一些与权力和行为有关的行动。

3. 系统性

有效的战略一般是从一系列制定战略的子系统中产生的。子系统指的是主要为实现某一重要的战略目标而相互作用的一组活动或决策。每一子系统均有自己的、与其他子系统不相关的时间和信息要求，但又在某些重要方面依赖于其他子系统。通常情况下，每一子系统牵涉的人员和班子各不相同，但这些不同的班子一般并不组成分立的单位以单独实现战略目标。相反，许多高级经理通常都是这类班子的兼职人员。他们每人要制定出一个子系统的战略，并在制定的过程中请不同的辅助小组参加。

子系统各自具有全公司性的某个具体问题（如产品系列的布局、技术革新、产品的多种经营、收购企业、出售产业、与政府及外界的联络、重大改组或国际化经营等），是企业总体战略的关键组成部分。不过每个战略子系统在时间要求和内部进度参数上，却很少能够配合同时进行的其他战略子系统的需要，而且各子系统都有自己的认知性限度和过程性限度，必须采取有目的、有效率、有效果的管理技巧把各子系统整合起来。

战略控制方法的分类

（一）按控制时间分类

从控制时间来看，企业的战略控制方法可以分为三类：

（1）事前控制。在战略实施之前，要设计好正确有效的战略计划，该计划要得到企业高层领导人的批准后才能执行，其中重大的经营活动必须通过企业领导人的批准同意才能开始实施，所批准的内容往往也成为考核经营活动绩效的控制标准。这种控制多用于重大问题的控制，如任命重要人员、签订重大合同、购置重大设备等。

由于事前控制是在战略行动成果尚未实现之前，通过预测发现战略行动的结果可能会偏离既定的标准，因此，管理者必须对预测因素进行分析与研究，包括：投入因素，即战略实施投入因素的种类、数量和质量；早期成果因素，即依据早期的成果可预见未来的结果；外部环境和内部条件的变化因素等。

（2）事后控制。这种控制方式是在企业的经营活动之后，才把战略活动的结果与控制标准相比较。这种控制方式的重点是要明确战略控制的程序和标准，把日常的控制工作交由职能部门人员去做，即在战略计划部分实施之后，将实施结果与原计划标准相比较，由企业职能部门及各事业部定期地将战略实施结果向高层领导汇报，由领导者决定是否有必要采取纠正措施。

事后控制方法的具体操作主要有联系行为和目标导向等形式。

1）联系行为。对员工战略行为的评价与控制直接同他们的工作行为挂钩。员工比较容易接受，并能明确战略行动的努力方向，使个人的行动导向和企业经营战略导向接轨；同时，通过行动评价的反馈信息修正战略实施行动，使之更加符合战略的要求；通过行动评价，实行合理的分配，从而强化员工的战略意识。

2）目标导向。让员工参与战略行动目标的制定和工作业绩的评价，这样既可以看到个人行为对实现战略目标的作用和意义，又可以从工作业绩的评价中看到成绩与不足，从中得到肯定和鼓励，为战略推进增添动力。

（3）事中控制。也称过程控制，企业高层领导者要控制企业战略实施中的关键性过程或全过程，随时采取控制措施，纠正实施中产生的偏差，引导企业沿着战略的方向经营，这种控制方式主要是对关键性的战略措施进行随时控制。

延伸阅读　现代战略管理强调“前项控制”

（二）按控制的业务分类

从控制的业务来看，企业的战略控制方法可以分为五种：

（1）财务控制。这种控制方式覆盖面广，是用途极广的非常重要的控制方式，包括预算控制和比率控制。

（2）生产控制。指对企业产品的品种、数量、质量、成本、交货期及服务等方面的控制，可以分为产前控制、过程控制及产后控制等。

（3）销售规模控制。销售规模太小会影响经济效益，太大会占用较多资金，也影响经济效益，为此要对销售规模进行控制。

（4）质量控制。包括对企业工作质量和产品质量的控制。工作质量不仅包括生产工作的质量，也包括领导工作、设计工作、信息工作等一系列非生产工作的质量。因此，质量控制的范围包括生产过程和非生产过程的一切控制过程。质量控制是动态的，着眼于事前和未来的质量控制，其难点在于全员质量意识的形成。

（5）成本控制。通过成本控制使各项费用降到最低水平，达到提高经济效益的目的。成本控制不仅包括对生产、销售、设计、储备等有形费用的控制，还包括对会议、领导、时间等无形费用的控制。在成本控制中，重要的是建立费用开支范围、开支标准并严格执行，要事先进行成本预算等工作。成本控制的难点在于企业中大多数部门和单位是非独立核算的，缺乏成本意识。

12.3　战略控制的方法

预算控制

对企业来说，预算是企业对资源在一定时期为达到一定目的而进行配置的计划，以数字方式编制的对未来某个时期的计划和安排。预算作为计划的有机组成部分，是计划的基础和最终落脚点。预算控制是指通过预算的形式规范组织的目标和经济行为过程，通过不断调整完善管理行为、纠正目标偏差，保证各级目标、策略和政策的顺利实现。

有效的预算控制能够起到确立目标、整合资源、控制业务以及评价业绩等作用。因此，企业应当建立严密的预算监控机构，即预算控制主体。预算控制主体主要包括预算管理委员会、预算管理机构及各责任中心。预算管理委员会作为预算管理的领导机构承担监控职责；预算管理机构一般由总会计师或财务总监担任，承担监控和反馈的职能；各责任中心既是预算执行者又是预算执行的监控者，在各自职权范围内进行自我分析和自我控制。

企业可以采用多种方法编制预算，不同的预算编制方法各有利弊，应当根据企业自身情况和不同预算编制方法的适用条件和范围进行选择。传统的预算编制方法包括固定预算、弹性预算、增量预算、零基预算、定期预算及滚动预算。这里主要介绍滚动预算。

滚动预算是指在编制预算时，将预算期与会计年度脱离，在预算执行的过程中不断延伸补充预算，逐期向后滚动，保证预算期永远为12个月的一种方法。具体来说，每过一个季度（或月份），立即根据前一季度（或月份）的预算执行情况修改以后季度（或月份）的预算，并增加一个季度（或月份）的预算，从而以逐期向后滚动、连续不断的预算形式规划企业未来的经营活动。

滚动预算根据预算编制和滚动时间单位的不同划分为逐月滚动、逐季滚动和混合滚动。逐月滚动以月份为预算编制和滚动的单位，每个月调整一次预算编制的方法。逐季滚动在预算编制过程中以季度为预算的编制和滚动单位，每个季度调整一次预算，相较于逐月滚动，其工作量较小但预算精度较差。混合滚动指在预算编制中混合使用月份和季度作为预算编制和滚动单位的方法，是滚动预算的一种变通方式。滚动预算方式可以对近期预算提出较高精度的要求，预算内容比较详细；对远期预算提出较低的精度要求，预算内容相对简单，可减少预算工作量。

相比于传统的定期预算，滚动预算具有显著的连续性、完整性、稳定性和及时性。而采用滚动预算的明显缺点就是预算的工作量较大。

审计控制

审计控制是根据预定的审计目标和既定的环境条件，依据一定的标准审查、监督被审计单位的经营状态，不断调整，排除干扰，最终达到企业的发展目标。审计控制主要包括三种类型：由外部审计机构进行的外部审计；由内部专职人员进行全面评估的内部审计；由内外部或者内部审计人员对管理政策和绩效进行评估的管理审计。

内部审计是内部控制的重要组成部分，内部控制又是内部审计的主要内容。通过对部门、单位的内部控制制度和经营管理情况的检查，可以总结经验，找到差距，为部门、单位改进经营管理、完善内部控制制度服务，是内部控制的基本职能，体现了内部审计“对内部控制进行审计”的特征。这里主要介绍内部控制的主要内容。

1. 内部控制

内部控制是指一个单位为了实现其经营目标，保护资产的安全完整，保证会计信息资料的正确可靠，确保经营方针的贯彻执行，保证经营活动的经济性、效率性和效果性而在单位内部采取的自我调整、约束、规划、评价和控制的一系列方法、手段与措施的总称。

内部控制包括五要素：内部环境；风险评估；信息与沟通；控制活动；内部监督。

内部控制具有一定的目的性，是为达成某种目标而实施的，至少应该包括以下四个方面：

（1）确保国家法律法规的执行。这既是企业要达到的一个宏观目标，也是具体业务执行过程中要坚决实现的具体目标。

（2）确保将各种风险控制在适当的范围之内。控制风险是企业经营的具体目标，也是内部控制的核心目标。

（3）确保自身发展战略和经营目标的全面实施和充分实现。这是内部控制的直接目标。

（4）有利于查错防弊、堵塞漏洞、消除隐患、保证业务稳健进行。这是内部控制的微观目标，也是企业各部门和各岗位在具体的操作过程中要实现的目标。

2. 内部控制的描述方法

在了解和掌握被审计单位内部控制的详细情况后，审计人员应将调查了解的内部控制采用恰当的方法进行描述。描述方法通常有三种：文字表述法、调查表法和流程图法。文字表述法又称记述法，即用文字表述内部控制的实际情况。在采用文字表述法时，审计人员通常在阅读被审计单位的各种文件的基础上，向被审计单位的工作人员提出一系列问题，将问题的答案逐一记录下来，并经审计人员实地观察和核实，然后整理形成书面资料，以描述被审计单位内部控制的实际情况。调查表法是采用表格形式，通过问答方式调查和反映内部控制的实际情况。流程图法是把某项经济业务从发生到终结的全过程，用事前规定的符号和线条绘制成图表，以显示业务处理和凭证、记录资料的产生、传递、检查、核对、保存及其相互联系、相互制约的关系，从而反映内部控制的实际情况。

3. 对内部控制的评价

（1）企业内部控制评价是指企业董事会或类似的权力机构对内部控制有效性进行全面评价、形成评价结论、出具评价报告的过程。一般而言，是由内部审计人员与被评价单位管理人员组成一个小组，管理人员在内部审计人员的帮助下，对本部门内部控制的恰当性和有效性进行评价，然后根据评价和集体讨论来改进建议出具报告，并由管理者实施。

（2）内部控制评价的程序。

第一，制定评价工作方案，组成评价工作组，在内部控制评价机构领导下，具体承担内部控制的检查评价任务。

第二，了解被评价单位的基本情况，确定检查评价范围和重点，开展现场检查测试。

第三，汇总评价结果，编制评价报告。评价工作组汇总评价人员的工作底稿，初步认定内部控制缺陷，形成现场评价报告。评价工作底稿应进行交叉复核签字，并由评价工作组负责人审核后签字确认。

第四，报告反馈和跟踪。对于认定的内部控制缺陷，内部控制评价机构应当结合董事会和审计委员会的要求，提出整改建议，要求责任单位及时整改，并跟踪其整改落实情况；已经造成损失或负面影响的，应当追究相关人员的责任。

4. 管理建议书

审计人员在对被审计单位的内部控制进行评价时，如果发现内部控制设计或运行中存在重大缺陷并已对财务数据的记录、处理、汇总和报告产生不利影响，应当告知单位的管理层，必要时可出具管理建议书。一方面，由于审计人员的职业特点，在审计过程中按规定需要检查被审计单位的内部控制系统，能够了解被审计单位经营管理中的关键问题。通过管理建议书，可以针对内部控制缺陷，提供进一步完善内部控制、改进会计工作、提高经营管理水平的参考意见。这种意见最及时、有效，能促使被审计单位注意加强控制，改善工作，以防止差错或舞弊。另一方面，审计人员借助管理建议书，事先提出了改进建议，可以把审计人员的法律责任降到最低。

管理建议书一般应包括下列基本内容：

（1）标题。管理建议书的标题应当统一规范为“管理建议书”。

（2）收件人。管理建议书的收件人应为被审计单位的管理当局。

（3）会计报表审计目的及管理建议书的性质。管理建议书应当指明审计目的是对会计报表发表审计意见。但管理建议书仅指出了审计人员在审计过程中注意到的内部控制重大缺陷，不应被视为对内部控制发表的鉴证意见，所提建议不具有强制性和公证性。

（4）内部控制的重大缺陷及其影响和改进建议。管理建议书应当指明审计人员在审计过程中注意到的内部控制设计及运行方面的重大缺陷，包括前期建议改进但本期仍然存在的重大缺陷。

（5）使用范围及使用责任。管理建议书应当指明其仅供被审计单位的管理当局内部参考，因使用不当造成的后果，与审计人员及其所在审计机构无关。

（6）签章。管理建议书应当有审计人员签字，并加盖审计机构公章。

平衡计分卡

1. 平衡计分卡的含义

过去很长一段时间，评价一个企业的优劣主要是依靠财务指标，但是在强调专业分工、追求差异化以及经济全球化的今天，企业之间的竞争重心逐渐由成本转移到差异化的顾客身上。

为了弥补传统财务指标的不足，哈佛大学的罗伯特·卡普兰与戴维·诺顿于1992年在《哈佛商业评论》上联合发表文章，提出了平衡计分卡（balanced scorecard，BSC）概念。平衡计分卡就是根据企业组织的战略要求而精心设计的指标体系，可以用来评价企业在提升业绩的时候是否做到了战略与财务控制的平衡。它将企业战略目标逐层分解为各种具体的相互平衡的绩效考核指标体系，并对这些指标的实现状况进行不同时段的考核，从而为企业战略目标的实现建立可靠的执行基础。

2. 基本理论

平衡计分卡从四个层面来评价组织绩效：财务（从股东的角度考虑企业自身的成长、利润与风险）、客户（从客户角度考虑产品创造的价值总量）、内部业务流程（能够使股东与顾客感到满意的业务流程优先顺序）以及学习与成长（企业为了创造支持变革创新的氛围需要付出的努力）。大致框架如图 12－1 所示。

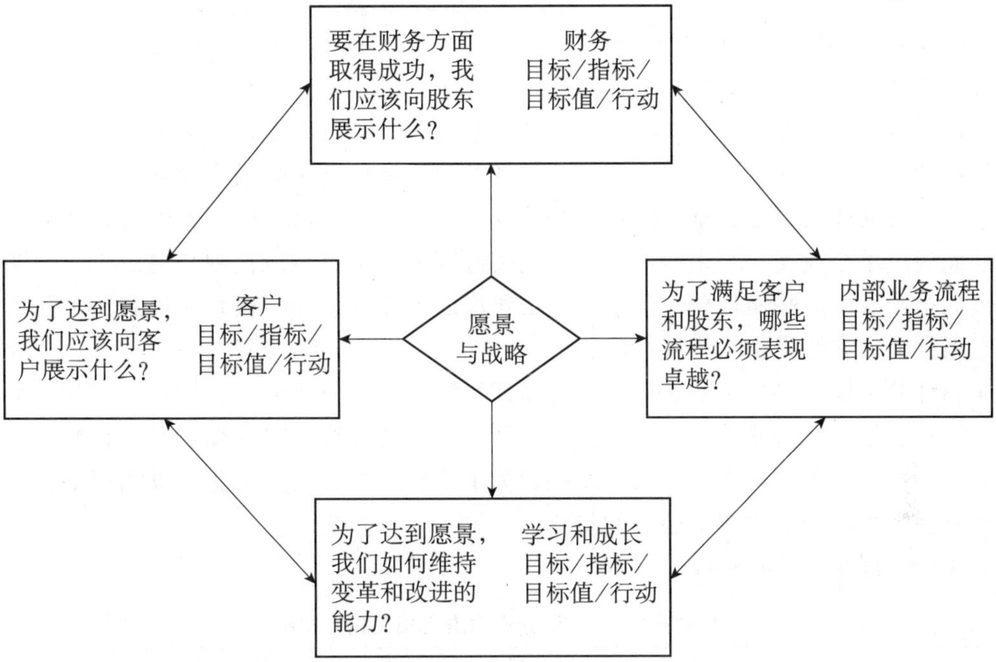

图 12－1　平衡记分卡

资料来源：卡普兰，诺顿．平衡计分卡：化战略为行动．广州：广东经济出版社，2004.

（1）财务层面。在财务层面，各种财务指标主要用来衡量已经发生并且可以计量的经济行为结果，通过具体的财务业绩评价方法，可以判断企业战略是否对企业的经营状况有改善作用。因此，财务层面所使用的指标通常都是滞后指标。

由于企业的财务目标与股东价值以及企业自身的成长能力直接相关，因此净利润、净资产现金回报率、现金流量以及净资产报酬率等都是常用的核心财务指标。此外，由于企业生命周期的存在以及不同生命周期阶段对企业造成的影响，在选择财务指标时必须与企业现处的生命周期阶段相匹配，从而保证所选指标与企业业绩有切实的相关性。

（2）客户层面。在客户层面，平衡计分卡的主要作用是帮助企业确定目标顾客以及价值定位。因此，客户层面的指标主要是用于评价企业目前的竞争性客户和市场份额状况，以及评价企业在目标市场中的业绩。

客户层面的指标分为滞后指标和先行指标。滞后指标主要包括客户保持率、新客户开发率、客户满意度以及市场份额等；先行指标主要包括与客户满意度相关的交货时间、质量、价格和公司形象等。但是顾客的需求是多样的，因此这个层面涉及的指标必须根据企业的目标客户群量身定做。同时，由于指标是面向顾客的，这些指标也传达出了企业的价值观念。因此，在客户层面选择的每一个指标，都要能很好地反映和传达企业的战略目标和价值定位要求。

（3）内部业务流程层面。企业内部业务流程是指以顾客需求为起点，从输入各种资源到企业创造出对顾客有价值的产品或服务为止所发生的一系列活动。在这个层面，企业各个业务部门需要认真区分判断哪些属于关键内部流程。从关键流程入手，企业能够更加有效地传达在目标市场中吸引和保持顾客所需要的价值定位，并满足利益相关者对企业财务绩效的良好预期。

内部业务流程层面的评价指标侧重于对客户满意度和对实现企业财务目标有重大影响的内部经营活动，如产品质量、生产周期、技术水平等。同时，在确定了关键流程的基础上，企业需要对自身进行评价，确定自身的核心竞争力。可以说，为企业内部业务流程确定目标和评价方法，是平衡计分卡区别于传统的业绩评价方法的根本特征之一。

（4）学习和成长层面。学习和成长是实现以上三个层面目标的根本保证。如果说以上三个层面提供了企业现在与未来取得成功的关键因素，学习与成长则是奠定企业长期成长和发展的根本基础。平衡计分卡的学习与成长层面旨在计量和考核企业提高员工能力、加强信息系统能力和激发员工积极性的能力。

平衡计分卡期望寻找企业长期目标与短期目标、财务与非财务、外部和内部、结果和过程、管理业绩和经营业绩等多个方面的平衡，所以能反映组织的综合经营状况，使业绩评价趋于平衡和完善，利于组织长期发展。为了达到这个目标，企业可以利用不同的标准来衡量它在平衡计分卡的四个层面的状况。

表12-1列举了一些标准。

表12-1　平衡计分卡四维度相关指标实例

层面	标准
财务	现金流量 资产负债率 净资产报酬率
顾客	客户保持率 评估预测客户需求的能力 顾客对服务的满意率
内部业务流程	员工士气的提升 存货周转率的变化 资产负债率的变化
学习和成长	创新技术的提升 员工能力的提高 产品开发的速度

12.4　战略控制的设计

战略实施的控制系统

在战略实施的控制系统中有三个基本的控制系统，即战略控制系统、业务控制系统和作业控制系统。

战略控制系统以企业高层领导为主体，关注的是与外部环境有关的因素和企业内部绩效。

业务控制系统是指企业的主要下属单位，包括战略经营单位和职能部门两个层次。它关注的是企业下属单位在实现构成企业战略的各部分策略及中期计划目标时的工作绩效，检查是否达到了企业战略为它们规定的目标。业务控制由企业下属单位的负责人进行。

作业控制系统是对具体负责作业的工作人员（包括职工及班组）日常活动的控制，它关注的是作业人员履行规定的职责及完成作业性目标任务的绩效。作业控制由各基层主管进行。

战略控制的设计

1. 战略控制设计的要求

在正常情况下，企业应对受过良好训练、得到高度激励的人给予较高的期望，相信他们的自觉性，不必采取更多的控制手段。如果企业认为除了人员控制以外还应采取其他控制手段，则首先要审核各种可供选择的控制的可行性，然后根据可行性研究的结果，决定是采取具体活动控制、成果控制，还是两者结合使用。战略控制设计的要求是：

（1）控制标准必须与整个企业的长远目标和年度目标相联系。有效的战略实施的控制与评价必须将控制目标与各特定系统的绩效标准相联系，与资源的分配导向相联系，与外部环境的关键因素相联系，这样做有利于明确战略计划与人们的行为目标之间的联系。

（2）控制要与激励相结合。一般说来，当人们的行为取得符合战略需要的绩效时会得到激励，但在平时人们的行为期望目标并不是十分清楚。而有效的战略实施控制提供了控制的标准，使人们的行为期望目标明朗化、具体化，它提供了人们行为的期望与战略目标之间的清晰联系，这时的控制与评价就具有激励的特点，对有效地实施战略十分有用。

（3）控制需要有早期预警系统。该系统可以告知管理者在战略实施中存在的潜在问题或偏差，使管理者能及早警觉，提早纠正偏差。

2. 战略控制设计考虑的要素

战略控制的设计必须考虑三项基本要素：战略评价标准、工作成绩评价、反馈。

（1）战略评价标准。通常情况下，企业战略管理者往往采用一系列的指标来评价企业战略实施的情况。这些指标既可以是定性的，也可以是定量的，但应与企业战略目标保持一致，应能反映出企业内部的各种组织关系、企业变化和发展、企业的竞争地位及其在行业中的地位。这些指标有：

1）投资收益率。它等于税前收入除以总资产，常用来测定企业综合效益。其作用主要有：能够全面反映企业经营活动状况；鼓励企业有效地使用现有资产，而不是扩大投资；说明企业投资决策是否正确及企业利用其资产获得利润的程度；使企业确信获得新的资产会增加利润时作出增加投资的决策。

2）附加价值指标。由附加价值和附加价值收益率组成。附加价值即企业产品的新增价值，等于销售收入减原料及所购部件的总成本。附加价值收益率等于税前净利润除以附加价值。

3）股东价值。它是一定时期内分红和股价升值部分的总和，是股东的财富，可评价一个企业是否以超过股东要求的利润率增长。

4）高层管理人员评价指标。该指标通过对企业获利情况的评价来评价高层管理人员，如投资利润率、销售利润率、市场占有率、净利润额或增长率、资本收益率、每股盈利和股东价值等。

5）关键表现域指标。关键表现域是指对企业战略的成功具有举足轻重作用的那些方面，它反映了企业的主要战略目标，是建立行之有效的、合理的控制系统的前提条件之一。

个案分析

福特汽车公司

福特汽车公司是世界上最大的汽车生产商之一，1903年创办。福特汽车公司率先利用汽车生产流水线组装汽车，生产线上的员工只需要保持在原位不动，为生产线上的每辆汽车进行同样的操作就可以了。亨利·福特希望生产出人人都买得起的汽车。经过100多年的发展，福特汽车公司旗下的品牌包括福特、林肯、水星和马自达等。虽然已经发展到如此境界，福特汽车公司多年来仍要处理一些棘手的问题，比如，巨大的遗留成本（前雇员的退休福利）、高劳动力成本（与工会的历史遗留问题）、迟钝地应对环境变化（汽油价格的上升改变了消费者的需求）和新的竞争挑战（非美国汽车制造商）。

这些问题让福特汽车公司每年要花费数十亿美元，为此公司宣布了一项名为“前进之路”的战略计划。公司宣布：“我们的目标很简单，就是生产更多消费者真正需要和令人激动的新产品”，生产可以满足未来消费者需求的新产品，更加注重安全，更加省油，拥有更具价值的突破性设计。同时，公司承诺生产小型车和更多的跨界车，以及注重性能与燃油效率的卡车。这些举措明确了福特汽车未来的发展方向，但制定定性和定量的衡量标准是其首要工作。

（2）工作成绩评价。工作成绩评价是指将实际成绩（控制系统的输出）与确立的评价标准作比较，找出实际活动成绩与评价标准的差距及其产生的原因。这是发现战略实施过程中是否存在问题和存在什么问题，以及为什么存在这些问题的重要阶段。

在评价工作成绩时，企业不仅将实际成绩与评价标准或目标相比较，而且也应当将自己的实际工作成绩与竞争对手相对照。这样的比较更能发现自身的长处或弱点，以采取适当的纠正措施。竞争对手以及同行业平均的绩效水平，可以从统计年鉴或行业协会报告中获取。

评价工作成绩中的主要问题是要决定在何时、何地以及间隔多长时间进行一次评价。为了提供充分及时的信息，工作成绩应当经常评价。但是，如果对员工的工作评价过于频繁，可能会产生负面影响；同时，如果评价过于频繁，费用过高，会消耗过多资源。因此要根据所评价问题的性质及对战略实施的重要程度，确定合理的评价频度。

此外，紧迫性是工作成绩评价中要考虑的另一个重要问题，必须及时地识别问题，并采取纠正措施。

（3）反馈。在设计控制系统的过程中，反馈是一个重要的因素。反馈对加强成果责任制十分必要。即使反馈不能用于调整输入量，也可以表明整个过程的结果受到监控。

在环境变化重复发生时，反馈可以根据对成果的评价指出创新的需要。如果要进一步保证反馈的效果，则需要有一个学习的过程。企业管理人员应认真分析不同组合的输入所产生的结果，把握好输入与结果的关系。这是一个比较复杂的反馈系统。管理人员如果很好地掌握了输入与结果的关系，他们的着眼点就会从成果控制系统转向具体活动控制系统，从而有效地发挥整个控制系统的作用。

值得注意的是，管理人员要有效地使用反馈模型有一定的先决条件，即环境变化要有重复性或至少有部分重复性。如果环境变化只是一次性的，则反馈的信息在管理上用处不大。此外，从成本角度来考虑，设计、实施、维护一个反馈系统，代价是比较高的。因此，在设计控制系统过程中，应有反馈的意识，但如何采取反馈手段则应根据企业的具体情况决定。

基本概念

战略控制（strategic control）
事前控制（prior control）
事中控制（in-process control）
事后控制（post-event control）
平衡计分卡（balanced scorecard）
战略地图（strategy map）

思考题

1. 企业为什么需要战略控制？
2. 战略控制过程包括哪些步骤？
3. 战略控制的方法有哪些？
4. 如何进行战略控制设计？

章末案例

IBM 企业战略的调整

巨人猛醒　重回赛场

仅仅几年时间，IBM 就发展了世界上规模最大的计算机服务业务，并在 1995 年超过了实力与之最为接近的竞争对手电子数据公司（EDS）。1997 年，IBM 全球服务的营业收入为 193 亿美元，比 1996 年增长 24%，是 1990 年的将近 9 倍。服务收入占公司 1997 年盈利总额的 1/4——服务部门在公司所有业务部门中的重要程度仅次于硬件部门，并且成为盈利增长的主要动力。1998 年，全球服务部的销售额接近 IBM 销售总额的 30%，占据全球计算机服务市场至少 10%的份额。

互联网的迅猛发展也似乎正在使 IBM 恢复其对业务的把持。复杂系统的整合和管理方面的专门技术忽然间变得奇货可居，功能强大、不出故障的服务器也开始供不应求。昨天看似还无法适应开放标准、专门化和不断变化的世界（微软、英特尔和康柏的世界）的蓝色巨人，不仅重新回到了赛场，甚至自认为最终可以赢得胜利。

技术为本　善用优势

郭士纳的前任约翰·埃克斯曾经对公司进行过若干次改组，公司却越来越不稳定。1991年，走投无路的埃克斯决定把IBM化整为零，分成一些自主经营的业务单位。接下来的一步，是利用新的品牌把各个业务单位廉价卖掉。

当1993年埃克斯终于被解雇时，对于郭士纳这样一位与IBM没有任何情感联系的局外人来说，推行解散公司的计划是自然而然的，甚至是理所当然的。

但郭士纳自有主张。他打定主意孤注一掷，相信IBM会重新体现其价值。

郭士纳得出的一个关键感悟是如今技术已不仅仅是生产的工具，而是公司经营之根本，因而也就成为摆在公司总裁面前的战略问题：他和他的同行把技术看作公司竞争优势的主要源泉。

从客户的角度来看，20世纪90年代初，出现解体的计算机技术产业也许是一种创新——激烈竞争带来的一个奇迹，而在当时，该行业给人的感觉却是一片混乱。企业希望整合不同的计算机平台和应用程序，使之连成网络，却不知道如何下手。而且，在推崇核心能力的时代，企业未必想自己掌握如此复杂的技术。许多企业转向EDS和计算机科学公司之类的专业计算机服务公司，或者向大型会计师事务所的咨询部门寻求帮助。

所有这一切使郭士纳确信，IBM的规模及业务范围不但不是公司的弱点，相反，它们实际上使公司能够得天独厚地提供解决方案——他相信这正是客户要寻找的。如何使不同的部门在一起工作？这个问题的解决部门后来被称作“全球服务部”，它是几年前由邓尼·韦尔什创办的。韦尔什曾经负责管理IBM捐献给美国国家航空航天局航天飞机计划的计算机。

在开始的时候，该服务部门是IBM替政府管理大型计算机系统的经验产物。韦尔什认为，在EDS发了大财的企业市场中，IBM的这种专门技术得不到利用是没有道理的。IBM所能够提供的广泛的技术资源很快给首批客户留下了深刻印象。

不过仍存在两个问题。一是能否指望IBM解决存在于提供客户急需的产品和推销自己产品之间的潜在冲突？二是IBM的全球服务部是不是真的能够在公司各部门间做好协调，从而提供客户寻求的解决方案？

这两个问题的答案在于郭士纳的座右铭：客户第一，IBM第二，部门第三。客户有权获得最优秀的解决方案，如果IBM没有合适的产品，或者只能提供一些劣质产品，那么全球服务部就有义务向第三方寻求帮助。

互联网上借东风

认识到庞大的规模和深厚的技术资源使IBM拥有了作为解决方案提供商的巨大优势，郭士纳理应受到赞誉，而互联网的出现则是他的幸运之处。互联网凸显了IBM的优势，并使其重新置身于信息技术的中心。

IBM在1995年意识到互联网的重要性——比微软公司早了大约一年。1996年，IBM宣布其电子商务战略。该战略的宗旨是向企业证明怎样才能建成在互联网基础之上的虚拟贸易圈子。在这样的圈子里，买主和卖主可以会面并且安全地进行任何类型业务的交割。

郭士纳认为，互联网是一场只有在“所有事物都实现了数字化”之后才会停止的革命，互联网的实质就是无处不在。这使IBM的各项优势有了用武之地——这些优势包括可靠性达“五个九”的大型服务器（据称运行可靠率为99.999%）、巨大的存储能力、设有安全保护的数据库、大规模处理能力、专业系统整合技术以及战略策划等。

为了使公司进入台式计算机网络技术的领域，郭士纳在1995年拿出29亿美元巨资收购莲花软件公司。尽管困难重重——收购大型软件公司的工作总是很艰难，但对莲花公司的收购还是成为IBM的一桩成就。

具有讽刺意味的是，IBM硬件业务中损失最惨重的部分是个人计算机，而且这一结果更多的是由疯狂的价格竞争，而不是IBM的经营方式引起的。IBM与市场销量第一的康柏公司一样，一直受到堵塞的销售渠道积压库存的影响，而像戴尔公司这样的直销商则避开了这一厄运。不过，IBM正着手使生产更加贴近需求来解决这一问题。

IBM重新找到了出路，对此几乎没有人会持异议。同样重要的是，该公司还为其全面从事计算机各类业务的做法找到了根据。通过全球服务部，郭士纳创造了一项令人惊叹的新业务，其规模以每年超过20%的速度稳步扩大，每月新雇员工1 500名。

IBM的前途在很大程度上将取决于郭士纳能否成功地让人们相信IBM是提供互联网商业解决方案的最佳企业。IBM似乎已经时来运转，对郭士纳来说，这样的运气多多益善。

讨论题

1. 在现代高科技飞速发展、市场环境变化频繁的情况下，把握战略方向，及时作出战略调整有何重要意义？

2. IBM是如何分析环境、调整战略的？

参考文献

1. 希特，爱尔兰，霍斯基森．战略管理：概念与案例：第 12 版．北京：中国人民大学出版社，2017.

2. 戴维．战略管理：第 10 版．北京：经济科学出版社，2006.

3. 波特．竞争战略．北京：华夏出版社，1997.

4. 贾旭东．现代企业战略管理：思想、方法与实务．北京：清华大学出版社，2018.

5. 蓝海林．企业战略管理．2 版．北京：中国人民大学出版社，2018.

6. 巴尼，赫斯特里．战略管理：第 5 版．北京：机械工业出版社，2017.

7. 金占明．战略管理．3 版．北京：清华大学出版社，2010.

8. 希尔，琼斯．战略管理：概念与案例：原书第 10 版．北京：机械工业出版社，2017.

9. 黄旭．战略管理：思维与要径．3 版．北京：机械工业出版社，2016.

10. 林建煌．战略管理．北京：中国人民大学出版社，2005.

11. 崔颖．战略管理．北京：北京大学出版社，2017.

12. 杨锡怀．企业战略管理理论与案例．北京：高等教育出版社，2001.

13. 希尔，琼斯．战略管理．北京：中国市场出版社，2007.

14. 王方华，吕巍．战略管理．2 版．北京：机械工业出版社，2011.

15. 张东升，李艳双．企业战略管理．北京：机械工业出版社，2005.

16. 黎群，张文松，吕海军．战略管理．清华大学出版社，2006.

17. 陈忠卫．战略管理．大连：东北财经大学出版社，2007.

18. 王建民．战略管理学．北京：北京大学出版社，2006.

19. 邵一明，蔡启明．企业战略管理．上海：立信会计出版社，2005.

20. 王一．企业并购．上海：上海财经大学出版社，2001.

21. 张文松．战略管理．上海：机械工业出版社，2010.

22. 池国华．内部控制学．北京：北京大学出版社，2010.

23. 侯立新，曹海东．现代企业全面预算管理实务与案例．北京：企业管理出版社，2007.

24. 李东辉．内部审计理论与实务．北京：北京交通大学出版社，2015.

25. 王宝庆，张庆龙．内部审计．大连：东北财经大学出版社，2013.

图书在版编目（CIP）数据

战略管理/邵一明，钱敏编著．--3版．--北京：中国人民大学出版社，2020.7
“十三五”普通高等教育应用型规划教材
ISBN 978-7-300-28298-5

Ⅰ.①战… Ⅱ.①邵… ②钱… Ⅲ.①企业管理－战略管理－高等学校－教材 Ⅳ.①F272.1

中国版本图书馆CIP数据核字（2020）第110089号

“十三五”普通高等教育应用型规划教材
战略管理（第3版）
邵一明　钱　敏　编著
Zhanlüe Guanli

出版发行	中国人民大学出版社		
社　　址	北京中关村大街31号	**邮政编码**	100080
电　　话	010－62511242（总编室）		010－62511770（质管部）
	010－82501766（邮购部）		010－62514148（门市部）
	010－62515195（发行公司）		010－62515275（盗版举报）
网　　址	http://www.crup.com.cn		
经　　销	新华书店		
印　　刷	北京密兴印刷有限公司	**版　　次**	2009年8月第1版
规　　格	185 mm×260 mm　16开本		2020年7月第3版
印　　张	16.5 插页1	**印　　次**	2024年8月第8次印刷
字　　数	384 000	**定　　价**	45.00元

中国人民大学出版社　管理分社

教师教学服务说明

中国人民大学出版社管理分社以出版工商管理和公共管理类精品图书为宗旨。为更好地服务一线教师，我们着力建设了一批数字化、立体化的网络教学资源。教师可以通过以下方式获得免费下载教学资源的权限：

★ 在中国人民大学出版社网站 www.crup.com.cn 进行注册，注册后进入“会员中心”，在左侧点击“我的教师认证”，填写相关信息，提交后等待审核。我们将在一个工作日内为您开通相关资源的下载权限。

★ 如您急需教学资源或需要其他帮助，请加入教师 QQ 群或在工作时间与我们联络。

中国人民大学出版社　管理分社

教师 QQ 群： 648333426(工商管理)　114970332(财会)　648117133(公共管理)
教师群仅限教师加入，入群请备注（学校+姓名）

联系电话： 010-62515735，62515987，62515782，82501048，62514760

电子邮箱： glcbfs@crup.com.cn

通讯地址： 北京市海淀区中关村大街甲 59 号文化大厦 1501 室（100872）

管理书社　　人大社财会　　公共管理与政治学悦读坊